中国人文学要义

陈文忠◎著

安徽师范大学出版社
ANHUI NORMAL UNIVERSITY PRESS
·芜湖·

图书在版编目（CIP）数据

中国人文学要义 / 陈文忠著. —芜湖：安徽师范大学出版社，2021.8
ISBN 978-7-5676-4782-4

Ⅰ.①中… Ⅱ.①陈… Ⅲ.①人文科学 – 研究 – 中国 Ⅳ.①C12

中国版本图书馆 CIP 数据核字(2020)第 243163 号

本书由安徽省高峰学科·安徽师范大学中国语言文学学科资助出版

中国人文学要义　　　　陈文忠◎著

策划编辑：李克非

责任编辑：李克非　　　　责任校对：胡志恒

装帧设计：张德宝　　　　责任印制：桑国磊

出版发行：安徽师范大学出版社

　　　　　芜湖市北京东路1号安徽师范大学赭山校区

网　　址：http://www.ahnupress.com/

发 行 部：0553-3883578　5910327　5910310(传真)

印　　刷：安徽联众印刷有限公司

版　　次：2021年8月第1版

印　　次：2021年8月第1次印刷

规　　格：700 mm×1000 mm　　1/16

印　　张：26.25

字　　数：370千字

书　　号：ISBN 978-7-5676-4782-4

定　　价：65.00元

如发现印装质量问题，影响阅读，请与发行部联系调换。

序　一

纪秀生[①]

　　我与陈文忠老师结识于2007年。那年暑期，受国务院侨办的委派，我与陈老师及来自全国其他大学和中小学的二十多位教师一起，参加了赴缅甸的华文教师培训团。十几年过去了，当时的两个情境，一直印在我的脑海中，挥之不去。

　　一是曼德勒福庆学校的上课场面。一间不大的礼堂，参加培训的人员却达200人之多，上有80岁高龄的长者，下有十几岁的青年，还有身披袈裟的僧人。有一天，我上午的课讲到十一点半左右，那位始终坐在第一排的中年僧人，礼貌而又歉意地给我打招呼，然后悄悄地退出了教室。后来我才知道，僧人有"过午不食"的戒律，上午的课安排到十二点，此时他必须赶回寺院去了。第二天上课，这位僧人又早早地坐在了第一排。面对如此虔诚的学员，一种使命感促使我在教学中释放出自己最大的能量，力求圆满地完成教学任务。

　　二是同样在这间教室，陈老师在开班式上代表教师的发言。陈老师的发言热情洋溢而又谦虚诚恳。他的那两句"定场诗"尤令我记忆犹新："南天佛国三千里，缅甸何处无金塔？"就在昨天，飞机进入缅甸，俯瞰阳光普照的大地，只见茫茫绿树丛中，金光闪闪，到处都是耸立的佛塔。陈老师的"定场诗"，一下子唤醒了我们的记忆，也似乎唤醒了听课学员的

---

　　① 纪秀生：华侨大学华文学院语言学教授，华文学院党委书记、副院长，长期从事海外华文教育研究。

自觉，全场为之一振。我对陈老师的认识也由此开始。

此后一个月的讲学活动，辗转多地，我和陈老师或"比邻而居"，或"晤谈一室"，成了无话不谈的"学友"和"缅友"。我承担的课程是现代汉语，陈老师承担的课程是中国文化。陈老师说：语言背后是思想，文字背后是文化。确实，语言是一国文化进入他国的通行证，是文化传播的核心所在。因为语言伸展到哪里，它负载的文化价值观就会流动到哪里。中华民族数千年来历经磨难而奋斗不息，备尝艰辛却屡创奇迹。浩瀚的历史沉淀出的中华文化，是支撑中华民族绵延发展的精神支柱，更是全球炎黄子孙相依相拥的纽带。而海外华人华侨对华语的坚守、对中华文化的传承，实际是体现了千千万万华人华侨对祖籍国的特殊感情——"民族忠诚"。语言与文化一体两面，我与陈老师的交流也越来越多，切磋学问，交流教学体会。

海外华文教育的发展史是一部充满艰辛、充满奋斗的历史，也是一部创造着辉煌的光荣史。无论多少代人，也无论身处何地，华文教育的倡导者和践行者都牢固地把持着一个特质，那就是不遗余力地传承中华文化。同时，从事华文教育，要在"情"字上下功夫。我体会的这个"情"字，一是华文教育是一项神圣而伟大的事业，它不是小儿科的事情，我们对它要有一种"激情"；二是华文教育的对象是海外学生，他们的文化基础很薄弱，他们的物质条件往往很落后，但我们不能对他们表现出冷漠，对他们要有一种"温情"；三是华文教育赶上了最好的时代，"一带一路"倡议为华文教育带来了新的契机，华文教育的春天已经向我们走来，只要我们对华文教育有一种恋人般的"钟情"，那么，我们的华文教育事业必将取得更加令人骄傲的成绩。

作为面向海外华人华侨尤其是华裔青少年开展的华文教育，它既是中华民族语言学习和文化传承的工程之"根"，更是提升中国文化软实力和影响力的事业之"花"。

陈老师虽非专业从事华文教育，但对我的看法深表认同。在缅甸的教学，他可谓既用心又用情。他用"一块田""一间屋""一张桌"来讲"中华文化的生成根基"，鲜明生动又准确精当；用"六数"信仰来讲包括"经史子集、诗文书画"在内的中国人文学体系，深入浅出又通俗易懂；把《三字经》界定为中国传统文化的微型百科，并通过四重解读分析其内在理路，让学员有耳目一新之感。如此等等，都足以见出面对"文化基础很薄弱"的海外学员，陈老师备课时的用心之所在。课堂上，陈老师俯身向下，与学员亲切交流；下课后，陈老师与学员边走边谈，谦虚地倾听学员们的意见和建议，不断改进教学。所到之处，他与学员建立了亲密的"师生情"。记得离开最后一站东枝时，一位青年教师一面和陈老师合影，一面恳切地说："陈老师，您下次一定要来。"

在与陈老师的交谈中，他曾对我表露过一个"学术雄心"：希望这些海外"人文学讲稿"，将来能扩展成一部"中国人文学"专书。在他看来，所谓"国学"或"人文学"，实际上是一个中国人应有的人文学养。无论海外华侨，还是当代国人，都应当进入中国人文学的巍峨殿堂，成为一个有人文学养的华人，一个自信而高贵的中国人。依我之见，陈老师的想法与华文教育的当今发展形势是合拍的。

2014年，我有幸参加了第三届世界华文教育大会。在这届大会上，国务委员杨洁篪希望我们要全面推动华文教育转型升级，让华文教育为弘扬中华文化、讲好中国故事、传播好中国声音、促进中外友好，发挥更大的积极作用。裘援平主任在大会上的主题报告，为我们指出了海外华文教育未来要向"标准化""正规化""专业化"方向发展。华文教育的"转型升级"、华文教育的"三化"理念，其实是一场教育变革。我们只有以高度的责任感和使命感，敢于担当，以巨大的勇气和毅力破解华文教育事业的瓶颈，才能不辜负国家重托。

华文教育赶上了好时代。华文教育的"三化"，离不开合适的、高质量的教材。陈老师《中国人文学要义》的出版，不仅为当代国人人文学养的提升准备了一部深入浅出的读本，也为"中国文化"或"中国人文学"

的海外教学提供了一种值得期待的选择。

　　读完这部书稿，深感这是一部充满人文情怀、富于学术创意的"中国人文学"专著。而且，陈老师具有颇为广博的"西方人文学"学养，视野开阔，思想敏锐，中西比较的思路贯穿全书，随处可见"相互照明"闪现的学术灵光。我想，耐心的读者，肯定与我会有同感。

　　是为序。

2019 年 10 月 20 日　于厦门集美

序　二

禹志云[①]

　　陈文忠教授的新作《中国人文学要义》即将问世，我受邀为之作序。陈教授是安徽师范大学知名教授，安徽省教学名师，深受学生爱戴，学术造诣很深，已出版学术著作多部。我才疏学浅，为他的著作作序，惶恐之至，不言而喻！不过，作"序"未必一味形而上地单谈学术，或许，不妨先说说学术以外的事，譬如，学人间的交往与趣事。

　　与陈教授相识是2007年暑期。那一年，国务院侨办和中国海外交流协会从全国八所大学和两所中小学抽调了20余人，组成海外讲学交流团，分两个小分队，一同赴缅甸培训华文教师。我和陈教授刚好在一个小分队，就这样，我们开始了缅甸之旅。

　　陈教授是第一次到缅甸培训华文教师，我这个"老缅"（从2004年开始，我几乎每年都要到缅甸，此前的2005和2006年每年出访3次）自然该有些担当。即使带队的领导多次强调，我仍然会喋喋不休地向来自其他大学的教授们介绍我喜欢的缅甸。课余时间，我们还会一同走进当地华校或华人同胞家中进行调研。每当这个时候，谦谦君子的他总是一本正经地拿出笔记本，端坐并记录，偶尔不忘记举起随身携带的照相机"咔嚓"一下，不过他的拍摄技术还需要学习，他拍摄的照片常被我戏言："仅是到此一游"。

　　① 禹志云：云南师范大学文学院教授，云南师范大学侨联主席、云南省侨联常委、昆明市兼职侨联主席，国务院侨办海外教学专家，长期从事华文教育和汉语国际教育教学研究。

作为大学教授，陈教授备课严谨细致，讲课幽默风趣而又激情洋溢。他承担的"中华文化"课的讲授，深得受训学员和当地侨领们的欢迎。

作为学者，陈教授关注与文化相关的每一个问题。诸如缅甸华人的教育、工作、生活、感情、文化娱乐，缅甸华人融入当地社会的现状，华侨文化与缅甸文化的相融与碰撞，等等。相处短短一个多月的时间，他的问题，差不多可以出一本《缅甸一万个为什么》了！

作为美学专家，他喜欢追问生命的意义和价值。在缅甸，他从不放过品味欣赏每一个美的细节。小和尚和尼姑们赤足走在炎炎烈日下化缘的情景，头顶装满各种水果大簸箕的缅甸妇女沿街的叫卖，一不留神就可能碰到头的路边挂在树上的巨大的菠萝蜜（一种热带水果——笔者注。）背着沉重的书包手提饭盒的缅甸小学生（缅甸的孩子每天都要学习三种语言：在缅文学校上缅文和英文，在中文学校学习汉语，所以每天早上离开家都要带足书本和午餐——笔者注。）都是他关注的对象。他也喜欢体验，有一天，侨领邀请我们打高尔夫球，第一次操杆的他竟也挥动得像模像样。

走笔至此，突然想起缅甸蒲甘那只装满"玄机"的巨大的钵。

那天，从曼德勒驱车赶赴第二个教学点东枝，要经过著名的"万塔之国"蒲甘。福庆学校李祖清校长路上很神秘地告诉我们，"到了蒲甘，先带你们去看一只钵"。

缅甸是佛教国家，钵是佛教徒化缘的器皿，难道有什么特别的不同吗？蒲甘是缅甸的古都，除了断壁残垣外，举目四望都是佛塔。历朝历代的国王和后来的政府官员执政时都要建佛塔，所以蒲甘佛塔林立，被称为"万塔之国"。我已三次到蒲甘，每一次李校长都陪同前往，但他却从未带我看过他所说的"钵"呀！

从曼德勒出发，大约4个小时的车程，一路欢歌，终于到达蒲甘。进入塔林，李校长先引着我们到了马努哈大佛塔。相传马努哈是缅甸南部一个少数民族——孟族的皇帝，被缅王俘虏而监禁，出狱后他要与世人分享牢狱之灾的压抑感，特建此塔。因此，马努哈大佛塔也被称为蒲甘最压抑的塔。

在马努哈佛塔的前面，一只硕大无比的钵赫然出现在我们的眼前！那是怎样的一只钵啊！直径约5米，高约4米，金光闪闪，站在它下面，人显得那样渺小，一种震撼感油然而生。

李校长神秘地示意我们："小点声！每个人都要上去看看。"他第一个上去，然后神色庄重地走下来。我也慢慢走上去，看到大钵里面的一瞬间，我的心突然一怔，不过很快回过神来，学着李校长的样子，若有所思，神色庄重地慢慢走下来。华侨大学的纪秀生教授和我心领神会。看着我们一个个神色庄重的样子，陈教授急切地想看看里面究竟有什么奥秘。他很虔诚地拾级而上，把头往里面一看，顿时傻了眼，那是什么呀?！正当他百思不得其解的时候，我和秀生俩人已经忍不住笑得前仰后合。明白过来后，同行的朋友们也都顿时大笑起来。李校长问："陈教授看到了什么？"陈教授茫然而又失望地走了下来，默然无语。我从他的眼神里读到"你们为什么要骗我"的疑问。那天，他一定有一种被"愚弄"的感觉。因为那只巨大的钵里面，除了游人们零星地丢了一些缅币、美元或人民币外，空空如也。

为这只钵，为陈教授的迂和虔诚，我们竟然笑了一路，还编织了更多相连的段子。

从云南到曼德勒，从曼德勒到媚苗，从媚苗到蒲甘之行，再到山城东枝，教授们彻底放松。人生难得几回乐！秀生、陈教授和我还缔结了兄弟之盟，陈教授成了"陈兄"，秀生成了"纪兄"，我为"禹兄"。十多年过去了，无论是电话或微信或见面，我们仍然称兄道弟，不分彼此。这是后话。

说过学人"迂事"，该谈谈陈兄的这部大作了。读完书稿，给我印象最深的至少有以下几点。

第一，"深思熟虑而又深入浅出"，是《要义》全书最鲜明的特点之一。在"引论"中，作者把"人文学"界定为关于"一个人的人文学养"

的学问；"中国人文学"则是"一个中国人的人文学养"。对人文学本质功能的这一理解，成为全书的一个基调。为此，作者尽可能地把对"人文学"的深入思考和"中国人文学"的系统知识，通过巧妙的构思和通俗易懂的表达方式，向读者娓娓道来。

第二，通俗而又深入地论述了"中华文化的生成根基"这一学术课题。"中华文化的生成根基"是一个复杂而重大的学术课题。陈教授用"一块田、一间屋、一张桌"九个字来概括，通俗而精当；同时紧扣这三大方面联系中国社会生发开去，并通过得当的中西比较，对由此形成的中国人的物质和精神生活各个方面的特点作了令人信服的论述。

第三，以"六"数信仰为线索，较全面勾勒了"中国人文学"的知识体系。中国古代学者重视经验感悟而轻视理论概括。陈教授敏锐地发现，"六"数信仰是中国人文学知识建构的独特思路。本书主体部分便以"六"数信仰为线索，把中国人文学"经、史、子、集、诗、文、书、画"诸学科的知识连成一体，构成了一个独具民族特色的人文学知识体系。

第四，联系自己的研读经验，提出了阅读《论语》的方法和路径。《论语》被梁启超视为"二千年来国人思想的总源头"，也是中国人一生中第一部必读书。汉代以来，文人学者对《论语》作了无数的注释和诠释，这些注释和诠释厚厚地覆盖在《论语》之上，令今天的读者望而生畏。陈教授独辟蹊径，提出《论语》的四种读法，即在传统的文本细读和主题阅读外，还可以进行"诗体阅读"和"母题阅读"。言之有理，持之有故，让《论语》阅读者有眼前一亮之感。

阅读本书，能见到陈教授当年在海外讲课的影子。不过，经过十多年的沉潜，它已被锤炼成一部自成一体的学术专著，一部以"六数"信仰为主线，系统讲授"中国人文学"的生动著述。一个有人文学养的中国人，需要这种有血有肉的"中国人文学"。

去年，我借赴上海外国语大学出差之机，去看望退休回到上海的陈兄。寒暄之后嫂夫人抱怨：退休多年了，眼睛又不好，还在写。抱怨之中透着深深的理解和爱意。是啊，本该赋闲的年龄，他却笔耕不辍。那时，他的《走向学者之路》才刚刚出版。他告诉我，应出版社之邀，下一年争取出版《中国人文学要义》。呵呵，他真的做到了！

回忆着陈年往事，突然记起梭罗《瓦尔登湖》中的那句话：

你千万不要见怪，城市是一个几百万人一起孤独生活的地方。

有吗？在偌大个都市，陈兄一定是个特例。陈兄啊陈兄，那只空空的大钵里，可以装满整个世界，正如同您的心灵。兄弟我实难望其项背！

写到这里，发觉自己又当了一回陈兄的学生，就像在缅甸华校的教室里，在曼德勒的飞机上，在东枝的盘山公路上，在POPA山的原始森林中，在伊洛瓦底江边的悠悠小道上……

突然想成为陈兄的博士，追随他再去徜徉于历史长河中的古希腊古罗马，追随他一起沿着中国先贤的足迹尽情地诵读《论语》和《庄子》，让自己的人生艺术化……

打住吧，我要去喝茶了，陈兄快递来了黄山毛尖！

2019 年 8 月 25 日夜　于昆明

序
二

目 录

引 言
一个中国人的人文学养

重读书稿，有三个问题始终在我的心中盘旋：一是以经史子集和诗文书画为主体的中国传统文化能否称为"中国人文学"？二是无论中国还是外国、东方抑或西方，"人文学"的本质功能究竟是什么？三是在中国文化史上，"人文"之"文"的精神内涵究竟是什么？

第一个问题：与西方人文学相对照，以经史子集、诗文书画为主体的中国传统文化是否能称为"中国人文学"？

荷兰学者任博德在《人文学的历史》一书的"前言"中，展现出巨大的学术雄心，表示试图撰写一部"全球视野下的人文学历史"或"人文学世界史"。但是，一旦追问"人文学何为？"他便感到这个问题就像奥古斯丁意义上的"时间"概念一样："倘若你不追问，我们了然在胸，但若你追问，我们则一片茫然。"于是，在给人文学下定义时，他最终还是采取了"实用主义的立场"。他说：

> 人文学科是在人文系科被讲授、研习的学科。根据这一"定义"，人文学科通常包括语言学、音乐学、语文学、历史科学（包括艺术史和考古学），以及电影与电影研究等较新的领域。在一些国家，神学和哲学也是在人文系科被讲授的，而在另一些国家，它们自成

系科。①

"东海西海，心理攸同，南学北学，道术未裂"，中西文化结构相同而形态有异。以此观之，本书论列的主要内容，即"六书"与文字学、"六经"与经学、"六家"与史学、"六义"与诗学、"六观"与古文精读、"六法"与画学、"八法"与书学以及"韵"与中国美学等，便是"中国人文学"。尽管这些学问都是"传统人文学"，但同样迄今一直是在中国的"人文系科被讲授研习"的学科。换言之，如果说任博德所列举的语言学、音乐学、语文学、历史科学包括艺术史和考古学以及神学和哲学等，属于"西方人文学"；那么以经史子集、诗文书画为主体的中国传统文化，便是"中国人文学"。

《人文学的历史》选择了"经典的"时期划分，即古代、中世纪、早期近代和现代；每一时期又按学科分节，分为语言学、历史编纂学、语文学、音乐学、艺术理论、修辞学与诗学等等。作者有志写一部"全球视野下的人文学历史"，当然不可能无视"中国人文学"。所以这部书的每一个时期都论述到了"中国人文学"。"古代"部分，论及司马迁的《史记》、班固与班昭的《汉书》、刘安的音乐学、谢赫的"六法"、墨家学说与类比逻辑以及刘勰的《文心雕龙》等等；"中世纪"部分，论及刘知几的历史批评、朱熹的哲学、以陈骙《文则》为代表的中国修辞学与诗学等等；"早期近代"部分，论及顾炎武的语言文字学、章学诚的历史批评，以及从胡应麟到赵执信的诗学等等；"现代"部分，论及新文化运动以降的中国文学理论和戏剧研究。选择挂一漏万，论述蜻蜓点水，这既受制于任博德的汉学素养，也受制于这部书的篇幅。但有一点可以肯定，任博德所论及的内容，包括其心目中中国的哲学、史学、音乐学、画学、诗学，文章学等等，与本书论列的文字学、经学、史学、诗学、画学、书学、文章

① 任博德：《人文学的历史——被遗忘的科学》，徐德林译，北京大学出版社 2017 年版，第 2 页。

学、美学等等，虽非一一对应，二者却是高度一致的。如此看来，用"中国人文学"作书名，应当是可以的。当然，与西方人文学相比，中国人文学则有自身的独特传统和鲜明特点，这自不待言。

第二个问题："人文学"或"中国人文学"的本质和功能究竟是什么？是书斋里学者的学问，还是国人应有的学养？是学人之学，还是国人之学？

学科的本质和功能是相互联系的。"人文学"或"中国人文学"的本质和功能究竟是什么？思索再三，追根究底，暂时放下种种学术性的界说，在我看来，所谓"人文学"，就是关于一个人的人文学养的学问；而"中国人文学"，就是关于一个中国人的人文学养的学问。换言之，它是学人之学，更是国人之学。《周易·贲卦》曰："观乎人文，以化成天下。""化成天下"，是人文之学的本质功能；《荀子·劝学》曰："君子之学也，以美其身。""以美其身"，是君子为学的终极目的。因此，讲"人文学"，就是讲通过人文教化，培育人文素养，提升人文境界，让每一个人真正成为具有人文品格和人文情怀的人；讲"中国人文学"，就是讲一个中国人的人文学养，讲一个中国读书人应有的人文学养。

在这里，我特别想强调的是，所谓"人文学"，就是关于"一个人"的人文学养的学问；"中国人文学"，就是关于"一个中国读书人"应有的人文学养的学问。本书论列的中华文化或中国人文学，可以用八个字来概括，即"经、史、子、集、诗、文、书、画"。对于一个中国传统读书人来说，以经史子集培植根基，借诗文书画展示才华；对于一个现代中国人来说，同样需要以经史子集培植根基，借诗文书画展示才华。

人们的疑问是：一个中国人，一个中国读书人，是否可能具备如此全面的人文学养？

具备全面的人文学养，这是中华文化对每一个中国人的期待和要求。同时必须看到，这又是一个历史的过程。"经史子集"是文化累积的成果，"诗文书画"是艺术发展的结晶。一部中国人文艺术的发展史，便是一个中国读书人文学养的形成史和升华史。

秦汉之前，中国人的人文学养主要是六艺和六经。《周礼·地官·大司徒》说："以乡三物教万民而宾兴之：一曰六德，知、仁、圣、义、忠、和；二曰六行，孝、友、睦、姻、任、恤；三曰六艺，礼、乐、射、御、书、数。"其中的"六艺"，即"礼、乐、射、御、书、数"，此后成为"国子"的基本课程。孔子首创私学，则以"六经"教人。《史记·孔子世家》说："孔子以诗书礼乐教，弟子盖三千焉，身通六艺者七十有二人。"在孔子的课程体系中，《诗》《书》《礼》《乐》是基本课程，《易》《春秋》则是高级课程。故在三千弟子中，身通六艺者仅"七十有二人"。

从秦汉至唐宋，随着国家的统一，国势的强盛，经济的繁荣，中国的学术文化得到空前发展，中国人的艺术才华得到空前发挥。除经学、史学和子学之外，诗文书画产生了一批又一批的大家，出现了一个又一个的高潮。诗有屈、陶、李、杜，文有唐宋八大家，书有钟、王、颜、柳，画有顾恺之、吴道子、南北宗等等。及至两宋，一个以经史子集和诗文书画为内容的中国人文艺术体系达到高度成熟的阶段。宋诗、宋词、宋文、宋书、宋画、宋代理学，无不盛极一时。正如陈寅恪所说："华夏民族之文化，历数千载之演进，造极于赵宋之世。"①丰厚的人文积淀和灿烂的艺术成就，为中国读书人的人文学养提供了充沛的资源。

宋代读书人受前代文化所赐，使之可能成为中国历史上人文学养最全面的读书人。眉山才子苏东坡，就是一个有魅力，有创意，有正义感，旷达任性，独具卓识的士林全才，也是一个有深厚人文学养，有独特创造力的中国读书人的代表。苏东坡全面的"人文学养"，清代学者张道的《苏亭诗话》有精彩描述。他写道：

> 余尝言古今文人无全才，惟东坡事事俱造第一流地步。六朝以前无论已，自唐而下，李太白、杜子美以诗名，而文与书法不甚爆。韩

---

① 陈寅恪：《金明馆丛稿二编》，生活·读书·新知三联书店 2001 年版，第 277 页。

昌黎以诗古文名，而书法无称之者。白乐天以诗名，而文与书法俱不传。陆放翁以诗名，而文与书法亦不传。此世目为诗中大家最著者也。即同时欧阳永叔、王介甫，古文为大家，诗亦名家，无书名。曾子固古文为大家，并无诗名。即子由古文为大家，诗亦次乘。东坡则古文齿退子而肩庐陵，踵名父而肘难弟，故有"韩苏""欧苏""三苏"之称。诗则上接四家，空前绝后。书法独出姿格，不袭晋唐面目，与山谷、元章、君谟，并号大家。至标举余艺，以雄健之笔，蟠屈为词，遂成别派，后惟稼轩克效之，并称"苏辛"。画墨竹，齐名湖州。乃复研讲经术，作《易传》《书传》，文人之能事尽矣！若其忠直孝友，要为冠冕千古。

除上述诗文书画、研讲经术外，苏轼文集还有大量读史、论子、评诗、论文的文字。真可谓"诗文书画第一流，经史子集作余事。"

"文人之能事尽矣！"一个中国读书人应具备的人文学养，眉山才子苏东坡，可谓应有尽有了。士林全才苏东坡，一个中国读书人最杰出的代表。苏诗、苏词、苏文、苏书、苏画、苏学，足以证明，一个中国读书人，是完全可能具备集"经史子集、诗文书画"于一身的全面人文学养的。正因如此，苏轼作为"诗、文、书、画无所不能、异常聪明敏锐的文艺全才，是中国后期封建社会文人们最亲切喜爱的对象"。①

然而，并非每一个人都是苏东坡！确乎如此。在张道看来，无论唐代的诗文大家李白、杜甫、韩愈、白居易，还是宋代诗文大家或名家欧阳修、王安石、曾巩、苏辙、陆游，与苏轼这位"文艺全才"相比，都有所不及。不过，必须指出的是，他们与苏轼的根本区别，并非"人文学养"的全面性，而是"文艺才能"的全面性。无论李白、杜甫、韩愈、白居易，还是欧阳修、王安石、曾巩、苏辙、陆游，如果没有"经史子集、诗文书画"的全面学养，绝不可能在诗文创作中称雄一代。只要浏览一下他

———————————

① 李泽厚：《美的历程》，文物出版社1981年版，第160页。

引言　一个中国人的人文学养

005

们的"全集"，就会惊叹他们的"人文学养"的深厚和广博。对于今天的读书人来说，古人有句话说得好：法乎其上，仅得其中；法乎其中，斯为下矣。只要在正道上行走，总有到达终点的时候。

第三个问题：在中国文化史上，"文"的精神内涵究竟是什么？是智性之文，还是德性之文？抑或是智性之文与德性之文的融合？

丰富人文学识，提升人文学养，是为变化气质，完善人格，所谓"人文化成"。那么"文"的内涵是什么？"人文"之"文"，"学养"之"文"，"境界"之"文"，"情怀"之"文"，"品格"之"文"，"文"的具体内涵究竟是什么？这是读经史子集、习诗文书画所追求的终极目标之基础。

《国语·周语》"单襄公论晋周将得晋国"一节，有助于我们对"文"的内涵的理解。晋悼公从小出居于周，事奉单襄公。单襄公根据平时观察，预见晋周将来必能成为晋国的国君。晋周后来果真得了晋国，成了晋国的国君，即晋悼公。单襄公得病后，便嘱咐儿子顷公要善待晋周，并在顷公面前，对晋周的言谈举止和品德风貌大加赞许。单襄公一言以蔽之："其行也文，能文则得天地"。单襄公认为，"文"是经天纬地的德行，进而对"文"的内涵作了淋漓尽致的发挥：

> 夫敬，文之恭也；忠，文之实也；信，文之孚也；仁，文之爱也；义，文之制也；智，文之舆也；勇，文之帅也；教，文之施也；孝，文之本也；惠，文之慈也；让，文之材也。象天能敬，帅意能忠，思身能信，爱人能仁，利制能义，事建能智，帅义能勇，施辩能教，昭神能孝，慈和能惠，推敌能让，此十一者，夫子皆有焉。

在单襄公看来，"其行也文"之"文"，包含十一种经天纬地的美德，即敬、忠、信、仁、义、智、勇、教、孝、惠、让；这是智性之文，更是德性之文。"其行也文"的晋周正是具备了这十一种美德，所以能得天地，大至得天下，小至得国家。

陈寅恪说："吾民族所承受文化之内容，为一种人文主义之教育。"①人文主义教育的目标就在于塑造"其行也文"的中国人。单襄公关于"文"的十一种美德的论述，或许对我们理解中国传统人文学的真谛，理解一个中国人的人文学养的终极目标，不无启示意义。

君不闻，眉山才子苏东坡，不仅"文人之能事尽矣；若其忠实孝友，要为冠罩千古"。用今天的话说，苏轼堪称"德艺双馨"的真文人！

全书十六章，可分三部分。前三章，论述中华文明的起源、中华文化的品格、生成和价值，可视为全书总论。中间九章，从"'六'数信仰与中国人文学"到"'韵'与中国人的审美理想"，以"六"数信仰为主要线索，依次论述了文字学、经学、史学、诗学、文章学、画学、书学、美学等等，除子学，中国传统人文学的主要分支都做了介绍和评述，是全书的主体。最后四章，是《论语》《三字经》《弟子规》《幽梦影》的细读精讲。《论语》是国学之魂，也是中国人文学之魂，《三字经》《弟子规》《幽梦影》，则是流传最广、影响最大、也最具可读性的蒙学读本与人文读本；同时，这四部书也是"人人必读"的经典文本，它们各以睿智而诗性的语言，对"经史子集、诗文书画"的精义做了精辟诠释和独到发挥。

最后，请允许我再重复一遍先哲的两句话："观乎人文，以化成天下"；"君子之学也，以美其身。"

读一读"中国人文学"，进入中国人文学的巍峨殿堂，成为一个有人文学养的中国人，一个自信而高贵的中国人！

---

① 陈寅恪：《金明馆丛稿二编》，生活·读书·新知三联书店2001年版，第362页。

第一章
中华文明与中华文化

民族的文明史是民族工艺技术的发展史，民族的文化史是民族精神价值的演化史。中国传统的精神文化与中国传统的工艺文明，相辅相成，互为推进，共同构成了华夏民族灿烂辉煌的历史。在探讨中国传统文化的生成根源之前，有必要对"中华文明"的起源和"中华文化"的特点有初步的了解，以作为进一步研究的前提。

一、中华文明的起源

"中国"又称"中华"。"中华"之得名，由来已久。"中"，意谓居四方之中；"华"，义为光辉、文采、精粹，用于族名，蕴含文化发达之意。元人王元亮《唐律疏议释文》曰："中华者，中国也。亲被王教，自属中国，衣冠威仪，习俗孝悌，居身礼仪，故谓之中华。"因此，"中华文明"和"中华文化"，实质是对"中国文明"和"中国文化"的美称。

何谓"文明"？"文明"一词，在中国典籍中初见于《周易·乾卦·文言》："见龙在田，天下文明。"孔颖达疏曰："有文章而光明也。"现代汉语用它来翻译西文中 Civilization 一词，指人类社会的进步状态，与"野蛮"相对。作为现代文化学术语，文明是指来自工艺的物质成就。从某种意义上说，人类的文明史就是人类的工艺发展史。摩尔根—恩格斯的社会发展史学说①，将人类社会的发展分为三个阶段，即"蒙昧""野蛮""文明"。按照马克思主义理论，阶级和国家是文明产生的根本标志。但对于考古学来说，判断某一个古代社会或具体的古代遗址是否属于文明社会，还需要提出若干要素作为根据。1968年英国学者丹尼尔在《最初的文明》中列举文字、城市和复杂的礼仪中心三项要素，并且说只要一个社会具备其中两项，便可判定进入文明社会。1977年日本学者贝冢茂树在著作集《中国古代史学的发展》的补记里，列举出青铜器、宫殿基址、文字三项要素作为判断一个社会是否达到文明的标准。此外，文明形成在地域上的单元性或多元性，也是一个重要的考察维度。

中华文明的生成发展遵循文明发展的一般规律，但在文明形成的地域范围和起始时间上又有自己的特点。

首先，从文明生成的地域范围看，中华文明的起源不是单元的，而是多元的，文明起源的各个因素不是在一个地区产生，而是在若干地区分别酝酿和出现的。这是中国现代考古学在史前至文明形成时期的考古研究上取得的重要成果，从而纠正了过去以中原为中心的单元论观点。我们都说中国人是炎黄子孙，炎黄二帝是中华民族的始祖。史前史和考古学的研究显示，炎帝和黄帝就分别居处于南北不同的地区。传说黄帝都于新郑，黄帝亦称有熊氏，新郑号称为有熊氏之墟，也就是黄帝居处的故址。新郑刚好在中原的中央，所以黄帝可以说是中原地区和中原文化传统的代表。炎帝则不然，传说中他虽长于姜水，但是"本起烈山"，都于陈。陈在淮阳，是豫东南的地方。《山海经》说炎帝之后有祝融，祝融之后有共工。所以炎帝可以说是南方地区和南方文化传统的代表。而据现代考古学的研究证明，中华文明也诞生于"两河流域"，即黄河和长江。黄河是中华文明的摇篮，长江同样是中华文明的摇篮。黄河流域的文化和长江流域的文化，有联系又有区别，它们相互影响、相互沟通，最后融合成统一的中华文

---

① 参阅摩尔根《古代社会》、恩格斯《家庭、私有制与国家的起源》。

化。这一考古学的成果恰好与炎黄二帝居处的两个地区相一致。①关于中华文明起源和形成的多元性，陈来在《中华文明的哲学基础》一文中有较为完整的描述："以黄河流域和长江流域为中心，农业在华北和华中两个区域最先发展，成为中华文明的基础。在新石器时代后期，不同文化区域的多元发展，如陕西、山西、河南、山东、湖北、长江中下游等区域文化，逐渐形成了以中原为核心，以黄河长江文化为主体，联结周围区域文化的格局。故中华文明的起源与形成是由多元的区系文明不断融合而成，其整合的模式是以中原华夏地区和华夏族的文明为核心，核心与周边互相吸收、互相融合而形成多元一体的文明格局。商代的文明已经是多元一体的格局，已形成华夏文明中心的结构，并显示出文化的中国性。"②陈来是一位哲学教授，并不是历史学家，也不是考古学家。但中华文明起源于两河流域，是由多元的区系文明不断融合而形成的，这已被考古学和历史学充分证明，也已成为中华文明史的共识③。

其次，从文明生成的起始时间看，中华文明的起源比之以往所知可以追溯得更为久远。文明的起源问题应该由考古学研究来解决。20世纪30年代，殷墟考古发掘之后，对中国文明的起源产生两种不同看法。一种认为，殷墟文化便是中国文明的开始，商代是中华文明的源头。这在过去很长时期成为中外学界的主流观点。例如，美国汉学家牟复礼《中国思想之渊源》虽然认为："终有一天，考古研究将会证实中国历史可能会更久，尤其是将印证夏朝和早商的帝王世系。"但还是表示："暂让我们接受商文明的起始时间是在公元前15世纪，这业已为更多的历史和神话文献所明言，我们可以很有把握地断言商朝是中国历史最早的信史。"④另一种认

① 参阅李学勤：《古史、考古学与炎黄二帝》，《当代学者自选文库·李学勤卷》，安徽教育出版社1999年版，第41—51页。

② 陈来：《中华文明的核心价值》，生活·读书·新知三联书店2015年版，第2页。

③ 参阅费孝通：《中华民族的多元一体格局》，见费孝通《中国文化的重建》，华东师范大学出版社2014年版，第3—33页。

④ 牟复礼：《中国思想之渊源》，北京大学出版社2009年版，第9页。

为，在这之前中国还应当有一个更古的、更原始的阶段；但因没有考古学上的证据，只好作为一种推测而已。

那么，殷商文明究竟处于文明发展的什么阶段？它达到了怎样的文明高度？它是一种初始文明，还是一种发达文明？中华文明是否起源于三千年前的殷商文明？长久以来，这一直是中华文明起源史上一个"美妙的迷"。

1983年，著名考古学家夏鼐在《中国文明的起源》的讲演中，以严谨的学理和大量考古证据，对中华文明起源于比之殷商更古老、更原始阶段的问题，作了令人信服的论述。首先，他在前人理论的基础上确立了衡量中国文明的标志。他说："现今史学界一般把'文明'一词用来指一个社会已由氏族制度解体而进入了国家组织的阶级社会的阶段。这种社会中，除了政治组织上的国家以外，已有城市作为政治（宫殿和官署）、经济（手工业以外，又有商业）、文化（包括宗教）各方面活动的中心。它们一般都已经发明文字和能够利用文字作记载……并且都已知道冶炼金属。文明的这些标志中以文字最为重要。"①在夏鼐看来，城市、文字和青铜冶炼术三项要素，同样是考察中华文明的基本标志。其次，根据这一标准，他对小屯殷墟的三项要素作了整体研究。关于城市，公元前两千年后期小屯殷墟已是一个都市规模的城市。小屯及其附近，还有铸铜、制陶、制玉石器、制骨等手工作坊。中心区还有进行占卜等宗教活动的坑穴。关于文字制度，从大量的甲骨文看，商代的文字制度是用了所谓"六书"的方法以记录语言。汉字到今天虽然字体、字形有了极大的变化，但还是沿用商代文字制度。关于青铜器，商代青铜器包括礼器、乐器、武器和工具、车马器。其中形状奇伟、花纹瑰丽的礼器，是上古文明世界中技术最突出的成就之一。据此，夏鼐认为："我们可以确定商代殷墟文化实在是一个灿烂的文明，具有都市、文字和青铜器三个要素。并且它又是一个灿烂的中国文明。中国文明有它的个性……在上述三个要素方面，它都自具有中国色

① 夏鼐：《中国文明的起源》，文物出版社1985版，第81页。

彩的特殊性。"①在这里，夏鼐特别强调殷商文明是一个"灿烂的文明"，是一个"灿烂的中国文明"。换言之，殷商文明不是初始文明，不是文明的最初起源。基于这种判断，夏鼐对那种认为"小屯殷墟文化便是中国最早的文明"的观点作了反驳："我们知道小屯殷墟文化是一个高度发达的文明。如果这是中国文明的诞生，这未免有点像传说中的老子，生下来便有了白胡子。"②"白胡子"老头，是从婴儿、幼儿、儿童、少年一步步成长过来的；同样，"高度发达"的殷商文明，也必然有一个更古老、更原始的阶段。于是，夏鼐开始一步步追溯这个"更古的、更原始的阶段"。最先追溯到早于小屯殷墟的"郑州二里岗文化"；继而追溯到被称为"夏代废墟"的"二里头文化"；最后追溯到作为"文明的起源"的新石器文化，即以半坡遗址为代表的仰韶文化和浙江余姚的河姆渡文化。北方黄河流域的仰韶半坡文化，年代约公元前5000—前4500年，彩陶的美术图案反映了当时的审美观念。南方长江流域的余姚河姆渡文化，年代约在公元前五千年左右，房子是木结构，农作物是水稻，家畜则有狗、猪、水牛，等等。

至此，关于中华文明的起源和发展，可以这样表述：始于公元前五千年的北方仰韶文化和南方河姆渡文化，是中国的初始文明，是中华文明的最初起源；而商代殷墟文化则是一个灿烂的文明，一个灿烂的中国文明，一个高度发达的中华文明。夏鼐的这一观点已成为学界的共识。1981年，美学家李泽厚在《美的历程》开篇写道："中国史前文化比过去所知有远为长久和灿烂的历史。七十年代浙江河姆渡、河北磁山、河南新郑、密县等新石器时代遗址的陆续发现，不断证实这一点。将近八千年前，中国文明已初露曙光。"③历史学家和考古学家的观点比之美学家的观点略显保守，但同样认为中国文明可以上溯相当长一段时间。1991年，李学勤在

---

① 夏鼐：《中国文明的起源》，文物出版社1985版，第92页。
② 夏鼐：《中国文明的起源》，文物出版社1985版，第82页。
③ 李泽厚：《美的历程》，文物出版社1981年版，第2页。

《中国古代文明的起源》中写道："最近很多学者撰文，提出中国古代文明形成于公元前三千年，即考古学上的龙山时代，这就和《史记》始于《五帝本纪》差不多了。"[①]

经过以上对中华文明起源的地域范围和起始时间的双重考察，我们可以说，中华文明五千年，炎黄二帝是中华民族的始祖，不再是中国古史的"传说时代"，而是已经成为不断得到考古学证明的历史时代。

二、中华文化的核心

何谓"文化"？从词源看，"文""化"二字，在同一句中出现初见于《周易·贲卦·象传》："观乎天文，以察时变；观乎人文，以化成天下。"西汉以后，"文"与"化"合成一个整词。刘向《说苑·指武》曰："凡武之兴，为不服也，文化不改，然后加诛。"晋人束皙《补亡诗》曰："文化内辑，武功外悠。"南齐王融《三月三日曲水诗序》曰："设神理以景俗，敷文化以柔远。"在这里，"文化"与"武功"对举；"文化"者，"文治与教化"之义。现代汉语用"文化"来翻译 Culture 一字，表示对人的性情的陶冶和品德的教养。作为现代文化学术语，文化是指来自教育的精神价值和思想观念。从某种意义上说，文化是人类精神智能所驱使的行为，它体现在对理想的追求，对既往的继承和对未来的开发。

从文化学角度看，"文化"一词有广义和狭义之分；与此相应，中国"传统文化"也有广义和狭义之分。

广义的"文化"，着眼于人类独立于自然的独特的生存方式，其涵盖面非常广泛，故称作"大文化"。梁启超《什么是文化》说："文化者，人类心能所开释出来之有价值的共业也。"[②]这种"共业"包括众多领域，诸

---

① 李学勤：《中国古代文明的起源》，《当代学者自选文库·李学勤卷》，安徽教育出版社1999年版，第40页。

② 夏晓虹编：《梁启超文选》(下)，中国广播电视出版社1992年版，第538页。

如认识的——语言、哲学、科学、教育；规范的——道德、法律、信仰；艺术的——文学、美术、音乐、舞蹈、戏剧；器用的——生产工具、日用器皿以及制造技术；社会的——制度、组织、风俗习惯等等。梁启超的"文化"便是"大文化"。此后，钱穆在阐扬"中国文化"的系列著作中，形成了较系统的文化学理论。《文化学大义》便是其总结性的理论著作。钱穆的"文化"同样是"大文化"。他认为："文化是指时空凝合的某一大群的生活之各部门、各方面的整一全体"，而"文化学是研究人生总体意义的一种学问"[①]；进而提出了"文化三阶层""文化两类型"及"文化七要素"等命题。所谓"文化三阶层"，即把文化分为三个层次：第一是"物质的"，亦可说是"自然的"，或"经济的"人生；其次是"社会的"人生，或称"政治的"人生、"集团的"人生；最后才达到人生第三阶层，可称之为"精神的"人生，或者说是"心灵的"人生。[②]钱穆的文化学理论比之梁启超的更完备，"文化三阶层"说也更具学理性。

当代学者综合梁、钱二家之说，一般把广义的中国"传统文化"分为四个层次：其一，物态文化：满足人类衣、食、住、行诸最基本生存需要为目标；其二，制度文化：处理人与人相互关系的准则，包括经济制度、婚姻制度、家族制度、政治法律制度等等；其三，行为文化：以民风民俗形态出现，见之于日常起居之中，具有鲜明民族、地域特色的行为模式，所谓"百里不同风，千里不同俗"；其四，心态文化：是在长期社会实践中孕育出来的价值观念、审美情趣和思维方式等精神现象，它又可以分成社会心理和社会意识形态两个层次。心态文化是广义文化结构中的核心层次。

狭义的"文化"，排除了人类社会历史生活中关于物质创造活动及其结果的部分，专注于精神创造活动及其成果，所以又被称为"小文化"。英国文化学家爱德华·泰勒《原始文化》中的"文化"定义，便是狭义

---

① 钱穆：《文化学大义》，九州出版社2017年版，第4—6页。
② 钱穆：《文化学大义》，九州出版社2017年版，第9—10页。

"文化"早期的经典界说。泰勒说："文化，或文明，就其广泛的民族学意义来说，是包括全部的知识、信仰、艺术、道德、法律、风俗以及作为社会成员的人所掌握和接受的任何其他的才能和习俗的复合体。"①从这个意义上说，一个民族的文化就是一个民族的价值观或价值体系。在汉语言系统中，"文化"的本义是"以文教化"，也属于"小文化"的范畴。在古代典籍中，"文化"一词，关键在"文"字，而"文"的本义，即"纹理"之义。《易·辞下》："物相杂，故曰文"；《礼记·乐记》："五色成文"；《说文解字》："文，错画也"，都是"纹理"之义。

由"文化"之"文"的本义引申，结合中国文化传统，狭义的中国"传统文化"可划分出三层含义②：其一，是由语言文字象征符号进而为文物典籍、礼乐制度。如《论语·子罕》所谓"文王即没，文不在兹乎"；其二，是由纹理导出彩画、装饰、人为修养的意义。如《论语·雍也》所谓"质胜文则野，文胜质则史，文质彬彬，然后君子"；其三，是由以文教化进而为美善德行之义。如《礼记·乐记》所谓"礼减而进，以进为文"。郑玄注曰："文犹美也，善也"。而"文化"之"化"，实配合"文"取"化成"（改易、生成、造化）之义，这也内蕴了中国古代人文精神的一种推广作用。

传统文化的广狭二义，难以截然分开，但还是有区别的。狭义的传统文化主要指精神文化，即中华民族在漫长的生活实践和悠久的历史进程中形成的价值体系、精神理想和生存智慧。中国传统文化源远流长，博大精深，百花齐放，百家齐鸣。然而在其久远博大之中，却"统之有宗，会之有元"。若由著述载籍而论，经史子集，万亿卷帙，概以"五经""七子""三玄""四书"为其渊薮；如由学术统绪而言，三教九流、百家争鸣，则以儒道二家为其归致。东晋以后，历南北朝隋唐，由印度传入的佛教文化逐步融入中国传统文化，释氏之典籍与统绪因而也就成了中国传统文化中

---

① 爱德华·泰勒：《原始文化》，连树生译，上海文艺出版社1992年版，第1页。

② 参阅许结：《中国文化史论纲》，广西师范大学出版社2003版，第1—2页。

的一个有机组成部分。从此，儒、释、道三家，鼎足而立，相互相成，不断融合，构成了唐宋以降中华文化的基本格局。所谓"以佛治心，以道治身，以儒治国"①，清楚明白地道出了中国传统文化的基本结构特征。

从历史上看，在儒、释、道三家中，以孔子为代表的儒家思想又处于核心地位，代表着中华文化的根本精神。儒家文化因有久远深厚的社会历史根基，又不断吸取、同化各家学说而丰富发展，从而构成中华文化的主流和基干。本书所谓的中国"传统文化"，或曰中华文化，主要指中华民族在漫长的生活实践和悠久的历史进程中形成的以儒家思想为核心的价值体系、生存智慧和审美理想。

1927年，"打倒孔家店"的偏激之声，回响在耳；同时，"读经"与"废经"的两派之争，论辩正酣。正是在这种背景下，梁启超在清华学校作了"为什么要研究儒家哲学"的讲演，从五个方面为儒家哲学进行辩护。在讲演的开篇，梁启超就坚定指出儒家哲学在中华文化中的核心地位。他说："中国偌大国家，有几千年的历史。到底我们这个民族，有无文化？如有文化，我们此种文化的表现何在？以吾言之，就在儒家。"②1942年5月，西南联大教授罗庸在著名的《鸭池十讲》中，论"儒家的根本精神"时同样指出："一个民族的文化，必有其根本精神，否则这个民族便无法存在和延续。中国民族，两千多年以来，虽然经过许多文化上的变迁，但大体上是以儒家的精神为主。所以，中国民族的根本精神，便是儒家的根本精神。"③从20年代清华研究院导师梁启超，到40年代西南联大教授罗庸，两代学人，观点相同，语气相同，论述的思路也基本一致。中华文化以儒家哲学为主，既是对中华民族精神史的客观总结，也已成为现代中国学人的普遍共识。

那么，为什么说"儒家哲学"是中华文化的核心？梁启超认为："我

---

① 参阅楼宇烈：《中国文化的根本精神》，中华书局2016年版，第219—220页。
② 梁启超：《儒家哲学》，中华书局2015年版，第8页。
③ 罗庸：《习坎庸言·鸭池十讲》，新星出版社2015年，第147页。

们批评一个学派，一面要看他的继续性，一面要看他的普遍性"，此外还有它的文化地位①。梁启超就是从上述三个方面对"儒家哲学"的核心地位作了进一步论述。

首先，从"继续性"即历史传承性看，"自孔子以来，直至于今，继续不断的，还是儒家势力最大"②。从先秦原始儒学、两汉经学、唐代注疏、宋明理学、清代汉学到现代新儒学，儒学传统历数千年而不衰，儒学史贯穿了中国思想史的始终。

其次，从"普遍性"即影响深广度看，"自士大夫以至台舆皂隶普遍崇敬的，还是儒家信仰最深"，"我们这个社会，无论识字的人与不识字的人，都生长在儒家哲学空气之中"③。儒家思想不仅广泛影响到中国社会的各个阶层，唐代以后，随着对外交往的不断扩展，儒家思想也漂洋过海，在东南亚广阔的地域内形成了持续至今的儒家文化圈。

最后，从文化地位看，儒家文化具有无可取代的重要性。中华文化是一种多元文化，儒道墨法，诸子百家，无所不包。梁启超清楚地看到这一点；与此同时，他明确指出："诚然儒家以外，还有其他各家，儒家哲学，不算中国文化全体；但是，若把儒家抽去，中国文化，恐怕没有多少东西了。中国民族之所以存在，因为中国文化存在，而中国文化，离不了儒家。"④"若把儒家抽去，中国文化恐怕没有多少东西"的论断，绝非危言耸听，而是符合历史实情的。

2014年9月24日，习近平在《在纪念孔子诞辰2565周年国际学术研讨会暨国际儒学联合会第五届会员大会开幕会上的讲话》中，对中国传统文化的内涵、儒家文化的地位等问题，在新的时代背景下作了更为具体的论述：

---

① 梁启超：《儒家哲学》，中华书局2015年版，第8页。
② 梁启超：《儒家哲学》，中华书局2015年版，第8页。
③ 梁启超：《儒家哲学》，中华书局2015年版，第8页。
④ 梁启超：《儒家哲学》，中华书局2015年版，第8页。

中国传统文化，尤其是作为其核心的思想文化的形成和发展，大体经历了中国先秦诸子百家争鸣、两汉经学兴盛、魏晋南北朝玄学流行、隋唐儒释道并立、宋明理学发展等几个历史时期。从这绵延2000多年之久的历史进程中，我们可以看出这样几个特点。一是儒家思想和中国历史上存在的其他学说既对立又统一，既相互竞争又相互借鉴，虽然儒家思想长期居于主导地位，但始终和其他学说处于和而不同的局面之中。二是儒家思想和中国历史上存在的其他学说都是与时迁移、应物变化的，都是顺应中国社会发展和时代前进的要求而不断发展更新的，因而具有长久的生命力。三是儒家思想和中国历史上存在的其他学说都坚持经世致用原则，注重发挥文以化人的教化功能，把对个人、社会的教化同对国家的治理结合起来，达到相辅相成、相互促进的目的。

这一段论述，吸收了前人的智慧和见解，对中国传统文化的发展历程、对儒家思想与中国历史上其他学说之间的关系及总体特点，作了更为科学全面的阐述，并重申了"儒家思想长期居于主导地位"的事实。我们讨论中国传统文化，即以此作为立论的基点。

三、中华文化的品格

那么，从现代学科分类看，以儒学为核心的传统文化属于什么范畴？具有怎样的文化功能？这有必要作进一步说明。

1.传统文化的人文品格

现代学术体系把人类的学问分为三大领域，即自然科学、社会科学和人文学科。在这三大学科群中，凝聚着人类迄今有关自然物质世界、社会群体生活和人类精神文化三大领域中获取的全部知识和智慧。

所谓人文学科或人文学，是指以主体性的人为内在目的，对主体性的人进行教化活动的诸学科体系；西方的文、史、哲、宗，中国的经、史、子、集，是传统人文学科最主要的分支。人文学科不同于自然科学和社会科学，它具有自身的三大特点。

第一，人文学科的对象是"主体性的人"，即合乎人的本性、具有独特文化生命而不同于动物的普遍人性的人，是承担着守护万物和看牧万物的责任的人。

第二，人文学科的手段是"人文教化"，即人的身心的全面教化，包括人的身心感觉和思想观念的全面发展和升华。

第三，人文学科的态度是"人文评价"，即人文学科是评价性活动，蕴涵"应当是什么"的人格典范，提供足以安身立命的价值意义和终极目的。

从这个意义上说，人文学科是以人道主义为思想基础，以具有文化生命的主体性的人为观照对象，以培育全面发展的人和塑造理想人格为目的的教育性学科体系。它不同于以人的自然生命和人与自然的关系及其活动为研究对象的自然科学，也不同于以人的文化行为和人与社会的关系及其活动为研究对象的社会科学。

以儒学为核心的传统文化，就属于以"主体性的人"为对象的人文学科，是一种以人文教化为宗旨的人文学，关注的是人的文化生命而不是自然生命，崇尚的是人文主义而不是科学主义。儒家"六经"的教育体系，就是以文、史、哲为中心的"人文教育"：《诗经》是文学，《三礼》是伦理学，《乐经》是音乐学，《尚书》是政治学，《易经》是哲学，《春秋》是历史学。恰如陈寅恪所说："吾民族所承受文化之内容，为一种人文主义之教育。"[①]

《礼记·经解》是一篇思想丰富、逻辑严密的儒学经典，对儒家"六经"的人文本质和人文功能有精辟的阐释。首先，揭示了六经的精神品性："入其国，其教可知也。其为人也，温柔敦厚，《诗》教也；疏通知

---

① 陈寅恪：《金明馆丛稿二编》，生活·读书·新知三联书店2001年版，第362页。

远，《书》教也；广博易良，《乐》教也；洁静精微，《易》教也；恭俭庄敬，《礼》教也；属辞比事，《春秋》教也。"其次，指出六经各有所重，也各有所偏："故《诗》之失，愚；《书》之失，诬；《乐》之失，奢；《易》之失，贼；《礼》之失，烦；《春秋》之失，乱。"最后强调，深于六经，得其精髓，作为整体相互为用，相互补充，才能去其偏执，塑造完美人性。其所谓："其为人也，温柔敦厚而不愚，则深于《诗》者也；疏通知远而不诬，则深于《书》者也；广博易良而不奢，则深于《乐》者也；洁静精微而不贼，则深于《易》者也；恭俭庄敬而不烦，则深于《礼》者也；属辞比事而不乱，则深于《春秋》者也。"

应当指出，《经解》所揭示的六种精神品质并未过时，现代国人同样应当具备："温柔敦厚"是人的品性，"疏通知远"是人的学识，"广博易良"是人的胸襟，"洁静精微"是人的玄思，"恭俭庄敬"是人的礼敬，"属辞比事"是人的正见。"六经"润物无声的濡染结果，会使人的心灵得到升华，变得温柔敦厚而不愚，疏通知远而不诬，广博易良而不奢，洁静精微而不贼，恭俭庄敬而不烦，属辞比事而不乱。这也就是马一浮所说的，通过"六艺之教"成为"六艺之人"，化"气质之性"为"天命之性"。

2.传统文化是"心的文化"

传统学术是人文学，而人文学本质上是一种"心的文化"，一种"生命的学问"。"心的文化"的真谛，"生命的学问"的深意，就在于此：即人文学术渊源于对生命精神的沉思，文化形态则是生命境界的显现。

中华文化是一种以主体性的人为对象的人本文化，也是一种直指人心的"心的文化"。儒家的学问是一种"心的学问"，道家的学问也是一种"心的学问"。孟子的"道德之心"，庄子的"艺术之心"，荀子的"认知之心"，构成"心的学问"的三个基本方面，并对传统的"心的文化"产生了深远影响。

儒家的"道德之心"经历了从孔子到孟子的发展。孔子已经体认到道德根源乃在人的生命之中。故孔子说："仁远乎哉？我欲仁，斯仁至矣。"又说："为仁由己。"但是孔子并未点明"仁"的根源在于"心"。到了孟子，他明确提出道德之根源乃在于人的心，所谓"仁义礼智根于心"。孟子此语，是中华文化在长期摸索中的结论，也是"内心经验"的精深提炼。孟子的这一命题，对混沌、夹杂的生命顿然发生一种照明的作用，从而使迷茫的心灵有了一个方向、有了一个主宰，为人生提供了一个道德的立足点。宋明理学家，像程明道、陆象山和王阳明等都是从这一路发展下来的。

道家的"艺术之心"经历了从老子到庄子的发展。老子的"道"是形而上的性格，要求人去体"道"，是以在道之下的人去合在人之上的"道"。但中华文化总是走着由上向下落，由外向内敛的一条路。庄子的"逍遥"把老子之形而上之道，落实在人的心上，认为虚、静、明之心就是道。故庄子主张"心斋""坐忘"，使心之虚静明的本性呈现出来。而人的精神也由此得到大的解放。从这个意义上说，庄子的虚静明之心，实际就是一个艺术之心。中国艺术价值的根源，就在虚静明之心。柳宗元曾说："美不自美，因人而彰。"纯客观的东西，无所谓美不美。当我们认为他是美的时候，我们的心此时处于虚静明的状态。唐代画家张璪所谓"外师造化，中得心源"，这两句话概括了中国一切画论，也概括了艺境创造和艺境鉴赏的一切奥秘。艺术家"外师造化"，必须先得进入虚静明的心境，而鉴赏者也在虚静明的艺境中，得到精神的解放和心灵的逍遥。

在先秦七子中，荀子是最具理性品格的思想家。《荀子·解蔽》篇，可以说是中国古典的认识论。荀子《解蔽》篇中提出的"虚壹而静"说，揭示了认知之心的特点。荀子说："人何以知道？曰：心。心何以知？曰：虚壹而静。心未尝不臧也，然而有所谓虚；心未尝不满也，然而有所谓一；心未尝不动也，然而有所谓静。"易言之，"虚"是说心永远能接受容纳，"壹"是说在认知活动中不能同时认识两个以上的对象，只能集中在一个对象上，而心便自然集中在一个对象上。同时，要把对象认识得清楚，必须处在"静"的状态，而"心"在做认识活动时，便自然会平静下来。可见，荀子很早便知道，心是知识得以成立的根据，并对"认知之心"的特点和过程作了精辟的概括。

《易·系辞上》曰："形而上者谓之道，形而下者谓之器。"徐复观认为，若从"心的文化"角度看，不妨把"道、器"二元结构，发展为"道、心、器"三元结构。他说："这两句话的意思是说在人之上者为天道，在人之下的是器物，这是以人为中心所分的上下。而人的心则在人体之中，假如按照原来的意思把话说完全，便应添一句'形而中者谓之心'。"①而"道、心、器"的三元结构，与《易·系辞下》所谓"天道、人道、地道"的"天、地、人"，正构成相互应和的三元结构。

概而言之，中华文化是一种以人为本的人本文化，又是一种儒道互补的"心的文化"，从儒家的"心的塑造"，到道家的"心的逍遥"，形成一张一弛、互为补充的"心的文化"和"生命的学问"。儒家的"道德之心"，着眼于"心的塑造"，通过"兴于诗，立于礼，成于乐"的过程，塑造一颗仁义礼智之心，达到从心所欲而不逾矩的境界，这是诗教的终极功能。道家的"艺术之心"，悠游于"心的逍遥"，遵循"人法地，地法天，天法道，道法自然"的原则，获得一颗纯明虚静之心，给尘俗的心放一个假，这是审美的直接功能。儒道互补的"心的文化"，是中华文化最基本的文化品质，也是中华文化最重要的文化价值。

黑格尔论述"哲学史的意义"时说："我们必须感谢过去的传统，这传统犹如赫尔德所说，通过一切变化的因而过去了的东西，结成一条神圣的链子，把前代的创获给我们保存下来，并传给我们。"②其实，在传统文化领域，在一切思想观念和人文学术领域，我们都必须"感谢过去的传统"，感谢传统累积并传递了先贤的智慧，感谢传统充实并丰盈了现代的心灵。中国传统文化赖以生成的现实根基，它所具有的人类价值和现代意义，以及传统人文学的学术体系，将在下面作进一步阐述。

---

① 徐复观：《中国思想史论集》，上海书店出版社2004年版，第212页。

② 黑格尔：《哲学史讲演录》（第1卷），贺麟、王太庆译，商务印书馆1959年版，第8页。

第二章
中华文化的生成根基

"一块田、一个家、一张桌"，这是中国人的生存之本，也是中华文化的生成之根。因此，要想阐明中华文化从经济、政治到文化的生成脉络和内在逻辑，就应当立足"一块田"的农耕文明，进入"一个家"的宗法政治，研究"一张桌"的人本文化。同时，中华文化区别于西方文化的基本特点，也体现在三大方面：中国"一块田"的农耕文明不同于西方的海洋文明；中国"一个家"的宗法政治不同于西方的城邦政治；中国"一张桌"的家园文化不同于西方的广场文化。

一、"一块田"：男耕女织的农业经济

人类文化，从源头处看，大致分为三种类型：一是游牧文化，二是农耕文化，三是商业文化。游牧文化发源在高寒的草原地带，农耕文化发源在河流灌溉的平原，商业文化发源在滨海地带以及近海之岛屿。三种自然环境，决定了三种生活方式；三种生活方式，形成了三种文化类型。

中国传统文化属于典型的农耕文化，发源于两河流域的平原地带。相传帝尧时代的《击壤歌》："日出而作，日入而息，凿井而饮，耕田而食，帝力于我何有哉！"堪称农耕文化的宣言。《管子·揆度》曰："一农不耕，民有为之饥者；一女不织，民有为之寒者。"对"男耕女织"的传统生活

做了最精辟说明；神话"牛郎织女"和戏曲《天仙配》，则是农耕文化的审美升华。

著名社会学家费孝通曾说："我们要认识美国，不在他外表的耸天高楼，而是在他们早年的乡村里。"[1]我们要认识中华文化，更是不能看他今天的耸天高楼，而应进入他早年的乡村，进入古老的"乡土中国"，而不是现代的"城市中国"。

（一）"一块田"与地理环境：两河文明

西方地理学家有句名言："地理是历史之母。"地理是历史之母，地理也是文化之母。中国古代的农耕文明，与中国所处的地理环境有着密切的关系。

1.中国文化地理环境的三大特征

其一，中国是一自足的地理单元。亚洲以帕米尔高原为中轴，山岭高原将东亚、南亚、西亚分开，而中亚以帕米尔为限分东西两域，西则西亚诸国，东则新疆及河西走廊。西部的高原屏障和东部近两万公里的海岸线，形成中国自成一体的完整自足的地理单元。

其二，中国是一个多山的国家。山地、高原和丘陵约占全国土地总面积的2/3。全球超过8000米的14座山峰，中国即有9座。中国的地势西高东低，东西高低悬殊。地势自西而东，层层下降，形成"三大阶梯"：第一级阶梯是海拔4000米以上的青藏高原，被称为"世界屋脊"；第二级阶梯包括海拔2000米以内的蒙古高原、黄土高原、云贵高原、塔里木盆地、准噶尔盆地、四川盆地等等；第三级阶梯是中国的东部地区，包括海拔低于200米的东北平原、黄淮海平原、长江中下游平原以及江南广大地区。

其三，从气候条件看，中国的大部分领土处于北温带，被黑格尔称为"历史的真正的舞台。"中国气候有三个特点：一是季风气候明显，主要表现为冬夏盛行风向有显著的变化，随着季风的进退，降水量有明显的季节

---

[1] 费孝通：《美国人的性格》，华东师范大学出版社2013年版，第58页。

性变化。二是大陆性气候分布比较广。三是气候类型多种多样，有温带季风气候、亚热带季风气候、热带季风气候、热带雨林气候、温带大陆性气候和高原山地气候等。这些特点，有史以来没有太大的变化。

2.地理环境决定了传统中国人的生活方式和文化类型

第一，中华文明发祥于两河流域。这一地区雨热同期，温度和水分条件配合良好，为发展农业提供了适宜条件。中国占主导地位的传统文化，无论是物质的还是精神的，都建立在农业生产的基础上；它形成于农业区，也随着农业区的扩大而传播，呈现出不断南迁和不断西进的态势。

第二，中国古代的农耕区和游牧区分野清楚。这两大文化的关系经历了三个阶段：始而各自发展，继而相互冲突，终而相互融合。而"汉化"是大趋势，最根本的原因是游牧文化不适应农业地区。因此，军事上的征服者，毫无例外地成为文化上的被征服者。他们最终自觉或不自觉地接受了中华文化。

第三，中国是个"陆地民族"而不是"海洋民族"。在元明海上交通开启之前，中国古人的海洋观可以说是一种浪漫主义海洋观。大海不是用来贸易和捕捞，而是寄托一种理想，或是理想仙境，或是生命逃薮。前者如历代有关蓬莱神话的游仙作品，李白《梦游天姥吟留别》"海客谈瀛洲，烟涛微茫信难求"的飘渺想象；后者如《论语·公冶长》："子曰：道不行，乘桴浮于海。"

（二）"一块田"与农业生产：五谷丰登

1.五谷丰登与"五谷"民族

"五谷丰登"至今仍是中国人的美好心愿，同时又指中国古代最初的五种农作物。何谓"五谷"？钱穆在《中国古代北方农作物考》"综述"中写道："大抵中国古代农业，其最先主要者，在山耕与旱作物，最早最普遍种植者当为稷，黍次之，粱又次之，麦稻更次之。其为古代中国主要之民食者，西周以前，决然为黍稷。则中国远古时代之农业文化初启，固不妨特定一名号，称之为黍稷文化，似见其特性之所在。"①根据钱穆的考证，不妨把上古农业发展的线索，图示如下：

$$穴居 \to 山耕 \to 旱作物 \begin{cases} 黍稷文化 \\ 粟麦文化 \quad "有巢氏" \to "神农氏" \\ 稻米文化 \end{cases}$$

《易·系辞传》有云："上古穴居而野处。"上古先民的生活，经历了"穴居""山耕"到"平原旱作物"的发展过程。从"有巢氏"到"神农氏"，是中国上古农业从穴居山耕到平原旱作物的两个阶段。"神农氏"则成为中国农耕文明的伟大开创者。

中华民族是个"五谷"民族，而非"食肉"民族。饮食的这一特点，直接影响了中国人的体质和性格。黄皮肤、黑头发，体形中等，性格温和，这成为中国人的基本特点。

2.古代四民与"以农为本"

中国古代按职业把人分成四种，即士、农、工、商，谓之"四民"。《春秋穀梁传·成公元年》曰："上古者有四民：有士民，有商民，有农民，有工民。"农耕经济的生活实践形成了因农立国、以农为本的文化观念。"四民"之中，以农为本，重农贵粟，农本商末。《汉书·食货志》曰："《洪范》八政，一曰食，二曰货。食为农殖嘉谷可食之物，货谓布帛可衣，及金刀龟贝，所以分财布利通有无者也。二者，生民之本，兴自神农之世。"

古代"务本"的原义，就是"务农之本"。汉代之后，学者著述，常有"务本"一目，阐发重农思想。王符《潜夫论·务本》曰："凡为治之大体，莫善于抑末而务本，莫不善于离本而饰末。夫为国者，以富民为本。……夫富民者，以农桑为本，以游业为末。"这一思想为历代有识之

---

① 钱穆：《中国学术思想史论丛》（卷一），安徽教育出版社2004年版，第31页。

士阐释发挥，成为传统文化中的重要观念之一。清代郑板桥的《范县署中寄舍弟墨第四书》是一篇充满人道情怀、感人至深的佳作。他在文中阐发了"农本士末，士从农出"的著名观点："嗟乎！嗟乎！吾其长为农夫以没世乎！我想天地间第一等人，只有农夫，而士为四民之末。农夫上者种地百亩，其次七八十亩，其次五六十亩，皆苦其身，勤其力，耕种收获，以养天下之人。使天下无农夫，举世皆饿死矣。……织女，衣之源也，牵牛，食之本也，在天星为最贵，天顾重之，而人反不重乎？"

广袤的两河流域，自然条件优越。肥沃的土地，勤劳的农民，适宜的气候，一旦没有战乱和灾害，就会出现"忆昔开元全盛日，小邑犹藏万家室；稻米流脂粟米白，公私仓廪俱丰实"的盛世景象。以农为本，五谷丰登，为我们这个民族在华夏大地上，安居乐业，知足常乐，生生不息，持久长存，奠定了坚实的物质基础。

（三）"一块田"与土地制度："耕者有其田"

土地是农耕社会最重要的生产资料，土地所有制度是农耕社会经济发展阶段的最显著标志。托克维尔说得好："人要靠农业来占有土地。"[①]没有农业的土地，只是一片荒原。

中国古代的土地所有制形式，从大的方面可分两大阶段：殷商西周是土地国有化时期，东周以后进入土地私有化阶段。这两种土地所有制，在《诗经》里都有反映。

土地国有："溥天之下，莫非王土；率土之滨，莫非王臣"。（《诗·小雅·北山》）

土地私有："有渰萋萋，兴雨祁祁。雨我公田，遂及我私。"（《诗·小雅·大田》）

"耕者有其田"，这是历代土地制度的理想目标。纵观历代土地制度，有几种田制值得重视：

---

① 托克维尔：《论美国的民主》（上卷），董果良译，商务印书馆2004年版，第29页。

一曰"井田制"。这是从殷商到西周时期的集体耕作制。《春秋榖梁传·宣公十五年》（前594）："古者三百步为里，名曰井。井田者，九百亩，公田居一。"《注》："出除公田八十亩，余八百二十亩，故井田之法，八家共一井，八百亩。余二十亩，家各二亩半为庐舍"。"井田制"已显露出从公田到私田发展的趋势。《孟子·滕文公上》也有描述："方里而井，井九百亩，其中为公田，八家皆私百亩，同养公田。公事毕，然后敢治私事，所以别野人也。"

二曰"王田制"。这是西汉末王莽当政时"更名天下田曰王田"的一种制度。秦汉时代，土地兼并严重，王莽力更其弊，欲追复周期井田制，将土地收归国有，男口给田百亩，以打击豪强。然而历时短促，东汉即废除"王田"。

三曰"均田制"。这是始于北魏、盛行于隋唐的一种授田法，起到削减豪强占地，均分于民的作用。在均田制之前，世族门阀庄园经济占据主导地位，大量流民造成社会极不稳定。北魏孝文帝太和九年（485）下均田令，历隋唐而成为较好维持社会稳定的土地制度。

四曰"天朝田亩制"。这是清中叶太平天国实行的田制，"凡天下田，天下人同耕"是其指导思想，即按人口平均分配土地，较均田制更能体现百姓意志。

秦始皇修筑"万里长城"，是为了保住国家的"一块大田"；历代农民起义"打土豪，分田地"，是为了保住家庭的"一块小田"。保住"一块田"，这成为中国古代战争和革命的主要动因。同时，中国农民耕作着属于自己的"一块小田"，由此形成了自由与独立的传统，自强和自尊的性格，并主张一个人的家就是一个不容他人侵犯的"堡垒"。

（四）"一块田"与农业科技：水利与历法

中国古代的科技成就大都与农耕文明有着密切关系，它们是农耕文明的产物，也为农业生产服务。一曰水利：从上古的"大禹治水"到战国李冰的"都江堰";二曰历法：从"夏历"到宋杨忠辅的《统天历》和元郭守敬的《授时历》；三曰纺织：从古代丝调到黄道婆改造纺织；四曰中医：从"神农尝百草"到李时珍的《本草纲目》，等等。

中国古代的科学技术以满足农业生产为目的。这种"农业科技"，一方面成为中国古代科技的特点，另一方面又难以使工业科技得到发展，进入工业化时代就显得十分落后。一个农业文明高度发达的民族，到了工业化的近代社会，出现了与西方世界"同时异世"的景象。西方已进入"蒸汽机"的工业化社会，中国还停留在"刀耕火种"的农业时代。于是，洋轮舶来的"洋货"，成为追逐的对象，成为令人羡慕的时髦，成为一种身份的象征；土生土长的"土货"，则成为落后的标志，成为鄙视的对象，成为自卑的包袱。从此，中国人的观念中除了"真善美"与"假丑恶"之外，又多了一对范畴："洋"与"土"，"洋"是先进的，"土"是落后的；进而，"洋人"是聪明的，"国人"是愚昧的，西方文化是先进的，中华文化是落后的，并把造成"落后"的责任统统归罪于"传统文化"。

然而，这是一个多大的误会啊！传统中国"工业落后"，不是中国人愚蠢，也不是传统文化的阻碍，根本原因是"农业生产"和农耕文明没有迫切地提出这个需要。需要是创造力的最大推动力，也是创造性灵感的最大的源泉。当中国一旦进入工业化社会，有了工业化发展的需要，自然会先向世界学习，再与世界同步，最终走在世界前列的。20世纪80年代以来改革开放的中国，正在不断用事实证明这一点。科技是普世的。在全球化、信息化的今天，中国人在科技领域，正以惊人的步伐追赶世界，赶超世界。改革开放40年，中国实现了集四次工业革命为一体的惊人崛起。

（五）"一块田"与田园文化："玄对山水"

1.农耕文明与中华文化特性

以"男耕女织""五谷丰登""安居乐业"为理想的农耕经济，对中国古代的社会生活和思想观念产生了深刻的影响。学者一般认为，这也是传统中国出现以下三种社会历史现象的原因所在。

一是农耕自然经济的持续性与中华文化的延续性，中国社会"循环于一治一乱而无革命"。此亦即李四光所谓"中国历史可以很方便地划分为每800年为一单位的周期"。

二是农耕自然经济的多元性与中华文化的包容性，以农立国而五业兴旺，以汉为主而胡汉融合。中华文化的博大精深与绵延持久，就在于它大地般兼容并包的胸襟，在于它对不同区域和民族文化的交汇融合中，求得顽强的生存和发展。

三是农耕自然经济的坚韧性与中华文化的守旧性，以"三代"为理想的文化保守主义。恰如严复《论世变之亟》所说："尝谓中西事理，其最不同而断乎不可合者，莫大于中之人好古而忽今，西之人力今以胜古；中之人以一治一乱、一盛一衰为天行人事之自然，西之人以日进无疆，既盛不可复衰，既治不可复乱，为学术政化之极则。"①这种"人道"的历史循环和文化守旧观，实际上来源于古人对"天道"的无限循环的观察与比附。在古人看来，"大自然"春夏秋冬周而复始，"小社会"由盛而衰周而复始，天人相通，其理如一。

2.农耕文明与中国艺术精神

以"男耕女织""五谷丰登""安居乐业"为理想的农耕自然经济，又形成了中国特有的田园文化精神，这既表现在文学艺术中，又表现在士人的生活态度中。

诗歌散文：田园山水诗和山水游记成为古代诗文中艺术成就最高的文类，也是两种最具民族特色的抒情诗和抒情散文。从陶渊明、谢灵运到王维、孟浩然的田园山水诗，从郦道元《水经注》到徐霞客《徐霞客游记》的山水游记，"登山则情满于山，观海则意溢于海"，"吟咏之间，吐纳珠玉之声；眉睫之前，卷舒风云之色"，形成了两部独具民族风貌的诗文史。

绘画艺术：文人山水画和山水画论高度发达，与西方的人物画和人物

① 黄克武编：《中国近代思想家文库·严复卷》，中国人民大学出版社2014年版，第3页。

画理论交相辉映。从宗炳的《画山水序》到郭熙的《林泉高致》，连同从王维开端的文人山水画一起，对中国塞北江南的无限风光，从美学视角做了最生动精微的写照与诠释。张璪"外师造化，中得心源"的八字诀，启迪着一代代山水画家的艺术灵感。

生活态度：中国古代知识分子以摆脱官场回归田园为最崇高的人生选择，所谓"少无适俗韵，性本爱丘山"的返璞归真。陶渊明成为中国古代知识分子的崇高典范，其原因和意义就在于此。《归园田居·其一》是其人生观最生动的诗化表达："少无适俗韵，性本爱丘山。误落尘网中，一去十三年。羁鸟恋旧林，池鱼思故渊。开荒南野际，守拙归园田。方宅十余亩，草屋八九间。榆柳荫后檐，桃李罗堂前。暧暧远人村，依依墟里烟。狗吠深巷中，鸡鸣桑树颠。户庭无尘杂，虚室有余闲。久在樊笼里，复得返自然。"千百年来，这首诗似乎已成为知识分子心灵疗伤的灵丹妙药。

此外，农耕文明还形成了中国读书人特有的"农业意识"。罗庸是西南联大的著名教授，1942年10月，他在"国文学会"所作题为《论读专书》的讲演中，对此有一段见解独到的论述："中国过去的社会是农业社会，读书人的意识也是农业意识。读书的目的在于人才的养成，书不过是人的养料，犹之土壤水分为植物的养料一般。所谓十年树木，百年树人，其义无二。所以六经称为六艺，教育子弟谓之栽培，学问扎实谓之根柢深厚，文字生活谓之砚田笔耕，收获耕耘，春华秋实，无往而不是农业术语"；与之相联系，"农业社会最看不起的是商人，因为他不是先难后获的，所以讲学最忌'稗贩'。其次看不起的是工人，因为他不从事于为己之学，所以书画最忌'匠气'"云云[1]。读完这段文字，对传统读书人常用的这套词语的深层来源，真有拨云见日、豁然开朗之感。

---

[1] 罗庸著、杜志勇辑校：《中国文学史导论》，北京出版社2016年，第148页。

二、"一个家"：家国同构的宗法政治

20世纪初，梁启超曾"旅美十月"。回国后，他在《新大陆游记》（1904）中检讨"中国人之缺点"时列出四点。第一点即指出："有族民资格而无市民资格。吾中国社会之组织，以家庭为单位，不以个人为单位，所谓家齐而后国治是也。周代宗法之制，在今日其形式虽废，其精神犹存也。"[①]梁启超所谓"以家族为单位，不以个人为单位"，中国的"族治之自治"不同于西方的"市治之自治"，深刻揭示了中国社会组织结构的特点，深刻揭示了中国政治体制的特点。

家国同构的政治体制，是以男耕女织的自然经济为基础的；同时它又有家庭、家族、家园、家国合一诸层次组合而成。中国在农耕经济基础上形成的家庭伦理性社会，与西方在商业经济基础上形成的城市法治性社会相比，具有明显的区别。

（一）"一个家"与家庭伦理："三纲五常"

1.家庭伦理与五伦观念

"一个家"是以"一块田"为基础的。家庭在中国人生活中的地位特别重要，它成为中国人终身的精神依托，也是社会最为稳固的细胞。日本学者稻叶君山《中国社会文化之特质》说："保护中国民族的唯一障壁，是其家族制度。这制度支持力之坚固，恐怕万里长城也比不上。"[②]

中国传统的家庭是以血缘为根基、以父族为主导、以五伦为次序组成的社会细胞。一是以血缘为纽带，孙子和外孙有亲疏之别；二是以父族为主导，一方面强调"不孝有三，无后为大"，另一方面"入赘"则低一等；三是以五伦为次序，即君臣、父子、夫妇、兄弟、朋友。《孟子·滕文公

---

① 夏晓虹编：《梁启超文选》（上），中国广播电视出版社1992年版，第398页。
② 转引自梁漱溟：《中国文化要义》，上海人民出版社2003年版，第48页。

上》："使契为司徒，教以人伦：父子有亲，君臣有义，夫妇有别，长幼有叙，朋友有信。"孟子对以血缘为纽带的五伦关系作了具体阐释，也成为中国人的家庭价值观和行为准则。

五四以后，"五伦观念"一直被作为封建伦理观念加以批判。实际上，五伦的观念是几千年来支配了我们中国人的道德生活的最有力量的传统观念之一。它是我们礼教的核心，也是维系中华民族的群体的纲纪。贺麟在著名的《五伦观念的新检讨》这篇论文中，力求"从检讨这旧的传统观念里，去发现最新的近代精神"。贺麟经过披沙拣金的方法，考察出构成五伦观念的四个基本要素：（1）注重人与人的关系，而不是人与神的关系；（2）维系人与人之间的正常永久关系；（3）以等差之爱为本而善推之；（4）以常德为准而皆尽单方面之爱或单方面的义务。总之，"五伦观念是儒家所倡导的以等差之爱、单方面的爱去维系人与人之间常久关系的伦理思想。"①贺麟先生对"五伦观念"的"推陈出新"或现代阐释，赋予了传统伦理以新的意义和价值。事实上，人类生活中只要有家庭存在，就有"五伦关系"和"五伦伦理"，中国传统的"五伦观念"也就有其自身的价值和意义。

2.家庭对社会生活的影响

中国人以家庭为社会生活的重心。所谓"国之本在家"，"积家而成国"，已成为中国的民谚。家庭对中国的社会生活产生了深刻影响，它的功能表现在生活的方方面面。家庭生活是中国人第一重的社会生活；亲戚邻里朋友等关系则是中国人第二重的社会生活。这两重社会生活，集中了中国人的要求，范围了中国人的活动，规定了其社会的道德条件和政治上的法律制度。人每责备中国人的只知有家庭，不知有社会；实则中国人除了家庭，没有社会。就农业言，一个农业经营单位是一个家庭。就商业言，外面是商店，里面就是家庭。就工业言，一个家庭里安了几部织机，便是工厂。就教育言，旧时教散馆是在自己家庭里，教专馆是在人家家庭

---

① 贺麟：《文化与人生》，商务印书馆2006年版，第62页。

里。就政治言，一个衙门往往就是一个家庭；一个官吏来了，就是一个家长来了。你病了，家庭便是医院，家人便是看护。你是家庭培育大的，你老了，只有家庭养你，你死了，只有家庭替你办丧事。家庭依赖你成功，家庭也帮助你成功。总之，一个人从降生到老死，脱离不了家庭生活，尤其脱离不了家庭的相互依赖。传统中国，家庭就是社会，社会就是家庭，个人、家庭和社会就这样紧紧地联系在了一起。①

3.家庭与中西社会结构

家庭观念的不同，造成了中西社会结构的重大差别。费孝通精辟地指出，西方的"团体格局"和中国的"差序格局"，是中西社会结构的基本区别所在。西方的社会有些像我们在田里捆柴，几根稻草束成一把，几把束成一扎，几扎束成一捆，几捆束成一挑。每一根柴在整个挑里都属于一定的捆、扎、把。每一根柴也可以找到同把、同扎、同捆的柴，分扎得清楚不会乱的。在社会，这些单位就是团体。西方常常由若干人组成一个个团体的社会格局，不妨称作"团体格局"。中国的社会格局不是一捆一捆扎清楚的柴，而是好像一块石头丢在水面上所发生的一圈圈推出去的波纹。每个人都是他社会影响所推出去的圈子的中心，被圈子的波纹所推及的就发生联系。每个人在某一时间某一地点所动用的圈子是不一定相同的。换言之，在传统结构中，每一家以自己的地位做中心，周围划出一个圈子，这个圈子就是"街坊"。这个圈子不是一个固定的团体，而是一个范围。范围的大小依着中心的势力厚薄而定。有势力的人家的街坊可以遍及全村，穷苦人家的街坊只是比邻的两三家。中国这种因中心势力的变化而大小的社会格局，可以称作"差序格局"。中西两种社会格局的差异可图示如下：

$$\text{社会格局} \begin{cases} \text{西方：团体格局——平等关系：权利——政治法律} \\ \text{中国：差序格局——亲属关系：人伦——伦理道德} \end{cases}$$

---

① 参阅梁漱溟：《中国文化要义》，上海人民出版社2003年版，第21—22页。

费孝通进而做了这样的比较描述："在西洋社会里，国家这个团体是一个明显的也是唯一特出的群己界线。在国家里做人民的无所逃于这团体之外，像一根柴捆在一束里，他们不能不把国家弄成个为每个分子谋利益的机构，于是他们有革命、有宪法、有法律、有国会等等"；中国不同于西方，"在差序格局中，社会关系是逐渐从一个一个人推出去的，是私人联系的增加，社会范围是一根根私人联系所构成的网络，因之，我们传统社会里所有的社会道德也只在私人联系中发生意义。"①例如上述的"三纲五常"，这种观念在中国社会依然根深蒂固，并指配人的生活行为。归根结底，这两种社会格局的形成还在于中西乡土农耕文明与城市商业文明的不同。

（二）"一个家"与家族制度：以宗法取代宗教

1.从"家庭"到"家族"

一个家庭扩展出去就是一个家族，"家族"是"家庭"的自然的扩展和延伸。一个家庭占居"一间屋"，一个家族则形成"一个村落"。中国古代的农村村落，就是一个有血缘关系的同姓居民构成的家族社区。例如皖南徽州鲍氏宗祠与棠樾牌坊。

从热爱自己的家庭，发展到热爱自己的宗族；从热爱自己的宗族，发展到热爱生我养我的土地。于是一种乡土之情油然而生，形成中国人特有的"同乡观念"。这种观念将来自同一村镇、同一地区、同一省市的人联系在一起，促使他们建起了地区学校、公共粮仓、商会、同乡会，以及其他公共事业。这些东西基本上来自家庭心理，不脱家庭模式。这种观念是扩大了的家庭观念，使得人们有可能进行相当程度的合作，形成中国独特的以家族宗法制度为核心的乡村互助社会。如果说，现代城市社会是一个"陌生人社会"；那么，由家庭扩展出去的传统乡土中国，则是

---

① 费孝通：《乡土中国》，北京大学出版社2012年版，第39—48页。

一个"熟人社会"①。

2.家族宗法制度的确立

"家族宗法制",这"宗族"二字,其义有别:族指全体有血缘关系的人,宗则是亲族中奉一人为主,称为族长。宗法制在西周形成,有三大特点。

其一,嫡长子继承制。

西周宗法制,严格区分嫡庶,嫡长子具有优先继承权;在宗族内部,又有"大宗""小宗",然皆以正嫡为宗子,宗族成员均必敬奉。此即《春秋公羊传》隐公元年所说:"立嫡以长不以贤,立子以贵不以长。"

刘师培《古政原始论·宗法原始论第四》归纳古代礼法典籍,提出"宗子"(长子→族长→天子)自身应享权利六种,对族人行施权力三种,其中最主要的可概括为六个方面:(一)主祭权。《礼记·曲礼下》:"支子不祭,祭必告于宗子。"(二)主财权。《仪礼·丧服》:"异居而同财,有余则归之宗,不足则资之宗。"(三)主事权。族中有事,必告宗子,而宗子亦代行主事之职。(四)主教权。宗子主教,重在对家族成员礼仪规范的教育,特别是对"为妇之道"的教育,如《颜氏家训》。(五)主刑权。《霍氏家训》:"子侄有过,俱朔望告于祠堂,鸣鼓伐罪。"(六)特享权。指享嗣、享祀、享禄诸权利。

宗子的法权是家族宗法制度的核心,推广开去,即形成周朝"封建亲戚,以藩屏周"的封建政治格局。

其二,封邦建国制。

"封邦建国制",简称封建,即今人所说的分封制。分封制是由宗法制度直接延伸出来的一种巩固政权的制度,是由周人创立的。分封制的出发点和目的就是《左传·僖公二十四年》所谓:"封建亲戚,以藩屏周"。

分封制度的具体内容,古代文献有记载。《礼记·礼运》把这种逐级层层分封作了这样描述:"天子有田以处其子孙,诸侯有国以处其子孙,

---

① 费孝通:《乡土中国》,北京大学出版社2012年版,第14—15页。

大夫有采以处其子孙。"封建国的层层分封，形成一座由"天子—诸侯—卿大夫—士—庶民"构成的，由上而下，等级分明的政治金字塔。

其三，宗庙祭祀制度。

宗庙祭祀制度是为了达到维护宗族团结而发展起来的一种重要手段。《礼记·大传》："亲亲故尊祖，尊祖故敬宗，敬宗故收族。"宗法制度是以血缘亲疏来辨别同宗子孙的尊卑等级关系，通过宗庙祭祀强调尊祖敬宗，以起到维护团结的作用。

中国古代的宗庙制度有等级之分。据《礼记·王制》记载：周天子为七庙，诸侯为五庙，大夫为三庙，士为一庙。周代以后，天子多为"五庙"：即考庙（父庙）、王考庙（祖父庙）、皇考庙（曾祖父庙）、显考庙（高祖父庙）、太祖庙（供奉始祖以下、高祖以上各代祖先神主）。

宗庙祭祀制度的发展，形成了中国传统的礼乐文化。礼乐文化的精神何在？根据《礼记·乐记》等典籍对礼乐内涵的阐释，朱光潜做了这样的概括："乐的精神是和，静，乐，仁，爱，道志，情之不可变；礼的精神是序，节，中，文，理，义，敬，节事，理之不可易。乐的许多属性都可以'和'字统摄，礼的许多属性都可以'序'字统摄。"[1]程伊川有句名言："礼只是一个序，乐只是一个和，只此两字含蓄多少义理。"儒家就是在这两个观念的基础上建筑起一套伦理学，一套教育学与政治学，甚至于一套宇宙学与宗教哲学。这种礼乐文化不仅塑造了世世代代中国人的性格，而且影响到中国周围的国家，如东南亚一带。

周代的宗庙祭祀制度，对维护以家族为核心的宗法制度发挥过重要作用。宗庙祭祀制后被历代帝王继承，并有发展之势。例如，皇宫前面，"左宗右社"的制度一直延续到明清。"左宗"是宗法的标志，是为"太庙"；"右社"是国土的象征，是为"社稷坛"，二者共同象征着这个王朝的天下和对全部土地臣民的占有。现在，北京故宫前左侧的劳动人民文化宫，原是明清的"太庙"；右侧的中山公园，原是明清的"社稷坛"。

---

[1]《朱光潜全集》（第9卷），安徽教育出版社1993年版，第95页。

3.家族宗法制对传统文化的影响

梁启超说："周代宗法之制，在今日其形式虽废，其精神犹存也"。家族宗法制对中国社会文化的影响表现许多方面。

一是以"宗法"代替"宪法"，以"人治"代替"法治"。中国人是在熟人里长大的，乡土中国是一个"熟人的社会"，而不是西方的"陌生人社会"。"熟人的社会"，讲究"人情面子"。于是，在中国这个"面对面的社群"里，人情面子大于法律的现象，依然干扰着中国现代法治社会的进程。林语堂对中国人的"讲面子"有精辟的分析："中国人生理上的面孔固然很有意思，而心理上的面孔则更为迷人，值得研究。这个面孔不能洗也不能刮，但可以'得到'，可以'丢掉'，可以'争取'，可以'作为礼物送给别人'。这里我们触及到了中国人社会心理最微妙奇异之点。它抽象，不可捉摸，但都是中国人调节社会交往的最细腻的标准。"①中国传统熟人社会的"人情面子"，一方面能给人以"人情"的温暖，另一方面又可能因为要了"面子"而失去了"原则"。在建设现代城市文明的今天，在建设法治社会的今天，必须克服"讲面子"带来的弊端。

二是"宗法"取代"宗教"，导致宗教的家族化。关于这一点，中外学者有相同的看法。日本稻叶君山《中国社会文化之特质》说："一般学者都说古代罗马的家族制度精神之覆灭，是基督教侵入罗马之结果。但中国自唐代有奈思特留斯派（景教）传入以来，中经明清两代之传教以迄于今，所受基督教影响不为不久，其家族制度却依然不变。且反转而有使基督教徒家族化之倾向。佛教在中国有更长久之历史；但谓佛教已降服于此家族制度之下，亦不为过。此真世界一大奇迹！我们说中国和欧美社会之间横划着一鸿沟，全不外这些事实。"②

中国现代佛学大师太虚的论述，证实了上面关于佛教的看法："佛教的僧伽制度，本为平等个人和合清众的集团，但是中国亦成中层家族的大

---

① 林语堂：《中国人》，郝志东、沈益洪译，学林出版社2002年版，第203页。

② 参阅梁漱溟：《中国文化要义》，上海人民出版社2003年版，第48页。

寺院及下层家族的小庵堂；只有家族的派传，无复和合的清众。此可见家族化之普及与深入。"①佛教圣地九华山，家庙合一的现象极为普遍。在九华街的僻静处，在去天台的小路上，到处可见家庙合一的景观。堂屋供菩萨，为宗教场所，内屋住家人，是日常生活场所。

三是家族生活对文学的影响。西方的"庄园小说"，从《傲慢与偏见》《简爱》《呼啸山庄》《乱世佳人》到《押沙龙！押沙龙》等，与中国的"家族小说"，从《金瓶梅》《红楼梦》《家·春·秋》《白鹿原》到《活着》等，各自形成两大文学传统。与此同时，西方的"庄园小说"与中国的"家族小说"，也成为中西比较文学中的热门话题。

（三）"一个家"与家国同构："正家而天下定"

1.家国同构的涵义

"家国同构"是指家庭、家族和国家在组织结构方面的共同性。家是国的原型，国是家的扩展，天子即家长，百姓即子民。家庭的"三纲五常"、家族的"嫡长继承制"与国家的"以孝治天下"，具有紧密的内在联系。"国家"一词，在汉语中就有"积家为国，家为国本，以国为家，以家为国"等多重涵义。《周易》的《家人卦》专门阐发"治家"之道。《象》曰："家人，女正位乎内，男正位乎外；男女正，天地之大义也。家人有严君焉，父母之谓也。父父，子子，兄兄，弟弟，夫夫，妇妇，而家道正；正家而天下定矣。"由"家"而"国"，由"正家"而"定天下"，《家人卦》与《大学》"修齐治平"的大旨，可谓密合无间。

2.家国同构的表现

其一，伦理本位的社会：家庭为社会细胞。

梁漱溟《中国文化要义》认为：近代欧美是"个人本位的社会"，中国古代是"伦理本位的社会"。所谓伦理性社会，就是说国家是扩大了的伦理家庭。

---

① 参阅梁漱溟：《中国文化要义》，上海人民出版社2003年版，第48—49页。

中国伦理性社会的特点在于："举整个社会各种关系而一概家庭化之，务使其情益亲，其义益重。由是乃使居此社会中者，每一个人对于其四面八方的伦理关系，各负有其相当义务；同时，其四面八方与他人有伦理关系之人，亦各对他负有义务。全社会之人，不期而辗转互相连锁起来，无形中成为一种组织。"①

关于中国社会"家国同构"的伦理性特点，张东荪有更具体的论述。他在《理性与民主》中说："我尝说，中国的社会组织是一个大家庭而套着多层的无数小家庭。可以说是一个'家庭的层系'。所谓君就是一国之父，臣就是国君之子。在这样层系组织之社会中没有'个人'观念。所有的人，不是父，即是子。不是君，就是臣。不是夫，就是妇。不是兄，就是弟。中国的五伦就是中国社会组织；离了五伦别无组织，把个人编入这样层系组织中，使其居于一定之地位，而课以那个地位所应尽的责任。如为父则有父职，为子则有子职。为臣则应尽臣职，为君亦然。"②

中国的伦理社会，同托克维尔所说的西方的贵族社会和民主社会，可以说是世界上三种性质不同、各具特点的社会形态：贵族社会，贵贱等级，君主专制；民主社会，人人平等，人民主权；伦理社会，家国合一，伦常差序。

其二，政治伦理化："家天下"与"以孝治天下"。

所谓"家天下"，即由于一国即是一家，于是天子便是家长，百姓便是子民。家天下的主要特点，就是一姓家族统治一个朝代，只要这个朝代不灭亡，这个家族就一直要统治下去。于是，一部中国史，就成了一部家族统治史。从秦汉到明清，有秦氏王朝、刘氏汉朝、司马氏晋朝、杨氏隋朝、李氏唐朝、赵氏宋朝、朱氏明朝、爱新觉罗氏清朝等等。

所谓"以孝治天下"，即"家国同构"在价值观念上便是"忠孝同义"。"父慈子孝"是家庭纲常，帝王用以治国，便是"以孝治天下"。先

---

① 梁漱溟：《中国文化要义》，上海人民出版社2003年版，第95页。

② 参阅梁漱溟：《中国文化要义》，上海人民出版社2003年版，第106页。

是"求忠臣于孝子之门"，后要求"在家为孝子，出门为忠臣"。中国古代知识分子以成为"忠臣孝子"为最高行为准则，并以"家天下"为正统。从楚国屈原到清末王国维的"历代遗民"即可为证。

其三，帝王圣人化：治国先修身。

政治伦理化的结果，便要求帝王圣人化，亦即"内圣外王"。中国的理想政治是一种圣人政治，孟子所谓"仁政"。尧、舜、禹三代帝王，是帝王圣人化的典范，也成为历代帝王的楷模。帝王圣人化的实质，在于实行一种人情柔性的专制。

黑格尔在《历史哲学》中对他心目中的"中国帝王"有一段描述："中国能够得到最伟大、最优秀的执政者，'所罗门的智慧'这句话可以用在他们身上；……天子的行为举止，据说是最高度地简单、自然、高贵和近于人情的。他在言行上都没有一种骄傲的沉默或者可憎的自大，他在生活中时刻意识到他自己的尊严，而对于他从小就经过训练必须遵守的皇帝义务，他随时要加以执行。"[①]这当然是被道听途说的黑格尔过于理想化了的中国帝王。不过，从中国的政治体制和宫廷礼仪看，对帝王的德行修养、言行举止和君臣之道，确实是有严格规范的。

中国的"内圣外王"的圣人政治，催生了《大学》式的政治哲学纲领。《大学》就是一部政治哲学纲领，所讲的"大学之道"，即"平天下"之道。《大学》中的"三纲八目"，强调的就是治国先修身的道理，所谓"自天子以至于庶人，壹是皆以修身为本"。按照儒家的"内圣外王"之道，只有先成圣人，才能实行王政或"仁政"，使天下太平。

晚年的柏拉图曾提出"哲学王"的政治理想："当我年纪越来越大的时候，我看到要正确安排国家事务确实是件很困难的事。没有可靠的朋友和支持者什么事情也办不成，而这样的人很难找到……因此我被迫宣布，只有正确的哲学才能为我们分辨什么东西对社会和个人是正义的。除非真正的哲学家获得政治权力，或者出于某种神迹，政治家成了真正的哲学

---

① 黑格尔：《历史哲学》，王造时译，上海书店出版社1999年版，第130页。

家，否则人类就不会有好日子过。"①一切事情最后都是人做的，人的优劣决定了事情的好坏。柏拉图的"哲学王"和儒家的"圣人政治"，无不表达了对德才兼备的优秀政治家的呼唤。

其四，以道德代宗教，以礼俗代法律：中国文明的一大异彩。

"家国同构"在社会秩序上的特点便是"以道德代宗教"。梁漱溟认为这是"中国文明的一大异彩"：大概人类社会秩序，最初形成于宗教。其后，乃有礼俗、道德、法律等，陆续从宗教中孕育分化而出。离开宗教而有道德，在中古西洋殆难想象；离开法律而有秩序，在近代国家弥觉稀罕；"然而在旧中国却正是以道德代宗教，以礼俗代法律，恰与所见于西洋者相反。道德存于个人，礼俗起自社会；像他们中古之教会，近代之国家，皆以一绝大权威临于个人临于社会者，实非中国之所有。"②

"以道德代宗教，以礼俗代法律"的社会秩序，表现在两个方面：一是安排伦理名分以组织社会；二是设为礼乐揖让以涵养理性。梁漱溟认为，宗教是"信他"，信赖作为绝对他者的上帝，道德是"自信"，相信人类自己的理性；"以道德代宗教"，表现了中国人对"人自己的理性"的高度自信。确如梁漱溟所说："儒家没有什么教条给人；有之，便是教人反省自求一条而已。除了信赖人自己的理性，不再信赖其他。这是何等精神！人类便再进步一万年，怕亦不得超过罢！"③

不过，以道德代宗教也可能会有某种不足。梁漱溟认为，宗教与道德，从本质上，对个人都是要人向上迁善。然而宗教之生效快，而且力量大，并且不易失坠。对社会，也是这样。④确实，从客观上说，宗教的强制性仪规比道德的个体自觉具有更强大的制约性。而且，对常人而言，"监督"比"慎独"更为可靠。

其五，伦理社会的弊端。

①《柏拉图全集》(第四卷)，王晓朝译，人民出版社2003年版，第80页。
② 梁漱溟：《中国文化要义》，上海人民出版社2003年版，第231页。
③ 梁漱溟：《中国文化要义》，上海人民出版社2003年版，第124页。
④ 梁漱溟：《中国文化要义》，上海人民出版社2003年版，第124页。

中国人文学要义

中国的伦理性社会和以道德代宗教，既有长处又有短处。由于中国人陷于家庭生活而缺乏集体生活，西方人所长恰成中国人所短。这种短处被有的学者概括为四个方面：

第一，公共观念："各人自扫门前雪，莫管他家瓦上霜"。

第二，生活习惯：大声喧哗，随地吐痰，旁若无人。

第三，组织纪律："没有三人以上的团体，没有五分钟的热气"。

第四，法治精神：托人情，走关系，徇私枉法。

这就是中国社会中那些"缺乏现代人性格"的中国人。林语堂在《吾国吾民》中所说的中国传统社会的种种不良习俗，同样与中国人世世代代的大家庭生活密切相关。

三、"一张桌"：以和为贵的家园文化

中国传统家庭都有一张四四方方的"八仙桌"。这张桌子极为尊贵，且有多样的功能。中国人在这张"八仙桌"上演绎出了丰富多样的文化生活。所谓"一张桌"的"家园文化"，即中国人的文化生活是以"家"为单位，围绕家中的"一张桌子"展开的，是一种封闭性的、家庭化的"家园桌面文化"，而非西方开放性的、公共化的"城市广场文化"。

经济、政治和文化是人类生活的三大基本要素，古今中外莫能例外。中国古代的家庭，在"一块田"里获得生活资源，在"一个家"中形成纲常秩序，又在"一张桌"上展开精神文化生活。农耕经济、宗法政治、家园文化，这三者是相互制约、互为因果的。

（一）"一张桌"与以食为天的餐桌：饮食

中国人有"民以食为天"的观念，桌子的首要功能就是作为"餐桌"。于是，在一张餐桌上演绎出了不同于西方的"饮食文化"。例如，食文化，"年夜饭"不同于"自助餐"；酒文化，"酒席"不同于"酒吧"；茶文化，

"茶馆"不同于"咖啡馆",如此等等。中国的餐食文化博大精深,难以备述。这里有两点可以与西方比较。

一是待客之道:客人上座,主人陪座。"在中国几乎看不见有自己,在西洋恰是自己本位,或自我中心。此其相异,于中西日常礼仪上即可看出。如西洋人宴客,自己坐在正中,客人反在他的两旁。尊贵的客人,近在左右手;其他客人便愈去愈远。宴后如或拍影,数十百人皆为自己作陪衬,亦复如是。中国则客来必请上座,自己在下面相陪。宴席之间,贵客高居上座离主人最远;其近在左右手者,不过是末座陪宾了。"①这种待客之道,源于儒家的尊老传统。《论语·乡党》:"乡人饮酒,杖者出,斯出矣。"孔子与老乡饮酒吃饭时,等老人离开了,自己才离开,表现出对老乡的尊重和尊敬。

二是饮食之道:"食不厌精,脍不厌细。"《论语·乡党》对孔子的饮食之道做了精细的描述:"食不厌精,脍不厌细。食饐而餲、鱼馁而肉败,不食;色恶,不食;臭恶,不食;失饪,不食;不时,不食;割不正,不食;不得其酱,不食。"用白话说就是:"食物不嫌做得精,生脍不嫌切得细。食物放久变味,鱼臭肉烂,不食用;颜色难看,不食用;气味难闻,不食用;烹调不当,不食用;不合时令,不食用;切割不方正,不食用;没有该用的酱,不食用。"孔子的饮食之道,符合现代卫生,也注意有益于健康。

中国的普通家庭,每年除夕晚上的"年夜饭",主要不是吃"饭",而是吃"菜"。每家主妇都会做出一桌"色、香、味、形"俱佳的"满汉全席"。

当年,西方的中国通对"中国人德性"充满了"傲慢与偏见",但对中国人的饮食之道无不佩服之至。亚瑟·史密斯写道:"中国人对主要食品的选择是很高明的。他们烹调技术精湛,构料简单,却能不断地花样翻

① 梁漱溟:《中国文化要义》,上海人民出版社2003年版,第107—108页。

新，品种繁多，这一点，极少注意中国烹饪术的人也是全然了解的。"①今天，"中餐"已誉满全球，"中餐馆"则布满全球，"舌尖上的中国"，令世界垂涎。总之，这一张餐桌，是中国人生活艺术的第一诞生地。

（二）"一张桌"与耕读传家的书桌：教育

在中国，"半耕半读"，"耕读传家"，是人人熟知的一种美德和传统。这张"八仙桌"的第二种功能，就是置于书房，作为子孙"学而时习之"的读书桌。于是，在这张桌子上演绎出了一部中国人的读书史和教育史。

首先，中国家庭自古都非常重视子孙的"读书"，并把改换门庭和光宗耀祖的希望寄托在子孙的"读书"上。大户人家厅堂楹联的格言，大多以修身读书为主。例如："继祖宗一脉真传，克勤克俭；教子孙两行正路，惟读惟耕。""必忘果报能为善，欲立功名在读书。""至乐莫过读书，至要莫如教子；寡智乃能习静，寡营乃可养生。""言易招尤，对朋友少说几句；书能益智，劝儿孙多读数行。""何物动人，二月杏花八月桂；有谁催我，三更灯火五更鸡"。此外，"劝农"和"劝学"，也是历代知识分子反复谈论和阐述的话题。

其次，中国古代社会也非常重视教育，三代开始，从都城到乡村开办各类学校。《孟子·滕文公上》："设为庠、序、学、校以教之，庠者养也，校者教也，序者射也。夏曰校、殷曰序、周曰庠，学则三代共之，皆所以明人伦也。人伦明于上，小民亲于下。有王者起，必来取法，是为王者师也。"此处讲庠、序、学、校，为不同时代学校的名称。《礼记·学记》："古之教者，家有塾，党有庠，术有序，国有学。比年入学，中年考校。一年视离经辨志，三年视敬业乐群，五年视博习亲师，七年视论学取友，谓之小成。九年知类通达，强立而不反，谓之大成。"此处讲庠、序、学、校，为不同等级的地方学校。

最后，中国的科举制度，为"耕读人家"的子弟，提供了一条进身仕

---

① 亚瑟·史密斯：《中国人德行》，张梦阳、王丽娟译，新世界出版社2005年版，第5页。

途的出路。所谓"学而优则仕"。谚曰："朝为田舍郎，暮登天子堂。"这是一般"读书郎"的理想，也是其中佼佼者人生道路的真实写照。所谓"书中自有黄金屋，书中自有颜如玉"。西方文学中"灰姑娘与白马王子"的故事，变成中国文学中"贫寒子弟与贵族小姐"的故事。中国四大名剧《西厢记》《牡丹亭》《长生殿》《桃花扇》，其中两部写寒门子弟考取状元，最终得与相国、太守家的千金小姐"终成眷属"的故事。

这里不妨对东方的"书房文化"和西方的"客厅文化"作一比较。如果说西方的政治家诞生于客厅和广场，那么中国的政治家诞生于书房和考场。

西方："客厅文化" → "富丽" { 社交 / 论辩 / 求新 } 客厅 → 舞场 → 广场 → "赛场" { 体育赛场 / 政治赛场 }

中国："书房文化" → "朴素" { 反省 / 读经 / 传统 } 书房 → 砚台 → 考场 → 官场："学而优则仕"

中国古代"耕读传家"的传统，形成了中国社会士农相通的特点。梁漱溟说："最平允的一句话：在中国耕与读之两事，士与农之两种人，其间气脉浑然相通而不隔。士与农不隔，士与工商亦岂隔绝？士、农、工、商之四民，原为组成此广大社会之不同职业。彼此相需，彼此配合。隔则为阶级之对立；而通则职业配合相需之征也。"[①]梁漱溟因此认为，中国社会结构的特征，不是"阶级对立"，而是"职业分途"。中国的士农相通与日本的等级制度形成鲜明对照。

科举制造成的"士从农出，士农相通"，使得在中国没有固定的社会阶级，只有不同的家庭；或者是官宦家庭，或者是非官宦家庭。然而，一个出色的子孙又往往会通过一篇文章来改换门庭。所谓三十年河东，三十年河西。更为重要的是，"学而优则仕"的科举制度，对中国政治产生了

① 梁漱溟:《中国文化要义》，上海人民出版社2003年版，第179页。

深刻影响，它使汉代以后的历代政府，成为一个"读书人的政府"，或称为"士人政府"。钱穆指出："从汉代起，我们可说中国历史上此下的政府，既非贵族政府，也非军人政府，又非商人政府，而是一个'崇尚文治的政府'，即士人政府。"①如汉代从昭宣以下的历代宰相，几乎全是读书人。用当代学者的话来说："作为'文明型国家'，中国政治有着完全不同的历史传承。我们在过去两千年的历史长河中，大都是统一的儒家执政集团执政"。②中国历史上的汉唐盛世和王朝的长治久安，与这种通过 选贤任能的科举组成的"士人政府"，有着密切关系。

（三）"一张桌"与处理族务的议事桌：家务

中国人有句口头禅："有事拿到桌面上来说。"这张"八仙桌"的第三种功能，就是成为处理家庭事务和家族事务的议事桌。法律问题礼俗化，这张桌子上又演绎出一部中国特有的礼俗史。

首先，是在桌面上处理家庭事务。其中最大的事情，莫过于弟兄分家、自立门户时的分家产。在这种情况下，一般都是由"大娘舅"这个外姓人来主持公道。于是，中国的"娘舅"扮演着西方"律师"的角色。西方人按遗嘱或法律办事，与中国人在桌面上处理家事形成鲜明对照。

其次，是在桌面上处理家族事务和民间纠纷。家族事务通常到家族祠堂里，在族长的主持下协商解决。若有家族子弟行为不端，屡教不改，必要时还可以动用"家法"，予以惩治。民间纠纷也可以在桌面上自行私了，所谓"吃讲茶"："民间纠纷（民事的乃至刑事的），民间自了。或由亲友说合，或取当众评理公断方式，于各地市镇茶肆中随时行之，谓之'吃讲茶'。其所评论者，总不外情理二字，实则就是以当地礼俗习惯为准据。亦有相争之两造，一同到当地素孚众望的某长者（或是他们的族长）面前，请求指教者。通常是两造都得到一顿教训（伦理上原各有应尽之义），

---

① 钱穆：《中国历代政治得失》，生活·读书·新知三联书店2018年版，第17页。
② 张维为：《文明型国家》，上海人民出版社2017年版，第58页。

而要他们彼此赔礼，恢复和好（此原为伦理目的）。大约经他一番调处，事情亦即解决。"①

"法律面前人人平等"的"公了"，与"拿到桌面上来谈"的"私了"，这是中西方人处理纠纷事务的不同态度，也是熟人社会和陌生人社会、伦理社会和法理社会的区别之一。鲁迅小说《离婚》，描写爱姑与"小畜生"的婚姻纠纷，闹了两年多的"离婚"案，尽管爱姑越战越勇，"小畜生"越来越"苍老"，矛盾冲突的解决，最终还是采取了"拿到桌面上来谈"的中国式的"私了"方式。小说写道："两方面各将红绿帖子收起，大家的腰骨都似乎直得多，原先收紧着的脸相也宽懈下来，全客厅顿然见得一团和气了。"这是现代小说描写"在桌面上"处理民间纠纷的典型场景。

（四）"一张桌"与尊祖敬宗的祭祀桌：宗教

陆游《示儿》诗曰："王师北定中原日，家祭无忘告乃翁。""家祭"，即家庭对祖先和神灵的祭祀。家中这张"八仙桌"的第四个功能，就是祭祀神灵和祖先，这是"八仙桌"最神圣的功能，也是中国传统家庭特有的一种宗教仪式。于是，在这张"八仙桌"上，又演绎出一部中国特有的祭祀文化史。

中国家庭敬神祭祖的祭祀极为多样，其中最常见的莫如元旦、清明、冬至、祭灶、除夕等等。"元旦"，即正月初一，旧节称"元旦"。据说夏朝定之为祭祀节日，以迎新年。王安石《元日》诗云："爆竹声中一岁除，春风送暖入屠苏。千门万户曈曈日，总把新桃换旧符。""清明"，每年夏历三月内，阳历4月5日前后。民间习俗于这一天扫墓，以祭祀祖先，怀念祖德；所谓"慎终追远，民德归厚"。杜牧《清明》诗云："清明时节雨纷纷，路上行人欲断魂。借问酒家何处有，牧童遥指杏花村。""冬至"，每年夏历十一月中，阳历十二月二十二三日。在我国，冬至日白昼最短，夜晚最长；自此以后，昼夜短长开始变化，夜消昼长。冬至也是重要的祭

① 梁漱溟：《中国文化要义》，上海人民出版社2003年版，第232页。

祀日。鲁迅《祝福》有一段惊心动魄的描写："冬至的祭祖时节，她做得更出力，看四婶装好祭品，和阿牛将桌子抬到堂屋中央，她便坦然的去拿酒杯和筷子。'你放着吧，祥林嫂！'四婶慌忙大声说。"四婶的这一声大喝，彻底断绝了祥林嫂的希望，也最终断送了祥林嫂的人生。"祭灶"，旧俗以夏历十二月二十四日为灶神升天的日子，在这一天或前一天祭送灶神，称为送灶。"除夕"，俗称"大年"，这是一年的最后一天，也是一年中最后一个祭祀日。除夕日生活极为丰富，极为热闹，也极为欢乐。白天要挂桃符、贴春联、挂年画、放爆竹，要上坟祭祀祖先；夜晚要摆天地桌供神像，烧香礼拜；然后是吃团年饭、饮团年酒，长幼互拜叫分岁、辞岁；最后是整夜不睡叫守岁，长辈给小辈分压岁钱，以求平平安安过一年。除夕是孩子们最欢乐的一天，也是父母长辈最忙碌的一天。"海日生残夜，江春入旧年。"守岁就是珍惜光阴，辞旧迎新。唐太宗的《守岁》诗正表达了此种心情："暮景斜芳殿，年华丽绮宫。寒辞去冬雪，暖带入春风。阶馥舒梅素，盘花卷烛红。共欢新故岁，迎送一宵中。"

中国传统文化极为重视祭祀，儒家经典对祭祀的本质和功能、原则和方式，更有详尽深入的阐述。

祭祀的本质何在？《荀子·礼论》曰："祭者，志意思慕之情也，忠信爱敬之至矣，礼节文貌之盛矣，苟非圣人，莫之能知也。圣人明知之，士君子安行之，官人以为守，百姓以成俗。其在君子，以为人道也；其在百姓，以为鬼事也。"祭祀的本质，就是对祖先和神灵"志意思慕之情"。所以，祭祀之时的情感态度至关重要。《论语·八佾》曰："祭如在，祭神如神在。子曰：吾不与祭，如不祭。"《礼记·祭统》曰："夫祭者，非物自外至者也，自中出生于心也；心怵而奉之以礼，是故唯贤者能尽祭之义。"祭礼的重要不在仪式，重要的是以真挚的"思慕之情"亲身参与。

祭祀的原则是什么？《礼记·祭义》曰："祭不欲数，数则烦，烦则不敬。祭不欲疏，疏则怠，怠则忘。是故君子合诸天道，春禘，秋尝。霜露既降，君子履之，必有悽怆之心，非其寒之谓也。春雨露既濡，君子履之，必有怵惕之心，如将见之。乐以迎来，哀已送往，故禘有乐而尝无乐。"这段富有诗意的文字，把祭祀的原则做了动人的阐述。祭祀不在多，也不能少，以"敬"为主，以符合天道人心为原则。

祭祀的意义何在？曾子曰："慎终追远，民德归厚矣。"认真办理父母亲丧事，追怀祭祀历代祖先，老百姓的品德就会忠实厚重。为什么"慎终追远"，可以"民德归厚"？因为，在传统中国，"慎终"和"追远"都是首先要求上层和国君做，而"民德归厚"则说明中国大小传统或精英文化与民间文化之间上行下效，渗透交融，鸿沟不大。而之所以能上行下效，这在于儒学始终重视通过"教化"使上下协同，君民一致。上层的"慎终追远"，能使下层追随团结；同时，葬祭之礼也是孝道的最后表现，有助于培养百姓忠实厚重的品德。

（五）"一张桌"与家庭娱乐的麻将桌：娱乐

生活离不开娱乐，娱乐增添人生的情趣。这张"八仙桌"的第五个功能，就是成为家庭娱乐的场所。一家人，吃过饭，撤掉碗筷盘勺，重新坐下，"八仙桌"就变成了"麻将桌"。于是，在这张"八仙桌"上，中国人又演绎出一部多姿多彩的娱乐文化史。

中国人在这张"八仙桌"上，创造出了多种多样、雅俗共赏的娱乐形式。一言以蔽之，可概括为"诗、书、琴、棋、画"。

诗：诗、词、曲、赋；

书：钟、王、颜、柳；

琴：三弦、七弦、琵琶、古筝；

棋：围棋、象棋、军棋、麻将棋；

画：人物、山水、花鸟、鱼虫。

中国人在小小的"一张桌"上，创造出了一部言志缘情的恢宏文学史，书写出了一部风骨秀逸的优美书法史，演奏出了一部高山流水的深情音乐史，挥洒出了一部气韵生动的传神绘画史，创造出了一部丰富多彩的审美文化史和娱乐文化史。这一部娱乐文化史是内在的，是精神的，是审美的；中国人的心灵，在这审美的娱乐中得到陶冶、净化和升华。

围成一桌打麻将，这是中国家庭极为普遍的娱乐方式，也显示出中国的家庭娱乐与西方的集团娱乐的基本区别。中国传统娱乐的家庭化，一方面与家庭伦理社会的特点有密切关系，从而进一步塑造了中国人内向型的性格；另一方面又因不擅长集团性的娱乐活动，同样未能培养起足够的从事集体娱乐活动的能力，欣赏集体娱乐活动的习惯，如交谊舞、歌剧、足球赛以及歌剧观众和"足球迷"等。

林语堂曾对中西娱乐文化的个人化与团体化做过一番比较。他说："英美社会生活中某些不可缺少的组成部分，比如体育运动、政治、宗教都是中国社会明显缺乏的"；中国人也玩游戏，不过，"中国游戏并不像板球那样将游戏者分成两组，相互争夺。协力配合这样的事鲜为人知。在中国人孤僻的游戏中，参加者自己为一方。中国人喜欢扑克，而不喜欢桥牌。他们一直在玩麻将，而麻将则更像扑克，而不像桥牌。在这种'麻将'哲学中，或许可以看到中国人个人主义的特点。"①

当今世界的信息化和全球化，对中国人"个人主义"的麻将哲学和麻将性格是一个巨大的挑战和冲击。不过，中国人是谦虚的，好学的，又是善学的。我们有理由相信，中国人会乘此东风，在全球化的交流融合中，使民族性格和民族精神得到新的升华。

费孝通指出："文化的深处时常并不是在典章制度之中，而是在人们洒扫应对的日常起居之间。一举手，一投足，看是那样自然，不加做作，可是事实上却全没有任意之处，可说是都受着一套从小潜移默化中得来的价值体系所控制。"②长久以来制约着中国人"一举手，一投足"的这一套"价值体系"，就来源于"一块田、一个家、一张桌"。从农耕经济、宗法政治到家园文化，这是中国人的生存之本，是中华文化的生发之根，也是

---

① 林语堂：《中国人》，郝志东、沈益洪译，学林出版社1994年版，第178页。

② 费孝通：《美国人的性格》，华东师范大学出版社2013年版，第101页。

认识中国人的民族性格和价值观念的一把钥匙，更是创造新的民族文化的基础。人类永远不可能离开"一块田、一个家、一张桌"。因此，由此诞生和发展出来的中华传统文化，具有永恒价值和普遍意义，是中华民族对人类的伟大的文化贡献。与此同时，21世纪的今天，改革开放的中华民族，正由"黄土"走向"蓝海"，由"家庭"走向"城市"，由"书房"走向"广场"。因此，中华文化也已经敞开胸怀，广纳百川，中学为体，西学为用，力求使农耕文明与商业文明、宗法政治与民主政治、书房文化与广场文化，互为补充，有机融合，创造出一种适应新时代需要的新文化。

第三章
中华文化的现代价值

中华民族是一个具有五千年文明史的"长寿民族"。"长寿民族"必有"长寿之道"。那么，传统文化的价值究竟何在？古老的"四书五经"究竟有何意义？这是一百多年来，一直困惑国人的问题，也是令当今许多读者困惑的问题。"正本清源，拨乱反正"，对于在反传统潮流中成长起来的当代人是多么的困难，但又是多么的重要！显然，只有充分认识传统文化的价值，只有充分认识"四书五经"的意义，才可能"具了解之同情"，用心体会传统文化的精神，以"温情与敬意"，汲取中国人文学的精义。

传统文化或国学的文化价值，可以从共时和历时两个方面来考察：从共时性看，学术乃天下公器，中国人的人文智慧，在人类文化体系中具有不可或缺的重要地位；从历时性看，文化具有超时代性，传统的人文智慧，在21世纪的今天仍然是激励我们走向未来的精神动力。

一、莱布尼兹的东西文化观

18世纪是人类从传统走向现代的分水岭，18世纪也是东西方文化开始交流的重要时期。西方的有识之士，一旦知道了中国的存在，逐步深入地了解了中华文化，便可能冲出狭隘的欧洲中心主义，对中华文化的价值和意义，获得正确认识，作出正确评价。

18世纪是欧洲的启蒙时代即哲学时代。何谓"启蒙"？"那就是在一切事情上都有公开运用自己理性的自由。"①这是康德关于"启蒙运动"的经典定义。"启蒙"的核心是"理性"，也就是以理性的权威来代替上帝的权威。那么，进而要问，这个"理性时代"是从哪里来的？朱谦之在《中国哲学对欧洲的影响》一书中坚定地指出："18世纪的哲学时代，无论从何方面来看，都可认出有中国哲学文化的影响……那末理性的观念从中国来的，还是从希腊来的呢？我可以肯定地说，有些是从中国来的。"②朱谦之的判断绝非一厢情愿，而是有充分根据的。以研究中西文化关系著称的汉学家赖赫淮恩在其所著的《中国与欧洲》一书中，关于中华文化对18世纪欧洲影响的论述，为朱谦之的论断提供了有力的佐证。赖赫淮恩写道：

> 那些耶稣会中人，把中国经书翻译出来，劝告读者不但要诵读它，且须将中国思想见诸实行。他们不知道经书中的原理，刚好推翻了他们自己的教义，尤其重要的，就是他们不但介绍了中国哲学，且将中国实际的政情亦尽量报告给欧洲的学者，因此欧洲人对于中国的文化，便能逐渐了解，而中国政治也就成为当时动荡的欧洲政局一个理想的模型。当时欧洲人都以为中国民族是一个纯粹理性的民族了。③

在当时的欧洲人看来，"中国民族是一个纯粹理性的民族"；欧洲人的这一看法，正成为"启蒙理性"的重要来源之一。恰如朱谦之所说："在某些人眼里，'中国'变成18世纪欧洲的理性国家，中国的孔子变成18世纪欧洲思想界的目标之一，孔子的哲学理性也成为当时进步思想的来源之一，其影响遂及于法、德、英各国。"④可以说，这是19世纪"西学东渐"

---

① 康德：《历史理性批判文集》，何兆武译，商务印书馆1997年版，第24页。
② 朱谦之：《中国哲学对欧洲的影响》，上海人民出版社2006年版，第194页。
③ 转引自朱谦之：《中国哲学对欧洲的影响》，上海人民出版社2006年版，第196页。
④ 朱谦之：《中国哲学对欧洲的影响》，上海人民出版社2006年版，第196页。

之前的"中学西渐"。

18世纪的欧洲大地，也因此刮起了一股中国风①。18世纪欧洲启蒙思想家对于中国的普遍向往，法国思想家托克维尔在其名著《旧制度与大革命》中有一段描述：在整个漫长的18世纪，对于法国启蒙思想家而言，"没有一个人在他们著作的某一部分，不对中国倍加赞扬。只要读他们的书，就一定会看到对中国的赞美……他们心目中的中国政府好比是后来全体法国人民心目中的英国和美国。在中国，专制君主不持偏见，一年一度举行亲耕礼以奖掖有用之术；一切官职均经科举考试获得；只把哲学作为宗教，把文人奉为贵族。看到这样的国家，他们叹为观止，心向神往。"②这一描述是符合中国的历史实情的；而"把哲学作为宗教"，正表明中国民族是一个"纯粹理性的民族"。

德国理性主义哲学家莱布尼兹，正是当时欧洲普遍向往中国的启蒙思想家之一。他被赖赫淮恩称为是"承认中国文化大足贡献西方文化发展的第一人"，也是启蒙时代认为"中国民族是一个纯粹理性的民族"的欧洲人中的重要代表之一。1697年，莱布尼兹用拉丁文出版了一部《中国近事》的书。在"卷头语"中，表达了莱布尼兹的东西文化观，表达了他对中国道德政治的赞美。正是这位"中国文化"的赞美者，超越狭隘的欧洲中心主义，以宏阔的全球文化视野，初步表达了从"两希文化"到"西希文化"的文化理想。在《中国近事》的"序言"中，莱布尼兹主张"以中国最近情况阐释我们时代的历史"，从而对人类的文化格局作出了全新的描述。他写道：

> 全人类最伟大的文化和最发达的文明仿佛今天汇集在我们大陆的两端，即汇集在欧洲和位于地球另一端的东方的欧洲——支那（人们这样称呼它）。我相信，这是命运的特殊安排。大概是天意要使得这

---

① 参阅刘海翔：《欧洲大地的中国风》，海天出版社2005年版。

② 托克维尔：《旧制度与大革命》，冯棠译，商务印书馆2012年版，第203页。

两个文明程度最高的（同时又是地域相隔最遥远的）民族携起手来，逐渐地使位于它们两者之间的各个民族都过上一种更为合乎理性的生活。①

在莱布尼兹看来，人类文化有两大中心，即作为西方文化和西方文明中心的欧洲与作为东方文化和东方文明中心的中国；而人类的未来，不是文明的冲突，而是文化的融合，是欧洲和中国——"这两个文明程度最高的民族携起手来"，通过人类共同的努力，让全世界"各个民族都过上一种更为合乎理性的生活"。莱布尼兹的"东西文化观"，暗含着一个富于远见的深刻思想，即理想的人类文化体系，应当是西方的"两希文化"和东方的"西周文化"的有机融合。当然，从更为长远的眼光看，理想的人类文化应当是包括西方的"两希文化"、东方的"西周文化"在内的人类多元文化的对话和融合。

二、传统文化的人类意义

欧洲文化有一个别称，叫做"两希"文化。顾名思义，欧洲文化有两大来源，即由两种具有相当张力的不同文化体系组合而成，一个是希腊–罗马文化，另一个是希伯来–基督教文化。作为欧洲文化的两大源头，"两希"文化各具自身鲜明的精神特点，并在漫长的历史进程中呈现出矛盾冲突与互补融合之势。

关于"两希"文化的精神特征，英国学者马修·阿诺德在《希伯来精神和希腊精神》这篇著名论文中作了经典性的诠释②。

首先，希伯来精神和希腊精神，二者的主导思想有明显区别。希腊精神的主导思想是意识的自发性，澄澈的头脑，自由的思维，这便是希腊式

① 夏瑞春编：《德国思想家论中国》，陈爱政等译，江苏人民出版社1995年版，第3页。

② 马修·阿诺德：《文化与无政府状态——政治与社会批评》，韩敏中译，生活·读书·新知三联书店2002年版，第110—128页。

的追求；希伯来精神的主导思想则是严正的良知，克制自我，奉献自我，追随上帝的而不是个人的意旨，这便是希伯来式的追求。

其次，在两种思想原则影响下的人格风貌也有根本的差异。在阿诺德看来，希伯来精神和希腊精神均源于人性之需，然其各自的行径、侧重点以及由各自的原则所引发的行动存在着巨大的差异。因此，经过不同的手塑造的人性也就风貌迥异了。简言之，摆脱蒙昧状态、看清事物真相、并由此认识事物之美，这便是希腊精神要求于人的纯朴而迷人的理想。这种朴素和魅力，使得希腊文化精神及其影响下的人生获得了一种飘逸、澄澈和光彩，使之充满了美好和光明。苏格拉底的名言"最优秀的为尽全力完善着自身，最幸福的乃最能感到自身正在完善者"，正是希腊人纯朴而迷人的人生理想的写照。不同于希腊精神，希伯来精神始终浸淫在严厉的思虑中，始终存在着一种令人生畏的意识，始终感知到阻碍人们去追求苏格拉底所说的完美境界的重重困难。与希腊文化相比，希伯来文化中罪孽所占的空间实在是太大了。"罪"成了困难的别名；了解自我、战胜自我的困难，阻碍人们走向完美的困难，在希伯来精神中变成了有形的、活跃的实体，对人充满敌意。《旧约》的训诫可总结为教导人憎恨罪恶，逃离罪恶；《新约》则训导人们不为罪恶所动。

一言以蔽之，希腊精神以思想清晰、能洞察事物的本质和事物之美，为人所能取得的伟大而宝贵的成就；而希伯来精神所提倡的伟大事业，则是对罪恶的清醒意识，是觉悟到人皆有罪。如果说希腊精神和希腊人生是一种飘逸的青春，那么希伯来精神和希伯来人生则是一位严峻的老人；希腊精神和希腊人生是感性世俗的，希伯来精神和希伯来人生则是指向信仰的。文艺复兴以来的欧洲文化，便是希腊文化和希伯来文化矛盾冲突、互为补充的文化。只是，在一个时期会感到一种力量的吸引力更大，另一个时期则是另一种力量更受瞩目。

与"两希"文化不同，与"飘逸的青春"和"严峻的老人"不同，东方的"西周文化"是一种"中庸"的礼乐文化，在"西周文化"熏陶下形

成的儒家人格，则是一位礼义仁爱、文质彬彬的"道德君子"。子曰："周监于二代，郁郁乎文哉，吾从周。"孔子说：周代积累和总结了夏、殷两个朝代的经验成果，礼乐制度多么完美文雅啊！我主张遵从周代的。由此可见，以孔子为代表的儒家文化渊源于西周文化，是周公创立的西周文化的升华与发展。同时也可以发现，孔子的文化观既非复古论，也非革命论，而是文化的累积进步论。

从莱布尼兹的"东西文化观"看来，人类的未来的理想文化，应当是"欧洲和中国"——"这两个文明程度最高的民族"携手共建的文化。于是，以欧亚大陆为主体的人类文化体系，应当从欧洲的"两希文化"的二元结构，扩展为欧亚大陆的"西希文化"的三元结构，即东方的"西周文化"、欧洲的"希腊文化"、融通欧亚的"希伯来文化"的优势互补的谐合体；而人类文化的理想结构和理想未来，应当是包括"西周文化""希腊文化"和"希伯来文化"在内的人类多元文化的完美融合。

人类文化的理想结构和理想未来，应当超越"两希"文化的二元结构，走向"西希"文化的三元结构，应当是"西周文化""希腊文化"和"希伯来文化"的完美融合，这种全球文化观，自莱布尼兹以来已逐步成为中西哲学家和思想家的共同看法。走出封闭帝国，放眼世界文化的中国学人，对此认识似乎更为深刻。1937年，林语堂在写给西方人看的《生活的艺术》中便指出："关于人类的观念，世上有好几种：即传统的基督教观念，希腊的异教观念和中国人的道教和孔教观念。"[①]林语堂以看似随意的笔调，描述和揭示了人类文化的三元结构。

1941年，作为现代新儒家的贺麟，更明确地强调了儒学新发展与古希腊哲学和基督教精神的联系。他在《儒家思想的新开展》中如此断言："民族文化的复兴，其主要的潮流、根本的成分就是儒家思想的复兴，儒家文化的复兴"；而儒学是合诗教、礼教、理学三者为一体的学养，也即艺术、宗教、哲学三者的谐合体。因此，新儒家思想的开展，大约将循艺

---

① 林语堂：《生活的艺术》，江苏人民出版社2014年版，第13页。

术化、宗教化、哲学化的途径迈进。具体而言，儒家思想的新开展有三条途径：第一，必须以西洋的哲学发挥儒家的理学；第二，须吸收基督教的精华以充实儒家的礼教；第三，须领略西洋的艺术以发扬儒家的诗教。贺麟进而强调："我敢断言，如中国人不能接受基督教的精华而去其糟粕，则决不会有强有力的新儒家思想产生出来。"[①]从某种意义上说，当年贺麟所说的"基督教的精华"，实质上是指"西方文化的精华"。如果说，启蒙时代的莱布尼兹强调"欧洲和中国"文化的融合，是为动荡的欧洲政局提供一个理想的大一统的政治模式；那么，20世纪的贺麟强调"中国和欧洲"文化的融合，则是为儒家思想的"新开展"提供了一种"支援性"的精神动力。

阿诺德认为："希腊精神和希伯来精神均源于人性之需，两者均致力于满足人性完美之需。"[②]应当说，二元结构的"两希"文化，是"源于人性之需"，三元结构的"西希"文化，同样是"满足人性完美之需"；二者的差别在于，二元结构的"两希"文化，仅是一种欧洲立场，三元结构的"西希"文化，才是一种视野更为广阔的人类文化立场。

一切文化生成于人性之根，又满足于生命活动之需。"家""国""天下"，这是每一个个体生命最基本的生存空间和活动空间。与此相应，一个理想的人格应当具备三方面的精神品质：在"家"是一个"孝敬的君子"；在"国"是一个"正义的公民"；在"天下"则是一个"博爱的圣徒"。《论语》《理想国》《圣经》这三部"轴心时代"诞生的伟大经典，是"西希"文化的三大结晶，也是人类人文智慧的集中体现。《论语》的"仁孝"、《理想国》的"正义"、《圣经》的"博爱"，正为这种"三者合一"的人格理想提供了精神资源，也成为人类心灵的三大精神原型。同时，儒家的"齐家""治国""平天下"的理想，通过与希腊文化和希伯来文化的

---

① 贺麟：《文化与人生》，商务印书馆2006年版，第7—8页。

② 马修·阿诺德：《文化与无政府状态——政治与社会批评》，韩敏中译，生活·读书·新知三联书店2002年版，第115页。

会通互补，可以获得新的内涵，达到新的境界。

必须强调的是，"家"是生命的诞生地，是人生的出发点，也是人生的归宿点。每一个人无不从"家"走向社会，从"修身""齐家"走向"治国""平天下"。因此，一个人首先属于"家"，首先应当是"家"中的一个"孝敬的君子"；无论什么民族、什么国家、什么时代，这都将是永恒不变的准则。因此，在"西希文化"的三元精神结构中，《论语》所诠释的道德原则和精神品质具有普遍的人类价值，在人类文化体系中具有不可或缺的基础地位。在莱布尼兹看来，"中国文化"优越于"欧洲文化"突出之处，首先就是中国人建立在宗法家庭基础上的"道德文明"。在《中国近事》"序言"中，莱布尼兹以真诚的语气写道：

> 如果说我们在手工艺技能上与之相比不分上下，而在思辨科学方面要略胜一筹的话，那么在实践哲学方面，即在生活与人类实际方面的伦理以及治国学说方面，我们实在是相形见绌了。……中国人较之其他国民无疑是具有良好规范的民族。他们在其庞大的社会群体中所取得的成效比宗教团体的创始人在其小范围内所达到的要大得多。他们极为尊长、敬重老人。孩子对父母双亲的关心与敬奉犹如宗教礼节，即便是因一言一语而伤害父母感情的事情在中国也几乎闻所未闻，如或有之，也将如同欧洲的杀亲之罪一样受到严惩。此外，同辈之间或者相互关系不深的人们之间也都彼此尊重，礼貌周全。这对于我们这些不惯于受规矩约束的欧洲人来说，简直有些低三下四，但对中国人来说，却已习以为常，并且很乐于遵守。[①]

阅读莱布尼兹的这段文字，所有中国人都会想起孟子"老吾老，以及人之老；幼吾幼，以及人之幼"的名言，都会想起"父慈、子孝、夫和、

[①] 莱布尼兹：《中国近事·序言》；夏瑞春编：《德国思想家论中国》，陈爱政等译，江苏人民出版社1995年版，第5页。

妻顺、兄友、弟恭、朋信、友义、君敬、臣忠"的"十义"古训。在莱布尼兹看来，中国人这些"良好的伦理规范"，是欧洲人所缺乏的，因而也是极为宝贵的全人类的精神财富。

宗白华论美感与心理距离的关系，曾引女诗人郭六芳《舟还长沙》诗为证：

> 侬家家住两湖东，十二珠帘夕照红；
>
> 今日忽从江上望，始知家在画图中。

宗白华阐释道："自己住在实生活里，没有能够把握它的美的形象。等到自己对自己的日常生活有相当的距离，从远处看，才发觉家在画图中，溶在自然的一片美的形象里。"①中国人对自己的传统文化，何尝不是如此？所谓"不识庐山真面目，只缘身在此山中"。"长寿民族"自有其"长寿之道"。现在经西方人一点，回过头来，不觉发现，中华传统文化自有其高远的境界，自有其独特的价值，在人类文化体系中自有其不可或缺的独特地位：所谓"今日忽从江上望，始知家在画图中"！

三、传统文化的现代价值

传统文化有无现代意义？两千年前"四书五经"，对21世纪的"现代人类"有何作用？这个问题，比承认传统文化的人类价值，更为令人困惑。然而，不解决这个问题，不从根本上认识传统文化的现代意义，传统文化就不可能进入现代生活，更不可能活在现代人的心中。那么，究竟应当如何看待传统与现代、古人与今人的关系？究竟应当如何认识传统文化的现代意义？究竟为什么要读"四书五经"，究竟为什么要讲"孔孟之道"呢？

---

①《宗白华全集》(第三卷)，安徽教育出版社1994年版，第270页。

1. 文化的古今相通

一位西哲有一首格言诗，嘲讽"傲慢与偏见"的当代人：

> 每一个时代的人都认为：
>
> 既比上一个时代的人更聪明，
>
> 也比下一个时代的人更睿智。

在21世纪的今天，在时髦的网络语日新月异的今天，低头玩手机的当代人，更是傲慢地认为，自己比没有网络、没有手机的上一代人"更聪明"，比没有电脑、没有全球资讯的上一代人"更睿智"。生命的一次性，决定了来到世界上的每一个人，既无过去也无未来的经验；前不见古人，后不见来者，唯有当下，唯有自我之独大。这是无知者的无畏，也是无知者的偏见。

"五十而知天命，六十而耳顺"。我的耳畔始终回响着另一位西哲的话，回响着歌德老人的一段话。歌德说：

> 凡是值得思考的问题，没有不是被人思考过的；我们必须做的只是试图重新加以思考而已。①

歌德的格言其实也非原创，而是对更古老格言的重新思考。《圣经·旧约·传道书》有曰："已有的事，后必再有；已行的事，后必再行。日光之下，并无新事。"而从《圣经》到歌德，表达了同一个真理，即古今的相通性；谢灵运所谓"谁谓古今殊，异代可同调"。由此看来，古人即使不比我们更聪明，也绝不会比我们更愚蠢。

然而，20世纪初以来，现代人为什么要读"过去的书"？现代人为什么要研究"过去的学问"？一直是令年轻人困惑不解的问题，也曾经是令梁启超的清华学生困惑不解的问题。如何为青年学生解惑？如何为天下人

---

① 歌德：《歌德的格言和感想集》，程代熙、张惠民译，中国社会科学出版社1982年版，第3页。

去蔽？20世纪20年代，在反传统、反读经最激烈的年代，梁启超对此作了深入思考，并在介绍"儒家哲学"的系列讲演中，从不同层面进行反复的释疑和阐述。

首先，梁启超认为，"古今新旧"不能作为衡量学问价值的标准。20世纪初，"进化论"在中国盛行一时，趋新弃旧成为时髦，"新的就是好的"成为普遍观念。鄙视传统的人就认为，传统文化、儒家学说，都是一种"过去的学问""陈旧的学说"，必须彻底批判，坚决抛弃，以至有人提出"线装书应当抛在茅坑里三千年"的偏激主张。针对这种"依进化法则"看问题的观念，梁启超指出："一件事情到底是否以古今新旧为定善恶的标准，这是一个很大的问题。我们不能说新的完全是好的，旧的完全是坏的。亦不能说古的完全都是，今的完全都不是。古今新旧，不足以为定善恶是非的标准。"①尽管当时的梁启超也受到"社会进化论"的影响，但在这里他清醒地指出，对学问、对文化、对人类智慧，不能用生物学的"进化法则"作为"定善恶是非的标准"。梁启超以其究天人之际的学养，通古今之变的视野，超越了庸俗进化论，超越了以进化论为基础的线性历史观。

进而，梁启超以辩证观点，对传统文化和传统学说作了一分为二的分析。他提出："一切学说，都可以分为两类，一种含有时代性，一种不含时代性，即《礼记》所谓'有可与民变革者，有不可与民变革者。'"②他认为，儒家哲学千言万语，各种法门，可以归结到一点，即"内圣外王"：人格锻炼到精纯，便是内圣；人格扩大到普遍，便是外王；"外王的大部分，含有时代性的居多。到现在抽出一部分不去研究他也可以。还有内圣的全部，外王的一小部分，绝对不含时代性。如智仁勇三者，为天下之达德，不论在何时何国何派，都是适用的"；再如"不患寡而患不均；不患贫而患不安；利用厚生，量入为出；养人之欲，给人之求；都不含时代

---

① 梁启超：《儒家哲学》，中华书局2015年版，第9页。
② 梁启超：《儒家哲学》，中华书局2015年版，第9页。

性，也不含地方性"①等等。总之，儒家哲学大部分不含时代性，绝不可以因为时代古思想旧而抛弃之。

最后，针对"二千年前的学问不及二千年后的今人"的庸俗进化观和现代人的傲慢与偏见，梁启超在《戴东原哲学》一书中，坚定而明确地表达了自己的看法："我说：此话不然。我们虽不敢说今人必不及古人，也不敢说古人必不及今人。不含时代性的学说，尽可以几千年前的人发明了，几千年后的人无以易之。"②真是："谁谓古今殊，异代可同调"。

2.文化的生命本质

那么，为什么人类文化中具有"不含时代性"的学说？为什么"几千年前的人的发明，几千年后的人无以易之"？为什么传统经典与现代文化具有内在联系？为什么"四书五经"对于"现代人生"具有永恒不变的启迪？为什么不能用线性的进化观看待人类的文化史？简言之，为什么文化领域中"古今相通，异代同调"？其深层根源何在？梁启超的释疑解惑似乎并没有回答这一更深层的问题。在此，我愿在梁启超的基础上更进一解：一言以蔽之，其根源就在于文化的生命本质，就在于由生命的一次性和生命的重复性决定的文化的重叠性。

文化的本质是什么？文化是人的生命实践的精神升华。而每个人的生命都是一次性的。正如米兰·昆德拉所说："人只能活一次，我们无法验证决定的对错。因为，在任何情况下，我们只能做一次决定。上天不会赋予我们第二次、第三次、第四次生命以供比较不同的决定。"③"生命的一次性"是生命的真相。个体生命的有限一次性，决定了族类生命的无限重复性；而族类生命的无限重复性，又决定了文化的重叠性，决定了文化的时空超越性。关于生命重复与文化重叠所决定的文化的超越性，不妨作这样的描述与概括：

---

① 梁启超：《儒家哲学》，中华书局2015年版，第9页。
② 夏晓虹编：《梁启超文选》（下卷），中国广播电视出版社1992年版，第338页。
③ 米兰·昆德拉：《不能承受的生命之轻》，上海译文出版社2003年版，第264页。

人类文明五千年，自然生命一百年；

自然生命是重复，文化生命是重叠。

五千年哲学史，是百年人生问题反思史；

五千年文学史，是百年人性情怀咏叹史。

五千年的人类文化，一百年的生命长度。

因此，人们可以——

以个体百年生活史，理解五千年人类哲学史；

以个体百年情感史，体验五千年人类文学史。

"几千年前的人的发明，几千年后的人无以易之"，其根源就在于生命的重复性所决定的文化的重叠性！在于生命的重复性所决定的"人生问题"和"人生情怀"的相通性！

文学的"永恒主题"，就是生命的重复性所决定的文化的重叠性的典型表现之一。生命的重复性决定了人性和人心的相通性。而每一个生命与生俱来而又无可超越的生存关系，至少表现在四个方面，即个体生存、人际关系、生存空间和生存理想。从共时角度看，每一层面的生存关系形成多样的人性和人情；从历时角度看，这四重关系又涵盖了百年人生的喜怒哀乐。这种四元多维的人性特征和人心追求体现在文学创作中，就形成了永恒主题和原型母题的"四元多维结构"。其一，从生命的个体生存看，有表现生的渴望、性的苦闷、病的痛苦、死的恐惧等主题；其二，从最基本的人际关系看，有基于血亲关系的亲子胞足之情、基于两性关系的男女爱情、基于亲友关系的亲情友谊等主题；其三，从生存空间和生存环境的延展看，有抒发故乡之情、有倾诉故国之思、有表现自然之爱等主题；其四，从生存理想的追求看，有对真、善、美的憧憬和追求，有对假、丑、恶的批判和鞭挞等主题。总之，生命的一次性决定了生命的重复性，而有限的个体生命的百年情怀，则划定了永恒主题和原型母题的基本范围。这就是"以个体的百年情感史，体验五千年人类文学史"的根源所在，也是

"五千年前的古老文学经典，依然滋润着现代心灵"的根源所在。

英国历史学家汤因比在论述古希腊历史学家修昔底德《伯罗奔尼撒战争史》的史学意义时，说过一段极富哲理的话：

> 一部成书于2300多年前另一个世界的著作封存了种种体验，对于后世的读者而言，自己这一代人才刚刚开始这些体验。公元1914年与公元前431年在哲学意义上是同时代的。①

在汤因比看来，就人类的体验而言，"公元1914年与公元前431年在哲学意义上是同时代的"；借言之，公元2020年的今人与公元前550年的孔子在哲学的意义上也是同时代的。喻言之，"孔子"是我们的爷爷，《论语》是爷爷对子孙的教诲！这就是"以个体百年生活史，理解五千年人类哲学史"的根源所在，也是"五千年前的古老哲学经典，依然启示着现代心灵"的根源所在。

对于由生命的一次性所决定的古今的相通性和文化的永恒性，美国思想家爱默生说得极为透彻："当柏拉图的一个思想成为我的一个思想时——当点燃了品达的灵魂之火的真理也点燃我的灵魂时，时间就不存在了。"②在爱默生看来，每一个人都是普遍心灵的一次转世再现。普遍心灵所有的特性都存在于他的内心。他个人的经验里每一件新的事实都反映出许多人曾经共同做过的事。因此，如果整个的历史都藏在一个人身上，那么我们完全可以根据个人的经验来解释一切；同样，"文明史与自然史、艺术史与文学史，都必须从个人史的角度来解释。"③

3.历史的"未来性"

生命的重复性和文化的重叠性，决定了国学经典和传统文化具有超时代的永恒价值。传统的人文智慧，也因此成为现代人文教育的核心内容。

---

① 阿诺德·汤因比：《历史研究》（下卷），郭小凌等译，上海人民出版社2010年版，第938页。
② 爱默生：《爱默生演讲集》，孙宜学译，中国人民大学出版社2004年版，第56页。
③ 爱默生：《爱默生演讲集》，孙宜学译，中国人民大学出版社2004年版，第50页。

历史传统是教育的核心，国学经典是教育的灵魂。罗马哲人西塞罗说得好：如果你对你出生之前的事情一无所知，那就意味着你永远是个幼稚的人。

现代教育以传统文化为核心，更为重要的意义在于，传统文化还具有"未来性"，或者说历史文化具有"未来性"。为什么？人类追求未来，为未来而奋斗。然而，"未来"者，尚未来到也，所以只能去询问历史。所谓历史的"未来性"，即"历史"实质是历史上无数前辈关于"未来"的理想追求和艰苦实践的结晶：它是无数前辈美好理想的结晶，是无数前辈人生智慧的结晶，是无数前辈奋斗经历的结晶，是无数前辈失败教训的结晶，是无数前辈悲喜人生的结晶。失去了历史，割断了传统，我们将一无所有，既没有了过去，也没有了未来。

历史的"未来性"，并不是一个新鲜的命题，中西历代哲人都早已反复思考反复论述过了。《诗经·大雅·荡》："殷鉴不远，在夏后之世。"前人的教训，可启迪后人。《论语·学而》曰："告诸往而知来者。"告诉你过去，就知道未来。法国批评家圣伯夫说："历史学家就是面向过去的预言家。"[1]英国作家平内罗说："所谓未来，无非是从另一扇门进入的过去。"[2]总之，过去为我们启示未来的结构，传统乃是代代相传的文明结晶。

所谓询问历史，实质就是回顾"轴心时代"的古老智慧！在"轴心时代"诞生的古老经典中，在不同时代与环境中的人们所写的文章中，只要发掘下去，便可以确认人性根源的不变。并且在一些好像与现代毫无关系的问题中，也可以发现出与现代问题的密切关联。用钱锺书的话说："盖人共此心，心均此理，用心之处万殊，而用心之途则一。名法道德，致知造艺，以至于天人感会，无不须施此心，无不得证此境。"[3]以"上古六

---

① 让·德·维莱编：《世界名人思想词典》，施康强等译，重庆出版社1992年版，第389页。
② 让·德·维莱编：《世界名人思想词典》，施康强等译，重庆出版社1992年版，第340页。
③ 钱锺书：《谈艺录》，中华书局1984年版，第286页。

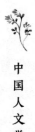

经"和"先秦七子"为精粹的国学经典和传统文化，以及长期作为批判对象的"四书五经"和"孔孟之道"，在21世纪的今天，在"娱乐至死"的今天，在电子传媒时代的今天，它们依然具有强大的生命力，依然还能为我们提供新的精神动力，其根源就在于此。作为轴心时代的文化，它们将永远成为后人的精神动力和智慧之源。

第四章
"六"数信仰与中国人文学

学术思想是实践智慧的理性形态。一个民族的学术思想体系，是一个民族实践智慧的理性升华。传承中华传统文化，既要研读传统的文化经典和文学经典，也要了解民族的学术思想和学术理论，把握传统人文学体系。没有经典我们将停止思考，没有理论我们将失去理解的钥匙。

中国古人似乎特别喜欢用"六"这个数来描述中国人文学各种学问的构成要素。如"六书""六经""六家""六艺""六义""六法"等，它几乎涵盖了从文史哲到诗书画的各个领域。这种现象，本质上是中国古人神秘数字信仰的一种表现。本章首先阐述神秘数字的发生及其对中华文化的深刻影响，然后探讨"六"数信仰的形成及其在中国人文学体系构成中的体现。以下各章将逐一介绍"六书"与文字学、"六经"与经学、"六家"与史学、"六义"与诗学、"六观"与文章学、"六法"与画学、"八法"与书学等论题，以期对中国人文学的学术思想和学术理论获得较全面的知识。

一、神秘数字与中华文化

中国人文学的知识体系为何深受"六"数观念的影响，要揭示其秘密，需要从神秘数字与中华文化的关系说起。

神秘数字是一种世界性的文化现象。所谓神秘数字，是指某些数字除了本身的计数功能外，兼有某种神圣和神秘的象征意义，成为具有某种神秘力量的象征符号。人类学家又称为象征数字、魔法数字或模式数字。由于在先民的认知中，神秘数字具有了某种神秘力量，因此它便被一再使用，从而表现为在"习惯和格调上一再重复，用来代表仪礼、歌谣或舞蹈模式的数字。也用来指兄弟、姐妹或动物类型传统上所具有的数字，或用来代表故事重复出现的行为的数字。例如在欧洲的民间传说中，反复出现'三兄弟''三只熊''三支箭'等，以'三'为模式的主题。中国的'三''五''九'都是这一数字"[①]。某些数字在一个文化体系中"一再重复"，这是神秘数字的一个标志性特点。

从本质上说，神秘数字是原始神话思维的产物，原始数观念是神秘数字认识的起点。在古人看来，数从一开始，终于十。这是人类天生十指的事实规定好了的，即所谓"数生于手"。于是一和十，在各个数字中便有着特殊意义。其他八个数，也常因其价值或其秩序，而被赋予神秘意义。法国人类学家列维-布留尔认为："应当指出，这样被神秘气氛包围着的数，差不多是不超过头十个数的范围。原始民族也只知道这几个数，它们也只是给这几个数取了名称。"[②]列维-布留尔论述原始民族中"数的神秘力量"，即集中于一到十以内的数。

中国人的神秘数字观念源远流长，渗透在中华文化的众多领域和不同层面中。从六千年前半坡陶片上的等差数列，到"太极阴阳""五行八卦"一类的数理哲学体系，都有神秘数字的无意识作用。迟至东周迄于秦汉之际，"中国古社会的人类可说是生活在一个无往而非神秘数字的天地中，甚或与之融合而成为一个神秘数字的复合体了。"[③]《尚书·洪范》便是一

---

① 谢剑、芮逸夫：《云五社会科学大辞典》第十册《人类学》"模式数目"条，台湾商务印书馆1971年版，第276页。

② 列维-布留尔：《原始思维》，丁由译，商务印书馆1987年版，第202页。

③ 杨希枚：《中国古代的神秘数字论稿》，《先秦文化史论集》，中国社会科学出版社1995年版，第649页。

个典型例子，它引人进入一个神秘的数的世界。《洪范》曰：

> 初一曰五行，次二曰敬用五事，次三曰农用八政，次四曰协用五
> 纪，次五曰建用皇极，次六曰导用三德，次七曰明用稽疑，次八曰念
> 用庶证，次九曰向用五福，咸用六极。

这就是著名的"洪范九畴"，天帝赐予大禹治国安邦九种大法。具体地说，五行为水火木金土，宇宙的五大元素。五事为貌言视听明，指人的主观精神。八政是食、货、祀、司空、司徒、司寇、宾、师，乃国之大事与司事者。五纪曰岁、月、日、星辰、历数，是时间观念。皇极只有一个，即尚中，是世界观。三德分正直、刚克与柔克，属修身养性方法。稽疑指占卜视兆法，有雨、霁、蒙、驿、克、贞、悔之别。庶证即众多的征验，视雨旸燠寒风这五种气象的及时与否，为或吉或凶的征验。五福有寿、富、康宁、攸好德、考终命，六极有凶短折、疾、忧、贫、恶、弱。

"洪范九畴"这套图式，至少给我们透露了中国古人神秘数字信仰的三重信息：一是对数字的极端崇拜，古人生活在无往而非神秘数字的天地之中。"洪范九畴"，从一到九，整整九大类，全部宇宙之事囊括无余，可谓万物皆备于数。在这个图式里，数引导出类，每一类下又分列着数。数是抽象的逻辑的，类是具体的社会历史的和人心人生的；二者不是割裂的，而是互相包含的。二是中国古人神秘数字的信仰，同样"不超过头十个数的范围"，而是集中于一到十以内的数；《史记·律书》所谓"数始于一，终于十，成于三。"三是对"头十个数"的普遍崇敬，尚未有轻重主次之分。尽管数五在此已初露锋芒，于九类之中占了五类，而且作为中心范畴的皇极又被安排在第五，显现出尚五的趋势，但从整体看还不能说五的权威业已确立。

中国现代学者对古代神秘数字的研究，始于20世纪初。1943年，闻一多、季镇淮、何善周合撰的《七十二》一文具有开创性意义。此文在秦

汉思想史背景下，探讨"七十二"这个数字象征意义的生成，分析这一数字与阴阳五行思想的关系，为神秘数字研究开辟了新视野。20世纪70年代起，先秦文化史家杨希枚发表了一组研究中国古代神秘数字的论文，代表性的有《中国古代的神秘数字论稿》（1972）、《古籍神秘性编撰型式补证》（1972）、《论神秘数字七十二》（1974）等，阐释了中国古代神秘数字的命题、分类、来源及其与古代社会生活的关系，梳理了神秘数字观念的演变轨迹，提出了研究的系统化问题，成为中国古代神秘数字研究最重要的学者。

20世纪90年代，叶舒宪和田大宪在前辈学者研究成果的基础上，吸收近年研究成果，又不拘于陈说，力求推陈出新，合作撰写了《中国古代神秘数字》（1996）一书，更为系统地探讨了中国古代神秘数字的象征意涵、发生机制及其对社会生活的深刻影响。此书的主体部分分别对"头十个数"的象征意涵、发生机制及与中华文化的关系，逐一地做了深入的论析，视野开阔，材料丰富，成为目前了解神秘数字与中华文化的最便捷的读物。前十章的标题依次是："万有始于一""太极生两仪""天地人三才""四象运衡玑""五行昭日月""飞龙御六合""七星悬高照""八卦定吉凶""九宫应九州""十干十月历"。读完这十个标题，相信会极大地引发读者关于"头十个数"对中华文化深刻影响的广泛联想。

杨希枚把中国神秘数字细分为三类，即（1）基本天地数，（2）真正天地数，（3）十数以上神秘数。所谓基本天地数即从一至十的十个奇偶数字。①在十个基本天地数中，一般认为，"三""五""九"三个奇数，对中华文化的影响力最大。

以"五"为例。对"五"的信仰不知从何时开始。不过在"洪畴九范"中，"五"已初露锋芒。或许按"数生于手"的规律，殷商时代就已经有了把各种纷纭复杂的现象归纳为五类的习惯。郭沫若曾经注意到，殷商人"卜牢牛之数，……一二三连卜后，一跃而为五，由五复一跃而为

①杨希枚：《先秦文化史论集》，中国社会科学出版社1995年版，第649页。

十，十跃为十五，十五以上则为十之倍数。"①很可能从此便举"五"为定数。延及后世，《尚书》成了"五"的世界，如有"五典""五辰""五礼""五玉""五刑""五教""五章""五常""五行""五服""五事""五品""五纪""五福""五言""五声""五色""五彩""五过"等。②春秋之后，"五"这个数字就成为一个普遍接受的神秘数字。天象星历被说成"五位"，即岁、月、日、星、辰；祭祀仪式被区分为"五祀"，即禘、郊、宗、祖、报；五行之神被命名为"五正"，即木正句芒、火正祝融、金正蓐收、水正玄冥、土正后土。兵器概括为"五兵"，即戈、殳、戟、酋矛、夷矛。调料综合为"五味"，即醯、酒、蜜、姜、盐。李白《庐山谣》有曰"五岳寻仙不辞远，一生好入名山游。"名山则综合为"五岳"，即东岳泰山、南岳衡山、西岳华山、北岳恒山、中岳嵩山。上至天文，下至地理，政治、军事、宗教、文化以及日常生活，一切都被纳入了"五"之中，形成了以"五"为中心的文化模式。

《国语·周语》有"尧临民以五"之说，即尧治国每五年巡狩视察一次。春秋管仲任齐国相，则直接以"五"为治国之策，将民众组成以五为基数的军事性单位。《国语·齐语》曰："管子于是制国：五家为轨，轨为之长；……五家为轨，故五人为伍，轨长帅之；十轨为里，故五十人为戎。"此种治法的目的，在于使民众"祭祀同福，死伤同恤，祸灾共之"，"守则同固，战则同强"。这种以数治民的方法，借用楚国大夫观射父的话说："于是乎有天地神民类物之官，是谓五官；各司其序，不相乱也。"（《国语·楚语下》）原来，"五"制背后竟藏着使民"不相乱"的神秘力量。在中华文化中，"五"数信仰无处不在，"五"的神秘力量也无处不在。

其实，"三"也如此。《老子·四十二章》有"道生一，一生二，二生三，三生万物"之说，《史记·律书》有"数始于一，终于十，成于三"

---

① 转引自陈梦家：《殷墟卜辞综述》，科学出版社1956年版，第113页。

② 上列词语分别见于《舜典》《大禹谟》《皋陶谟》《吕行》《武成》诸篇。

之论，"三"成为宇宙万物生成发展的原始动力。到董仲舒，"三之为数"被崇化为"天之大经"，所谓"三起而成日，三日而成规，三旬而成月，三月而成时，三时而成功。寒暑与和三而成物，日月与星三而成光，天地与人三而成德。由此观之，三而一成，天之大经也。"（《春秋繁露·官制象天》）流风所致，"三"在中华雅俗文化中，闪烁着神奇的光彩。例如，汉字的造字法，就充分体现了"以三为多"的原则。三"水"为"淼"，《说文解字》曰："淼，大水也。"三"木"成"森"，《说文解字》曰："森，木多也。"三"石"为"磊"，《说文解字》曰："磊，众石也。"三"火"为"焱"，《说文解字》曰："焱，火华也。"三"马"为"骉"，《说文解字》曰："骉，众马也。"三"力"为"劦"，《说文解字》曰："劦，同力也。"等等。这些字的结构体现了"三表多数"的观念，同时是否又隐含了"三生万物""三成万物"的神秘意义呢？耐人寻味！

　　"九"，何尝不是如此？"九五之尊""九五之位""九合一匡""九鼎大吕"，从这些成语可见，"九"成为古代帝王崇拜的吉祥数字。北京南郊，当年帝王祭天的天坛，可以说是"天数九"的活化石。天坛圜丘呈圆形，共三层。第一层的中心砌一块圆石，象征太极。太极石周围砌的石料为扇面形，期数为"九"这是第一圈。以后逐渐扩展，所用石料都是"九"与"九"的倍数。第一层一共铺砌石料九圈，形成一个以"九"为基数的序列，即9、18、27、36、45、54、63、72、81；第二层为90、99、108、117、126、135、144、153、162；第三层是171、180、189、198、207、216、225、234、243，一共二十七圈。以此方式构建的天坛圜丘，强烈地表现出崇"九"的文化主题，象征天道以及对天的无限向往和无限虔敬之心。①

　　神秘数字的研究，困难不在于描述神秘数字在社会生活中的广泛表现，而在于追寻神秘意义的来源，阐明每一个数字神秘意义的发生；所谓"明其取义之由"。这也是现代神秘数字研究的重心之所在。如前所说，神

① 参阅叶舒宪、田大宪：《中国古代神秘数字》，陕西师范大学出版总社2018年版，第239页。

秘数字本质上是原始神话思维的产物，原始数观念是神秘数字认识的起点。据此，德国哲学家卡西尔认为："如果我们试图追溯附着于各个圣数的情感值的起源，那么我们几乎总能发现，他们的基础是神话空间感、时间感或自我意识的特殊性。"①

中国学者受卡西尔理论的启发，也从神话思维的角度探讨中国神秘数字象征意义的原始发生。他们认为：神秘数字之所以神秘，源于尚未从神话思维表象中抽绎出数概念的史前信仰社会，只能通过以具体表示抽象的原则，借具象化形式表达其观念意蕴。根据这一假设，他们把中国古代神秘数字象征意义发生的来源和条件，相应地归纳为三大方面：一是借天地表象认识空间方位，二是以空间观念表达时间意识，三是以人身直观生成类比依据。②同时又以"二重证据"和"三重证据"做了充分论证。

应当说，上述研究成果对我们认识神秘数字的"取义之由"是极有帮助的。但必须意识到，试图确切说出每一个神秘数字的"取义之由"，并不是轻而易举的。黑格尔在评述毕达哥拉斯派的哲学时说过："数目的排列是容易的；但是深刻地说出其意义则是很难的，而且勉强去说出意义又始终是任意武断的。"③以"神秘数字七十二"为例，这个数字在古代社会生活中极为普遍，从占卜的七十二钻到孔子的七十二弟子，从孙悟空的七十二变到《水浒传》的三十六天罡星、七十二地煞星等。现代学者对其研究最多，而"取义之由"的阐释也最为分歧。

闻一多等三位合撰的《七十二》把它的"取义之由"归结为当时风行的五行说。他们举出一系列例证发现，七十二的模式构成取法于用五行观将一年三百六十日这一完整的循环周期加以五等分。于是得出两点结论：其一，"原来'七十二'是一年三百六十日的五等分数，而这个数字乃是

① 恩斯特·卡西尔：《神话思维》，黄龙保、周振选译，中国社会科学出版社1992年版，第165页。

② 田大宪：《中国古代神秘数字的历史发生与研究路径》，《社会科学评论》2009年第4期，第55—57页。

③ 黑格尔：《哲学史讲演录》，第一卷，贺麟、王太庆译，商务印书馆1996年版，第244页。

由五行思想演化出来的一种术语"；其二，"'七十二'这数字流行的年历，便是五行思想发展的年历。这个数字之值得注意，正因它是一种思想——一种文化运动态的表征。"①

杨希枚认为，《七十二》一文指出，七十二是与阴阳五行有关而泛表多数之意的一种虚数。但是，七十二究竟与阴阳五行有何种关系？又何以如此？闻氏等却未能说明。故其另辟蹊径，从《易》卦与神秘数字的关系进行探讨。从这一立场出发，他从揲蓍立数以定卦象的易卦立数原则出发，探讨"七十二"的神秘构成，推论"七十二"是象征天地阴阳至极之数。他根据魏关朗将《易·说卦》"参天两地而倚数"的立数原则解作"三天两地"，认为真正天地数即天三地四两数，其来源与古代天圆地方的观念和数算几何学上圆径的比数（三比四）有关。七十二，就乾坤一爻的策数而言，正是三其二十四，二其三十六之积，即天三地二的积数。因此，"'七十二'就是一个'参天两地'神秘数——一个衍生自真正天地数（天三地四）的倍数，特别是天地极数（天九地八）的积数，因此不仅具有参天两地和天地交感的象征意义，而且具有至大至极的象征意义。"②

1984年，陈久金、刘尧汉发表《道、儒、阴阳家成数"三十六"和"七十二"之谜探源》一文，列举了大量以"三十六"和"七十二"作为成数的实例，认为"三十六"和"七十二"具有共同的来源。"七十二"是"三十六"的倍数，撇开"三十六"而谈"七十二"，不可能道出它们的来历。唯一可以究明其来历的线索，是彝族的十月太阳历。他们认为，春秋战国时期还流行的夏代历法《夏小正》，不是一年十二个月的阴阳历，而是与彝族尚存古历同属十月太阳历。据此，他们论定十月太阳历中一月三十六天、一节七十二天，这一历法尺度正是"三十六"和"七十二"的来源。这一看法极富建设性，为阐明这两个成数的"取义之由"提供了新视角。

---

①《闻一多全集》，第10卷，武汉人民出版社1993年版，第174、180页。

②杨希枚：《先秦文化史论集》，中国社会科学出版社1995年版，第710页。

回顾三代学者关于"七十二"取义之由的诠释史，可谓歧见纷纭又各圆其说。它至少给我们两点启示。其一，就"七十二"而言，无论是五行说、易卦说还是历法说，都反映出这个神秘数字具有十分丰富的内含，其来源并非单一的，而是多渠道、多因素的，经历了漫长的演化过程。其二，推而广之，包括"三十六""七十二"在内的所有古代神秘数字，其"取义之由"同样是多渠道、多因素的，且经历了复杂的演化过程。这些神秘数字之所以成为中国人信仰的奥秘，尚有待后人不断探索，不断发掘。

二、"数度之道，以六为法"

现在要谈到"六"数信仰和"六"数与中国人文学的问题了。为什么"数度之道，以六为法"？为什么古人常用"六"这个数字来描述传统学问的知识体系或构成要素？这是一个颇为有趣的问题。先从"六"数崇拜说起。

古人对"六"的崇拜，可以追溯到古史传说中尧舜时期的祭祀仪式。《尚书·舜典》记载了舜在尧的太庙接受禅让的情景。曰：

> 正月上日，受终于文祖。在璇玑玉衡，以齐七政。肆类于上帝，禋于六宗，望于山川，遍于群神。

这段话的大意是：正月初一这天，在尧的太庙举行禅让典礼，舜代尧接受了天子的大命。舜继位后，观察了北斗七星的运行规律，接着便举行了祭天的大典，把继位之事报告给天帝，又真诚地祭祀了"六宗"，祭祀了山川和群神。

"禋于六宗"，就是祭拜"六宗之神"，它被尧舜纳入庄严而隆重的封立仪式。那么，中国历史上第一次有记载的帝位禅让之礼，为什么要"禋于六宗"，"六宗"为何，何以为"六"？如此种种，早已湮没无闻。于是，经学家作了种种解释。太和十三年（489），北魏孝文帝集群臣议祭典仪式，老臣高闾既列举了"六宗之祀"的各种说法。其曰：

> 六宗之祀，《礼》无明文，名位坛兆，历代所疑。汉魏及晋诸儒异说，或称天地四时，或称六者之间，或称《易》之六子，或称风雷之类，或称星辰之属，或称时代所宗，或云宗庙所尚，或曰社稷五祀，凡十一家。[1]

高闾说，汉魏及晋诸儒异说，"凡十一家"，他列出了八家。置于第一家的"或称天地四时"，是指东汉古文经学家马融的解释。马融有曰："万物非天不覆，非地不载，非春不生，非夏不长，非秋不收，非冬不藏，此其谓六也。"魏孝文帝面对诸儒歧说，无以抉择，只得强为之解，曰："六宗者，必是天皇大帝及五帝之神明矣。"即合"天帝"与"五方帝"为"六宗"。把"六宗"之祀，解作对"天皇大帝及五帝之神明"的祭祀，这对这位人间帝王来说，是自然也是必然的选择。

但是，马融的解释并非没有依据的玄谈。在马融之前，把"六宗"理解为"天地四时"，早已为"时代所宗"，成为时代风气。最典型的例子，就是儒家"六经"之一的《周礼》，"天地四时"成为这部书带有神秘性的编撰原型。《周礼》是中国第一部完整系统地叙述国家机构设置和职能分工的专著，学界通行观点认为成书于战国时期，西汉末成帝时刘向、刘歆父子先后著录于《别录》《七略》而公开面世。《周礼》全书的编撰形式便按照"天地四时"即"天地春夏秋冬"分为六部分：如"天官冢宰第一""地官司徒第二""春官宗伯第三""夏官司马第四""秋官司寇第五""冬官考工记第六"。为之，现代《尚书》的注家都取马融的解释，把"六宗"释为"天地四时"。

需要追问的是，"天地四时"是不是"六宗"之祀的真正对象，或者

---

[1]《魏书》卷一百八之一，中华书局，第2742—2744页。

说"天地四时"是不是"六"数信仰的终极根源？从人类数字认识史看，答案似乎是否定的。人类对数字的认识，经历了从空间感到时间感的过程，经历了"借天地表象认识空间方位"到"以空间观念表达时间意识"的过程。从这一历史过程看，应当是先有"天地四方"，后有"天地四时"；先有"天地四方"的直观，后有"天地四时"的认识；"天地四时"的抽象认识，来源于"天地四方"的感性直观。及于后世，虽然"天地四方"和"天地四时"往往混而不分，共同被视为"禋于六宗"对象；但细究起来，"天地四方"的空间观念，无疑早于"天地四时"的时间观念。

"天地四方"者何？"六合"是也！《庄子·齐物论》曰："六合之外，圣人存而不论；六合之内，圣人论而不议。"成玄英疏曰："六合者，为天地四方也。"古人思维，仰观天文，俯察地理，是以知幽明之故。天、地加东、南、西、北，是为"六合"，天地、人间的一切事物均包含在"六合"之内，故"六"意味着"备"，所谓"六者备矣"。先秦以降的典籍还用"六极"（《庄子·应帝王》）、"六漠"（《楚辞·远游》）、"六指"（《荀子·儒效》）、"六幕"（《汉书·礼乐志》）等词语来表示"天地四方"这六个维度。

从人类意识史看，六方位观念的形成经历了漫长的过程。原始的空间意识最初只有四个方位，随着视野的不断开阔，仰观俯察，便加上了代表上和下的天地二方，终于形成了六方位的立体空间观念。于是，"六"这个"基本天地数"继"四"和"五"之后也成为一个神秘的宇宙数字。

远在马融之前，"以六为法""以六为备"，把"六"作为认识事物的法则，把"六"视为事物的完备结构，已是西汉思想家贾谊哲学思维的重要特点。他在《六术》及《道德说》诸篇中，对此作了深入的论述。《新书·六术》写道：

德有六理，何谓六理？道、德、性、神、明、命，此六者德之理也。六理无不生也，已生而六理存乎所生之内。是以阴阳、天地、人尽以六理为内度，内度成业，故谓之六法。六法藏内，变�（同"流"）而外遂，外遂六术，故谓之六行。是以阴阳各有六月之节，而天地有六合之事，人有仁、义、礼、智、信之行，行和则乐与，乐与则六，此之谓六行。阴阳、天地之动也，不失六律，故能合六法；人谨修六行，则亦可以合六法矣。

《六术》开篇以"六理""六法"为内，以"六术""六行"为外，诠释阴阳、天地和人的内在行为法则和外在具体行为。接着推而广之，遍及艺术、音乐、社会、人生。其曰："艺之所以六者，法六法而体六行故也"；"声音之道以六为首，以阴阳之节为度"；"人之戚属，以六为法；六亲有次，不可相踰"等等。在全文中，贾谊反复强调"以六为法""以六为备"的思想。其有曰："数度之道，以六为法"；"故曰六者备矣"；"六者非独为艺本也，他事亦皆以六为度"；"事之以六为法者，不可胜数也。此所言六，以效事之尺，尽以六为度者"；等等。

在贾谊的"六理""六法""六术"和"六行"以及"六艺""六音""六亲"和"六美"等一系列范畴中，"六理"具有本体论的意义，所谓"六理无不生也"。那么，"六理"以及"以六为法""以六为备"的观念又是从哪来的呢？如前所说，"六理"同样当源于"六合"，贾谊所谓"阴阳各有六月之节，而天地有六合之事"。可见，"以六为法""以六为备"的观念，正是"仰以观于天文，俯以察于地理"的思维成果。钱锺书所谓："心同理同，正缘物同理同；思辨之当然，出于事物之必然。"[①]

或许，正因为天地人间的一切事物均包含在"六合"之内，"六"意味着"备"，所谓"以六为备"；所以，《周礼》的官制便"以六为法"，构成一套系统严密的"六官"之制。《周礼》这套"六官"之制，对中国政治制度的影响是深远的。最特出的表现就是，"六"从此在中国古代政治中扮演着极为重要的角色。

---

① 钱锺书：《管锥编》（第一册），中华书局1991年版，第50页。

秦代宗"六","数以六为纪"（《史记·秦始皇本纪》），"度以六为名"（《史记·封禅书》），"六"成为秦建章立制的重要依据。钱大昕认为，秦郡数目为"三十六"，实际含有特定寓意。"始皇自谓以水德王，数以六为纪，郡名三十六，盖取六自乘之数。"[①]不仅如此，秦还按照"数以六为纪"的原则，规定"符、法冠皆六寸，而舆六尺，六尺为步，乘六马。"（《史记·秦始皇本纪》）这些崇"六"之举，无疑包含着极为复杂的信仰观念。

时代变迁，王朝更迭，但从汉代到明清，历代帝王一直沿袭以"六"来组织中央官署的制度。前汉末年，王莽建新朝，置司中、太御、太卫、奋武、军正、大赘六官，其长官皆位居上卿，号"六监"。隋朝文帝执政后，统一体制，在尚书省下设吏部、礼部、兵部、都官、度支、工部，称"六曹"。唐朝玄宗开元年间设"三省六部"，在行政中枢的尚书省下设"六部"，即吏部、户部、礼部、兵部、刑部、工部。唐代的"六部"，承袭了从《周礼》"六官"到隋末"六曹"的"六"制。明清官制袭用"六部"体制，称为"六科"。

官职"六"制，相沿成习，这是一种独特的职官制度。而要推究这种制度的终极原因，无疑要追溯到初民对"天地四方"的崇信与敬仰。《周礼·春官·大宗伯》曰："以玉作六器，以礼天地四方。"如此说来，"玉作六器"以祭拜"天地四方"，在周代早已成为一种礼制。

归根到底，这种"禋于六宗"的礼制，实质是古人以"天地四方"的"六合"为最完备的结构，即"以六为备"，从而确立了"以六为法"的观念，建立起"人道以六制"的职官制度。

三、"六"数信仰与人文学体系

"以六为备"进而"以六为法"的观念，不仅突出地体现在职官制度

---

① 钱大昕：《潜研堂集》，上海古籍出版社1989年版，第255页。

上，而且还表现在社会人生的方方面面。例如，《左传》昭公元年记载了医和回答晋侯疾病原因时，就用"六气"解释"六疾"。医和说："天有六气，降生五味，发为五色，征为五声，淫生六疾。六气曰阴、阳、风、雨、晦、明也，分为四时，序为五节，过则为菑；阴淫寒疾，阳淫热疾，风淫末疾，雨淫腹疾，晦淫惑疾，明淫心疾。"晋侯在秦国求医，秦伯让医和去看病。医和就对晋侯讲了一番"六气淫则生六疾"的道理。今天看来，"六气淫则生六疾"的传统医学，是具有一定的科学依据的。

从职官制度，到问医治病，"以六为法"的原则又进一步又延伸到学术文化。先秦以降，古人常用"六"这个数来描述人文学各学科内容的构成要素。从一般人文学的文字学、经学、子学、历史学，到属于文艺学的诗学、画学、书学和音乐学等，无不如此。

文字学之"六书"——许慎《说文解字序》曰："周礼八岁入小学，保氏教国子，先以六书。一曰指事，二曰象形，三曰形声，四曰会意，五曰转注，六曰假借。"

经学之"六经"——《庄子·天运》曰："孔子谓老聃曰：'丘治《诗》《书》《礼》《乐》《易》《春秋》六经，自以为久矣。'"

子学之"六家"——司马谈《论六家之要旨》曰："《易大传》：'天下一致而百虑，同归而殊途。'夫阴阳、儒、墨、名、法、道德，此务为治者也，直所从言之异路，有省不省耳。"

史学之"六家"——刘知几《史通·六家第一》曰："古往今来，质文递变，诸史之作，不恒厥体。榷而为论，其流有六：一曰《尚书》家，二曰《春秋》家，三曰《左传》家，四曰《国语》家，五曰《史记》家，六曰《汉书》家。"

诗学之"六义"——《毛诗序》曰："故诗有六义焉：一曰风，二曰赋，三曰比，四曰兴，五曰雅，六曰颂。"

画学之"六法"——谢赫《画品》曰："六法者何？一、气韵生动是也；二、骨法用笔是也；三、应物象形是也；四、随类赋彩是也；五、经营位置是也；六、传移模写是也。"

乐学之"六律""六吕"——《尚书大传》曰："四时推六律、六吕，询有十二变而道宏广。"故乐律有十二，阴阳各六，阳为律，阴为吕；六律即黄钟、大蔟、姑洗、蕤宾、夷则、无射，六吕即林钟、仲吕、夹钟、大吕、应钟、南吕；等等。

书学之"六书""六体"——汉王莽变秦的八体为六体，称"六书"，即古文、奇字、篆书、左书（隶书）、缪篆、鸟虫书。《汉书·艺文志·六艺略》称之为"六体"，曰："六体者，古文、奇字、篆书、隶书、缪篆、虫书。皆所以通知古今文字，摹印章，书幡信也。"此后，"六体"之数不变，字体有所变化。如唐张怀瓘《六体书论》以大篆、小篆、八分、隶书、行书、草书为"六体"。

"以六为法"的原则，除了用以描述一个学科的理论结构之外，还往往深入到学科内部，对一些具体问题也常用"六"来描述其构成要素。

例如，《周礼》论教育的具体内容，就有"六德""六行""六艺""六仪"之说。《周礼·地官·大司徒》曰："以乡三物教万民而宾兴之：一曰六德，知、仁、圣、义、忠、和；二曰六行，孝、友、睦、姻、任、恤；三曰六艺，礼、乐、射、御、书、数。"《周礼·地官·保氏》曰："保氏：掌谏王恶，而养国子以道。乃教之六艺：一曰五礼，二曰六乐，三曰五射，四曰五驭，五曰六书，六曰九数。乃教之六仪：一曰祭祀之容，二曰宾客之容，三曰朝廷之容，四曰丧纪之容，五曰军旅之容，六曰车马之容。"

具体地说，《周礼》之"六德"，即六种道德品质，是古代道德学：知，晓于事理；仁，爱人以及物；圣，通而先识；义，能断时宜；忠，言以忠信；和，不刚不柔。《周礼》之"六行"，即六种品行或行为，是为古代行为学：孝，孝于父母；友，亲于兄弟；睦，睦于九族；姻，亲于戚属；任，信于友道；恤，救助贫乏。《周礼》之"六仪"，即六种场合的仪容，是为古代礼仪学：祭祀之容，穆穆皇皇；宾客之容，严恪矜庄；朝廷之容，济济跄跄；丧纪之容，涕涕翔翔；军旅之容，阚阚仰仰；车马之容，颠颠堂堂。教育的目标是塑造一个品德高尚，行为亲善，在各种场合都仪容端庄的高贵君子。

再如，刘勰《文心雕龙》全书五十篇，除《序志》外，可分三大部分：第一部分五篇为"文之枢纽"，即本体论；第二部分二十篇为"论文叙笔"，即文体论；第三部分二十四篇为"剖情析采"，即创作论。全书框架，似与"六"数无关。但在论述具体问题时，又离不开"以六为法"的原则。论经典的艺术特征，有"六义"之说。《宗经》曰："故文能宗经，体有六义：一则情深而不诡，二则风清而不杂，三曰事信而不诞，四曰义贞而不回，五曰体约而不芜，六曰文丽而不淫。"这里的"六义"，是"文能宗经"而具有的六大特点，故也可以理解为刘勰的"文学经典"观。论诗文的评价标准，有"六观"之论。《知音》曰："将阅文情，先标六观：一观位体，二观置词，三观通变，四观奇正，五观事义，六观宫商。"所谓"六观"，则是"观察"、评价作品的六条标准。

从经、史、子、集，到诗、文、书、画，中国人文学的几乎每一个学科分支，都被古人按"以六为法"的原则展示其组成要素和内容结构。究其根源，仍要归结到以"天地四时"崇拜为基础的"以六为备"的观念。

如果说中国人文学的知识结构强调"以六为备"，那么西方人文学的知识结构则似乎强调"以三为备"。从古希腊亚里士多德逻辑学的"三段论"，到康德哲学的"三分法"，无不如此。确实，有不少西方人类学家认为，"3"是自古以来西方特有的神秘数字，他们列举大量例子试图证明："这个数字的神秘性质起源于人类社会在计数中不超过3的那个时代。那时，3必定表示一个最后的数，一个绝对总数，因而它在一个很长的时期中必定占有较发达社会中的'无限大'所占有的那种地位。"①

亚里士多德的"三段论"和康德的"三分法"，与神秘数字"3"究竟有无关系，不得而知。但是，西方的"以三为备"，中国的"以六为备"，二者在思维方式上的差异，则是非常明显的。康德在为自己哲学体系的

---

① 列维–布留尔：《原始思维》，丁由译，商务印书馆1987年版，第202—203页。

"三分法"辩护时，曾写过这样一段话："有人曾对我的纯粹哲学的划分几乎总是得出三分的结果感到困惑。但这是根植于事物的本性中的。如果一个划分要先天地进行，那么它要么是按照矛盾律而是分析的；而这时它总是两分的。要么它是综合的；而如果它在这种情况下要从先天的概念引出来，那么这一划分就必须按照一般综合统一所要求的，而必然是三分法的，这就是：（1）条件，（2）一个有条件者，（3）从有条件者和它的条件的结合中产生的那个概念。"①康德对自己的"三分法"充满了自信，认为这是"根植于事物的本性中的"，具有逻辑的必然性。康德的"三分法"，到了黑格尔那里，就变成了"有、无、变""正、反、合""自在、自为、自在自为"等一系列逻辑范畴，同样追求严密的逻辑必然性。

中国传统的"六要素"，比之康德的"三分法"，在数量上要多一倍。但必须看到，无论"六书""六经"，还是"六义""六法"，都只是经验现象的罗列和描述，缺乏内在的逻辑联系和逻辑必然性。中西思维方式的这一差异，被认为是西方的"逻各斯"与中国的"道"的差异。不管这种说法的正确性如何，它至少提醒我们：对中国人文学的介绍，首先要准确说明其历史原义，同时又必须进行必要的现代阐释。

中华文化包罗万象，有限的篇幅难以尽述。以下选择与人文教育和人文学养密切相关的中国人文学门类，阐述其要义。文学是语言的艺术，历史是教育的中心，文字学和历史学是人文学科的两翼，而经学是中华文化的元典之学；故先讲述属于中华文化基础的"六书""六经"和"六家"，以进入传统学问之门。诗、书、画三位一体，是传统艺术的核心，又是人文教育的重要内容，故接着讲述属于文艺美学的"六义""六观""六法""八法"以及强调"韵者美之极"的中国人的审美理想，以领略中华艺术的美学奥秘。②

---

① 康德：《判断力批判》，邓晓芒译，人民出版社2002年版，第33页。

② 除孔子，本书未完整论述"'六家'与子学"，这一缺憾，有待后补；有兴趣的读者请参阅吕思勉《先秦学术概论》、童书业《先秦七子思想研究》、韦政通《先秦七大哲学家》诸书。

第五章
"六书"与文字学

文字背后是文化，文字是文化的载体。许慎《说文解字叙》曰："文字者，经艺之本，王政之始，前人所以垂后，后人所以识古。"没有文字，文化就失去依托；没有文字，传统就无法延续。因此，欲论中华文化，当自文字始；欲论中国学问，当自文字学始。"六书"是汉字的六种构造方法，也是中国文字学的核心，因而被后人作为文字学的代称。本章以"六书"为中心，略述中国文字学的要义，进而探讨汉字对于汉语文学的影响。

一、文字的产生

鲁迅说："文字就是史官必要的工具。"[1]文明史始于文字史。让我们从记载历史的文字说起，从文字的起源说起。

1."仓颉作书"的传说

中国上古史有四个传说人物，即"有巢氏""燧人氏""神农氏"和"仓颉氏"。从某种意义上说，这四个传说人物，标志着"中国古史的传说时代"的四个发展阶段："有巢氏"标志着是从无巢到有巢，中国先民开始了巢居时代；"燧人氏"标志着从生食到熟食，中国先民学会"钻木取

①《鲁迅全集》(第6卷)，人民文学出版社2005年版，第88页。

火"，摆脱了"茹毛饮血"；"神农氏"标志着从渔猎到农耕，中国先民开始了自主生产的农耕时代；"仓颉氏"被认为是汉字的创造者，他又是黄帝的史官，所以"仓颉作书"标志着中华文化由史前史进入了文明史。

"仓颉作书"的传说有无史实依据呢？"仓颉作书"的传说始于战国末年，现在能见到的最早记载，见于《荀子·解蔽》所谓"好书者众矣，而仓颉独传者，一也"。据说仓颉有四只眼睛，他看见地上的兽蹄、鸟爪印着的痕迹，灵感涌上心头，就造起字来。文字的作用太伟大了，太奇妙了。人有了文字，就变得机灵聪明了，鬼也怕这些机灵的人用文字来制他们。所以，仓颉造字的时候，"天雨粟，鬼夜哭"。这则充满神奇色彩的故事，便是《荀子》《吕氏春秋》《韩非子》以及《淮南子》作者们的集体想象和集体创作。

仓颉是什么时代的人呢？从汉代初年开始，人们都认为仓颉是黄帝的史官。孔颖达《尚书正义》说："司马迁、班固皆云：'仓颉，黄帝之史官也'。"如此说来，中国文字的产生也应当在距今近五千年的黄帝的时代。这有无依据呢？1959年陆续出土于山东大汶口的陶器上，有不同形体的复杂图形符号和刻画符号。这些符号比较端正规整，有象形性，很像后来的青铜铭文。多数古文字学家认定，这些符号就是文字。因为它们都能按照古文字的规律释读。大汶口的陶器符号出现于这种文化的晚期，大约在公元前2500到前2000年，即距今4500至4000年。依文献记载推算，大致与传说中的黄帝时代相当。著名文字学家唐兰则从文字本身和历法发明两个方面，细致研究后推断："无论从哪一方面看，文字的发生，总远在夏以前，至少在四五千年前，我们的文字已经很发展了。"[1]

由此可见，"仓颉作书"，即仓颉一人创造了中国文字，仅仅是个传说；但文字产生于"黄帝时代"或"仓颉时代"，则是一个比较可靠的结论。

————————
[1] 唐兰：《中国文字学》，上海古籍出版社2005年版，第53页。

2.中国文字的产生

中国文字是怎样产生的呢？战国时代，除了"仓颉作书"的传说，《易·系辞》的作者也论及文字的起源。《易·系辞》说：

> 上古结绳而治，后世圣人易之以书契。

唐兰探讨中国文字起源时，特别推许《系辞》的观点。他通过大量文献资料的比勘考证认为，所谓仓颉作书及文字起源于结绳或八卦的传说，都是不可靠的，最初的文字绝非出自一人之手，而是众人的创造。《系辞》所谓"上古结绳而治，后世圣人易之以书契"，虽是一个概括性的描述，却包含了一个真理。它告诉我们，在人类发展史上，曾经有过结绳记事的时代，但那与文字无关，后来才有了文字；一个"易"字，恰好说明了这种关系。

最初的文字是"书契"，"书"由图画发展而来，"契"由记号发展而来；绝大多数的文字起源于图画，最初的文字是可以读出来的图画。至于八卦，其起源是用算筹来布成卦，用来做事物的象征，和文字无关，况且其起源要比文字的产生晚得多。因此，八卦的卦画，决不是文字所取的材料。最后，作为结论，唐兰对文字的产生过程作了极为生动的描述：

> 文字的产生，本是很自然的。几万年前，旧石器时代的人类，已经有很好的绘画，这些画大抵是动物跟人像，这是文字的前驱。但是绘画只能描写印象，表现自然，不能完全表现出作者的思想和感情，所以不是文字。经过很长的时期，人类由渔猎社会，进入了农业的社会，有了相当安定的居处，由小的部落积累成国家，有了剧烈的战争，交通一天一天地繁复起来，人与人之间的关系也密切起来，许多歧异的语言混合起来，有了较普通较广泛的语言。在这个时候，有人画出一只老虎，任何人见了都会叫做"虎"，画出一只"象"，任何人见了都会说"象"。有了图画，加上了统一的语言，如其那时的文化

已经发展到那种需要，就立刻有了文字。①

人类文化的起源，是历史的过程，也是集体的创造。文字的起源同样如此，绝不可能出于一时，成于一人。早在1926年，鲁迅在《汉文学史纲》中即明确写道："要之文字成就，所当绵历岁时，且由众手，全群共喻，乃得流行，谁为作者，殊难确指，归功一圣，亦凭臆之说也。"②1934年，经过唯物史观洗礼的鲁迅，在《门外文谈》中再次以生动的语言强调了"众手造字"说。他说："文字就是史官必要的工具，古人说：'仓颉，黄帝史。'第一句未可信，但指出了史和文字的关系，却是很有意思的"；但在那时的社会里，"仓颉也不止一个，有的在刀柄上刻一点图，有的在门户上画一些画，心心相印，口口相传，文字就多起来，史官一采集，便可以敷衍记事了。中国文字的由来，恐怕也逃不出这例子的。"③

中国的"仓颉作书"与西方的"荷马史诗"，颇有相似之处，即造字的"仓颉"与写诗的"荷马"，都是一个文化"共名"，而非一个历史"人名"。

二、"六书"的要义

中国文字是人类文字史上，历史最悠久形体最复杂的文字。不过，中国文字自有其独特的构成规律。所谓"六书"，就是中国古人分析汉字造字方法总结出来的六种条例；它是中国文字学的核心理论，也是许慎《说文解字》的理论基础。

1. "六书"的提出

"六书"是战国末年的文字学理论，其名称始见于《周礼·地官·保氏》。但《周礼》只有六书的名称，没有六书的内容。汉代才有对六书的

---

① 唐兰：《中国文字学》，上海古籍出版社2005年版，第49—50页。

② 《鲁迅全集》（第9卷），人民文学出版社2005年版，第354页。

③ 《鲁迅全集》（第6卷），人民文学出版社2005年版，第88—90页。

说明，先后共有三家。

最初，班固《汉书·艺文志》曰："古者八岁入小学，故《周官·保氏》掌养国子，教之六书。谓：象形，象事，象意，象声，转注，假借，造字之本也。"

其次，郑众《周礼解诂》曰："六书：象形，会意，转注，处事，假借，谐声也。"

最后，东汉许慎《说文解字叙》曰："周礼八岁入小学，保氏教国子，先以六书。一曰指事，指事者，视而可识，察而见意，上下是也。二曰象形，象形者，画成其物，随体诘诎，日月是也。三曰形声，形声者，以事为名，取譬相成，江河是也。四曰会意，会意者，比类合谊，以见指撝，武信是也。五曰转注，转注者，建类一首，同意相受，考老是也。六曰假借，假借者，本无其字，依声托事，令长是也。"

上述三家六书说，有两点需要说明。一是三家的师承关系。班固《汉书·艺文志》原本于刘歆的《七略》，刘歆是汉代六书说的最早阐释者。郑众的父亲郑兴是刘歆的学生，许慎是贾逵的学生，而贾逵的父亲贾徽也是刘歆的学生，郑众和许慎都是刘歆的再传弟子。汉人学问重师承重家法，因此上述三家六书说，虽在名称与次第上略有出入，但来源相同，都为刘歆所传。二是三家说法的异同。刘歆或班固首先对六书作了解释。照他们的说法，六书是造字之本，也就是造字的六种方法。郑众和许慎，都是修正刘说的。但郑与许在名称和秩序上又有所不同。关于名称的修正，两家比较接近，他们都只保留了象形的一个"象"字，其余三个均改去了。除了会意，两家所改相同外，一个是处事和谐声，一个是指事和形声。关于次序的修改，两家则很不同。郑众似乎把象形，转注，假借，作为三种造文字的方法，除了象形同时就是文字外，还有会意、处事、谐声三种文字。许慎则大体依照发生的先后来排列的，并把六书分为三类，即指事与象形、形声与会意，加上转注和假借。南唐徐锴《说文解字系传》所谓的"六书三耦"，可以说是符合许慎原意的。

在六书说的发展中，许慎具有集大成的意义。正如唐兰所说："从班固、郑众指出了名目后，到许慎才建立了义例，这是一个极重要的发展。有了义例，六书说才能成立。而且，从许慎到现在，一千八百多年，人们所研究的六书，至多只能作小部分的修正，大体上没有变动。"①需要指出的是，清代以后，六书的称名，学者一般采用许慎说法，至于次第，则大多采用班固观点。下面将以班固的次第、许慎的义例为出发点来解说六书要义。

2."六书"的要义

按照班固的次第和许慎的称名，六书顺序是为象形，指事，会意，形声，转注，假借。就其内在关系而言，它们又可分为三耦：第一耦是"象形""指事"，均为独体之文，不能再进行分析；第二耦是"会意""形声"，均为合体之字，由两个或两个以上的独体字组成的；第三耦是"转注""假借"，清人多以为是用字之法，与前二耦性质不同，故应自成一体。前二耦大体是按文字产生的先后来排列的。许慎《说文解字序》说："仓颉之初作书，盖依类象形，故谓之文；其后形声相益，即谓之字。文者，物象之本；字者，言孳乳而浸多也。"许慎把"依类象形，故谓之文"的"象形"和"指事"置于前，把"形声相益，即谓之字"的"会意"和"形声"置于后；"其后"二字，则刻意表明文字产生的先后次序。

六书要义，细述如下②。

（1）"象形"：《说文叙》曰："象形者，画成其物，随体诘诎，日月是也。"即象形字象实物之形，是随着事物的轮廓曲折地描摹出实物形状的造字法。"车"画一辆车，"马"画一匹马。象形字是由图画简化而来，越古老的文字，其象形程度越高，图画色彩越浓。如日、月、鸟、燕、目、眉的古字，摹绘具体实物，十分逼真。随着文字发展趋于简易，象形字的

---

① 唐兰：《中国文字学》，上海古籍出版社2005年版，第49—50页。

② 以下对六书要义的阐释，参阅李先华《〈说文解字〉的内容及其影响》，载董希谦、张启焕主编：《许慎与说文解字研究》，河南大学出版社1988年版，第82—139页。

图画色彩越来越少，其符号性越来越强。

象形字源于描绘事物的形状，所以它自成一个独立整体，是一个独体字，原则上是不能分开的；换言之，如果一个字可以分析出两个或两个以上的独立部分，它就不是象形字了。同时，象形居六书之首，是重要的造字方法。象形字虽然在全部汉字中所占的比重极少，但它是绝大多数指事字、会意字和形声字的构造元素。整个汉字体系是在象形字的基础上发展起来的。所以，我们要重视对象形字的分析研究。

（2）"指事"：《说文叙》曰："指事者，视而可识，察而见意，上下是也。"即指事字是用点划来指出人或物的动作、状态或位置，是一种抽象的描绘。如上、下、本、末、刃的古字，指出部位，让人视而可识，察而见意。

指事字可分两类：一类是纯符号的，如"上"古作"二"，"下"古作"二"。一类是在一个汉字的基础上增加指事符号的，如"木上曰末"，在木上加"一"来表示；"木下曰本"，在木下加"一"来表示。

正确认识指事字，首先应当依据许慎的定义和例证；同时，作为表意文字之一种，还可以与象形字和会意字进行比较。其一，指事字与会意字比较，二者虽都可以"察而见意"。但在形态构造上有一根本区别，即会意字是合体字，可以拆成两个或两个以上的独立部分；指事字则是独体字，是不能分拆的。其二，指事字与象形字比较，二者都是独体字，且都具有"视而可识"的直观性。但形态构造上也有一根本区别，即象形字是随体诘诎，画成其物，因而具有图画的特征；指事字主要是用抽象符号或在象形字上加注指示性符号来造字。例如，"上""下"二字，是用抽象符号造的指事字；"本""末"二字，则是象形字上加注指示性符号造的指事字。

（3）"会意"：《说文叙》曰："会意者，比类合谊，以见指撝，武信是也。"会意的定义比较明确，历来几无异议。所谓"比类合谊"，"比类"是指比并表示物类、事类的字或形符，"合宜"是指会和被比并的字或形符的意义；一涉字形，一涉字义。"以见指撝"，则是比类合宜后可以见出它所指向的新意。

据此，会意字有两个基本特点：一要"比类"，即要有两个或两个以上的独体字或象具体事物的形符组成；二是"合谊"后，能从中产生出新的意义。如小土为"尘"，日月为"明"。"武"字的甲骨文，从行从止，从戈操戈，英武貌，跃然纸上。"信"字从人从言，意味人言必有"信"。还有新会意字，"追来为妇"，"小大为尖"，"四方木为楞"，"大长为套"等等。

会意字的构造比较灵活，根据其构成偏旁的异同和偏旁的多寡，可以区分为两大类型。其一，根据偏旁的异同，可以分为同体会意和异体会意。前者如"林""炎"等；后者如"采""隻"等。其二，根据偏旁的多寡，可以分为二体会意，如"奠""戍"；三体会意，如"盥""森"；四体会意，如"暴""爨"等。会意字的数量要比象形字和指事字多得多。

（4）"形声"：《说文叙》曰："形声者，以事为名，取譬相成，江河是也。"所谓"以事为名"，是说根据所要表示的事物类别特点确立一个意符；"事"是指字所要表示的事物类别的特点，"名"，段玉裁谓"即古曰名今曰字之名"，这里是指形声字的意符。所谓"取譬相成"，是说取一个字音相同或相近的字作为音符，与意符结合构成一个新字。"譬"指譬况，是汉代表示音读的一种方法，而声符表示形声字的音读也是譬况性的。

据此，形声字的结构特点在于，它是集合形与声而构成的新字，是意符和声符并用的造字法。如"江""河"，取水表其义，又找古音相近的"工""可"合而成新字，指长江、黄河。"盂"，下为形，上为声。"祀"，左为意，右为声。"论"，从言，仑声。"秧"，从禾，央声。不过，意符只同形声字存在某种意义上的联系，绝大多数形声字的意符并不能直接表示字义；同样，声符由于是譬况性的，虽然有很多形声字和它们的声符读音一致，但也有不少只表示相似的字音。

形声字的最大优点是突破了表意字只表意不表音的局限，它的既表意又表音的优势，是指事、会意等表意字所不具备的。因此，它的出现使汉字的性质发生了重大变化。同时，形声字利用现成的表意字作为构造元件，造一个形声字比造一个表意字要简便得多，从而也使它成为造字最多的一种方法。三千多年来，形声字在汉字中的比例不断增加，已由甲骨文的百分之二十增加到现代汉字的百分之九十以上。民间的"秀才识字读半边"之说，依据就在于此。

形声字由意符和声符构成。意符和声符的搭配方式多种多样，常见的有以下八种：①左形右声，如江梅折维；②右形左声，如放期都颁；③上形下声，如宇芳霖箕；④下形上声，如盲柴照怒；⑤内形外声，如哀凤辩游；⑥外形内声，如阁国衷街；⑦声占一角，如旗徒寐听；⑧形占一角，如疆腾虽佞。此外，还有多形多声、省形省声等问题，这里就不细述了。

（5）"转注"：《说文叙》曰："转注者，建类一首，同意相受，考老是也。"亦即把某一个字形的音和义，转输灌注到相近的另一个字里。如"考""老"二字同属于段玉裁古韵的第三部，又都有"长寿"之义，故二字互为转注。再如，"走"和"趋"二字也是互为转注的，等等。

但是，由于许慎的义例并不明确，转注在六书中定义最含混。后世对"转注"的解释，众说纷纭，主要有形转、义转、音转三说。所谓形转，即以同出一个义类的字互训为转注，南唐徐锴《说文解字系传》持此说；所谓义转，即以互训为转注或以同部互训为转注，戴震的《答江慎修先生论小学书》和刘师培的《转注说》持此说；所谓音转，即以同一语源派生出来的词造字为转注，章太炎《转注假借说》持此说。三种说法的用意各不相同，形转说力图把转注解释成造字之法，义转说明确主张转注是用字之法，音转说则是在讨论语言与造字的关系。转注迄今仍是六书中问题最多、争议最多的一例。

（6）"假借"：《说文叙》曰："假借者，本无其字，依声托事，令长是也。"意思是语言中某些词有音无字，借用同音字来表示。如"来"的本义是小麦，借作来往的"来"；"求"（即裘字）的本义是皮衣，借作请求的"求"；"难"本是鸟名，借用来表示困难；"易"本指蜥蜴，借用来表示容易，等等。六书假借是"本无其字"的假借，还有一种是"本有其字"的假借，即语言中的词本有其字，但著书或抄书者放下本字不用，写上一个音同或音近的字来代替。如《孟子·梁惠王上》："狗彘食人食而不知检。""检"当做"敛"，"检"就是本有其字的假借。

许慎关于"假借"的定义与例证，似乎并不一致。唐兰说："许叔重所谓'本无其字，依声托事'，解释得很好。可惜他把例举错了。他所举'令长'二字，只是意义的'引申'，决不是声音的'假借'。"①那么，"假借"与"引申"的区别何在？"假借"与"引申"的共同点，都是某个字被用来表示它的本义之外的某种意义；其差异在于，如果被表示的意义与它的本义毫无关系，那就属于借字表音的假借；如果二者在意义上存在联系，那就属于同义引申。按这个标准，许慎所举"令长"二字，确实只是意义的"引申"，而不是声音的"假借"。这是我们在理解六书假借时应当分辨的，尽管会有相当的困难。

假借是中国文字的一大优点。一个字不仅可以表示本义，还可以根据需要用来表示许多别义，这就有效地扩大了文字使用的范围。钱穆论中国文字的优点，对假借给予高度评价。他说："中国文字又有一独特之优点，即能以甚少之字数而包举甚多之意义。其民族文化绵历愈久，熔凝愈广，而其文字能为之调洽殊方，沟贯绝代，而数量不致日增，使人民无不胜负荷之感……此中国文字以旧形、旧字表新音、新义之妙用也。"②清代王筠《说文释例》说："假借一门，触目皆是，书不胜书也。"这也说明假借使用的普遍性及其重要性。

3. "三书"的挑战

许慎的"六书"说，作为文字学的核心理论，在传统学界雄霸了将近两千年。但六书无论作为造字法，还是文字结构分析法，并非完美无缺。从上面的论述看，象形、指事、会意、形声，这四书的义例，精辟恰当，

---

① 唐兰：《中国文字学》，上海古籍出版社2005年版，第58—59页。
② 钱穆：《中国文学讲演集》，巴蜀书社1987年版，第3—5页。

得到一致认同；但是，例如转注定义的含混，假借举例的不当等，都曾引起极大的争议。一部六书学，既汗牛充栋，又歧见纷纷。

不过，传统的小学家大多是为六书辩护，而现代的文字学家则开始向六书发起挑战。其中，唐兰提出的"三书"①说，观点最鲜明，影响也最大。

首先，唐兰指出六书的两大缺点：第一，它从来就没有明确的界说，各人可有各人的说法。其次，每个文字如用六书来分类，常常不能断定它应属那一类。他认为，单以这两点说，我们就不能只信仰六书而不去找到别的解释。

据此，唐兰在1935年出版的《古文字学导论》里建立了一个新系统，即"三书说"：

> 一、象形文字，
>
> 二、象意文字，
>
> 三、形声文字。

唐兰把中国文字的发展分为三期：原始期、上古期、近古期。他认为："象形象意是上古期的图画文字，形声文字是近古期的声音文字，这三类可以包括尽一切中国文字。"他根据这三种文字的性质特点，分别把它们称之为"名""文""字"。

象形文字画出一个物体，或一些惯用的记号，叫人一见就能认识这是什么。画出一只虎的形象，就是"虎"字，画出象的形状，就是"象"字。凡是象形文字：一、一定是独体字，二、一定是名字，三、一定在本名外，不含别的意义。"凡是象形文字，名和实一定符合，所以我又把它们叫做'名'。"

象意文字是图画文字的主要部分。在上古时期，还没有发生任何形声

----

① 以下唐兰文字，均引自唐兰《中国文字学》，上海古籍出版社2005年版，第60—63页。

字之前，完全用图画文字时，除了少数象形文字，就完全是象意文字了。象意文字有时是单体的，有时是复体的。象形和象意同是上古的图画文字，不过象意文字，不能一见就明了，而是要人去想的。例如"莫"是古暮字，像太阳在丛莽中，为什么一定是黄昏时候，而不是早上呢？可是古人就用这幅图画来代替这个语言，这就是"约定俗成"。"上古的象意字，相当于近古的形声字，数目是很多的，'物相杂谓之文'，所以我又把它们叫做'文'。"

形声字的特点是有了声音，比较容易区别。不过有些声化的象意字，虽然也并在形声字的范围里，就它原是图画文字的一点，依旧把它列入象意字。有些形声字因为声音的变化，已经很难认出它谐什么声。例如，"梓"字从辛声，"好"字从子声，虽然由目前的声韵学看来不很像，可是从字形方面，不能找出解释，也依然是形声字。真正的形声字都是近古期的新文字，使用声符的方法大批产生的。"《说文》说：'形声相益，即谓之字，字者言孳乳则浸多。'所以我们就把形声叫做'字'。"

唐兰的"三书"，实质是刘歆、班固、许慎"六书"的精简版。他说："假使单从名称上看，我们的三书有些近于刘歆、班固，不过没有要象事，因为这只是象形的一小部分。也没有用象声，而采用许慎的形声，因为纯粹的象声文字，事实上是没有的。"①

那么，"三书"的依据是什么呢？依据就在于形、音、义或形、意、声，是文字最基本的构成元素。唐兰认为："象形，象意，形声，叫做三书，足以范围一切中国文字，不归于形，必归于意，不归于意，必归于声。形意声是文字的三方面，我们用三书来分类，就不容许再有混淆不清的地方。"因此，以前的六书，不能范围一切文字。现在的三书，可以包括一切中国文字，只要把每一类的界限、特征，弄清楚了，不论谁去分析，都可以有同样的结果。②

① 唐兰：《中国文字学》，上海古籍出版社2005年版，第63页。

② 唐兰：《中国文字学》，上海古籍出版社2005年版，第63页。

鲁迅论中国文字之美，有一段妙语："意者文字初作，首必象形，触目会心，不待授受，渐而演进，则会意指事之类兴焉。今之文字，形声特多，而察其缔构，什九以形象为本柢。诵习一字，当识形音义三：口诵耳闻其音，目察其形，心通其义，三识并用，一字之功乃全。……故其所函，遂具三美：意美以感心，一也；音美以感耳，二也；形美以感目，三也。"①鲁迅的这段论述，不仅对学习中国文字极有教益，与唐兰的三书说也颇有契合之处。

三、文字与文学

文学是语言的艺术。汉语文学则是汉语言文字的艺术。钱穆说："欲论中国民族传统文化之独特与优美，莫如以中国民族之文字与文学为证。中国文字由于中国民族独特之创造，自成一系，举世不见有相似比拟者。而中国文学之发展，即本于此独特创造之文字，亦复自成一系，有其特殊之精神与面貌。"②诚哉斯言！于是，我们可以由汉语文字进而认识汉语文学的独特精神面貌。

1.汉语文字的特点

对汉语文字的特点，现代学者多有研究。有的学者曾概括为六项特性：①一字之本义和字形有必然性的连系。②每字的创造有其内在的逻辑。③中国文字的字形发展成抽象的艺术。④一字一音。⑤声调高低抑扬。⑥叠字的运用。③不仅谈到汉语与文学，同时还旁及汉字与书法。若单从语言与文学的关系看，汉语文字的下述特点，更为值得重视。

其一，表意为主。在表音和表意两大文字体系中，汉字属于表意文字体系。文字的产生演变可以划分为三个阶段，即象形文字、表意文字和表

①《鲁迅全集》(第9卷)，人民文学出版社2005年版，第354—355页。
②钱穆：《中国文学讲演集》，巴蜀书社1987年版，第1页。
③吴森：《中国文学的特性》，载刘小枫编《中国文化的特质》，生活·读书·新知三联书店1990版。

音文字。一般说来，每种文字初始都是象形文字，属表意文字体系，经过漫长的历史发展，许多民族的文字都表音化了。汉字是世界上唯一使用至今的表意文字。汉字的"一字之本义和字形有必然性的连系"的特点，就与汉字以象形为主的构字法有关，同时也使其成为最富意象联想的文字。

其二，单文独义。汉字是一种方块表意字，每个字都有独立的意义。无独立意义的单字，在汉语中属于少数例外。单文独义的方块汉字易于进行形与义的灵活自由的组合。一个个单文独义的汉字像一个个具有多面功能的螺丝钉，可以左转右转，以达意为主。只要语义上配搭，事理上明白，就可以粘连在一起，不受形态成分的约束。

其三，一字一音。汉字是音节文字，不是音素文字。汉字从形式上可以划分的最小语言单位就是音节。一个汉字就是一个音节。由于汉字一字一音的特性，易于进行音与义的灵活组合。文字灵活组合而成的文章，可以排列整齐、朗朗上口，易于背诵。前人熟读《三字经》几乎终身不忘，正是因为每个句子都由三个音节整齐排列易于习诵的缘故。

其四，"四声"音调。汉字在语言上最大的特性，除了一字一音外，便是调的高低长短，别为"四声"。"四声"是汉语独有的用声调来区别不同的字义和词义的方式。在汉语中，两个同声同韵的字，不一定是完全同音的。只有同声、同韵，又是同调的，才可以说是完全同音。汉字的字义和词义往往通过声调的不同来区别。中国诗文的音乐美，正基于四声的巧妙配搭。

其五，言文分离。这是汉语文字发展过程中出现的一种独特现象，即一种纯粹的书面语即"文言"，同日常生活交际所用的语言出现了分离，或称"语体"与"文体"的分离。言文分离对中国人和运用汉语的人提出了特殊要求。要读懂作为书面的"文言"，除了识字之外还要进行专门的"古汉语"和"文言文"的学习训练。言文分离造成的说非所读的状况，一直到"白话文"出现后才逐步改变。言文分离对中国文学的影响也至为深刻，形成汉语文学文白并行的独特景观。

2.汉语文学的特征

汉语文字的上述特点，对汉语文学的民族特性和审美风貌的形成，产生了直接而巨大的影响。诗是最纯粹的语言艺术，汉语对中国文学的影响，更集中地体现在诗歌语言上。

其一，直观的意象联想。

形象感知的间接性是语言艺术的基本特点。但中国文学稍有不同，以象形为主的汉字，更容易引起具体直观的意象联想。上古先人遵循"依类象形""形声相益"的原则构造的方块表意汉字，十之有九以形象为本柢，至今仍依稀残留着物态事象的元素，极易引起具体意象。古代文学家自觉利用汉字的这一特点，创造出生动的画境。有的学者以马志远《天净沙·秋思》为例指出，"中国语言和文学宛如连续不断的'卡通'"，"用一个一个的连续的画面，把外界的事物具体的捕捉下来，让他一一呈现在你的面前。"①总之，汉字的这一特点形成了汉民族文学的独特魅力，从作者来说，易于创造"诗中有画"的境界；从读者来说，易于引起"象外有象"的联想。

其二，外观的整齐匀称。

整齐匀称的建筑美是音乐和诗歌的共同要求。最整齐匀称的乐段是由长短相等的两个乐句配合而成的，当乐段成为平行结构时，两个乐句的旋律基本上相同，只是以不同的终止结束。这样就形成了音乐的整齐美。同样的原理应用在语言上，就形成语言的对偶和排比以创造出诗的整齐美。排比作为修辞手段是人类语言所共有的，对偶作为修辞手段则是汉语所特有的。古代汉语以单文独义、一字一音的单音字为主；现代汉语双音词增多，但大多以古代单音词作为词素，各个词素仍有它的独立性。这样就很容易构成音节和音步数量相等、上下统一的对偶，从而使中国诗歌具有一种整齐匀称的建筑美。这也是中国诗歌独具的形式美和艺术风采。先秦古

---

① 方师铎：《中国语言的特性及其对中国文学之影响》，见刘小枫编《中国文化的特质》，生活·读书·新知三联书店1990年版，第137页。

诗文中就有对偶，到了唐代的格律诗，对偶的表现功能发挥得淋漓尽致。中国的律诗也成为世界上最为精严的格律诗。

其三，节奏的抑扬顿挫。

汉语有四声之分，古代分平、上、去、入，现代分阴平、阳平、上声、去声。汉语的四声经诗人的巧妙组合，形成了诗歌抑扬顿挫的音乐美。古代诗歌对四声的利用有一发展过程。魏晋六朝以前是非自觉的，魏晋六朝时期逐渐自觉。沈约正式确立四声的名称，在永明诗人的提倡下，诗歌的声调节奏美被提到首要地位。此后，唐诗、宋词、元曲充分利用四声的性质，造成了节奏鲜明、抑扬顿挫的艺术效果。近体诗的平仄节奏就是在这一基础上发展起来的。闻一多论新诗格律有"三美"之说，即所谓"音乐的美""绘画的美""建筑的美"①。这"三美"实质上正是对汉语文字固有特性的艺术发挥，因而也是中国文学尤其是中国诗歌的普遍特点。

其四，文白的双峰并峙。

汉语的文言分离影响到文学，就形成了中国文学的两大主流，即文言文学和白话文学。以古典小说而言，文言小说和白话小说并行发展，双轨运行，形成中国小说史特有的二水分流、双峰并峙的格局。如果说蒲松龄以杰出的《聊斋志异》成为集大成的文言小说巨匠，并把中国文言小说艺术推向了历史的最高峰；那么曹雪芹则以不朽的《红楼梦》成为古代白话小说的伟大终结者，并成为屹立于艺术巅峰的白话小说大师。文言文这种特殊的书面语言能与日常口语长期分离而保持官方语言地位，这本身是语言史上的一大奇观。当然，各民族文学都存在这种双轨并行的现象，但从内容到形式都存在如此巨大差异的，不能不首推中国文学。

《文心雕龙·原道》曰："自鸟迹代绳，文字始炳。炎皞遗事，纪在《三坟》。"文字是历史的载体，也是文化的载体。掌握了中国文字的钥匙，就可以进入中国文化的殿堂，进一步探寻中国人文学的要义了。

---

①《闻一多全集》(第2卷)，湖北人民出版社1994年版，第141页。

第六章
"六经"与经学

　　读书先识字，识字当读经。讲过"六书"，当讲"六经"。"六经"是华夏先哲智慧的结晶，是中华文化的基石，也是中国传统文化的根源性经典。谈论中国人文学，必须从"六经"开始，必须对"六经"具有基本学养。这一章，便对"六经"与经学做简要介绍，先讲"六经"的名义和创立，再讲"六经"的人文智慧，最后谈谈经学与中国人文学的关系。

一、"六经"与孔子

　　在汉语中，"经"是一个多义词。在古代，"六经"又称"六艺"。"六经"的经典化，与孔子具有密切的关系。

1.经与经典

　　"六经"是中华文化的根源性经典。但是，"六经"之"经"，不是"经"的本义，而是它的引申义。"经"的本义，是"经纬"之"经"。《说文·系部》："经，织也。"即织物的纵线，与"纬"相对。经正纬成，纵横交错，方成织品。南朝诗人刘孝威《郡县遇见人织率尔寄妇》诗曰："妖姬含怨情，织素起秋声。度梭环玉动，踏蹑佩珠鸣。经稀疑机涩，纬断恨丝轻"云云。全诗写思妇织素寄情。"经稀疑机涩，纬断恨丝轻"，描写"妖姬"含恨"织素"，即"经"的本义。"经"的第二种含义，引申为指一般书籍或"线装书"。章太炎《国故论衡·文学总略》曰："'经'者，编丝缀属之称，亦犹浮屠书称'修多罗'。"①中国古代以丝编竹简成册，称之为"经"。印度的"修多罗"，亦以丝编贝叶为书，译义也为"经"。故中国的"经"与印度的"修多罗"，含义相同，都是指书籍而言。在晚年的《国学讲演录》中，章太炎说得更为明确："经之训常，乃后起之义。今人书册用纸，贯之以线。古代无纸，以青丝绳贯竹简为之。用绳贯穿，故谓之经。经者，今所谓线装书矣。"②章太炎的说法是有历史依据的，故被学者认为是"明通"之论。③"经"的第三种含义，则进一步引申为"经典"之"经"。在编织时，经线位置确定后方可穿插纬线，所谓"经正而后纬成"；"经"于是引申为准则典常，与灵活权变相对。清代段玉裁《说文解字注》曰："织之从丝谓之经。先必有经，而后有纬，是故三纲、五常、六艺谓之天地之常经。"④

从"经纬"之"经"，到"经书"之"经"，再到"经典"之"经"，从本义到引申义，三个语词和概念之间的逻辑关联，隐然可见。

经典意义的"经"，出现在战国以后。《荀子·劝学》说："学恶乎始？恶乎终？曰：其数则始乎诵经，终乎读礼。其义则始乎为士，终乎为圣人。"荀子指出，学习的顺序应当从诵读"经"开始，到阅读"礼"结束；学习的目的则是从做士开始，到成为圣人结束。《劝学》此段文字，是战国时代"经"指儒家经典的可靠记载。

以《诗》《书》《礼》《乐》《易》《春秋》六书为"六经"者，始见于《庄子·天运篇》："孔子谓老聃曰：'丘治《诗》《书》《礼》《乐》《易》《春秋》六经，自以为久矣，孰知其故矣。'"《庄子·天下篇》则概括了"六经"的特质："《诗》以道志，《书》以道事，《礼》以道行，《乐》以道和，《易》以道阴阳，《春秋》以道名分。"

---

① 姜义华编：《中国近代思想家文库·章太炎卷》，河北教育出版社1996年版，第49页。
② 章太炎：《国学讲演录·国学概论》，北京联合出版公司2014年，第35页。
③ 蒋伯潜：《十三经概论》，上海古籍出版社2010年版，第2页。
④ 段玉裁：《说文解字注》，上海古籍出版社1981年版，第664页。

经典的本质是什么？刘勰《文心雕龙·宗经》说："三极彝训，其书言经。经也者，恒久之至道，不刊之鸿教也。"刘知几《史通·叙事》又说："自圣贤述作，是曰经典，句皆《韶》《夏》，言皆琳琅，秩秩德音，洋洋盈耳。"这两段话合而观之，完整表达了中国古人的经典观：一是经典是永恒的真理，所谓"经也者，恒久之至道，不刊之鸿教也"；二是经典有神圣的来源，所谓"自圣贤述作，是曰经典"。三是经典是圣贤所作，因而具有别样的美感，所谓"句皆《韶》《夏》，言皆琳琅，秩秩德音，洋洋盈耳"。

每一个具有灿烂文明的民族，都有属于自己的文化经典。中国、印度、希伯来、古希腊，这是对近代文明影响最大最深的四个古老民族。"吠陀文献"和"佛经"是印度的文化经典，《旧约全书》和《新约全书》是希伯来的文化经典，"荷马史诗"和柏拉图对话集是古希腊的文化经典，《诗》《书》《礼》《乐》《易》《春秋》则是华夏民族的文化经典。这四大民族的经典，构成了人类文化史上的"轴心时代"，为人类提供了取之不尽、用之不竭的精神源泉和前进动力。读书当读经，读透一部经典，获取无穷智慧。

2. "六经"与"六艺"

"六经"又称"六艺"。《史记·滑稽列传》序说："孔子曰：'六艺于治一也。《礼》以节人，《乐》以发和，《书》以道事，《诗》以达意，《易》以神化，《春秋》以义。'"这又被称为"孔门六艺"。两汉称"六经"为"六艺"，非常普遍。从西汉的贾谊《新书》、董仲舒《春秋繁露》和司马迁《史记》，一直到东汉班固《汉书·艺文志》，等等，无不如此。《汉书·艺文志》共分"六略"，第一部分是儒家经籍，即称"六艺略"，而不是"六经略"。

其实，古代"六艺"，有两种含义：一是孔门的《诗》《书》《礼》《乐》《易》《春秋》，一是《周礼》的礼、乐、射、御、书、数。《周礼·地官司徒·保氏》说："保氏掌谏王恶，而养国子以道。乃教之六艺：一曰五礼，二曰六乐，三曰五射，四曰五驭，五曰六书，六曰九数。"《周礼》以礼、乐、射、御、书、数为"六艺"，与称"六经"为"六艺"，是截然不同的两件事。

那么，"六经"与"六艺"有无联系的？根据吕思勉先生的看法，似有三点可以说明。一是《周礼》六艺与孔门六艺，区别何在？中国古代的学制，上有国学或大学，下有乡学或小学。《大戴礼·保傅》说："古者八岁而就外舍（即"小学"），学小艺也焉，履小节焉；束发而就大学，学大艺焉，履大节焉。"据此，吕思勉认为："《诗》《书》《礼》《乐》《易》《春秋》，大学之六艺也。礼、乐、射、御、书、数，小学及乡校之六艺也。"①二是孔门的"六经"与"六艺"，同一对象为何两种称谓？吕思勉认为：《诗》《书》《礼》《乐》《易》《春秋》这六部书，"自人之学习言，谓之六艺；自其书言之，则谓之《六经》。"②《礼记·经解》的"入其国，其教可知也"，即从"学习言"；而《庄子·天运》的"丘治六经"，则从"其书言"。三是"六经"中《诗》《书》《礼》《乐》与《易》《春秋》的关系。《礼记·王制》说："乐正崇四术，立四教，顺先王《诗》《书》《礼》《乐》以造士。春秋教以《礼》《乐》，冬夏教以《诗》《书》。"据此，吕思勉认为：《诗》《书》《礼》《乐》四科，大学以此设教而造士，《易》与《春秋》，大学并不以此设教；"孔子取是二书，盖所以明天道与人道，非凡及门者所得闻。"《史记·孔子世家》说："孔子以诗书礼乐教，弟子盖三千。身通六艺者，七十有二人。"吕思勉解释道："此七十二人者，盖于《诗》《书》《礼》《乐》之外，又兼通《易》与《春秋》者也。"③此说可谓明通之论。

3."六经"与孔子

司马迁说："余读孔氏书，想见其为人。"司马迁径把"六经"视为

① 吕思勉：《先秦学术概论》，东方出版中心1985年版，第66页。
② 吕思勉：《先秦学术概论》，东方出版中心1985年版，第65页。
③ 吕思勉：《先秦学术概论》，东方出版中心1985年版，第62页。

"孔氏书"。"六经"与孔子的问题，实质是这"六部古籍"在经典化过程中，孔子起了怎样的作用。对于这一问题，特别是孔子有没有整理、编订过"六经"问题，汉代以来，众说纷纭，莫衷一是。这是经学史上的一个大问题。为了在有限的篇幅内作简要说明，可以从晚清经学家皮锡瑞的一段论述说起。皮锡瑞《经学历史》开宗明义：

> 经学开辟时代，断自孔子删定六经为始。孔子以前，不得有经。……古《诗》三千篇，《书》三千二百四十篇，虽卷帙繁多，而未经删定，未必篇篇有义可为法戒。……《仪礼》十七篇，虽周公之遗，然当时或不止此数而孔子删定，或并不及此数而孔子增补，皆未可知。……《易》自孔子作《卦爻辞》《彖》《象》《文言》，阐发义、文之旨，而后《易》不为占筮之用。《春秋》自孔子加笔削褒贬，为后王立法，而后《春秋》不仅为记事之书。此二经为孔子所作，义尤显著。①

皮锡瑞的这段话，对孔子在"六经"的经典化过程中的作用作了充分的肯定，并对孔子"删订六经"的具体作为分别作了说明。学界对皮锡瑞的论断大体是肯定的。因为，这一论断有一定的历史依据，也符合孔子既以"六经"施教，而"教师需要编教材"的常理的。可以分几点来说明。

首先，皮锡瑞所谓"经学开辟时代，断自孔子删定六经为始。孔子以前，不得有经"，实质是以坚定的语气，肯定了孔子在"六经"经典化中的关键作用。同时，他又说："孔子以前，未有经名，而已有经说。"这是说孔子之前，已有这"六部古籍"，但没有获得经典的地位。《尚书·多士》曰："惟殷先人，有册有典。"中国古代的典籍，最晚在商代已得到保存。但是，文献书籍由一般著述成为文化经典，必有一个逐渐被推尊而崇高化、神圣化的过程，即经典化过程。经典化离不开经典的接受者，尤其离不开

---

① 皮锡瑞著、周予同注释：《经学历史》，中华书局2004年版，第1—2页。

经典的伟大接受者。在皮锡瑞看来，孔子就是"六经"经典化过程中的关键性人物。现代学者也大都认为，孔子作为"中国历史上第一位伟大的文献整理家"①，对"六经"的整理、编订和流传，起到了关键性的作用。

其次，皮锡瑞对孔子"删订六经"的具体工作分别作了扼要说明。不过，皮锡瑞不是凭空立说，依据的是司马迁的《史记》，所谓"删定'六经'之旨，见于《史记》"②。司马迁在《史记·孔子世家》中，全面论述了孔子删定"六经"的情况，可以用四句话来概括，即"删《诗》《书》，正《礼》《乐》，传《易经》，作《春秋》"。宋代之前，对孔子整理、编订"六经"的问题没有异议。宋代以后，出现了肯定派和否定派，争论一直延续到清末民初。现代学者根据考古发掘的新材料，在新的学术背景下作了认真研究，虽然对司马迁所谓"古者诗三千余篇，及至孔子，去其重"的说法持保留态度，主流意见总体上肯定了司马迁的观点。司马迁（公元前145—?）虽然晚于孔子（公元前551—前479）三百多年，但相对千百年后的宋人和今人，毕竟"去古未远"。司马迁修《史记》所依据而今人未能看到的材料，比之今人的所谓"考证"和"推断"更为可靠。

再次，孔子"删订六经"也符合"教师编教材"的常理。孔子是中国历史上第一个伟大的平民教育家。他开创私学，聚徒讲学，打破了贵族垄断教育的局面。教学离不开教材。孔子"删订六经"，正是为了教学，也便于教学。对此，周予同有一段令人信服的描述："孔子既然设教讲学，学生又那么多，很难想象他没有教本。毫无疑问，对于第一所私立学校来说，现成的教本是没有的。《论语》记载孔子十分留心三代典章，指导学生学习《诗》《书》及礼乐制度。因而，我认为，孔子为了讲授的需要，搜集鲁、周、宋、杞等故国文献，重加整理编次，形成《易》《书》《诗》《礼》《乐》《春秋》六种教本，这种说法是可信的。"③

① 匡亚明：《孔子评传》，南京大学出版社1990版，第333页。

② 皮锡瑞著、周予同注释：《经学历史》，中华书局2004年版，第19页。

③ 周予同著、邓秉元编：《中国经学史论著选编》，复旦大学出版社2015年版，第499—500页。

　　最后，孔子整理"六经"，有无贯彻始终的指导思想？从现存"六经"文本看，答案是肯定的。范文澜在《中国通史》中说："孔子整理六经有三个准绳：一个是'述而不作'，保持原来的文辞；一个是'不语怪、力、乱、神'（《论语·述而》），删去芜杂荒诞的篇章；一个是'攻乎异端（杂学），斯害也已'（《为政》），排斥一切反中庸之道的议论。"①其实，这三条原则都是取自《论语》的夫子自道。此外，还有一条重要原则，那就是以"仁"为整理"六经"的总原则。孔子思想以"仁"为核心，他以"仁"施教，也以"仁"整理"六经"。孔子"仁学"不仅纪录在《论语》中，也渗透在"六经"的字里行间。例如，"宽以居之，仁以行之。"（《易·乾·文言》），"仁者见之谓之仁，知者见之谓之知"（《易·系辞上》），"仁者安仁"（《礼记·表记》），"仁者，义之本也"（《礼记·礼运》），等等。

　　当代学者廖名春在考辨《易传》与孔子的关系后，做了这样的总结："总体说来，《易传》的思想渊源于孔子，孔子与《易传》有着密切的关系。但战国时期的孔子后学对《易传》各篇作了许多创造、发挥工作。因此，《易传》的作者主要应是孔子及其后学。"②这段话可移评孔子与"六经"的一般关系。孔子作为中国历史上第一位伟大的文献典籍整理家，主要功绩就在于整理传播和保存了《诗》《书》《礼》《乐》《易》《春秋》六部经典。经过孔子整理的"六经"，反映了上古三代特别是春秋时期的政治、经济、文化、思想等方面的情况，对研究中国古代的思想文化史和政治社会史具有不可估量的作用。更重要的是，孔子当年以"六经"教人，后人又以"六经"和《论语》教人。三千多年来，"六经"和《论语》，共同塑造了华夏民族的精神品格，并成为今人和后人取之不尽、用之不竭的智慧源泉。

---

　　① 范文澜：《中国通史》，第一册，人民出版社2004年版，第170页。
　　② 廖名春：《〈周易〉经传十五讲》，北京大学出版社2004年版，第220页。

二、"五经"的人文智慧

前面讲"六经",现在讲"五经"。为什么？因为"六经缺乐",后人只见到"五经"。从汉武帝设立"五经博士",到唐代孔颖达奉旨编撰《五经正义》,都没有《乐经》。

关于《乐经》的佚失和有无问题,历史上有两种不同看法。古文经学家认为《乐》本有经,因秦焚书而亡佚。今文经学家认为,《乐》本无经,乐即曲谱,附在《诗》与《礼》之中,五经称六经,是相沿成习。这个问题已成为学术史上的千古疑案。现代有一种看法认为,《乐》本有经,因秦焚书而亡的说法,较近情理。现存《周礼·大司乐》和《礼记·乐记》等篇,依稀可见《乐经》面貌。我们不妨同意这一令人宽慰的看法。

"五经"是华夏原典,是学问根基,在中国学术史上的地位太重要了。为学当读"第一部书",当读根源性的"第一部书"。要想把握中国人文学要义,首先要把握"五经"的人文智慧。

（一）《诗》："不学《诗》,无以言"

西周至春秋500年诗心凝聚而成的《诗经》,是中国文学史上第一部诗歌总集,东汉之前一直列为五经之首。《诗经》要义,当明三个问题:《诗经》的体制,《诗经》的文学价值,《诗经》与诗教传统。

第一,《诗经》的体制。

《诗经》共有305篇,另有6篇笙诗,有目无词。《诗经》编定成书,大约在公元前6世纪,是中国最古老的典籍。《诗经》按风、雅、颂分为三类。"风",有十五国风。"诗"最初都是乐歌,风即音乐曲调,国风即各地方的土乐。十五国风共160篇。其中,《豳风》7篇全部是西周作品,是国风中最早的诗,其余大部分是东周作品。"雅"即正,指朝廷正乐,西周王畿的乐调。雅分为大雅和小雅。大雅31篇，小雅74篇，大都是西周初期至晚期的作品。雅的作者大都是贵族士大夫。"颂"是宗庙祭祀之乐，有的是舞曲，音乐可能比较舒缓。颂有三颂。周颂31篇，每篇只有一章，是西周初期的作品。鲁颂4篇，产生于春秋中叶，都是颂美鲁僖公的作品。商颂5篇，可能是殷商中后期的作品，有祭祀之作，也有祝颂之诗。

据《左传·襄公二十九年》记载，吴季札在鲁国观赏周乐，各章内容与今本《诗经》相似，那时孔子八岁。可见"《诗》三百"的文本，孔子之前已经有了。司马迁所说孔子对《诗》的整理，大体有两项：一是删汰重复的篇章，即所谓"去其重"；二是按正确乐调调整篇章，所谓"自卫反鲁，然后乐正，《雅》《颂》各得其所"（《论语·子罕》）。

第二，《诗经》的文学价值。

《诗经》是文学作品，应当先论其文学价值，尤其是《诗经》在中国诗歌史上的价值和影响。首先，《诗经》创造和提供了中国诗歌的基本母题。《诗》三百，大致涵盖了三个朝代、十五个地区、五百年历史，内容极为丰富。从题材类型看，有祭祀诗、宴饮诗、农事诗、怨刺诗、战争徭役诗、爱情婚姻诗等；从抒情主题看，有如《周南·卷耳》之男女夫妇之情，如《魏风·陟岵》之亲子之情，如《小雅·棠棣》之兄弟之情，如《秦风·蒹葭》之朋友之情等；从情感性质看，有快乐之情、悲苦之情、忧愤之情、怀念之情、闲适之情等。一部文学史，一组原型母题的嬗变史。《诗三百》为中国诗歌史提供了最基本的原型母题，成为历代诗人恒久的灵感源泉。其次，《诗经》运用的赋、比、兴手法，确立了中国抒情诗的艺术传统。《诗经》是一部优美的四言诗集，其间杂有二言至八言句，但以四言为主。每一首诗，四句成章，诗章不等。在结构上，或重章之循序渐进，如《周南·桃夭》；或重章之易词申意，如《召南·草虫》。语言质朴而优美，节奏舒缓而回荡，达到了四言诗的最高艺术境界。《诗经》在艺术上最突出的贡献，是赋、比、兴手法创造和运用，确立了中国抒情诗的艺术表现传统。关于赋、比、兴的含义，从汉代郑玄、齐梁钟嵘，到南宋朱熹，虽大同小异而各有所见，但要以宋代李仲蒙的释义，似最具胜义。李仲蒙说："索物以托情，谓之'比'；触物以起情，谓之'兴'；叙物以言情，谓之'赋'。"①在赋、比、兴三者中，赋是基础，或赋中用比，或兴后用赋，"诗三百"中是常见的方式。

第三，《诗经》与诗教传统。

《诗经》的名称，经历了《诗》《诗三百》到《诗经》的过程，这是《诗经》的经典化、经学化的过程，也是诗教传统形成的过程。孔子奠定了诗教的理论基础，其诗教观可以概括为四点：一是强调《诗》的伦理品格。《论语·为政》曰："'诗三百'，一言以蔽之，曰思无邪"；二是指出《诗》的交际作用。《论语·季氏》曰："不学《诗》，无以言"；三是阐释《诗》的教化功能。《论语·阳货》曰："《诗》可以兴，可以观，可以群，可以怨。迩之事父，远之事君；多识于鸟兽草木之名"；四是揭示《诗》的教化过程。《论语·泰伯》曰："子曰：'兴于《诗》，立于礼，成于乐。'"

《诗经》诗教传统的形成，至少经历了三个阶段：首先是春秋时期的"赋诗言志"。《左传》记载了大量诸侯士大夫在各种场合"断章取义"的事例。所谓"不学《诗》，无以言"，主要是指诸侯士大夫在朝聘盟誓等政治和外交场合"赋诗言志"的能力，学《诗》、诵《诗》、用《诗》，因而成为当时士大夫最基本的人文学养；其次是"诸子引诗"。从《荀子》到《韩诗外传》，或引诗论政，或引诗明理，成为一种重要的表达方式；三是汉代"《诗》序"作者的政治化、伦理化阐释。最著名的如《关雎》"小序"："《关雎》，后妃之德也，风之始也，所以风天下而正夫妇也。"华夏诗国的第一情歌，被诠释成"风天下而正夫妇"的道德教材。

《诗》序对诗教传统的形成，影响最大，最直接，非议也最多。然而，正如徐复观所说：最重要的是应当看出作《诗》序者的"用心所在"；"周

---

① 参阅钱锺书：《管锥编》(第一册)，中华书局1979年版，第63页。

公作诗，本以作教诫之用。……每一《诗》序，都有教诫的用心在里面，此之谓藉序以明《诗》教。"①其实，中国的"诗教"，亦即西方的"美育"。王国维认为，孔子"以《诗》为教"，是一个始于美育而终于美育的"美育主义"者。从这个意义上说，中国悠久的以诗为教的诗教传统，就是中国寓教于乐的美育传统。

（二）《礼》："不学《礼》，无以立"

孔子说："不学《诗》，无以言；不学《礼》，无以立。"中国是一个诗教的民族，又是一个礼仪之邦。《中庸》所谓"优优大哉！礼仪三百，威仪三千。"

"六经"的《礼经》，即指《仪礼》。汉代以后形成"三礼"，即《仪礼》《礼记》《周礼》。《仪礼》十七篇，是礼的本经，故又称《礼经》，讲的是人们日常生活中的伦理原则和行为规范，规定了不同等级不同场合应遵守的礼。《礼记》四十九篇，是先秦至秦汉时期礼学文献选编，内容十分驳杂，实质是解释《仪礼》的，同时从理论上阐发为什么要运用这些礼。《周礼》分"天、地、春、夏、秋、冬"六官，是中国第一部完整叙述国家机构设置和各级官员职能分工的专书，故又称《周官》。《周礼》"以六为法"的编撰形式和"六官"基本的内容，前面已经有所介绍。在"三礼"中，《仪礼》成书最早，并被认定为孔子所作，体现了孔子的礼学思想。不过，《礼记》对后世的影响最大。如"四书"中的《大学》《中庸》，都出自《礼记》；还有"大同""小康"等中国人的治国理想，也出自《礼记·礼运》。此外，《礼记》中的《学记》和《乐记》也极重要，前者系统阐述了中国古代的教育思想，后者系统阐述了中国古代的音乐思想，并依稀可见亡佚的《乐经》面貌。

中国礼学，包括礼法和礼义两大要素。礼法，指仪式过程和物质形式；礼义，指制礼作乐的人文内涵。《仪礼》十七篇，以冠、昏、丧、祭、

① 徐复观：《徐复观论经学史二种》，上海书店出版社2005年版，第107页。

朝、聘、乡、射为八大纲，细述八大礼的礼法；《礼记》相关篇章，则侧重阐释礼法蕴含的意义。当年，孔子即以八大礼教弟子；今天，华夏古礼对我们仍不乏启示意义。

第一是冠礼。冠礼就是成人礼。男子二十就要给他加冠，女子十五就要给她及笄。《礼记·冠义》称"冠者礼之始也"。为什么？"凡人之所以为人者，礼义也。礼义之始，在于正容体，齐颜色，顺辞令。容体正，颜色齐，辞令顺，而后礼义备。以正君臣，亲父子，和长幼。君臣正，父子亲，长幼和，而后礼义立。故冠而后服备，服备而后容体正，颜色齐，辞令顺。故曰'冠者礼之始也'，是故古者圣王重冠。"《冠义》开宗明义，对"成人礼"的礼义作了严肃阐释。用今天话说，行冠礼说明你成年了，成年了就要对自己、家庭、社会负责，负担起一个成人的责任；《冠义》所谓"责成人礼焉者，将责为人子、为人弟、为人臣、为人少者之礼行焉。"

第二是昏礼。"昏礼"即"婚礼"。男子行冠礼后，始可娶妻。婚礼是仪礼中重要内容。《礼记·昏义》说："昏礼者，将合二姓之好，上以事宗庙，而下以继后世也，故君子重之。"这就是说，婚礼是合二姓之好，以延续子嗣。所谓延续子嗣，实质是延续族类。中国人的生命观不是个体生命观，而是家族生命观。作为个体来讲，有生必有死，而家族的生命是可以延续的。怎么延续呢？就在子女身上延续。中国人重视家族生命的延续，所谓"不孝有三，无后为大"，就是因为关系家族生命的延续问题。婚礼强调恭敬慎重。故士娶妻要经过纳彩、问名、纳吉、纳征、请期、亲迎六个主要仪节，故又称为六礼。前五个仪节，由男方派使者到女家进行，最后迎亲时男子才亲自前往。古人认为，士迎亲有阳往阴来之意，黄昏是阴阳交接之时，所以婚礼都在此时举行。士娶妻称"昏礼"，正缘于此。

第三是丧礼。丧礼属凶礼，自古就是重要的礼。丧是弃亡之意，人死称丧，是讳言死，意思是亲人到另外一个世界去了，只是看不见罢了。古代根据生者与死者血统的亲疏和尊卑之别，丧服的形制和丧期的长短各不相同，借以表示哀痛的深浅和丧礼的隆杀。中国人特别重视父母的"三年之丧"。《礼记·丧服四制》说："父母之丧，衰，冠，绳缨，以菅屦，三日而食粥，三月而沐，期十三月而练冠，三年而祥。"《论语·阳货》孔子回答宰我"问三年之丧"，说得更为明白："子生三年，然后免于父母之怀。夫三年之丧，天下之通丧也。"用今天话说，就是从父母生你下来到你能够独立活动，"免于父母之怀"，要经过三年。你回报父母的养育之恩，也应该守丧三年，也应"有三年之爱于其父母"。《论语·学而》又说："慎终追远，民德归厚矣。"为什么"慎终追远"会"民德归厚"？如前所说，"慎终追远"是知恩报恩，人人都懂得知恩报恩，民风就会淳厚，民德就会忠厚。这就是丧礼的道德意义之所在。

第四是祭礼。祭礼是祭天地日月，山川河流，四时寒暑，天下百神。《礼记·祭法》对祭祀对象、祭祀场所和祭祀用品，有极为具体的描述："燔柴于泰坛，祭天也。瘗埋于泰折，祭地也。用骍犊。埋少牢于泰昭，祭时也。相近于坎坛，祭寒暑也。王宫，祭日也。夜明，祭月也。幽宗，祭星也。雩宗，祭水旱也。四坎坛，祭四方也。山林川谷丘陵能出云，为风雨，皆曰神。有天下者祭百神。"从祭祀对象来看，中国先民有一种自然神崇拜的倾向，这也与农耕文明的传统相关。古人认为，不管是天地日月，还是山川河流，都有神，山有山神，河有河伯。而从另一方面讲，"这实际上也是一种报恩思想。人生活在这个世界上，就靠这些东西来生存，所谓天生之，地养之，天地万物养育你，你该不该祭它？当然应该！"[1]祭祀不在烦琐的礼节和次数的多少，而在于内心的"敬意"；《礼记·祭义》所谓"祭不欲数，数则烦，烦则不敬"。

第五是聘礼，或者叫朝聘礼。聘者，问也，求也，请也；有聘召、聘求、聘用、聘贤诸语。聘礼就是聘贤用能的礼节。中国传统极为重视聘礼，使者要行"三让三揖"之礼，以表达对主君或聘召者的尊重。《礼

---

① 楼宇烈：《中国的品格》，四川人民出版社2015年版，第72页。

记·聘义》说："三让而后传命，三让而后入庙门，三揖而后至阶，三让而后升，所以致尊让也。"隆重的聘礼，形成了中国礼贤下士的美好传统。《三国演义》中，刘备的"三顾茅庐"可以说正是"三让三揖"之礼经典的文学化场景。在人才流动极为频繁的现代社会，聘礼依然极为重要，但经常被忽视。例如，一个单位或一家公司，聘用一个人时，可以在他的部门举行一个小小的仪式，其实就是告诉他，他的职责是什么。同时也告诉大家，这个人来是做什么的，大家可以配合他。朝聘礼中其实也包括了解聘礼，解聘也需要以礼相待，不是像现在说炒鱿鱼就完了。中国传统社会，是一个人情社会。聘礼和解聘礼，既体现了对人才的尊重，也体现了人情社会的温暖。

第六是乡射礼。中国春秋时期，每年春秋时节，乡下属的各州都要会聚民众习射。行乡射礼之前，要先行乡饮酒礼。乡射礼的核心活动是"三番射"：第一番射侧重在射的教习，第二番射侧重于比赛，第三番射也是比赛，但有音乐伴奏。对乡射礼和乡饮酒礼的意义，《礼记·射义》有这样的阐释："古者诸侯之射也，必先行燕礼；乡大夫、士之射也，必先行乡饮酒之礼。故燕礼者，所以明君臣之义也；乡饮酒之礼者，所以明长幼秩序也。"可见，乡射礼和乡饮酒礼，同时举行，其目的不是比试武艺，而是教民礼让，敦化民风。人是群居的动物，古人如此，今人同样如此。现在城市的社区活动，不妨对传统的乡射礼和乡饮酒礼进行创造性转化和创新性发展。

《礼记·昏义》曾对八大礼的特点和顺序作了这样的论述："夫礼始于冠，本于昏，重于丧、祭，尊于朝、聘，和以射、乡：此礼之大体也。"《中庸》所谓"礼仪三百，威仪三千"。有"三礼"在，这绝非虚言。"三礼"是中国传统伦理规范得以建立的根本典籍，指导了中国人几千年来的日常生活。如果说中国是"礼仪之邦"，那么西方则是"法律社会"。现代社会更重视法制和法律，但是也不能没有礼仪，阴阳刚柔，相济为用，方为全面。温情的"仪礼"，比之无情的"法条"，更符合人性和人情。

（三）《书》："民惟邦本，本固邦宁"

自古《诗》《书》并称。《诗》是中国第一部诗歌总集，《书》则是中国第一部政事史料集；《荀子·劝学》所谓"《书》者，政事之纪也。"《书》，后世又称《尚书》。关于《尚书》，拟讲三个问题：《尚书》的文本，《尚书》的文体，《尚书》的思想价值。

第一，《尚书》的文本。

《尚书》的名称，有一个演化过程。先秦称之为《书》；《庄子·天运篇》所谓"丘治《诗》《书》《礼》《乐》《易》《春秋》六经"。西汉后称《尚书》，始见于伏生《尚书大传》。汉代孔安国《尚书序》解释说："以其上古之书，谓之《尚书》。"唐代孔颖达《尚书正义》依汉儒旧义作进一步阐释："尚者，上也。言此上代以来之书，故曰尚书。"《尚书》成为儒家经典后，又称为《书经》，唐代曾被列为五经之首。

《尚书》的原始作者是上古史官。《汉书·艺文志》叙"春秋"说："古之王者，世有史官，君举必书，所以慎言行，昭法式也。左史记言，右史记事，事为《春秋》，言为《尚书》。"《春秋》是"记事之文"的汇编，《尚书》则是"记言之文"的汇编。《尚书》的开篇是《尧典》，记叙的是尧舜的历史传说，约在公元前22世纪。《尚书》的最后一篇是《秦誓》，记叙的史实大约发生在公元前6世纪末。一部《尚书》，二万五千余言，上自尧舜，下至东周，记载了这一时期重要的历史传说、历史事件和历史人物，如尧舜禅让、鲧禹治水、太康失国、盘庚迁殷、周公摄政、成康之治等；涉及政治、军事、外交、天文、地理、文化等广泛领域；反映了中国古代社会政治制度、宗法思想、伦理道德和哲学观念逐步形成的过程。《尚书》可谓中国古代社会的一面镜子，要了解古代中国，须从阅读《尚书》开始。

《尚书》是中国史籍的奠基作，也是人类历史上最古老的史籍。西方

第一部史著是希罗多德的《历史》，完成于公元前5世纪。《尚书》中可考文本《盘庚》，约写于公元前13世纪，比《历史》早了800年。荷马史诗《伊利亚特》和《奥德赛》，公元前9世纪左右才基本定型，比《尚书·盘庚》也晚了四五百年。不过，在五经中，《尚书》的文本流传最为曲折，《尚书》的文本构成也最为复杂，可用"几度失而复得，今古真伪互见"来形容。

今本《尚书》共五十八篇，按照朝代编辑，分为四部分，即《虞书》五篇，《夏书》四篇，《商书》十七篇，《周书》三十二篇。《汉书·艺文志》说，《尚书》原有百篇，这大概是经孔子"芟夷烦乱，剪截浮词，举其宏纲，撮其机要，足以垂世立教"（《尚书序》）的最初定本。秦焚书后，汉初搜集得伏生口授的二十九篇，用当时通用的隶书写定，称今文《尚书》。汉武帝时，又从孔子故宅的坏壁里发现用古文字写的《尚书》，较今文《尚书》多十六篇，称古文《尚书》，又叫做"孔壁本"。西晋永嘉之乱后，今、古文《尚书》相继失传。东晋初年，豫章内史梅赜向朝廷献出孔安国的《孔传古文尚书》，分四十六卷，计五十八篇。其中有三十三篇与伏生传授的今文《尚书》二十八篇相同（多出的五篇，从原书中分出），增多二十五篇。增多的二十五篇，后世称为"晚书"。从东晋到隋唐，大多数学者坚信《孔传古文尚书》就是孔壁本古文《尚书》。孔颖达选它为底本写了《尚书正义》，宋代又把它编入《十三经注疏》，迄今流传了一千七百多年。宋代学术思想活跃，朱熹等学者开始怀疑"晚书"的真伪。清代学者阎若璩经过细心研究，证明"晚书"是晋人的伪作。从此，"晚书"被定为"伪书"，称之为"伪古文尚书"。

《尚书》的"今古真伪"是一桩学术公案，至今纷争不断，褒贬不一。然而，恰如《四库全书总目》所说，毕竟"梅赜之时，去古未远"；同时，"晚书"并非完全凭空编撰，而是有多方面的重要来源的。因此，有学者认为，"'晚书'二十五篇虽然不是真正的孔壁古文，不妨看作是古文

《尚书》的西晋辑佚本。"①一千七百多年来，《今古文尚书》作为一个整体影响着中国人的心灵。今天的读者在了解"今古真伪"的前提下，完全可以把它作为一个整体来阅读，充分汲取《尚书》中的深邃思想。

第二，《尚书》的文体。

《尚书》是"政事之纪"，也是中国政治文体的源头。《文心雕龙·宗经》所谓："诏、策、章、奏，则《书》发其源。"《尚书》的文体分类是"尚书学"上的专门学问，也是阅读和读懂《尚书》的重要前提。《尚书》文体主要有两种分类，孔安国《尚书序》分为六种，即典、谟、训、诰、誓、命。孔颖达《尚书正义》细分为十种，即典、谟、贡、歌、誓、诰、训、命、征、范。现代学者钱宗武则约而为四，即典、训诰、誓、命②。我们采用钱宗武的"四分法"，对《尚书》文体作一介绍。

（1）典。"典"，大册也，为"五帝之书"，主要记载上古的典章制度，在商周具有高度的神圣性和政治规范性。《尧典》《舜典》《禹典》《吕刑》《周官》等，都属于这一类。《尧典》体现氏族民主的"禅让制"，《吕刑》"哲人惟刑"的刑制，《周官》"以公灭私，民其允怀"的官制，都对中国的政治史和刑法史产生了深刻的影响。

（2）训诰。"训诰"，就是训诫诰令，包括君臣之间、大臣之间的谈话以及祈神的祷告。《虞书》的《皋陶谟》，《商书》的《盘庚》《高宗肜日》《西伯戡黎》，《周书》的《金縢》《大诰》《多士》《召诰》《君奭》《顾命》等，都属于"训诰"之体。

（3）誓。"誓"即君王诸侯告诫将士的誓众词。《周礼·秋官·士师》解释"誓"说："誓，用之于军旅。"《甘誓》《汤誓》《泰誓》《牧誓》《费誓》《秦誓》等，均属于"誓词"体。《夏书》中的《甘誓》，大概是中国古代最早的一篇战争动员令。《周书》中的《秦誓》，则是春秋时代秦穆公沉痛的自悔之词。

① 钱宗武：《尚书入门》，贵州人民出版社1991年版，第20页。
② 钱宗武：《尚书入门》，贵州人民出版社1991年版，第24—61页。

（4）命。"命"者，王命、朝命、册命、任命之命，即君王任命官员或者赏赐诸侯的册命。如《君陈》《毕命》《君牙》《冏命》《文侯之命》等，都属于这一类。《周书》的《文侯之命》，就是周平王为表彰晋文侯平定戎乱，赐给晋文侯巨鬯和圭瓒而作。

《尚书》五十八篇，按钱宗武"四分法"，"典"九篇，"训诰"三十篇，"誓"九篇，"命"十篇。《尚书》是"记言之书"，"训诰"之文是主体，篇目最多。

第三，《尚书》的价值。

自韩愈给《尚书》下了"周《诰》殷《盘》，佶屈聱牙"这八字判词，一千二百年来，不知吓退了多少《尚书》读者。其实，《尚书》固然文字古奥，思想并不晦涩。古文不古，心灵相通。只要不是心浮气躁，不难领略《书经》的精思妙谛。《尚书》的思想价值是多方面的，它是一部治国之书和修养之书，也是一部哲理之书和文学之书。

《尚书》是一部治国之书。《尚书》的主角多是君王和大臣，谈的多是兴亡之由与治国之道。《尚书》中的"训诰"，尤为注重总结夏商两朝兴亡盛衰的经验教训。《尚书·召诰》说得最为明确："我不可不监于有夏，亦不可不监于有殷。我不敢知曰，有夏服天命，惟有历年；我不敢知曰，不其延。惟不敬厥德，乃早坠厥命。"周公的这段话，与《诗经·大雅·荡》"殷鉴不远，在夏后之世"，可谓异曲同工。一个国家或朝代如何才能长治久安，避免"早坠厥命"的悲剧？那就必须"服天命""敬厥德""惠人民"，或者说"敬天""敬德""惠民"。《尚书·五子之歌》说："皇祖有训，民可近，不可下，民为邦本，本固邦宁。"《尚书·泰誓》又说："天视自我民视，天听自我民听。"民是根本的。一个国家能不能兴旺，一个政权能不能巩固，关键要看是不是得到人民的拥戴。《尚书》的这些思想，决定了中国政治学的民本传统，也奠定了中华文化人本精神的根基，是中华文化人本精神的重要来源。

《尚书》是一部修养之书。一个朝代要能够长治久安，避免"早坠厥命"的悲剧，就必须"服天命""惠人民"；而要做到"服天命""惠人民"，君王和大臣必须"敬厥德"，加强道德修养，成为一个道德君子。《尚书·旅獒》开篇指出："明王慎德，四夷咸宾"；圣明的君王敬慎德行，天下各国才会归顺。进而对君王如何成为"盛德君子"，提出了具体要求："不役耳目，百度惟贞。玩人丧德，玩物丧志。志以道宁，言以道接。不作无益害有益，功乃成；不贵异物贱用物，民乃是。"《尚书·周官》则对百官的德性提出了要求："戒尔卿士，功崇惟志，业广惟勤，惟克果断，乃罔后艰。位不期骄，禄不期侈。恭俭惟德，无载尔伪。作德，心逸日休；作伪，心劳日拙。居宠思危，罔不惟畏，弗畏入畏。推贤让能，庶官乃和，不和政庞。举能其官，惟尔之能。称匪其人，惟尔不任。"这两段话是古文《尚书》中的名言，千百年来成为流传人口的警句，君王百官用以安邦定国，士农工商用以修身待物。林语堂曾这样评价《尚书》："《尚书》的重要性是本质性的，它对儒学而言就像《奥义书》对印度教一样。其本质重要性……还来自它包含深刻的道德智慧这样的事实，这种智慧是儒家思想的源泉。"[①]诚哉斯言。

　　《尚书》是一部哲理之书。《尚书》是一部政事之书而非哲学专著，但是《尚书》中提出的哲学观念和隐含的哲学思想，垂之久远而影响深广。《尚书·大禹谟》中，舜在禅位于大禹时说了这样四句话："人心惟危，道心惟微，惟精惟一，允执厥中。"这四句话是儒家"中庸之道"的精义所在，用今天的话说就是，人的思想是危险的，道的内涵是精微的，体察那道的精微，始终如一地遵守，才能秉承不偏不倚的中和之道。它后被宋代大儒朱熹称为"虞廷十六字心法"，并作为建立哲学体系的重要依据，在中国哲学史上产生了深远的影响。《尚书·洪范》的五行观，则奠定了中国传统宇宙论及社会思想的基石。《洪范》将水、火、木、金、土五种物质称"五行"，并以"五行"附会"五事"，又引申出"八政""五纪"，在此基础上提出"建皇极"，即建立君主准则，这便是行"三德"、以获"五

---

① 林语堂：《中国的智慧》，湖南文艺出版社2016年版，第83页。

福"、免"六极"。"洪范九畴"自然与人事相互感应、彼此诱发的思想，以及由五行推导出的一系列"大法"，同样对后世政治和哲学产生了重大影响。

《尚书》是一部文学之书。《尚书》对后世文学的影响，至少表现三个方面，即文体、文风和语言。先秦散文可分为诸子和史传两类。《左传》和《史记》是先秦史传的代表。以《史记》为例，不仅写人叙事记言直接受《尚书》影响，而且成篇整节地译引《尚书》原文，继承和发展了《尚书》的表现手法。就诸子散文而言，《尚书》以记录古代圣王贤臣言论的记言体，与《论语》的语录体隐然有着内在联系。从文风看，《尚书》记言摹声绘色，叙事曲折生动，议论情理相生，奠定了中国散文的民族风格特色。如《尚书》的训诰之文，其佳胜处能把厚重之文做得委屈周至，并且点燃有情，成为后世告谕文章的典范。在文学语言上，《尚书》原创的成语名言成为历代诗文创作的宝贵财富，如知人则哲、兢兢业业、多才多艺、野无遗贤、满招损谦受益、有备无患、同心同德，离心离德、偃武修文、凤凰来仪、玩人丧德，玩物丧志、为山九仞，功亏一篑等。千百年来，这些名言警句已化作了积淀在民族心灵中的文化基因。

（四）《易》："易道广大，无所不包"

《易》即《周易》，是古人以卜筮之法探寻事物变化规律和宇宙奥秘的书。《四库全书总目》说："易道广大，无所不包。"东汉以后，《周易》被推为群经之首，大道之源。从今天看，《周易》确是中国哲学史、也是人类文化史上一部独特的哲学经典。这里对《周易》的含义、结构和哲学意蕴作扼要阐述，以助读者进入这个古老而深邃的哲学殿堂，领略六十四卦中蕴藏的人文智慧。

其一，《周易》题解。

让我们从《周易》书名的含义说起。《周礼·春官·大卜》说："掌三《易》之法：一曰《连山》，二曰《归藏》，三曰《周易》，其经卦皆八，其别皆六十有四。"在古代，卜筮是国家的大事，而"易"则是上古筮书的泛称。据说，《连山》是夏朝的卜筮书，《归藏》是商朝的卜筮书，《周易》则是周朝的卜筮书。到孔子的时代，《连山》《归藏》均已亡佚，只剩下《周易》了，所以"易"又专指《周易》。那么，"周易"二字，蕴含何意？

先说"易"。"易"有三义：一为"简易"，指筮法即用筮草占卜之法比龟卜之法更为简易；二为"变易"，指以揲筮数目之变，推问事物的变化，借以释疑；三为"不易"，战国晚期，成书于其时的《易传》又阐述"天尊地卑，乾坤定矣"的"不易"之义。据此，郑玄在《易赞》和《易论》中概括说："《易》一名而含三义，易简，一也；变易，二也；不易，三也。"在郑玄的三义中，"变易"与"不易"是世界观，"简易"则是方法论，"简易"寓于"变易"与"不易"之中，《易》主要是讲"变易"的书。

再说"周"。"周"也有多种解释：一指周代，所谓"因代以题周"；二指循返往复，所谓"周流六虚，唯变所适"；三指周知万物，所谓"知周乎万物而道济天下"；四指"易道周普"，所谓"易道周普，无所不备"，取变化普遍性之义。在《周礼》的"三易之法"里，《周易》只是其中之一法。所以《周易》之"周"，除"周代"之周外，还应该与"循返往复"的方法和"周知万物""易道周普"的特征有关。

综上所说，《周易》之名，可解释为"成于周代的讲事物变易"的书。《周易》六十四卦的基本原理，就是通过不断"变化"的方法，拓展、深化人们对现实世界和未知世界的认识。

其二，《周易》结构。

《周易》是一部奇书，是一部结构复杂的书。《周易》的复杂结构，便是在不断地"变易"中累积而成的。

《周易》作为"三《易》"之一，原本是殷末周初的人们用来占卜算卦的方法，它起初不是一本书，没有今天看到的卦爻辞，更没有被称为"十翼"的《易传》，只是蕴含数理逻辑的卦画而已。后来，经过长期的演绎，卦画与事物产生了对应性联系，人们便在每个卦画下写了一些简约的卦辞。再后来，又在六十四卦的各爻之下写了爻辞。于是，《易》就有了卦画、卦辞和爻辞，形成了《易经》部分。到了汉代，人们又将《易传》并入，成了今天看到的《周易》的样子。

《周易》包括经和传两部分。一般认为，《易经》的创作过程大致经历了三个阶段，即阴阳概念的产生，八卦创立，重卦并撰成卦爻辞。[①]

首先是阴阳概念的产生。《周易》是以八卦为纲而构成的体系。无论八卦还是后来的六十四卦，都是由阴阳两爻组合而成的。在古人心目中，天地、男女、昼夜、炎凉、上下、胜负等，几乎生活中的一切现象，都体现着普遍的相互对立的矛盾。根据这种朴素的直感观察，古代哲人把宇宙间纷繁复杂、变化万端的事物分为阴、阳两大类，用阴、阳两种符号表示，阳物为—，阴物为--，以象征宇宙间相互对立着的种种事物。

接着是八卦的创立。卦的基本构成单位是"爻"。古人以阴阳符号为"爻"，每三爻交相叠加成一卦，就出现了八卦。八卦各有不同的名称和形式，分别是乾（☰）、坤（☷）、震（☳）、巽（☴）、坎（☵）、离（☲）、艮（☶）、兑（☱）。"八卦"又称"八纯卦""经卦""单卦"。八卦的取象，已经从阴阳二爻对事物的广泛象征，发展到对自然界八种基本物质的具体象征，分别象征天、地、雷、风、水、火、山、泽。在后来的易理演绎和易筮运用中，八卦的象征内涵不断扩展增益，可以分别象征八种类型的诸多物象。

最后是重卦并撰成卦爻辞。此后，随着易理演绎和易筮运用的发展，人们又将八卦交相重叠，生成六十四个衍生卦，通称"重卦""别卦"，并产生了解说这些卦形即卦象所寓哲理的卦爻辞。解说每卦要义而系于每卦之下的文辞称"卦辞"，解说每卦各爻要义而系于每爻之下的文辞称"爻辞"。《易经》共有卦辞六十四条，爻辞三百八十四条，加上乾、坤两卦的两条用词，凡四百五十条，总称筮词，也即"经文"。卦爻辞的出现有两

123

[①] 参阅黄寿祺、张善文撰：《周易译注》"前言"，上海古籍出版社1989年版，第2—4页。

大意义：一是使《周易》成为卦形符号与语言文字有机结合的一部特殊的哲学著作；二是使易象从隐晦的符号暗示发展为用文字描述的具有文学性的形象。卦爻辞"假象喻意"，通过文字描述，使每一卦内涵的象征旨趣更为鲜明生动；六十四卦相承相受，从六十四个角度分别揭示不同情境中的事物特征和变化规律。

《易经》之外有《易传》。现存《易传》共七种十篇，又称"十翼"，它们是《文言》、《彖》上下、《象》上下、《系辞》上下、《说卦》、《序卦》、《杂卦》。《易传》的宗旨是阐扬《易经》的大义，但又有各自的侧重点。作为"十翼"的《易传》，是历代研读《易经》最重要的津梁，其本身也有重要的哲学价值。《易传》的出现，使《周易》具备了义理富赡、博大精深的思想内容，同时也赋予《周易》"推天道以明人事"的神圣职责。大体而言，《周易》从卦画—卦爻辞—易经—易传的创作过程，也就是天道—神道—人道—义理的演化过程。《周易》"经""传"合编本出现于汉代，后代学者多依合编本研读，影响至为广大，以致把"传"提高到与"经"同等的地位；而人们谈论《周易》一书，往往兼指"经""传"两个部分。

《周易》的结构是"象、言、意"三位一体的结构。《周易》的这一复杂结构，就是在经历上述三个阶段过程中逐步形成的。第一是"象"，就是卦形或卦象。如乾卦是六条横线，坤卦是六条断开的横线，这就是卦形或卦象。第二是"言"，有象就有言，言就是卦辞和爻辞。每个卦都有相应的卦辞和爻辞。如乾卦的"乾，元、亨、利、贞。"这一句就是它的卦辞。爻辞每卦六句，各爻的位置是从下往上数，最下的爻位才是第一爻，念着"初爻"。乾卦的爻辞，第一爻是"初九，潜龙勿用"；第二爻是"九二，见龙在田，利见大人"；第三爻是"九三，君子终日乾乾，夕惕若，厉无咎"；第四爻是："九四，或跃在渊，无咎"；第五爻是"九五，飞龙在天，利见大人"；第六爻是"上九，亢龙有悔。"卦辞和爻辞合起来就成为言。广义的"言"，实质还包括《易传》中的《文言》《彖》《象》辞。

如"天行健，君子以自强不息""地势坤，君子以厚德载物"，这两句名言就分别出自乾卦和坤卦的《大象传》。第三是"意"，就是指每一卦的卦象以及它的卦辞和爻辞里所包含的意义。如乾卦象征天，坤卦象征地，屯卦象征初生，蒙卦象征启蒙，等等，就是其最基本的象征意义。所以，《周易》是一部由"象、言、意"三部分构成的哲学奇书。

《易》学史上两大学派，汉代的象数学与魏晋之后的义理学，就是基于《周易》的"象、言、意"这一三元结构，各自强调"象"与"意"的重要性而发展形成的。魏晋以后，王弼开创的义理学派越来越成为易学的主流。王弼提出的"得意忘言，得意忘象"的玄学命题，对后世产生了深远的影响。"得意忘言，得意忘象"，重神韵而轻形象，成为中华文化的重要特征之一，也是中国思维方式的精髓之所在。

那么，《周易》这部结构复杂的奇书是谁创作的？经历了多长时间？《易传·系辞下》描述了伏羲作八卦的过程："古者包牺氏之王天下也，仰则观象于天，俯则观法于地，观鸟兽之文，与地之宜。近取诸身，远取诸物。于是始作八卦，以通神明之德，以类万物之情。"《汉书·艺文志》引述这段话后写道："至于殷周之际，纣在上位，逆天暴物，文王以诸侯顺命而行道，天人之占可得而效。于是重《易》六爻，作上下篇。孔氏为之《彖》《象》《系辞》《文言》《序卦》之属十篇。故曰《易》道深矣，人更三圣，世历三古。"这是先秦两汉时期，关于《周易》成书最重要的两段话。所谓"三圣""三古"，颜师古注释："伏羲为上古，文王为中古，孔子为下古。"合而言之，《周易》的创作，伏羲作八卦，文王或周公叠六十四重卦并系属卦爻辞，孔子作《易传》十篇。汉代学者对此深信不疑，宋代以后不断有学者提出质疑，近年以来学者根据考古文献又出现认同汉代观点的趋向。不过，无论汉代的认同还是宋代以来的质疑，都只是一种推测。我们认为，在没有确凿证据证明质疑可以成立的情况下，不如相信"去古未远"的汉代说法。而"人更三圣，世历三古"的《周易》创作过程，至少提供两点信息：一是从上古伏羲、经中古文王、到下古孔子，

《周易》的成书至少经历了三千年以上的历史，比之历时两千年的《圣经》的成书时期要长得多；二是《周易》的草创，早于《诗经》和《尚书》，可以说是中华第一书。东汉之后，《周易》被推为"五经之首"，从创作时间上看也是有依据的。

其三，《周易》智慧。

《周易》本是一部卜筮之书，长期笼罩在巫术礼仪的迷雾之中，被称为"东方神秘主义"之作。那么，《周易》只是一部卜筮之书吗？应当说，《周易》即是一部古老的卜筮之书，又是一部特殊的哲理之书，是一部在卜筮仪式中蕴含深邃智慧的哲理之书。首先，就《周易》作为卜筮之书而言，古代的占筮与军国大事密切相关，天子诸侯的决断往往取决于占筮结果；而在占筮过程中，影响人的思想、左右人的行动的深层根源，实质是筮书所蕴含的哲学内涵。如果去掉了《周易》内在的哲学思想，它就不可能被太卜奉为"圣典"。其次，就《易传》与《易经》的关系而言，《易传》的出现，使《周易》具备了义理富赡、博大精深的思想内容。但其根本前提是八卦、六十四卦及卦爻辞本身就蕴含丰富的"义理"，《易传》作者只是把这些义理作了更加鲜明、更为切近人事的阐发。如果《周易》的六十四卦和卦爻辞没有内在的哲学思想，那么无论哪一位"圣人"都不可能凭空阐发出其中的义理。那么，《周易》哲学智慧的特征是什么，其具体表现在哪些方面？

《周易》的创作始于阴阳概念的产生，其原始结构和核心思想就是阴阳两种事物的对立统一。《周易》的基本元素是阴阳，根本方法是阴阳，本质内容和符号特征也是阴阳。从卦象到卦爻辞，《周易》就是通过阴阳两种属性的组合变化来揭示天、地、人的生存逻辑与发展规律。《易经》就是通过阴阳两种符号的组合结构与变化方式，象征性地反映世间万物的本质特征与变化规律的世界观和方法论。它以普遍联系的观点与对立统一的方法，对事物的发展与变化做出吉、凶、悔、吝等预测与判断，其目的是趋吉避凶、惩恶劝善。这是《周易》哲学智慧的基本特征，而其具体表现可以从四个方面加以说明。

首先，从整体上看，《易经》表现出建立宇宙秩序的观念。画爻定卦，只是简单数字游戏。但当它以某一卦代表某种自然现象时，便含有对宇宙现象的分类，以及世界质料的探求等意义。因此，八卦定名可以算是宇宙秩序观念的最初酝酿。由八卦组成六十四重卦，数字组织虽然简单，但意义不同。每一重卦已不只代表自然现象，也表现一种抽象意义和概念。而把六十四个概念依一定次序组织，宇宙秩序的观念便由此初步形成。同时，值得注意的是，六十四重卦所展示的秩序，一方面喻指宇宙历程，另一方面又喻指人生历程，一一喻示着特定情境中的处事方法和生存哲理。如《乾》卦象征"天"，喻示"刚健"气质的发展规律；《坤》卦象征"地"，喻示"柔顺"气质的现实功能；"屯"卦象征"初生"，喻示事物"草创"之际艰难发展的情状；《蒙》卦象征"蒙昧"，喻示事物和生命蒙稚之时的"启蒙发智"的通理。六十四卦六十四种哲理旨趣，贯串会通揭示了自然、社会、人生运动变化的发展规律。

其次，就每一卦来看，各卦六爻之间在义理上有明显的联系。六爻的内在联系，无不是某种事物活动规律的象征性表露。以《师》卦为例，全卦揭示"用兵之道"：一是在于"正"，只有正义之师才能用兵，才能如《彖》所言"毒（通"督"）天下而民从之"；二是欲治兵必先选将，即用人必须得当，如《师》所谓"丈人吉"而"小人勿用"。《师》卦的六爻象征性地演示出用人与用兵的关系：初六强调军纪必须严明，九二因用将得当而吉利，六三因用人不当而无功，六四行军有序而"无咎"，六五则直接说明用人当否的两种结果，上六则强调"小人勿用"。《师》卦六爻从不同角度揭示用兵之道的关键在于自己要"正"。正如《彖》所强调："能以众正，可以王矣。"

再次，若将相关卦义两相对照，又可发现六十四卦的秩序深刻反映了事物对立统一矛盾转化的变动规律。如《乾》《坤》两卦，象征"刚健"与"柔顺"的对立转化；《泰》《否》两卦，象征"通泰"与"否闭"的对立转化；《损》《益》两卦，象征"减损"与"增益"的对立转化。《既济》与《未济》两卦同样如此。《周易》从乾坤到既济，象征着事物的一个发展过程的圆满结束。但是，《既济》之后还有《未济》，明显含有事物的发展是无穷的思想。"《易》者，变也。"《周易》就是一部"变经"。不仅卦与卦之间如此，在一卦的具体爻象中，也往往喻示矛盾变化的哲理。如卦的上爻多喻"物极必反"的意旨。具体地说，卦象吉者，最后一爻多半反而不吉；卦象凶者，最后一爻有时反而吉。①

又次，联系历史背景考察，《周易》六十四卦的内容意旨，又以象征方式反映了古人丰富的社会思想和生活理想。有的反映政治思想，如《同人》卦表现对"天下和同"理想的追求，《革》卦蕴含"革除弊政"的愿望；有的反映伦理思想，如《家人》《归妹》卦表达了美满家庭、幸福婚姻的理想；有的反映经济思想，如《节》卦喻示"节制"的观念，《贲》卦阐明"质朴"的主张；有的反映法治思想，如《讼》《夬》卦关于争讼和决除邪恶思想的阐述；等等。

最后，《周易》"尚象"思维的特征，对中华文化产生了深刻的影响。中华文化基本符号的构成，有一个引人注目的特点，即语言与意象的平行互补。这个"言象互动"的符号系统，作为中国传统文化的载体和交流媒介，深刻影响着传统文化观念的形成与传播，影响着中国人的思维方式和行为方式。中华文化的总体风貌，它那重经验、尚感悟、趋反省内求的特色，很大程度上受制于这一符号系统，尤其是意象符号的文化功能。②"《易》者，象也。""易象"即是意象。中华文化"言象互动"的特点，正渊源于《周易》"观象制器"的传统，渊源于《易经》"象、言、意"三位一体的符号结构。

论《周易》的价值，《四库全书总目·易类小序》有一段名言："《易》道广大，无所不包，旁及天文、地理、乐律、兵法、韵学、算

---

① 参阅劳思光：《新编中国哲学史》（一），生活·读书·新知三联书店2015年版，第66—67页。
② 参阅汪裕雄：《意象探源》"引论"，安徽教育出版社1996年版。

术，以逮方外之炉火，皆可援《易》以为说，而好异者又援以入《易》，故《易》说愈繁。"今人宗白华则认为：《周易》六十四卦之卦象，是一部"指示人生的范型"："《易》之卦象，则欲指示'人生'在世界中之地位、状态及行动之规律与趣向。此其'范型'为适合于人生行动之象征。"①。《易》道广大，无所不包，仁者见之谓之仁，知者见之谓之知。《周易》既是一部"指示人生的范型"，也是一部人生智慧的百科全书。

（五）《春秋》："用历史维持人类文明"

《汉书·艺文志》把《春秋》与《尚书》作为史书并举："左史记言，右史记事，事为《春秋》，言为《尚书》。"实质上，如《太史公自序》所说，"《书》记先王之事，故长于政"。《尚书》介乎历史与政治之间，《春秋》则是一部严格意义上的史书。那么，《春秋》是一部怎样的史书？为什么它又成为一部儒家的"经书"？后人为什么爱读《左氏春秋》即《左传》？这是关于《春秋》要义的几个基本问题。

第一，《春秋》：编年史之祖。

《春秋》是一部编年史。西周末年，周幽王荒淫无道，引发王室内乱。公元前771年，申后之父申侯联合犬戎，举兵攻周，杀幽王于骊山，毁都城于战乱。西周随之灭亡。第二年，周平王被迫东迁，把都城从西都镐京（今陕西西安），迁往东都雒邑（今河南洛阳），历史上称为东周。东周包括两个历史时期，一个春秋，一个战国。《春秋》记载的就是东周史的第一阶段、"春秋"时期的历史事件。《春秋》记事，上自鲁隐公元年（周平王四十九年，前722年），下讫鲁哀公十四年（周敬王三十九年，前481年），计二百四十二年的史事。《春秋》记事以鲁国为主，兼及周王室和其他诸侯国。因此，《春秋》即是鲁国的"国史"，也可以说是当时中国的"国史"。

"春秋"原是诸侯国编年史的通称。墨子曾有"吾见百国《春秋》"之说。然而，传世的仅存《鲁春秋》，《春秋》便成为鲁史专名。那么，一

①《宗白华全集》（第一卷），安徽教育出版社1994年版，第642页。

国史书为什么称为《春秋》？《春秋》的得名，杜预《春秋序》有精当解释。他说："《春秋》者，鲁史记之名也。记事者，以事系日，以日系月，以月系时，以时系年，所以纪远近、别同异也。故史之所记，必表年以首事，年有四时，故错举以为所记之名也。"原来，史家因一年有春、夏、秋、冬四时，便"交错互举"，言春以包夏，举秋以兼冬，取"春秋"为编年史之名。

《春秋》是中国第一部编年史，它在史学上有何特点？《礼记·经解》论"《春秋》教"有"属辞比事"之说："属辞比事而不乱，则深于《春秋》者也"。所谓属辞，是指遣词造句，所谓比事，是指排比史事。属辞比事，就是孔子修《春秋》①的笔削艺术。司马迁称孔子："至于为《春秋》，笔则笔，削则削，子夏之徒，不能赞一词。"具体而言，《春秋》的属辞比事艺术，至少表现在三个方面。

一是清晰的时间。《春秋》记事，以事系日，以日系月，以月系时，以时系年，把历史事件，完全放置在确定的时间系统里，很多事件，甚至确知发生在哪一天。如记僖公二十二年事："二十有二年春，公伐邾，取须句。夏，宋公、卫侯、许男、滕子伐郑。秋八月丁未，及邾人战于升陉。冬十有一月己巳朔，宋公及楚人战于泓，宋师败绩。"这里，"秋八月丁未"即"秋八月初八"，"冬十有一月己巳朔"及"冬十一月初一"。简单的记事，呈现出清晰的时间。《尚书》记事，时月尚不并书。《春秋》独并举时月，表现出自觉的编年史意识，有时有月有日，多是义例所存，不容或阙。至此中国第一部编年史正式出现。自此以往，史实有所区分，事情有所承续，古今相沿而相续，历史演变的史学观由此诞生。这是史学观的一大进步，对中国史学产生了深远影响。

二是简约的篇章。以简略的文字记载漫长的历史、丰富的史事，这是

① 钱穆在《孔子与春秋》中指出："《论语》乃孔子门人弟子记载孔子平日言行的一部书，而《春秋》是孔子自己的著作，而且是孔子晚年的，又是他唯一的著作。"详见钱穆《两汉经学今古文平议》。

《春秋》记事的显著特点。从鲁隐公元年到鲁哀公十四年，前后共二百四十二年的史事，广泛涉及祭祀、战争、朝聘、盟会、弑君、灾异、婚葬等政治、军事、社会内容，《春秋》只用了一万八千余字（今存一万六千五百七十二字）记载。每年多则十余条，少则仅一条；每条多则四十余字，少则仅一字，诚可谓极简约之作。《春秋》记事的简约，王安石有"断烂朝报"之讥，即《春秋》所录只是一些枯燥乏味的大事记而已。西方史学家巴特菲尔德也有同样感叹：今人读之，"兴味索然，实难信竟出于孔子之手"[1]。其实，此情不难理解，原因不外乎三：一是鲁史旧文，原本简约，孔子修史，恪守文献，仅作整理，不事铺陈；二是竹简记事，载笔为难，不屑为冗长，上古典籍，是无不简约；三是史学草创，现代意义的叙事规范远未完备，西方上古编年史记事，故亦与《春秋》相类[2]。

三是精确的用词。韩愈《进学解》有"《春秋》谨严"之说。所谓"谨严"，就是遣词用字精确严谨，一丝不苟，以求准确表达史事真相。"僖公十六年"描写陨石飞鸟一条，最为人津津乐道："十有六年，春，王正月，戊申，朔，陨石于宋五。是月，六鹢退飞，过宋都。"这一段记事，准确而又生动地呈现了当时发生的情景。石自天而降，速度甚快，先听到陨声，一看，是石落于宋地，细数起来，五块。"陨石于宋五"，是最简约的记事，且极为精确，又合乎逻辑，每一个字的位置都不可移动。"六鹢退飞，过宋都"，情况不同。鹢在高空飞，速度很慢，且不易看清楚什么东西在飞，所以最先看到的是天空有六个东西，细看，是鹢，再细看，是退飞，经过宋都。《春秋》篇幅简约，故孔子修《春秋》，每一个字都费尽心思斟酌，不多用一个字，不乱用一个字，力求准确呈现事实发生时的真相。在史学求真的最高原则下，这是史家最基本也是最重要的艺术。

龚自珍有一句沉痛之语："灭人之国，必先去其史。"[3]易言之，欲维

---

① 转引自汪荣祖：《史传通说——中西史学之比较》，中华书局1989年版，第25页。

② 参阅汪荣祖：《史传通说——中西史学之比较》，中华书局1989年版，第25—26页。

③ 《龚自珍全集》，上海古籍出版社1975年版，第22页。

系国性，必先保存国史。孔子之伟绩不只是提供一部编年史，而是以良史维国性于不坠。正因如此，太炎先生把孔子修《春秋》与大禹治洚水相提并论。他在《原经》中写道："《春秋》之绩，其什伯于禹也？禹不治洚水民则溺，民尽溺则无苗裔，亦无与俱溺者。孔子不布《春秋》，前人往，不能语后人；后人亦无以识前，乍被侵略，则相安于舆台之分。诗云：宛其死矣。"①仲尼，良史也！孔子修史的伟绩和历史意义，更在于此。

第二，《春秋》："褒贬史学"之祖。

"史之大原，本乎《春秋》；《春秋》之义，昭乎笔削。"②《春秋》的笔削，是否蕴含深义在其中呢？从《春秋》三传、孟子、董仲舒、司马迁等较早解释《春秋》的言论看，孔子修《春秋》，是有深义的。"惩恶而劝善"是其深义；"拨乱世，反诸正"，是其深义；"内诸夏而外夷狄"，是其深义；"为尊者讳，为亲者讳，为贤者讳"，是其深义。东晋范宁《穀梁序》说得更为明白："就大师而正雅颂，因鲁史而修《春秋》，……举得失以彰黜陟，明成败以著劝诫，拯颓纲以继三五，鼓芳风以扇游尘，一字之褒，宠逾华衮之赠，片言之贬，辱过市朝之挞。"如此说来，孔子修《春秋》，几同老吏断狱于理矣。

《春秋》深义，始于《春秋》的修撰动机。孔子修《春秋》，自然经过搜集资料、整理史料、确定编写体例和修撰宗旨等一系列环节。这一切背后的原始动力，则是孟子所阐发的孔子的"救世"动机。《春秋》者，诚可谓"救世之书"。《孟子·滕文公下》说："世衰道微，邪说暴行有作，臣弑其君者有之，子弑其父者有之，孔子惧，作《春秋》。"面对衰乱的时代，思想敏锐而又深邃的孔子，忧心忡忡而思加挽救，于是想出一套"用历史维持人类文明"③的方法。"孔子惧，作《春秋》"，正是其动机，而"拨乱世，反诸正"，反对僭越违礼行为，贬斥邪说暴行，即"用历史维持

---

① 傅杰编校：《章太炎学术史论集》，中国社会科学出版社1997年版，第34页。
② 章学诚著、叶瑛校注：《文史通义校注》（上），中华书局1994年版，第470页。
③ 杜维运：《中国史学史》（第一册），商务印书馆2010年版，第80页。

人类文明"，则是其目的。同时，当时又是一个诸侯纷争，外族交侵的时代，天下共主周天子失去权威，"南夷与北狄交，中国不绝若线"。国势危急如此，孔子于是将大一统之义隐于《春秋》之中，严夷夏之防，内诸夏而外夷狄。自此《春秋》大一统之义，变成"天地之常经，古今之通谊"。中国统一的命运，赖以延续。而"拨乱世，反诸正"的"正名分"与"严夷夏之防"的"尊王攘夷"，正是孔子作《春秋》的深层动机。

《春秋》深义，寓于《春秋》的褒贬书法。《春秋》既不是释史之作，也不是议论之书，而是记事之史，其褒贬之意和王道王法何以表达？曰属辞，曰书法。故春秋大义，一并寄寓于春秋书法。所谓《春秋》书法，要而言之，就是以谨严的用字来显示褒贬取向，在极洗练的文字中流露"惩恶而劝善"的价值判断，以达到"褒见一字，贵逾轩冕；贬在片言，诛深斧钺"（《文心雕龙·史传》）的警戒效果。

具体而言，《春秋》书法是通过"书"，"不书"，"如何书"来体现的。仅举一例。《春秋》隐公元年记载："夏五月，郑伯克段于鄢。"《左传》对这段《经》文的"书法"作了这样的解释："书曰：'郑伯克段于鄢。'段不弟，故不言弟；如二君，故曰克；称郑伯，讥失教也；谓之郑志。不言出奔，难之也。"意思是说，共叔段与兄争国，不像做弟弟的，所以不称为"弟叔"。郑庄公与叔段之战，宛如两国之君交战，郑庄公打败对方，故称"克"。称"郑伯"而不称"郑庄公"，意在讥讽郑庄公有失教弟之责。叔段败后逃亡共地，不写"出奔"，是因为郑庄公也有罪，史家又难以下笔，实为尊者讳。《春秋》正是通过谨严的用字，通过"书"，"不书"，"如何书"来体现褒贬之意。此外，记战争有伐、侵、战、围、入、灭等不同写法，记杀人有杀、诛、弑、歼等不同写法，无不表达不同的史实和价值态度。《春秋》书法，使中国的褒贬史学应运而生。"别嫌疑，明是非，定犹豫，善善恶恶，贤贤贱不肖，存亡国，继绝世"（《史记·太史公自序》）是一套清清楚楚的褒贬史学；被认为有乖直笔而受尽訾议的"为尊者讳，为亲者讳，为贤者讳"，站在以维持人类文明为己任的褒贬史学立场来看，是未可非议的。①

综上所述，《春秋》的褒贬史学包含内外两个层次，即《春秋》大义和《春秋》书法："以历史维持人类文明"的《春秋》大义是其内在本质；"褒见一字，贬在片言"的《春秋》书法则是其外在表达。"孔子成《春秋》，而乱臣贼子惧"。孔子不仅是伟大的思想家，也是第一流的史学家。他以深沉的忧患和宏伟的思想，赋予历史以深义，增辟了以历史维持人类文明的新境界。《春秋》一书，不仅是编年史之滥觞，也是中国史学观之源泉。

《春秋》大义和《春秋》书法，对后世产生了深远的双重影响。一是史学的，即《春秋》书法成为史家之传统，惯用之笔法。自两汉以来，以至于清末，史家虽说《春秋》笔削褒贬不得妄拟，但史家所遵循的褒贬原则，所坚守的正统观念，在史著中灌注强烈感情色彩的做法，就是《春秋》笔法。如东晋习凿齿的《汉晋春秋》，以蜀汉为正统，以晋承汉；如宋代司马光的《资治通鉴》，凡一统之君，死称崩，否则称殂，一统之国大臣死称薨，否则称卒，这都是《春秋》笔法。一是道德的，即《春秋》一书成为"礼义之大宗"，衡人之标准。司马迁为之特别强调，无论"为人君父"，还是"为人臣子"，必须深通《春秋》之义，否则必将陷于"君不君，父不父，臣不臣，子不子"的境地："有国者不可以不知《春秋》，前有谗而弗见，后有贼而不知。为人臣者不可以不知《春秋》，守经事而不知其宜，遭变事而不知权变。为人君父而不通于《春秋》之义者，必蒙首恶之名。为人臣子而不通于《春秋》之义者，必陷篡弑之诛，死罪之名。"（《史记·太史公自序》）"《春秋》者，礼义之大宗也。"在三千年的历史上，《春秋》之义始终作为评价各种人行为的价值标准。汉儒把《春秋》这部编年史奉为"经"，其根源也在于此。

第三，"《春秋》三传"。

儒家五经，既有"经"，又有"传"。《诗经》有"毛诗传"，《易经》

① 杜维运：《中国史学史》（第一册），商务印书馆2010年版，第79页。

有"易传"，《春秋》有"三传"。经者，恒久之至道，不刊之鸿教；"传"者，转也，转受经旨，以授于后，即训解、阐释经典的文字。解说和阐释《春秋》的传，流传后世有三部，即《春秋左氏传》《春秋公羊传》《春秋穀梁传》，合称"《春秋》三传"。

《春秋》三传，有所不同，主要区别，有两个方面。从文体者，《公羊传》和《穀梁传》是今文，二者均紧依经文，采取自问自答的方式，阐释《春秋》的微言大义，褒贬寓于其中，为训诂之传，属于"经传"的正体；《左传》是古文，以叙述《春秋》所记事实为主，《经》与《传》的关系，如同新闻标题之于报道，属于"史传"，是一部以《春秋》为纲撰写的编年史。从成书时间看，《左传》最早，以后才是《公羊传》和《穀梁传》。

《左传》是《春秋左氏传》的省称。关于《左传》的作者，司马迁认为是与孔子同时的"鲁君子左丘明"[①]，两汉至魏晋皆无异辞。自唐宋至清代不断有人提出异议，迄今尚无定论。我们不妨遵从"去古未远"的汉人看法。《左传》叙事，起于鲁隐公元年（前722年），迄于鲁悼公四年（前464年），比《春秋》多出十七年。关于《左传》在三传中的特点，可以用一句话来概括：《左传》既是解释《春秋》的解经之"传"，又是超越《春秋》、具有独立价值的编年史巨著。

汉代以后，"《左传》传事不传义"成为许多人的看法。其实，《春秋》不能离开《左传》，《左传》也不能离开《春秋》。只是《左传》的解经，不同于《公羊传》和《穀梁传》。今人杨伯峻是主张《左传》解经说的，对《左传》与《春秋》作了深入研究。他认为，《左传》解释《春秋》有多种方式：一是引《春秋》原文作说明，如《春秋》隐公"元年春王正月"句，《左传》说"元年春王周正月，不书即位，摄政也。"二是用事实补充甚至说明《春秋》，如鲁隐公被杀，《春秋》只写"公薨"二字。《左传》则详细记载了隐公被杀的过程。三是订正《春秋》的错讹。如襄公二十七年《春秋》载"十二月乙亥朔，日有食之"，《左传》订为"十一月乙

135

---

① 此说见《史记·十二诸侯年表序》。

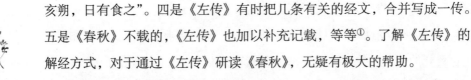

亥朔，日有食之"。四是《左传》有时把几条有关的经文，合并写成一传。五是《春秋》不载的，《左传》也加以补充记载，等等①。了解《左传》的解经方式，对于通过《左传》研读《春秋》，无疑有极大的帮助。

《春秋》记事简约，然而毕竟太过简略。一部《春秋》，只能算是一部"春秋纲目"。《左传》确实有更多的无"经"之"传"。然而，正是这些无"经"之"传"，让《左传》挣脱限制，反客为主，笔底生波澜，恣意写兴亡，成为一部鲜活生动、超越《春秋》的编年史巨著。钱穆先生说得好："《左传》是一部史学上更进一步的编年史。孔子《春秋》只是开拓者，《左传》才算编年史的正式完成。"②

《左传》超越《春秋》的特色，至少表现在四个方面。第一，气象宏伟开阔。《左传》堪称春秋时代的世界史，不以一国为中心，而以当时所有趋向文明的国家为叙述范围。周室以外，中原国家如齐、晋、鲁、卫、郑、宋，周围国家如秦、楚、吴越，都在叙述范围之内。这是一种宏阔的视野，世界史的气象。第二，内容丰富多面。《左传》所涉及的内容洋洋大观，美不胜收。春秋250年间所发生的政治、军事方面的大事详细记述，社会的活态，人群的深处，风习的细节也兼述补遗，使其内容丰富无比。此外，舆人之诵，莱人之歌，筑者之讴，都予采录，国人的议论，草野的心声，也无不博载。《左传》即是一部政治外交史，也是一部社会文化史。第三，辞令智慧精醇。《左传》中大量章节都是辞令，施于外交，显现才艺与急智，用于内政，则委婉而讽谏。"三不朽"是中国人的最高生命境界，它就出自襄公二十四年叔孙豹回答范宣子的一段话："豹闻之：'太上有立德，其次有立功，其次有立言。'虽久不废，此之谓不朽。"《左传》记载了大量散发文化的气息、闪烁智慧光芒的辞令，使其内容精醇无比，而历史也不再是"人类罪恶、愚昧与不幸的记录"，而成为人类文明和智

---

① 杨伯峻：《春秋左传注》（修订本）第一册，中华书局1981年版，第23—26页；参阅郭丹等：《左传》（上册），中华书局2012年版，第6页。

② 钱穆：《中国史学名著》，生活·读书·新知三联书店2000年版，第32页。

慧的结晶。这是《左传》在史学上所达到的最高境界。第四，叙事生动优美。刘知几《史通·叙事》说："史之称美者，以叙事为先。"如果说《春秋》是编年之祖，那么《左传》乃是叙事之宗。叙事史家异于编年史家，在于其能连系史实，知所相因，结构布置，驱遣安排，以有机组织展示历史的连续性，以原因结果写出兴盛衰亡的规律性。《左传》叙事有系统，有别裁，成为一种有机整体的著作。《左传》断片叙事也有不少，但对于重大事件，无不溯源竟委，前后照应，引发读者无穷兴味。具体而言，《左传》叙事的生动，特别表现在战争的描写上。战争是个复杂的程序，叙述得头头是道，实属不易，叙述得有声有色，更见功夫；这差不多全靠忙中有闲、优游不迫的神情才行。春秋四大战，晋楚城濮之战，晋楚邲之战，晋齐鞌之战，晋楚鄢陵之战，战之前、战之中、战之后，作者一一将其生动地展现在读者面前。《左传》叙事的优美，不仅在于辞令的委婉、典雅、智慧，还在于叙事善用"省"与"晦"。所谓"省"，即精简凝练，加以一字太详，减其一字太略，求诸折中，简要合理；所谓"晦"，即隐晦含蓄，言近而旨远，辞浅而义深，虽发语已殚，而含义未尽。刘知几称之为"丘明之体"。举例说："如叙晋败于邲，先济者赏，而云中军下军争舟，舟中之指可掬（宣公十二年）。夫不言攀舟，扰乱以刃断指，而但曰舟指可掬，则读者目睹其事矣。"（《史通·模拟》）《左传》以其叙事之美，成为中国叙事文学的第一个里程碑。

朱熹论"《春秋》三传"，"三传"的特点区分得简明扼要："《左氏》是史学，《公》《穀》是经学。史学者，记得事却详，于道理上便差；经学者，于义理上有功，然记事多误。"[1]《公羊传》和《穀梁传》更注重《春秋》的微言大义，史事的真实与否，倒在其次。按二传的看法，《春秋》的微言大义，可以从两方面来说：明辨是非，分别善恶，提倡德义，从成败里见教训，这是其一；夸扬霸业，推尊周室，亲爱中国，排斥夷狄，实现民族大一统的理想，这是其二。前者是人君的明鉴，后者是拨乱反正的

---

[1] 转引自蒋伯潜：《十三经概论》，上海古籍出版社2010年版，第278页。

大业。这两个方面，也即皮锡瑞所说："《春秋》有大义，有微言。所谓大义者，诛讨乱贼以戒后世是也；所谓微言者，改立法制以致太平是也。"[1]若进一步比较，《公羊传》与《穀梁传》的思想取向，则有所不同。

《公羊传》是《春秋公羊传》的省称，相传是战国齐人公羊高所著。原为口说流传，汉初才成书。《公羊传》的宗旨是"大一统"，《公羊传》的方法是"借事明义"。隐公元年开篇第一条："元年春王正月。"《公羊传》解释说："何言乎王正月？大一统也。"《公羊传》"大一统"的观念，正适合汉帝国"大一统"的需要。因此，《公羊传》特别受到汉武帝的推崇。董仲舒是汉代"公羊学"的代表，他在向汉武帝推明"六艺之科""孔子之术"的《天人三策》中，宣扬的就是"大一统"观念："《春秋》大一统者，天地之常经，古今之通谊也。"（《汉书·董仲舒传》）此外，《公羊传》强调"君亲无将，将而诛焉"，即认为臣子对于君父不可有弑杀念头，一旦有了念头，就可以将其诛杀。这也是在"世衰道微，邪说暴行有作，臣弑其君者有之，子弑其父者有之"的乱世，为维护"大一统"的需要。再者，从"大一统"观念出发，《公羊传》所阐发的"张三世""存三统""绌周王鲁""受命改制""天子一爵""夷夏之辨"等观念[2]，则为后世改制者所沿用。如果说《左传》是中国编年史的成熟标志，那么《公羊传》则是中国政治学的初始范本。事实上，中华文明成为人类文明史上唯一一个延续数千年而没有中断的伟大文明，就与秦汉以来形成的根深蒂固的"大一统"观念有着密切关系。

《穀梁传》是《春秋穀梁传》的省称，相传是战国鲁人穀梁赤所著。《穀梁传》原来也是口说流传，汉初才成书。穀梁赤与公羊高的《春秋》之学，以往认为均为子夏所传。但《穀梁传》与《公羊传》有较多矛盾之处，思想取向也明显差异。皮锡瑞对《春秋》的"大义"与"微言"作了区分，并认为："惟《公羊》兼传大义、微言，《穀梁》不传微言，但传大

① 皮锡瑞：《经学通论·春秋通论》（卷四），中华书局1954年版，第1页。

② 参阅蒋庆：《公羊学引论》（修订本），福建教育出版社2014年版。

义。"（《经学通论·春秋通论》）所谓大义者，诛讨乱贼以戒后世是也。具体而言，《穀梁传》劝诫后世的"大义"主要有两点。一是强调"尊尊亲亲"。成公元年："秋，王师败绩于茅戎。"《穀梁传》解释说："不言战，莫之敢敌也。为尊者讳敌不讳败，为亲者讳败不讳敌，尊尊亲亲之义也。然则孰败之？晋也。"由此可见，所谓"尊尊"，就是在下位者要尊敬在上位者；所谓"亲亲"，就是亲人之间要相互友爱。"尊尊"思想，在《穀梁传》中主要体现为尊王、尊周、尊君等。"亲亲"思想，在隐公元年"郑伯克段于鄢"的阐释中，表达得最为明显："缓追逸贼，亲亲之道也。"在"尊尊"与"亲亲"的关系上，《穀梁传》提出了"君子不以亲亲害尊尊"（《穀梁传·文公二年》）的原则。这一原则在后世关于庙次顺序的争论中屡被提及，影响深远。二是强调保民善政。保民思想，三传中都有，《穀梁传》则有自己的见解。隐公七年："夏，城中丘。"即夏天，扩建中丘城。《左传》明确反对，认为民力此时应该用于耕种而不是筑城，违背了"使民以时"的原则。《穀梁传》也明确反对，但出发点不在"使民以时"，而在于"保民有方"："城为保民为之也。民众城小则益城，益城无极。凡城之志，皆讥也。"意思是说，城池是为保护百姓而修筑的。百姓多城池小就要扩建，城池扩建就没有穷尽。经文凡是对于修筑城池的记载，都有讥讽之意。在《穀梁传》看来，应当以德保民，国人众志成城，方保国无危殆。中国的民本思想，自《尚书》以来成为一种优秀传统，为历代儒者所继承和发挥。穀梁学盛行于西汉中后期，汉宣帝将其立为官学。《穀梁传》所提倡的宽厚仁慈、尊尊亲亲思想，有利于纠正吏治苛酷之弊，与汉宣帝时代提倡的"礼治"精神契合。随着西汉的衰亡，穀梁学便逐渐式微了。

把握"五经"（"六经"）要义，意义何在？当然不只仅仅了解五部典籍，读懂五部经典，更重要的是要把握它所具有的深刻的心灵教化意义和无可替代的文化认识意义。

首先，"六经"不是孤立的六部书，而是一个不可分割的文化整体和心灵整体。《史记·孔子世家》说："孔子以诗书礼乐教，弟子盖三千焉，身通六艺者七十有二人。""身通六艺"，是孔子对弟子的最高要求，也是弟子所能达到的最高境界。孔子为什么要以"六艺"施教，为什么要求弟子"身通六艺"？因为"六艺"是一个整体，是塑造完美人性不可或缺的文化整体。《礼记·经解》对"六经"真谛有精辟阐释："其为人也，温柔敦厚而不愚，则深于《诗》者也；疏通知远而不诬，则深于《书》者也；广博易良而不奢，则深于《乐》者也；絜静精微而不贼，则深于《易》者也；恭俭庄敬而不烦，则深于《礼》者也；属辞比事而不乱，则深于《春秋》者也。"歌德说："人是一个整体，一个多方面的内在联系着的能力的统一体。艺术作品必须向人的这个整体说话。"①"六经"就是作为一个文化整体向人的心灵整体说话的。"身通六艺"之人，就是一个全面的人，就是一个身心完整的人。孔子当年以"六艺"教人，三千年来中国人"宗经""读经"，其深层原因就在于此。

其次，现代人要想了解传统中国，"六经"具有无可替代的文化认识意义。以上论述"五经"，其实旁及"九经"，即《诗经》《尚书》《周易》以及"三礼""三传"。在"九经"中，《诗经》和《左传》对了解传统中国，尤为重要。《诗经》是中国抒情文学之祖，《左传》"不但是史学的权威，也是文学的权威"②；比之玄奥抽象的《易》《书》《礼》，这两部经典更具有审美性和可读性，也最有助于了解中国古人的鲜活生活。钱穆有一段话评述得很是亲切。他说："要考察到中国古代人的家族道德与家族情感，最好亦最详而最可信的史料，莫如一部《诗经》和一部《左传》。《诗经》保留了当时人的内心情感，《左传》则保留了当时人的具体生活。《诗经》三百首里，极多关涉到家族情感与家族道德方面的，无论父子、兄弟、夫妇，一切家族哀、乐、变、常之情，莫不忠诚恻怛，温柔敦厚。惟有此类内心情感与真实道德，始可以维系中国古代的家族生命，乃至数百

---

① 转引自朱光潜：《西方美学史》，人民文学出版社1979年版，第421—422页。

② 朱自清：《朱自清全集》（第六卷），江苏教育出版社1996年版，第46页。

年以及一千数百年以上之久。倘我们要怀疑到《诗经》里的情感之真伪，则不妨以《左传》里所记载当时一般家族生活之实际状况做比较，做证验"；"这便是中国民族人道观念之胚胎，这便是中国现实人生和平文化之真源。倘不懂得这些，将永远不会懂得中国文化。"[①]《诗经》《左传》，亦事亦情，把传统中国人的心灵世界和人生画卷，有血有肉地保存了下来。

三、经学与中国人文学

"六经"有两部历史，创作史与接受史。六经的创作史一旦结束，就开启了六经的接受史。六经和六经的接受史，共同构成了经学的传统。六经的接受史丰富而多样，包括六经的累积史、六经的阐释史和六经的影响史等多个层面，由此深刻而广泛地影响了中国人文学。从六经到十三经的累积史，构成了中国经典的主体；对六经与十三经的阐释所形成的经学，发展成中国学术的主体；经学派别的多样发展，促进了传统人文学众多学科门类的自觉和成熟。从某种意义上说，一部经学史，就是一部中国人文学史的缩影。

1.六经与中国经典

经典的不断累积，是文化发展的必然结果，也是文化史上的普遍现象。西方的《圣经》是由犹太教的《旧约》和基督教的《新约》累积而成，经过神学家的不断阐释，使之成为《旧约》"预示"《新约》的有机整体。中国经典的累积不是不同文本的整合，而是文本数量的增加，即由六经增加到十三经。

儒家十三经经典地位的确立有一个过程。如《庄子·天运篇》所说，最早被奉为经典的是孔子之前形成的六部典籍。当时，六经不只是儒家的一家之学，而是整个中国学术的总源头。其实，六经此后仍然是各家各派重要的思想资源。魏晋玄学的"三玄"《易》《老》《庄》，就包含了六经中

---

① 钱穆:《中国文化史导论》,商务印书馆1994年版,第54页。

的《易经》。孔子删订六经，又以六艺施教，标志着六经文本的正式确定。从此六经成为儒家政治活动的依据和教育的核心内容。汉武帝"罢黜百家，独尊儒术"，设立"五经博士"，六经（五经）的经典地位得到官方确认。

在唐代，"六经"从"七经""九经"增加到"十二经"。"七经"名称始见于东汉，"九经"名称始见于唐代。但"七经""九经"的内容，说法不一。清代学者全祖望《经史问答》说："'七经'者，盖'六经'之外加《论语》，东汉则加《孝经》而去《乐》。"柴绍炳《经学考》则说："有称七经者，五经之外，兼《周礼》、《仪礼》也。"关于"九经"，柴绍炳《经学考》说："有称'九经'者，'七经'之外，兼《论语》《孝经》也。"皮锡瑞《经学历史》则说："唐分三礼、三传，合《易》《书》《诗》为九。"唐文宗时，郑覃奏请刻九经，也称"开成石经"。根据宋王应麟《玉海》所说："唐立石九经，并《孝经》《论语》《尔雅》"，这就是说"开成石经"实为"十二经"，依次是《易》《书》《诗》《周礼》《仪礼》《礼记》《春秋左传》《公羊传》《穀梁传》《论语》《孝经》《尔雅》。宋晁公武《郡斋读书记》也说："唐太和（827—835）中，复刻十二经，立石国学。"儒家经籍被刻石立于国学，是其经典地位确立的确凿标志。东汉熹平石经、魏正始石经，镌刻《易》《书》《诗》《仪礼》《公羊》《论语》六经，立于太学门外，其意义同样如此。

"十三经"定型于宋代，即增加了一部《孟子》。《孟子》的地位一直很高，汉代曾一度立为博士，后蜀主孟昶所刻十一经也有《孟子》。但《孟子》作为儒家经典地位的真正确立在南宋，其标志是被朱熹收入"四书"。关于"十三经"的确立过程，明代顾炎武有简要概括："自汉以来，儒者相传，但言《五经》。而唐时立之学官，则云《九经》者，《三礼》《三传》分而习之，故为九也。其刻石国子学，则云《九经》，并《孝经》《论语》《尔雅》。宋时程朱诸大儒出，始取《礼记》中之《大学》《中庸》，及进《孟子》以配《论语》，谓之《四书》。本朝因之，而《十三经》之名始立"（《日知录》卷十八"十三经注疏"条）。至于"十三经"刻石于太学，则在清代乾隆年间。冯登府《石经补考》说："高宗纯皇帝于乾隆五十八年，诏刊十三经于太学。"

从南宋开始，"十三经"开始合刻，至清代阮元刻本《十三经注疏》，"十三经"排序相同，依次是：《易》《书》《诗》《周礼》《仪礼》《礼记》《左传》《公羊传》《穀梁传》《论语》《孝经》《尔雅》《孟子》。从内容上看，"十三经"大体可以分为三类：一是记述春秋前中国古代社会生活的文献，如《易经》《尚书》《诗经》《周礼》《仪礼》《春秋》；二是对上述典籍的解说，如《易传》《礼记》《孝经》《左传》《公羊传》《穀梁传》《尔雅》；三是记录原始儒家代表人物的言行，即《论语》和《孟子》。细分三类，实可合而为二，即"五经"和"五经"的阐释，共同奠定儒学的传统。

"十三经"既是儒家的根源性经典，也是中华文化的根源性经典。当代学者楼宇烈有一个观点，他认为，"五经"加上《论语》《孟子》以及道家的《老子》《庄子》，"这九本书就构成了中国文化的根源性典籍"；并进而指出："从春秋战国一直到20世纪初的新文化运动，这九本书是中国文化内容的根源，不管是论述哲学思想，还是论述文学历史；不管是讲政治、经济、法律，还是讲农、工、医科技，都离不开这几部典籍的根本理念和价值观念，引经据典都不会超出这九本书。"[1]这一看法是有依据的。举一个例子。汉代以后，魏晋的"三玄"即《易》《老》《庄》，隋唐的"五经"即《五经正义》，宋元明清的"四书"即《大学》《中庸》《论语》《孟子》，这构成了中国古代知识分子"读书史"的三个重要阶段。而无论魏晋"三玄"、隋唐"五经"，还是南宋以后延续了将近八百年的"四书"，都没有超出九本根源性经典的范围。

2.经学的学术地位

经学，广义地说是指研究经典的学问；在中国，经学则专指研究儒家经典的学问。"经学"一词，始见于《汉书·兒宽传》："及（张）汤为御

143

---

[1] 楼宇烈：《中国的品格》，四川人民出版社2015年版，第68页。

史大夫，以（兒）宽为掾，举侍御史。见上（汉武帝），语经学，上说之，从问《尚书》一篇。"所谓"语经学"，就是指谈论包括《尚书》在内的儒家经典之学。经学的学术史，早于"经学"的语词史。从春秋战国到宋元明清，历代学者对六经和十三经进行了持续不断的诠释和研究，形成了历史悠久、著述浩瀚、学派多样、方法完备、影响广泛的经学传统，在中国人文学史上占据无可替代的主体地位。

从春秋战国到宋元明清，中国经学至少有2500年的历史。对2500年经学史作系统描述的重要著作，当推晚清经学家皮锡瑞的《经学历史》。皮锡瑞说："经学开辟时代，断自孔子删定六经。"以孔子为起点，他把"经学历史"分为十个时期：第一，从孔子删定"六经"至孔子去世，为"经学开辟时代，"；第二，经学传于孔门至秦朝，为"经学流传时代"；第三，西汉武帝时经学最为纯正，是"经学昌明时代"；第四，东汉天下学士靡然乡风，是"经学极盛时代"；第五，魏晋因汉亡而经学衰，为"经学中衰时代"；第六，南北朝有"南学""北学"之分，为"经学分立时代"；第七，隋唐天下统一，南北之学也归于统一，为"经学统一时代"；第八，宋人疑经不已，以至改经、删经，为"经学变古时代"；第九，元明说经之书多空衍义理，科举之习深入人心，为"经学积衰时代"；第十，清朝经学自两汉后转而复盛，成为"经学复盛时代"[①]。从历史上看，一部经学史涉及今文与古文、官方与民间、南学与北学、经学与理学、经学与史学、经学与文学的分合互动各种关系。皮锡瑞的"十时代"说，划分细致，提纲挈领，准确地把握了经学发展的内在脉络，对于经学史的现代研究极有助益。

在漫长的经学史上，产生了数量浩瀚的经学著作。清代乾隆年间编纂的《四库全书》，采录古籍最多，总数为三千五百零二部。其中，"经部"竟有一千七百七十三部，经籍部数占总数的二分之一以上。数量浩瀚的经学著述，从学术内容看，大致可以分为四个层次，即十三经本经，本经之

144

[①] 参见皮锡瑞著、周予同注释：《经学历史》，中华书局2004年版。

传注，传注之疏解，经传衍生的附属著述。在一千七百多部经学著作中，影响最大、价值最高的，就是宋代就已形成的《十三经注疏》，它是两汉至宋代"十三经"阐释史的智慧结晶。

中国经学不仅历史悠久，著述浩瀚，而且在中国学术史上始终处于最重要的主体地位。吕思勉把中国学术史分为七个时期："吾国学术，大略可分七期：先秦之世，诸子百家之学，一也。两汉之儒学，二也；魏晋以后之玄学，三也。南北朝隋唐之佛学，四也。宋明之理学，五也。清代之朴学，六也。现今所谓新学，七也。"[1]在上述七个时期中，除了"南北朝隋唐之佛学"和"现今所谓新学"，两千五百年的中国学术史，基本上与经学史重合，经学一直处于学术的核心地位。与此同时，中国哲学史也以儒家哲学为重心。原始儒家、两汉儒学、魏晋玄学、宋明理学，构成了中国哲学史的主体。一部中国哲学史，可以说就是一部儒家哲学的演化史，一部儒家哲学与各家各派思想的对话史。英国哲学家怀特海曾说："欧洲哲学传统的最稳定的一般特征，是由对柏拉图的一系列注释组成的。"[2]如果说欧洲哲学传统是柏拉图著作的阐释史；那么借用怀特海的话，中国人文学传统不妨说是"六经"或"十三经"的阐释史。

3.经学的三大学派

中国经学史，就是经学派别的更迭史。学界较一致的看法认为，中国经学有三大学派，即汉学、宋学和清学。现代经学史家周予同认为，汉学有西汉今文学与东汉古文学之分，而今文经学与古文经学的区分与对立，超越时空，一直影响到现代。故细而分之，中国经学可分为特点鲜明的四派，即西汉今文学、东汉古文学、宋学和清学。

汉学有今文学与古文学之分，东汉末年则由分而合。西汉今文学与东汉古文学的"今文"和"古文"，从表面看，是指分别用今文（隶书）、古文（古籀文）两种文字书写的、字句篇章有所不同的两种经典。实质上，

---

① 吕思勉：《先秦学术概论》，东方出版中心1985年版，第3页。

② 怀特海：《过程与实在》，贵州人民出版社2006年版，第54页。

这两个学派的区别，不仅所推崇的经典不同，学说主张也明显不同；对于古代制度及历史人物的评价各不相同，对于六经的中心人物孔子也具有完全不同的观念。简要地说：西汉今文学即"十四博士之学"，武帝时立为官学，以孔子为政治家，以六经为孔子的政治学说，所以偏重于"微言大义"，其特色是功利的，为维护"大一统"政治服务，而其流弊为狂妄，西汉中期以后，今文学逐渐衰落；东汉古文学初起于民间，是为"私学"，以孔子为史学家，以六经为孔子整理古代史料之书，所以偏重于"名物训诂"，其特色为考证的，而其流弊为烦琐。东汉末年，经学家郑玄以古文经学为主，兼采今文经学，遍注群经，成为汉代经学的集大成者。随着"郑学"的广为流传，经学上的流派趋于融合统一，今古文学之争也随之消失。

汉代今文学与古文学的区别，除文字书写和字句篇章有所不同，还体现为六经排序的不同。西汉今文经学的排序是：《诗》《书》《礼》《乐》《易》《春秋》，所谓"六经《诗》为首"；东汉古文经学的排序是：《易》《书》《诗》《礼》《乐》《春秋》，所谓"六经《易》为首"。今文经学以六经内容程度的深浅为序，古文经学则以六经产生时代的先后为序。排序的不同，与两派对孔子身份的认识密切相关。今文学家视孔子为政治家、哲学家和教育家，他们的排列含有教育家排列课程的意味；即以《诗》《书》《礼》《乐》为普通教育的课程，而《易》和《春秋》是孔子的哲学和政治学，作为专门教育或高级教育的课程。古文学家视孔子为历史学家，视孔子为古代文化的守护者，所以按六经产生时代的先后排列；其深义在于，民族存亡与历史延续密切相关，中华民族所以历数千年而不致灭亡，就因为保存了绵延不绝的历史，而孔子便是华夏历史文化继往开来的第一人。

统一的汉学形成于东汉末年，以郑玄兼采古今文字、兼援古今文义的注疏为标志。东汉以后，汉学经历了魏晋南北朝至隋唐两个发展阶段。南北朝经学出现了南学与北学的对立。《隋书·儒林传》说："大抵南人简约，得其英华；北人深芜，穷其枝叶。"换言之，南学的特色是义理，继承了汉学中微言大义的传统，北学的特色是明经，保留了汉学名物训诂的学风。唐代经学是汉学的最后阶段，其特色是南学北学的对立趋于消失而重归于统一。孔颖达的《五经正义》将今文与古文、南学与北学、传注与义疏融为一体，成为唐代汉学的最高成就。

宋学①是继汉学之后的第二大经学学派，时间上跨越宋元明三代。一般地说，宋学以孔子为哲学家，以"六经"为孔子载道之具，以"四书"为研究重点，所以偏重于心性理气，其特色为玄想的，而其流弊为空疏。宋学为什么从"五经正义"转向"四书集注"？这有特定的时代背景。原来隋唐时期，从帝王到民间，都去追求佛教和道教，对儒家的思想反而淡漠了。儒者韩愈撰写《原道》，力辟佛老而重续道统，然而难挽颓势。宋代的理学家因此受到触动，认为这都是汉学只讲文字训诂和名物制度，只讲具体的道德和行为规范，而没有一个很深的理论体系所造成的。因此，宋儒要为儒家寻找一个自成一体的理论根据。很快，他们发现《礼记》里的《大学》《中庸》，义理深刻，可以作为儒家所遵循的道德规范的立论依据。所以他们就把《大学》《中庸》单独拿出来，和《论语》《孟子》一起并列为儒家的根本经典；《孟子》的经典地位也由此确立。

具体而言，宋学区别于汉学的特点，主要有以下几点。一是学术重点不同。五经是汉学的标志，"四书"是宋学的标志。汉学的重点是五经，后来演化为九经、十三经。宋学的重点是"四书"，"四书"的成立和发展是宋学最大的特点。二是学术范围不同。汉学研究的是语言文字、名物制度，很少有学者达到哲学高度。宋学以理学为基础，是道德学、伦理学，即"修齐治平"之道，谈论正心诚意，发展成为形而上学。三是学术方法不同。汉学家大体上采用归纳法，强调以材料说话，依据充分材料得出结论。宋学家一般采用演绎法，从一个理念产生各种说法，评说古事古典。皮锡瑞评宋儒："专持一理字，臆断唐虞三代之事，凡古事与其埋合者，

---

①"宋学"一词初见于明代唐枢《宋学商求》（《木中台全集》初集，清咸丰六年唐氏书院刊本）。唐氏"宋学"泛指宋朝文化，不专指经学。《四库全书总目·经部总叙》初次将汉至清经学区分为"汉学"与"宋学"，曰："自汉京以后，垂二千年，……要其归宿，则不过汉学、宋学两家，互为胜负。"

即以为是，与其理不合者，即以为非。"①王阳明则是以"良知""良能"作为出发点。四是学术态度不同。汉学今古文学家无不恪守经典，严守师法，尊重传统。皮锡瑞说："汉人最重师法。师之所传，弟之所受，一字毋敢出入；背师说即不用。"②宋学中弥漫着疑经气氛，对儒家经典的神圣性和汉儒经说的权威性表示怀疑，进而发展为改经、删经。朱熹改编《大学》是典型一例。他在《大学章句》中移易旧文的节次，将其划分为经一章，传十章，并补写了"格物致知"的传文一百三十四字。宋学学派多样，有程朱学派、陆王学派、浙东学派等，在宋元明三代学术史上占据主导地位，影响直至现代。

清学是经学史上的第三大学派。"清学"的名称，源自龚自珍的"国朝经学"说。针对江藩的《国朝汉学师承记》的名目，龚自珍在《与江子屏笺》中提出："其曰《国朝汉学师承记》，名目有十不安焉，（当）改为《国朝经学师承记》。"③他认为，清代有自得之学，非汉非宋，自成一派。龚自珍的意见是有道理的。但清学与汉学确有密切关系，它是在复古中创新，以汉学为清学，故被梁启超称为"中国之文艺复兴时代"④。清学因其追崇汉代经学，学风质朴厚实，以考据见长，所以又称为"汉学""朴学"或"考据学"。清学的特点可以用三句话来概括，即"汉学"是它的背景，"朴学"是它的方法，"文字学"是它的基础。

首先，清学反对宋学，尤其是晚明学风空疏的王学末流，强调重返严谨厚实的汉学传统，所以又称为"汉学"。清学产生的这一历史背景，胡适有段话说得好："'汉学'两个字虽然不妥，但很可以代表那时代的历史背景。'汉学'是对于'宋学'而言的。因为当时的学者不满意于宋代以来的性理空谈，故抬出汉儒来，想压倒宋儒的招牌。"⑤清初的顾炎武就

①皮锡瑞：《经学通论》（卷一），中华书局1954年版，第71页。
②皮锡瑞著、周予同注释：《经学历史》，中华书局2004年版，第46页。
③《龚自珍全集》，上海古籍出版社1975版，第346页。
④梁启超著、朱维铮导读：《清代学术概论》，上海古籍出版社1998年版，第1页。
⑤胡适：《胡适文存》（一），华文出版社2013年版，第277页。

中国人文学要义

是"当时学者"的代表。顾炎武是清学的奠基者，也可以说是清代"汉学"的奠基者。针对晚明王学末流"束书不读，但事游谈""空谈性命，不论训诂"的弊端，他提出了"舍经学无理学""经学即理学"的深刻命题。所谓"舍经学无理学"，即理学必须以经学为基础，性理思考必须以读透经典为基础，抽象的哲学思辨必须以深厚的经典素养为基础。由此提出了从训诂考据入手以治经的主张，形成了博引广证、务求实据的学风。《四库全书总目》评顾炎武学风说："炎武学有本原，博赡而能贯通，每一事必详其始末，参以佐证，而后笔之于书，故引据浩繁，而抵牾者少。"清学极盛于乾嘉时期，所谓"乾嘉学派"就是在顾炎武、黄宗羲等开创的朴实学风的基础上发展起来的。

其次，清学又称为"朴学"，而"朴学"既是清学的学术精神，也被视为清学的学术方法。胡适的《清代学者的学术方法》是研究清学方法论的名篇。他指出："中国旧有的学术，只有清代的'朴学'确有'科学'的精神。'朴学'一个名词包括甚大，大致可分四部分。"①所谓"朴学"的四部分，也就是清学方法的四部分。它们依次是：（1）文字学。包括字音的变迁，文字的假借通转等等；（2）训诂学。训诂学是用科学的方法，物观的证据，来解释古书文字的意义；（3）校勘学。校勘学是用科学的方法来校正古书文字的错误；（4）考订学。考订学是考订古书的真伪，古书的著者，及一切关于著者问题的学问。清学的这一套"朴学"方法，也就是西方学者所说"高级校勘学"②。

从汉学、宋学到清学，经学基本的学术内容可以分为三项，即名物训诂、义理阐释和经籍考辨。如果说汉学以名物训诂为主，宋学以义理阐释为主，那么清学则以经籍考辨为特点。清代经学家把"朴学"的方法用于"五经"和"十三经"的研究，产生了一大批经学名著，为现代经典阅读和经典研究提供了最可靠的"精校本"。胡适则把这套方法用于古典小说

---

① 胡适：《胡适文存》（一），华文出版社2013年版，第277页。

② 韦勒克、沃伦：《文学理论》，刘象愚等译，生活·读书·新知三联书店1984年版，第50页。

研究，他的《中国章回小说考证》可以说是清学方法论的实践结果。

再次，读书必先识字，经学须由小学入手。"小学"即文字学，成为清学方法论的基础，进而由名物训诂直达经义和哲学的大道。许慎《说文解字序》说："文字者，经艺之本。"可见，"读书先识字"已是汉代经学的传统。清学继承和发展了这一传统，在经疏中以文字学为基础，并特别强调音韵学的方法。清学何以超越汉宋经学？清学殿军孙诒让在《札迻·序》中指出："大氐以旧刊精校为据依而究其微旨，通其大例，精研博约，不参成见。其是正文字讹舛，或求之于书本，或旁证之它籍，及援引之类书，而以声类通转之錧键，故能发疑正读，奄若合符。"清学不仅以博证为特点，而且以声转为关键，在音韵学的基础上进行名物训诂，学问更为精微。在清学家中，戴震就是由名物训诂直达经义和哲学大道的代表人物。戴震特别强调"读书先识字"的重要性。他说："经之至者道也，所以明道者其词也，所以成词者字也。由字而通其词，由词而通其道。"①他就是沿着"字—词—道"、沿着"文字学—经典—哲学"的研究途径前进的。《孟子字义疏证》这部清学经典，就具有双重学术品格，它是戴震的经学名著，也是戴震的哲学名著。

从汉学、宋学到清学，三大学派各有不同的学术旨趣，不同的学术思想，不同的学术方法。经学三大派的学术思想和学术方法，几乎涉及人文学的各个学科门类，从而促进了传统人文学众多学科门类的自觉和成熟。关于经学与中国学术的关系，周予同作了这样的总结："总之，三派固各有其劣点，亦各有其优点；我们如果说：因经今文学之产生而后中国之社会哲学、政治哲学以明，因经古文学之产生而后中国之考古学、文字学以立，因宋学之产生而后中国之形而上学、伦理学以成，决不是武断或附会的话。"②同样，"乾嘉学派把传统学问的范围扩大了，如目录学、版本学、校勘学、辑佚学、古器物学（金石学）、历史地理学（沿革地理）、年代学

---

① 戴震：《戴东原集》（卷九），转引自崔大华：《儒学引论》，人民出版社2001年版，第140页。
② 周予同：《中国经学史论著选编》，复旦大学出版社2015年版，第46页。

等等，都与乾嘉学派有关。"①从这个意义上说，一部经学史就是一部人文学术的发展史，也决不是武断或附会的话。

经学是传统的，也是现代的。阮元在《宋本十三经注疏书后》中强调经学注疏的重要价值。他写道："窃谓士人读书当从经学始，经学当从注疏始，空疏之士高明之徒读注疏不终卷而思卧者，是不能潜心擘索，终身不知有圣贤诸儒经传之学矣。"②洋洋可观的汉唐注疏，是汉唐学者经典研读的心灵结晶，不能不读；也是现代学术不可或缺的珍贵资源，值得发掘。仅举一例，结束本章。

钱锺书《管锥编·毛诗正义》论《诗大序》的"注疏"，发现孔疏具有极高的美学价值。《关雎·序》有曰："情发于声，声成文，谓之音。"《正义》疏曰："……设有言而非志，谓之矫情；情见于声，矫亦可识。若夫取彼素丝，织为绮縠，或色美而材薄，或文恶而质良，唯善贾者别之。取彼歌谣，播为音乐，或词是而意非，或言邪而志正，唯达乐者晓之。"孔疏此节，深刻揭示了"诗"与"乐"在传情达意上的本质差异。钱锺书阐释道："《正义》后半更耐玩索，于诗与乐之本质差殊，稍能开宗明义。意谓言词可以饰伪违心，而音声不容造作矫情，故言之诚伪，闻音可辨，知音乃所以知言。盖音声之作伪较言词为稍难，例如哀啼之视祭文、挽诗，其由衷立诚与否，差异辨识；孔氏所谓'情见于声，矫亦可识'也……要知情发乎声与情见乎词之不可等同，毋以词害意可也。仅据《正义》此节，中国美学史即当留片席地与孔颖达。"③简言之，"情见于声，矫亦可识"，而"情见于词，则矫亦可饰"；"诗"与"乐"在审美上的微妙差异，孔颖达慧眼发现，并阐释得比前人更为精深。故"仅据《正义》此节，中国美学史即当留片席地与孔颖达"。"汉唐注疏"是一座学术金矿，《正义》此节，正可借斑窥豹。

---

① 周予同：《中国经学史讲义》（外二种），上海人民出版社2012年版，第47页。

② 阮元：《揅经室集》（下），中华书局1993年版，第620页。

③ 钱锺书：《管锥编》（第一册），中华书局1979年版，第62页。

中国是最重视历史的民族，也是史学最发达的民族。梁启超说："中国于各种学问，唯史学最为发达；史学在世界各国中，唯中国为最发达。"①今天讲史学，更重要的是，"中国人当知道中国史"，"中国史讲的是中国人之本原和来历，我们知道了中国史，才算知道了中国人，知道中国人之真实性与可能性，特异性与优良性。"②不过，历史与史学，关系密切而又性质不同。史学家金毓黻说："研究人类社会之沿革，而求其变迁进化之因果，是谓之史；更就已撰之史，论其法式，明其义例，求其原理之所在，是谓之史学。"③如果说语言学是人类语言现象的学理反思，那么历史学则是历史研究或史著编撰的学理反思。

历史研究或史书编撰，是史家在充分占有史料的基础上，按照特定的史学观念，运用特定的史学方法，撰写史著的过程。史料、史家、史著和史学理念，是历史研究的四大要素，也是历史学研究的四大论题。本章拈出中国传统史学中《春秋》"五例"、史体"六家"、史家"四长"三大核心命题，对中国传统史学关于史学的本质和功能、史著的体裁和写作、史家的才能和修养等问题作扼要阐述，最后谈谈中国史学对中国文学的深广影响。

---

① 梁启超：《中国历史研究法》，东方出版社1996年版，第11页。

② 钱穆：《中国历史研究法》，九州出版社2019年版，第1页。

③ 金毓黻：《中国史学史》，商务印书馆2010年版，第2页。

一、《春秋》"五例"

《春秋》是中国史学的源头。清代史学家章学诚说："史之大原，本乎《春秋》。《春秋》之义，昭乎笔削。"①《春秋》一书，既是编年史的滥觞，也是史学观的渊源。章学诚所谓"《春秋》之义，昭乎笔削"，就是指传达春秋大义的"春秋五例"。《春秋》五例阐述了史学的本质和功能，也成为传统史学的最高标准。

1.《春秋》"五例"的历史阐释

《春秋》"五例"始出于《春秋左氏传》成公十四年九月：

> 君子曰："《春秋》之称，微而显，志而晦，婉而成章，尽而不污，惩恶而劝善，非圣人，谁能修之？"

左氏借君子之言，概括了《春秋》记事的五大特点或五大原则。君子说：《春秋》的记述，用词细密而意义显明，记载史实而含蓄深远，婉转而顺理成章，穷尽而无所歪曲，警戒邪恶而奖励善良。如果不是圣人，谁能够编写？《春秋》是史之大原，"五例"是原创史学。《左传》昭公三十一年有相似的论述："故曰：《春秋》之称，微而显，婉而辨。上之人能使昭明，善人劝焉，淫人惧焉，是以君子贵之。"云云。

不过，《左传》仅列出《春秋》五大特点而未作诠释，词旨微晦，不能使人速晓其意。西晋杜预《春秋左氏传序》，明确将其称为《春秋》"五例"，并结合《春秋》记事，逐一作了具体诠释。《杜预序》曰：

> 为例之情有五。一曰"微而显"。文见于此，而义起于彼，"称族尊君命""梁亡""城缘陵"之类是也。二曰"志而晦"。约言示制，推以知例，"参会不地""与谋曰及"之类是也。三曰"婉而成章"。

---

① 章学诚著、叶瑛校注：《文史通义校注》（上），中华书局1994年版，第470页。

曲从义训，以示大顺，诸所讳避，"璧假许田"之类是也。四曰"尽而不污"。直书其事，具文见义，"丹楹""刻桷""天王求车""齐候献捷"之类是也。五曰"惩恶而劝善"。求名而亡，欲盖而章，"书齐豹盗""三叛人名"之类是也。推此五体以寻经、传，触类而长之，附于二百四十二年行事，王道之正，人伦之纪备矣。

"春秋"是古代记事史书的通称。各国有各国的春秋，但是后世都不传了。传下的只有一部《鲁春秋》，《春秋》便成了它的专名。古今史家一致认为，这部《春秋》是孔子所作，至少是孔子编撰的。《春秋》五例，又称《春秋》义例、《春秋》义法、《春秋》笔法等，它是孔子在整理编撰《春秋》时，继承先前史家的史学和史法的基础上，形成的一套编撰原则和编写方法。此后，《春秋》五例成了历代史家的指导原则和理想目标，并对中国诗学中的美刺比兴传统产生了深远影响。

那么，如何理解《春秋》五例？每一例的实质是什么？各例之间的关系如何？它蕴含了哪些史学原理？杜预之后，历代《春秋》家对此作了持续不断的阐释，众说纷纭而见解各异。但较为一致的看法认为：《春秋》五例是修辞原则与伦理原则的统一，即史家遵循"微而显，志而晦，婉而成章"的修辞原则，通过"微言大义""一字褒贬""借事明义"的《春秋》笔法，以达到"惩恶而劝善"的伦理教化目的。"惩恶而劝善"的伦理教化，是《春秋》五例的核心所在和最终目的。因此，《春秋》五例实质是一套儒家伦理主义的"褒贬史学"。

应当说，这种看法是符合中国人强调"以史为鉴"的史学传统的。然而，史学不同于文学，史学的"微言大义"不同于文学的"美刺比兴"。在《春秋》五例的褒贬史学中，是否还包含具有现代意义的史学原理呢？现代学者钱锺书和汪荣祖作了肯定的回答，并作了精辟阐释。

钱锺书《管锥编》论《杜预序》，对"春秋五例"的内涵和得失，作了要言不烦的阐释。他写道：

窃谓五者乃古人作史时心向神往之楷模，殚精竭力，以求或合者也。……就史书之撰作而言，"五例"之一、二、三、四示载笔之体，而其五示载笔之用。就史学之演进而言，"五例"可征史家不徒纪事传人，又复垂戒致用，尚未能通观古今因革沿变之理，道一以贯，三阶已陟其二矣。①

　　钱锺书的"春秋五例"论，包含三层意思：一论历史地位，"乃古人作史时心向神往之楷模"；二论史书之撰作，分"载笔之体"和"载笔之用"；三论史学之演进，"三阶已陟其二矣"，换言之，"五例"尚缺乏司马迁"究天人之际，通古今之变"的自觉的历史发展意识。钱锺书的阐释，虽要言不烦，如拨云见日，神秘的春秋笔法获得了现代品格。

　　汪荣祖在《史传通说》中，对"春秋五例"的内涵，在钱锺书的基础上，更进一解。他写道：

　　惩恶劝善，示历史之"道德裁判"（moral judgment），所谓"春秋大义"实借三传而益显。微而显，志而晦，婉而成章，尽而不污，示"载笔之体"：尽而不污者，"不隐不讳而如实得当，周详而无加饰"，其"真"（true）之谓也；婉而成章者，乃"文词简严，取足达意而止"，其"省"（economical）之谓也；志而晦者，乃"一言而巨细咸该，片语而洪纤靡漏"，其"效"（forceful）之谓也；微而显者，乃"义生文外，秘响旁通"，其"雅"（elegant）之谓也。真实雅达，言简意赅，"历史文章"（historical writing）与"历史叙事"（historical narrative）之真、善、美，俱见之矣。②

　　汪荣祖的"更进一解"，集中于"载笔之体"的分析，主要包含两层意思：一是用雅、效、省、真四个词，对"微而显，志而晦，婉而成章，

---

　　① 钱锺书：《管锥编》（第一册），中华书局1991年版，第161—162页。

　　② 汪荣祖：《史传通说——中西史学之比较》，中华书局1989年版，第38—39页。

尽而不污"的精神实质，作了进一步的提炼；二是特别拈出"尽而不污"一例，强调其所包含的追求历史叙事的真实性精神。于是，在汪荣祖看来，《春秋》五例实包含三大史学论题，即"载笔之体""载笔之真"和"载笔之用"；即其所谓"真实雅达，言简意赅，'历史文章'与'历史叙事'之真、善、美俱见之矣"。汪荣祖基于"比较史学"的"更进一解"，是言之有据，亦言之有理。

2.从"春秋五例"到"史学三论"

历史的本质到底为何？一般认为有两义，一为真实的往事，一为往事的记载。①事实上，真实的往事如湖上之清风，寒潭之雁影，既往矣，既逝矣，已无从直接追捕，惟有从文字记录中去重建。因此，今人见到的历史，乃是史家重建的文本的历史。"文本的历史"或"史书"，亦即刘勰《文心雕龙·史传》所谓"载籍"，钱锺书所谓"载笔"。史学理论就是探讨"载笔之史"或"往事的记载"的理论。根据钱锺书和汪荣祖的阐释，"春秋五例"实包含"史学三论"：即"载笔之体"或"历史文章"之美；"载笔之真"或"历史叙事"之真；"载笔之用"或"历史作用"之善。

（1）载笔之体：历史文章的"婉而成章"。

从《春秋》开始，古代史家就讲究写作技巧，追求文章之美。《礼记·经解》曰："属辞比事，《春秋》教也"，"属辞比事而不乱，则深于《春秋》者也"。"属辞比事"，合而言之，即是笔削的艺术；分而言之，"属辞"侧重于遣词造句的表达技巧，"比事"侧重于排比史事的结构技巧。

"五例"所谓"微而显，志而晦，婉而成章"，微显与志晦，意义似各相反，二者实相反以相成，莫不是讲究史家遣词造句的文笔技巧，以追求"婉而成章"的含蓄之美。刘知几《史通·叙事》发挥道："微显阐幽，婉而成章，虽殊途异辙，亦各有美焉"；更进而解释说："显也者，繁词缛

① 参阅沃尔什：《历史哲学——导论》，何兆武等译，社会科学文献出版社1991年版，第6页；何兆武：《历史理性批判论集》，清华大学出版社2001年版，第4页。

说，理尽于篇中；晦也者，省字约文，事溢于句外"；然后"读者望表而知里，扪毛而辨骨，睹一事于句中，反三隅于字外，晦之时义，不亦大乎"。足见史家须将史事说清楚之余，尚需讲究意在言外的技巧。《春秋》之中，同是记战争，有伐、侵、战、围、入、灭等不同写法；声罪致讨曰伐，潜师掠境曰侵，两军相接曰战，环其城邑曰围，造其国都曰入，毁其社稷曰灭。同是记杀人，有杀、诛、弑、歼等不同的写法；无罪见杀曰杀，有罪当杀曰诛，以下杀上曰弑，不留子遗曰歼。这种用不同的字，表达不同的历史情况，传达不同的言外之意的文字技巧，成为史家的一种传统。

刘知几《史通·叙事》说："夫史之称美者，以叙事为先。"叙事称美者，首在善于排比史事。春秋史事纷纭庞杂，《春秋》用"以事系日，以日系月，以月系时，以时系年"的时间顺序加以排比，又将前后相类的史事比而列之。于是《春秋》从属词到比事的整套笔削艺术得到显陈。在史书的撰写上，这是第一次出现的里程碑。从《春秋》到《左传》，从《史记》到《汉书》，从编年体到纪传体，再到纪事本末体，史家排比史事的本领越来越高，结构技巧越来越精湛。刘勰《史传》的"贯通"说，就是在总结史家修史经验基础上，对《春秋》"比事"论的发挥。《史传》曰："至于寻繁领杂之术，务信弃奇之要，明白头讫之序，品酌事例之条，晓其大纲，则众理可贯。"恰如金毓黻所说：刘勰所举四事，乃是修史之总纲："寻繁领杂之术，即搜集史料之谓也。务信弃奇之要，即整理史料之谓也。明白头讫之序，即辑成史著之谓也。至于品酌事例之条，即全篇之史例也。四事既举，则万殊归于一本，自可有条不紊。"[①]史法起讫，略尽于此，中西古今，固无异辙。

史家讲究载笔之体，史书具有文学之美。中国人读史如诵诗，常常进入流连忘返的境界。恰如刘知几《史通·叙事》所说："文而不丽，质而非野，使人味其滋旨，怀其德音，三复忘返，百遍无斁，自非作者曰圣，

① 金毓黻:《文心雕龙史传篇疏证》,《中华文史论丛》1959年第1辑,第263—264页。

其孰能于此乎!"

（2）载笔之真：历史叙事的"尽而不污"。

何谓"尽而不污"？钱锺书有详细考释。略曰：

> "污"、杜注："曲也，谓直言其事，尽其事实，而不污曲"；杜序又解为"直书其事"。则齐此语于"尽而直"，颇嫌一意重申，骈枝叠加，与前三语不伦。且也，"直"不必"尽"，未有"尽"而不"直"者也。……言而求"尽"，每有过甚之弊，《庄子·人间世》所谓"溢言"。不隐不讳而如实得当，周详而无加饰，斯所谓"尽而不污"耳。[1]

杜预所谓"直言其事""直书其事"，钱锺书所谓"不隐不讳而如实得当，周详而无加饰"，一言以蔽之，就是"载笔之真"，就是历史叙事的真实性。历史叙事，贵在求真，真实是历史的本质，真实是历史的生命，史家也把信史与直笔奉为最高标准。

黑格尔说："历史乃是记载叙述，神话传说算不得历史。"[2]换言之，有史书未必就有信史，只有具备了自觉的求真意识，方有真正的历史和史学可言。在钱锺书看来，吾国之有史学，殆肇端于司马迁。因为，到司马迁才具有自觉的"信信疑疑"的求真意识。《左传》固然提出"尽而不污"的看法，萌生了"信以传信，疑以传疑"的史识，仍如"雨中萤焰，明灭几微"；一直到太史公，"马迁奋笔，乃以哲人析理之真，通于史家求事之实，特书大号，言：前载之不可尽信，传闻之必须裁择，似'史'而非之'轶事'俗说，应沟而外之于史。"[3]"以哲人析理之真，通于史家求事之实"，这是对司马迁求真精神的精辟概括。古希腊史学家希罗多德曾表示："我的职责是把我所听到的一切记录下来，虽然我并没有任何义务来相信

---

① 钱锺书：《管锥编》（第一册），中华书局1991年版，第163页。
② 黑格尔：《历史哲学》，王造时译，上海书店出版社1999年版，第118页。
③ 钱锺书：《管锥编》（第一册），中华书局1991年版，第252页。

每一件事情；对于我的全部历史来说，这个说法我以为是适用的。"①希罗多德同样具有这种"信以传信，疑以传疑"的史识，所以希氏被西塞罗称为"历史之父"。

历史真实，即真实的历史事实，可细析为三个层次：一是确实发生的历史事实，即真实的往事，但已遥不可及；二是史料中的历史事实，即对史实的零星记载，不经史家整理则不成片段；三是史书中的历史事实，即史家依据史料和实物重建出来的历史事实。我们所说的历史是"文本的历史"，我们所说的历史真实也是"史书中的历史事实"。王安石《读史》曰："糟粕所传非粹美，丹青难写是精神。"程颐曰："传录语言，得其言而未得其心，必有害理。"传统史学认为，史家求真或重建历史真实，非传真之难，在传神之难。传真若遗失了精神，还是得不到真相。所以一定要传神，才能传真。那么，历史之神，如何传达？钱锺书以《左传》《史记》为据，对史家的传神之道作了这样的描述："史家追叙真人实事，每须遥体人情，悬想事势，设身局中，潜心腔内，忖之度之，以揣以摩，庶几入情合理。"②钱锺书对古代史家传神之道的描述，同柯林武德所谓"史家必须重演往事于其心中"的"心灵重演说"③是相通的。可见中西古今史家的求真传神之道，是有其一致性的。

（3）载笔之用：历史作用的"惩恶而劝善"。

孔子把"惩恶而劝善"的褒贬之义寓于《春秋》，孟子始发其旨。《孟子·滕文公》曰："世衰道微，邪说暴行有作，臣弑其君者有之，子弑其父者有之，孔子惧，作《春秋》。"又曰："孔子成《春秋》，而乱臣贼子惧。"从此，以儒家伦理为准则，对史事作善恶是非的论断，就成为中国史学的一贯传统。

从历代史家的论述看，国史的褒贬的功能，主要有三大方面：一曰显

---

① 希罗多德:《历史》(下册)，王以铸译，商务印书馆1997年版，第525页。

② 钱锺书:《管锥编》(第一册)，中华书局1991年版，第166页。

③ 柯林武德:《历史的观念》(增补本)，何兆武等译，北京大学出版社2010年版，第212—213页。

忠臣，二曰诛逆子，三是树风声。刘勰《史传》曰："诸侯建邦，各有国史，彰善瘅恶，树之风声。"刘知几《史通》曰："史之为务，申以劝诚，树之风声；其有贼臣逆子，淫君乱主，苟直书其事，不掩其瑕，则秽迹彰于一世，恶名被于千载"；又曰："史之为用也，记功司过，彰善瘅恶。"章学诚《文史通义》曰："至于善善而恶恶，褒正而妒邪，凡欲托文辞以不朽者，莫不有是心也。"这三代史学名家，对历史的褒贬功能可谓同声一辞。据此，传统史学可称之为"褒贬史学"①；而"褒贬史学"深义之所在，就是用历史维系人类的文明正义。

然而，西方近代客观主义史学往往把"载笔之真"与"载笔之用"对立起来。德国近代史学家兰克《拉丁与条顿民族史》"导言"中有段名言："历史学家向来被认为有评判过去、教导现在、以利于将来的职能，对于这样的重任，本书不敢企望，它只是想说明事情的本来面目而已。"②"直书其事"，"叙事如其实"也成为近代史家的信条。在他们看来，"惩恶而劝善"是一种道德判断，有碍史事真相的理解。道德判断具有主观因素，或因人而异，或因时而异，依据不断变化的道德标准评价历史，历史的真相就失去了。于是，史家提出这样的口号：宁为聪明之侦探，莫当傲慢之判官。

如何理解历史的彰善瘅恶功能？根本的问题在于，历史学不是物理学，史学家不是科学家，史学的人文品格和史家的人文情怀不可丧失；否则，史学就失去了"史鉴"的价值和意义。事实上，史学家作为人文学者，即使想当"侦探"而远"善恶"，也是并不容易的。汪荣祖举出三大原因："文明日进，而世变益亟，攻伐诈虞，诞张乖离，作史者能视若无睹，而无动于衷乎？是不能也。或曰风俗之美，史家有呵护之责，或曰实事求是是固然，四海皆准之人性规范，能不谨守乎?！牛津名家伯林更以'常语分析之法'，谓善恶是非涵泳于语言文字之中，作史者即不欲彰善瘅

---

① 杜维运：《中国史学史》（第一册），商务印书馆2010年版，第76—80页。

② 冯·兰克著、罗格·文斯编：《世界历史的秘密》，易兰译，复旦大学出版社2012年，第79页。

恶，亦不能也。况善善而恶恶乃人类自然之情愫，安得强抑之耶？"①真所谓，有所欲也，犹不能也！

以史为鉴，古今常谈。始于《春秋》的褒贬史学，洋溢着古典人文精神，以维持人类文明为己任，从而使中国史学达到了史学的最高境界。这是宁为聪明之侦探的西方近代史学所未曾达到的境界。然而，只有达到这一境界，史学才有价值。

二、史体"六家"

史体，史家撰史的体例或体裁。它是史家观察和思考历史的特定方式，也是史家撰史首先需要明确的问题。中国悠久的史学传统，产生了多样的史学流派，形成了完备的史书体裁。唐代史学家刘知几的《史通》，是我国历史上第一部体系完整的史学理论著作，他提出的"六家""二体""十流"，对隋唐之前的史学流派和史书体裁作了全面总结。这里以刘知几的史体理论为基础，对传统的史学流派和史书体裁作简要论述。

1. "六家"第一

"六家第一"，是《史通》的开篇。其曰：

> 古往今来，质文递变，诸史之作，不恒厥体。榷而为论，其流有六：一曰《尚书》家，二曰《春秋》家，三曰《左传》家，四曰《国语》家，五曰《史记》家，六曰《汉书》家。……考兹六家，商榷千载，盖史之流品，亦穷于此矣。

刘知几认为，古代史学不断发展变化，史书体裁流别也在不断演进。据此，他以六部经典史书为代表，把魏晋之前先后出现的各类史书归纳为"六家"，亦即史书的六大家数、六大体例或六大体裁。同时，他坚定地认

---

① 汪荣祖：《史传通说——中西史学之比较》，中华书局1989年版，第20—21页。

为，隋唐之前上千年的史学史，史书的类别或流派，穷尽于六家，别无其他。

那么，隋唐之前的千载史学是否尽此六体？六体的"要领"或特征应当如何定名？遥隔千年之后，清代学者浦起龙一一作了回答。他在《史通通释》中写道：

> 史体尽此六家，六家各有原委。其举数也，欲溢为七而无欠，欲减为五则不全，是《史通》总挈之纲领也。其辨体也，援驳俪纯而派同，移甲置乙则族乱，是六家类从之畛涂也。注家认"家"字不清，要领全没，今为显说之。一、记言家也；二、记事家也；三、编年家也；四、国别家也；五、通古纪传家也；六、断代纪传家也。会此分配，以观六家，观全书如视掌文矣。

这是《史通通释》的第一则按语。如果说，刘知几的"六家第一"之于《史通》，具有统领全局的意义；那么，浦起龙的第一则"按语"之于"六家"，则具有点醒要领的意义。浦起龙所谓"史体尽此六家"，颇有"东家之子，增之一分则太长，减之一分则太短，著粉则太白，施朱则太赤"的溢美之嫌；而"六家各有原委"，则对六家的史体特征作了准确概括和命名，并成为此后史学家的一致共识。当然，浦起龙的命名是有依据的，依据就是刘知几对六家特征的描述。合刘、浦二氏之论，史体六家的源起与要领，可概述如下。

一曰《尚书》家，即记言家也。刘氏曰："《尚书》家者，其先出于太古。盖《书》之所主，本于号令，所以宣王道之正义，发话言于臣下，故其所载，皆典、谟、训、诰、誓、命之文。"浦氏则曰："其首《尚书》家者，刘氏特以记言之体当之云尔。"故曰记言家。

二曰《春秋》家，即记事家也。刘氏曰："《春秋》者，其先出于三代。儒者之说春秋也，以事系日，以日系月，言春以包夏，举秋以兼冬，年有四时，故错举以为所记之名也。"浦氏则曰："此《春秋》举经不举传，章义以记事为主，与《尚书》对举，而此为确配。"故曰记事家。

三曰《左传》家，即编年家也。刘氏曰："《左传》家者，其先出于左氏。观《左传》之释经也，言见经文而事详传内……其言简而要，其事详而博，信圣人之羽翮，而述者之冠冕。"浦氏则曰："传有三家，《史通》唯取《左氏》，不及《公》《穀》者，《公》《穀》主释义，《左》主载事，《公》《穀》非史法，《左》具史法也。故《左传》一家，为编年家法之祖也。"故曰编年家。

四曰《国语》家，即国别家也。国别家者，实论及《国语》《战国策》二书。刘氏论《国语》曰："《国语》家者，其先亦出于左丘明。……分周、鲁、齐、晋、郑、楚、吴、越八国事，起自周穆王，终于鲁悼公"；论《战国策》曰："其篇有东西二周、秦、齐、燕、楚、三晋、宋、卫、中山，合十二国。"浦氏则曰："二《国》均为国别家"；又释曰："惟分封分割之代有之。"故曰国别家。

五曰《史记》家，即通古纪传家也。刘氏曰："《史记》家者，其先出于司马迁。……至迁乃鸠集国史，采访家人，上起黄帝，下穷汉武，纪传以统君臣，书表以谱年爵，合百三十卷，因鲁史旧名，目之曰《史记》。"浦氏释曰："此是纪传家之祖，而刘氏以《史记》通古为体，故别为一家。"故曰通古纪传家。

六曰《汉书》家，即断代纪传家也。刘氏曰："《汉书》家者，起先出于班固。马迁撰《史记》，终于今上。自太初以下，阙而不录。至子固，乃断自高祖，尽于王莽，为十二纪，十志，八表，七十列传，勒成一史，目为《汉书》。"浦氏释曰："此为纪传正家，断代为书始于此。"故曰断代纪传家。

除了源起和特征，刘知几对"六家"的得失和流变，也逐一作了精要的阐述。以"《尚书》家"为例。论源起与特征，已如上所述；论得失曰："至如《尧》《舜》二典直序人事，《禹贡》一篇唯言地理，《洪范》总述灾祥,《顾命》都陈丧礼,兹亦为例不纯者也。"论流变曰:"自宗周既殒,《书》体遂废,迄乎汉、魏,无能继者";直至东晋孔衍,"乃删汉、魏诸史,取其美词典言,足为龟镜者,定以篇第,纂成一家。由是有《汉尚书》《后汉尚书》《汉魏尚书》。"魏晋以后的《尚书》家,如隋朝王君懋的《隋书》,模拟古法而理涉守株,"可谓画虎不成,反类犬也"。

在刘知几看来,一代有一代之史事,一代也有一代之史体。新的历史时代,则应有新的史体。《尚书》家出于太古,也属于古代。且如浦起龙《史通通释》所说:"《尚书》固是史家开体,然不编年,不纪传,原非史体正宗,故后世难为其继,亦不必有继。"因此,刘知几的"六家"说,既是隋唐之前的史学体裁论,也是隋唐之前简明的史体发展论。

刘知几的史体"六家"说,体现出传统学术的鲜明特点。从学术思想看,反映了刘知几"经史同源"而又"经史相分"的观念。在他看来,《尚书》与《春秋》,既是经书,也是史书,既是经学之源,也是史学之源;同时,史学不再是经学的附庸,而是已从经学中分离出来,成为与经学并行的独立学科。这一观念,从学科分类史看,是与始于晋荀勖、确立于《隋书·经籍志》的经史子集四部分类法,并行一致的。从学术思维看,他以经典为家数,亦即从经典出理论,属于基于事实的归纳,而非抽象概念的推论。歌德说:"真正的艺术品包含着自己的美学理论,并提出了让人们藉以判断其优劣的标准。"[1]其实,艺术经典如此,史学经典同样如此;中国传统思维善于"活处观理",西方学术思维同样强调在原创经典中发现原创理论。从史体发展规律看,他认为经历了从简单到复杂、从无序到有序,去粗取精,逐渐定型的过程。《六家第一》结语曰:"而朴散淳销,时移世异,《尚书》等四家,其体久废,所可祖述者,唯《左氏》及《汉书》二家而已。"从"六家"到"二体",就反映了去粗取精,最终定型的史体发展规律。

---

① 约翰·格罗斯:《牛津格言集》,王怡宁译,汉语大辞典出版社1991年版,第394页。

2. "三体"第二

紧接《六家第一》，便是《二体第二》。"二体"，即编年体和纪传体。刘知几分别以编年家《左传》和纪传家《史记》为代表。论曰：

> 既而丘明传《春秋》，子长著《史记》，载笔之体，于斯备矣。后来继作，相与因循，假有改张，变其名目，区域有限，孰能逾此！盖荀悦、张璠，丘明之党也；班固、华峤，子长之流也。……后来作者，不出二途。故晋史有王、虞，而副以干《纪》；《宋书》有徐、沈，而分为裴《略》。各有其美，并行于世。

"后来作者，不出二途"。对于刘知几的"二体"说，浦起龙给予高度评价，《通释》曰："《六家》举史体之大全，《二体》定史家之正用"；"二体既立，一以诠岁时，一以管事行，国史乃无偏缺耳。"至南宋袁枢《通鉴纪事本末》出，另创纪事本末体，史家认为，编年体、纪传体和纪事本末体，可合而为三。浦起龙则维护刘知几的"二体"说，他认为：《纪事本末》"亦从二体出，非别出也。"浦起龙所谓"亦从二体出"，并非没有道理；袁枢的《通鉴纪事本末》确实是对司马光《资治通鉴》史事的分类排比。然而，虽"从二体出"，却又不同于二体，独立成家，自成一体，形成自身的传统。因此，史家公认，中国史籍体裁，主要实有三种，即编年体、纪传体和纪事本末体。

史家的任务是叙述史事，而时间、人物、事件，是史事的基本构成要素。由此决定了述史的不同方式，并形成史书的不同体裁：按时间顺序述史，就是编年体；以人物为主述史，就是纪传体；按史事的本末述史，就是纪事本末体。所以，史体有三，既是历史的产物，也是逻辑的必然。下面结合刘知几的论述，略述三体的短长。

（1）编年体。

所谓编年体，即以年月日顺序编写的史书体裁。史称《春秋》是我国

第一部编年史。刘知几则以《春秋》为记事家，以《左传》为编年家。为什么？《春秋》虽以年、时、月、日为纲，近似编年，然记事简括，不相联属，故王安石有"断烂朝报"之讥。《左传》虽也以《春秋》十二公的次序年代记事，但记事范围远远超出《春秋》，且有言有行，有直述有概述，有追叙有附录，并有分析有评论。所以，中国最早的形式完备的编年体史籍，当属《左氏春秋传》。以《左传》为中心，前有《竹书纪年》《春秋》，后有荀悦的《前汉纪》、袁宏的《后汉纪》，再到司马光的《资治通鉴》以及《续资治通鉴》等等，编年体史籍蔚为大观。

编年体的长短何在？刘知几认为，编年体之长有二：一是"系日月而为次，列时岁以相续"，按时间顺序叙述历史，能将"中国外夷，同年并世"之事完备记载，使人一目了然；二是"理尽一言，语无重出"，能避免叙述和评论上的前后重复，节省篇幅。编年体之短也有二：一是内容取舍上存在巨细失当、主次不分的缺陷，所谓"论其细也，则纤芥无遗；语其粗也，则丘山是弃"；二是一事而相隔数卷，首尾难稽，这是编年体史书的最大缺陷。刘氏论编年体的长处十分恰当，论其所短则前一条非必然而后一条中要害。

（2）纪传体。

何谓纪传体？即以帝王纪和人物列传为主体的史书。刘知几以《史记》为"通古纪传家"，以《汉书》为"断代纪传家"，概而言之，二者均为纪传体的经典。司马迁的《史记》则是纪传体的奠基之作，并从此成为列代"正史"的唯一史体，形成了蔚为壮观的廿六史。其中，《史记》《汉书》《后汉书》《三国志》被称为"前四史"，最为史家重视，也成为传统文化中最重要的典籍。

纪传体的长短何在？刘知几认为，长处在于："纪以包举大端，传以委曲细事，表以谱列年爵，志以总括遗漏，逮于天文、地理、国典、朝章，显隐必该，洪纤靡失。"即纪、传、表、志各有分工，综合运用，多角度多层次全方位地叙述史事，能做到"显隐必该，洪纤靡失"，详尽而全面。短处在于：一是叙事不连贯，"同为一事，分在数篇，断续相离，前后屡出"；二是编排不规范，所谓"编次同类，不求年月，后生而擢居首帙，先辈而抑归末章"。刘知几对短长的分析，可称真知灼见。

（3）纪事本末体。

纪事本末体，是以历史事件为纲的史书体裁。始创于南宋袁枢的《通鉴纪事本末》。他将重要史事分别类目，独立成篇；各篇史事又按年月顺序叙述，可补编年体、纪传体之不足。自袁枢《通鉴纪事本末》出，从《春秋左氏传事类本末》，到近代的《筹办夷务始末》，纪事本末体俨然成一大宗。

梁启超称袁书为"善抄书者可以成创作"。他说："枢钞通鉴，以事为起讫；千六百余年之书，约之为二百三十有九事。其始也不过感翻检之苦恼，为自己研究此书谋一方便耳。及其既成，则于斯界别辟以蹊径焉。"在梁启超看来，纪传体以人为主，编年体以年为主，而纪事本末体则以事为主。然而，"欲求史迹之原因结果以为鉴往知来之用，非以事为主不可。故纪事本末体，于吾侪之理想的新史最为相近。"①清代史学家章学诚也极为推崇袁书，认为有"化臭腐为神奇之效"②。

综而言之，编年一体，创于左氏，而大成于司马光；纪传一体，创于司马迁，而大成于班固；纪事一体，创于魏元晖，而大成于袁枢。西方史学，虽无"六家"，"三体"俱备。史书浩繁，繁而难理，然论体究派，不出此藩篱。

历史的观察，有综合与专门两个角度；史著的撰写，也有综合性的通史和分类的专门史两类。专门史的研究，为现代史家所重视而得到高度发展。钱穆的《中国历史研究法》即以"专门史"为主，分别论述了政治史、社会史、经济史、学术史、历史人物、历史地理以及文化史的研究方法。需要指出的是，无论哪一种类的专门史，时间、人物、事件同样是其

167

---

① 梁启超：《中国历史研究法》，东方出版社1996年版，第24页。

② 章学诚著、叶瑛校注：《文史通义校注》(上)，中华书局1994年版，第51—52页。

基本的构成要素。因此，就"载笔之体"而言，专门史的撰写同样不出编年、纪传、纪事"三体"的范围。

三、史家"四长"

欲修良史，须有良才。然而，"自古以来，文士多而史才少，何也？"唐人郑惟忠的提问，引起历代史家对良史之材的不断思考。最精辟的回答有两位，一是唐代刘知几，一是清代章学诚。

1.从"三长"到"四长"

郑惟忠的问题是向刘知几提的，刘知几以"史才三长"作答。《旧唐书·刘子玄传》首次记载了一千五百年前影响迄今的著名对话：

> 礼部尚书郑惟忠尝问子玄曰："自古以来，文士多而史才少，何也？"对曰："史才须有三长，世无其人，故史才少也。三长，谓才也，学也，识也。夫有学而无才，亦犹有良田百顷，黄金满籝，而使愚者营生，终不能致于货殖者矣。如有才而无学，亦犹思兼匠石，巧若公输，而家无楩枏斧斤，终不果成其宫室者矣。犹须好是正直，善恶必书，使骄主贼臣所以知惧，此则如虎傅翼，善无可加，所向无敌者矣。脱苟非其才，不可叨居史任。自叐古已来，能应斯目者，罕见其人。"时人以为知言。①

自刘知几提出"史才三长"，史学批评论良史之材，大多不超出才、学、识这一范围。此后，由史学影响到诗学，诗学批评论诗家之才，也强调才、学、识。袁枚《随园诗话》有曰："作史三长：才、学、识，缺一不可。余谓诗亦如之，而识最为先。非识，则才与学俱误用矣。"

稍后于袁枚的章学诚，在《文史通义》中，在刘知几"三长"说基础

---

① 刘知几的"史才三长"说，又见《新唐书·刘子玄传》《唐会要·修史官》，"三长"内容相同，文字略有差异。

上，创造性地提出了"史德"说，从而使"史才三长"，增而为"史才四长"。章学诚一方面肯定刘知几的理论，反复强调"夫史有三长，才、学、识也"，并发挥道："非识无以断其义，非才无以善其文，非学无以练其事。"①另一方面又认为，"记诵以为学也，辞彩以为才也，击断以为识也，非良史之才、学、识也。刘氏之所谓才学识，犹未足以尽其理。"进而提出他的"史德"说："能具史识者，必具史德。德者何？谓著书者之心术也。"②刘氏的"三长"，有比喻而少定义；章氏的理解，实不免过于简单。尽管如此，章学诚的"史德"说，确实具有重要的理论价值。

梁启超在《中国历史研究法补编》中，专辟"史家的四长"一章，对刘、章二氏的理论作了综合阐释。首先，他综合刘、章二说，明确提出"史家四长"或"四种资格"，认为："刘子元说史家应有三长：即史才、史学、史识。章实斋添上一个史德，并为四长。实斋此种补充，甚是。要想做一个史家，必须具备此四种资格。"其次，他对"四长"作了一个新的排序："这几种长处的排列法，各人主张不同：子元以才为先，学次之，识又次之；实斋又添德于才学识之后。今将次第稍为变更一下，先史德，次史学，次史识，最后才说到史才。"③然后结合自己的学术经验，对"四长"作了详细阐述。

梁启超的"四长"说及其排序，已成学界共识④，对"四长"的阐释，精见纷纷，极富启迪。下面结合刘、章、梁三家论述，对"史家四长"的要义作简要诠释。

2.德、学、识、才

一说史德。史德的实质，在于恪守史学的本质，恪守史学客观真实的

① 章学诚著、叶瑛校注：《文史通义校注》(上)，中华书局1994年版，第279、219页。
② 章学诚著、叶瑛校注：《文史通义校注》(上)，中华书局1994年版，第219页。
③ 梁启超：《中国历史研究法》，东方出版社1996年版，第164—165页。
④ 钱穆的《中国历史研究法》仍强调"三长"，舍"史学"而取"史德"，曰："中国人向来讲史学，常说要有'史才'、'史识'与'史德'"，并依次作了简要论述。(参见钱穆《中国历史研究法》，九州出版社2019年版，第10—11页。)

本质。故章学诚所谓史德，简言之，就是著史之人应当心术端正，客观地叙述史事，公正地评价历史。《史德》论曰：

> 能具史识者，必知史德。德者何？谓著书者之心术也。夫秽史者所以自秽，谤书者所以自谤，素行为人所羞，文辞何足取重。……盖欲为良史者，当慎辨于天人之际，尽其天而不益以人也。尽其天而不益以人，虽未能至，苟允知之，亦足以称著述者之心术矣。而文史之儒，竞言才、学、识，而不知辨心术以议史德，呜呼可哉？①

这段话包含了章学诚史德说的基本思想。首先，"心术"一词源于传统伦理学。《管子·七法》说："实也，诚也，厚也，施也，度也，恕也，谓之心术。"尹知章注谓："凡此六者，皆自心术生也。"章学诚论心术，当是继承这一古义。其次，作为史德的"心术"，即"当慎辨于天人之际，尽其天而不益以人也"。这里的"天"，就是历史的客观性；所谓"慎辨于天人之际，尽其天而不益以人"，就是要求史家尊重客观史实，正确认识客观史实和主观认识的关系，不以史家的主观好恶影响客观的史实叙述和公正的历史评价。再次，章学诚提出了一个史学批评的新模式，即："史识—史德—心术"的三位一体。在他看来，不辨心术则无以论史德，不明史德则无以论史识；这也是"文史之儒"与"良史之材"的重要区别。史德说是章学诚对史学批评的重要贡献，也是其在史学理论上超出刘知几之处。

对章学诚的"史德"说，梁启超作了进一步的发挥。他指出："简单说起来，实斋所谓史德，乃是对于过去毫不偏私，善恶褒贬，务求公正"；换言之，"史家第一件道德，莫过于忠实，如何才算忠实？即'对于所叙述的史迹，纯采取客观的态度，不丝毫参以自己意见'便是。"然而，忠实一语，说起来似易，做起来实难。"因为凡人都不免有他的主观；这种

① 章学诚著、叶瑛校注：《文史通义校注》（上），中华书局1994年版，第219—220页。

主观，蟠踞意识中甚深，不知不觉就发动起来。"史家力求忠实，须极力铲除下列数种常犯的毛病：一是"夸大"。过分的夸大，结果常引出些无聊的赞美，实际上毫无价值；二是"附会"。自己有一种思想，或引古人以为重，或引过去事实以为重，皆是附会。这种做法，带有宣传意味，违背历史本质。三是"武断"。因为材料困难，所以未加审择，专凭主观判断，随意推想，其结果就流为武断了。总之，史家道德，应如"鉴空衡平"，把自己主观意见铲除净尽，把自己性格养成像镜子和天平一样。①梁启超的发挥，使史德的认识和评价获得了可操作性。

二说史学。所谓"史学"，即刘知几所谓史家的"良田百顷，黄金满籯"。从《史通》全书看，实质是指史家应有丰富的历史知识和学问素养，既包括丰富的历史文献知识，也包括多方面的社会知识和自然知识。章学诚说成"记诵以为学"，颇有简单化之嫌。

有一分史料说一分话，这是史家常谈。因此，史家撰史，应当尽可能详细占有史料。在这里，"详细"固然重要，但要做到"占有"，还需下一番分析的功夫。一是要辨别材料的真伪、轻重，这就是"去伪存真，去粗取精"的过程；没有这个过程，材料再多也不能说已经"占有"了。二是要研究材料与材料之间的关系，这是"由此即彼"的过程；没有这个过程，互相孤立的材料，不能用来说明历史问题，这也不能说真正的"占有"。三是要通过材料反映出史事的精神本质，这就是"由表及里"；没有这个过程，只是在表面现象上兜圈子，同样不能说"占有"了材料。

梁启超论"史学"，一反"韩信将兵，多多益善"的常人之见，强调"贵专精而不贵杂博"。这是一个充满辩证精神而极富启迪的见解。首先，由于生命的有限和史料的浩瀚，无论有多大的天才学问和精力，想要全史包办，绝无可能。"我们做学问，切勿以为'一物不知，儒者之耻。'想要无所不知，必定一无所知。"其次，史家修史，于是只能"在史学中，划出一部分来：用特别兴趣及相当预备，专门去研究它"。例如，想做文学

————————————

① 梁启超：《中国历史研究法》，东方出版社1996年版，第165—168页。

史，不妨选择出一部分，像王国维那样单研究《宋元戏曲史》。再次，学问之道，触类旁通。"学问门类虽多，然而方法很少。如何用脑，如何用目，如何用手，如何询问、搜集，养成习惯，可以应用到任何方面。好像攻打炮台，攻下一个，其余就应手而下了。"①梁启超"贵专精而不贵杂博"的"史学"观，揭示了现代学术的一条普遍规律，即每一个学者只能进入一个领域，成就一家专门性的学问②。

三说史识。所谓"史识"，刘知几所谓"好是正直，善恶必书"，似指史家直书其事的客观态度。然而，顾名思义，"史识"当指史家的历史见识，亦章学诚所谓"非识无以断其义"的观察力和判断力；用钱穆的话说就是："须能见其'全'，能见其'大'，能见其'远'，能见其'深'，能见人所不见处。"③当然，"直书"也是史家见识的一个重要表现方面。

"史识"的地位如何？古代史家和诗家都强调"识最为先"。叶燮《原诗》论诗人的"心之神明"，提出才、胆、识、力四目；同时又强调"识以居乎才之先，识为体而才为用"。"史识"断"史义"。"史义"是"史事"的精神和灵魂；缺乏史识，缺乏观察力和分析判断力，史家难以发掘史事的内在意义，叙史也就失去了明确的方向。

西方近代史家有"真正的史学家，应当既是学者又是思想家"之说；它与"非识无以断其义"的"史识"说，若相仿佛。梁启超认为"史识是讲历史家的观察力"，强调观察要敏锐又要细密；进而指出，史家要养成敏锐的观察力和正确的判断力，必须遵循两种程序，去掉两种蔽见。观察的两种程序，是指"由全部到局部"和"由局部到全部"；这实质是通过"阐释的循环"，以达到对历史的来龙去脉和历史意义的正确把握。应去掉的两种蔽见，就是戴震所说的"不以人蔽己，不以己蔽己"；梁启超把它解说为"不要为因袭传统的思想所蔽"和"不要为自己的成见所蔽"④。

① 梁启超：《中国历史研究法》，东方出版社1996年版，第173—176页。
② 参阅陈文忠：《走向学者之路》，安徽师范大学出版社2016年版，第42—46页。
③ 钱穆：《中国历史研究法》，九州出版社2019年版，第10页。
④ 梁启超：《中国历史研究法》，东方出版社1996年版，第169页。

对于后者，他特别以自己的学术经历为例，告诫人们要"不惜以今日之我，与昨日之我挑战"。梁启超的经验之谈，有助于我们对"史识"的深入理解。

四说史才。所谓"史才"，即史家的文才或"史家的文章技术"。刘知几置史才于"三长"之首，梁启超置史才为"四长"之末。不过，这并非其轻视史才，相反，作为文章高手的梁启超，对史才极为重视。他说："有了史德，忠实的去寻找资料；有了史学，研究起来不大费力；有了史识，观察极其锐敏，但是仍然做不出精美的历史来。要做出的历史让人看了明了，读了感动，非有特别技术不可。"①为此，梁启超从"组织"和"文采"两方面，对"史家的文章技术"作了具体论述，阐述了他的历史编纂学思想。

所谓"组织"，就是整部书或一篇文章的结构。它要求把纷杂的史料，组织成一个主次分明，详略得当，完整有序的叙述结构。在梁启超看来，文章组织可分二事：一是"剪裁"。不经剪裁，史料不能成为历史。司马光的《资治通鉴》就是"由十九间屋的底稿做成长编"的基础上，经过去其渣滓，取其精华的"剪裁"著成的。二是"排列"。文章中看不中看，全在排列的好坏。梁启超根据自己的撰史经验，介绍了几种方法：如"将前人记载，联络熔铸，套入自己的话里"；如"用纲目体，最为省事"，他的《中国文化史》就用此体；如"多想方法，把正文变为图表"，他的《先秦学术年表》即用此法。

所谓"文采"，就是写人写事所用的字句词章或遣词造句的艺术。文采的要素很多，梁启超强调两点：一是"简洁"，即文章以说话少、含义多为最妙；二是"飞动"，即文章要生动感人，使人百读不厌。章学诚说："非才无以善其文。"古代史学家，大都是文章家，故史家论"史才"，主要讲"文采"，既强调语言的简洁含蓄，又强调表达的生动感人。刘知几的《言语》《叙事》，章学诚的《史德》《文德》诸篇，是史家论史才的名

---

① 梁启超：《中国历史研究法》，东方出版社1996年版，第177—182页。

篇。刘知几特别强调"尚简""用晦"之道。《叙事》有名言："夫能略小存大，举重明轻，一言而巨细咸该，片语而洪纤靡漏，此皆用晦之道也。"刘氏所谓"用晦"，既有突出重点的意思，也有含蓄凝练的要求，"简洁"与"飞动"兼而有之。

"史才"的最高境界，便是钱锺书所谓"史蕴诗心"[①]，或卡莱尔所谓"诗般之史"[②]。刘知几有"读古史者，明其章句，皆可歌咏"之说，实已逗"史蕴诗心"之旨。所谓"史蕴诗心"，即指史笔叙事达到真实与生动、流畅与美感的完美统一。史体不同于诗体，但史体的组织结构、遣词造句、议论行文，写作风格，皆蕴诗心，岂不更佳？司马迁《史记》，疏荡而有奇气；司马温公《资治通鉴》，庄严而信美；吉本的《罗马帝国衰亡史》，行文恣肆，结构宏伟；米什莱的《法兰西史》，使往事复苏，中古重生，如此等等，中西史家名著，均为可歌咏之史，具诗美之作。当然，"史蕴诗心"，绝非幻想或增添浪漫情调，而是培育历史眼光与想象力。经诗心培育之史识更能洞察历史之精髓，因得其神而益见其传真之余，更能传神。故真正的"史才"，是叙事之文辞之才，更是洞察之神悟之才。

四、史学与文学

文字学与历史学，是人文学科的两翼。文字与文学的关系，前已论及；史学与文学的关系，自不能不论。关于文学与历史、诗与史的微妙关系，钱锺书有句名言："只知诗具史笔，不解史蕴诗心。"[③]"诗具史笔，史蕴诗心"，实质揭示了诗与史的双重关系，即文学的历史性与历史的文学性。"史蕴诗心"即历史的文学性，指史家的历史叙事具有文辞之才和神悟之才，从而成为感人可诵的诗美之作；"诗具史笔"即文学的历史性，

① 钱锺书：《谈艺录》，中华书局1984年版，第363页。
② 汪荣祖：《史学九章》，生活·读书·新知三联书店2006年版，第201页。
③ 钱锺书：《谈艺录》，中华书局1984年版，第363页。

指诗家的虚构作品或写现实生活或以史事为题，从而成为具有史学价值的文学作品。"史蕴诗心"前已论及；这里专谈"诗具史笔"。

中国悠久的史学传统，对中国文学产生了深刻影响，催生了多种诗史融合的文体类型。历史事实是多层次的，从大的方面可分为"事实的历史"和"文本的历史"；与此相联系，"诗具史笔"也形成两大形态：一是实录"事实的历史"的"诗史"类作品；二是吟咏"史书中历史"的"咏史"类作品。

1. "诗史"：个人史与社会史的统一

"诗史"，诗具史笔，以诗篇纪时事者也。最早被称为"诗史"的是杜诗。晚唐孟棨《本事诗·高逸第三》记载李白事迹，最后说到杜甫《寄李十二白二十韵》一诗时说：

> 杜所赠二十韵，备叙其事。读其文，尽得其故迹。杜逢禄山之难，流寓陇蜀，毕陈于诗，推见至隐，殆无遗事，故当时号为"诗史"。

孟棨认为，李白当年的坎坷经历，从"昔年有狂客，号称谪仙人。落笔惊风雨，诗成泣鬼神"，到"老吟秋下月，病起暮江滨。莫怪恩波绝，乘槎与问津"，从辉煌到落寞的人生历程，真实记录在杜甫的《寄李十二白二十韵》一诗中了；而杜甫自己"逢禄山之难，流寓陇蜀"的经历，更是"毕陈于诗"，故杜诗被时人号为"诗史"。杜甫的《咏怀五百字》、《北征》、"三吏""三别"等名篇佳作，便是实录"禄山之难"的一代"诗史"。宋代以后，"诗史"的内涵不断扩展。宋元明清诗评家，把凡是以诗笔实录一代时事，诗篇具有史学品格和历史价值，可以"知人论世"，甚而有助于"以诗证史之讹""以诗补史之阙"的作品，均称为"诗史"之作①。

175

---

① 关于"诗史"概念的历史演变，张晖《中国"诗史"传统》(生活·读书·新知三联书店2012年版)一书有系统深入的考论，可参阅。

中国文学具有浓厚的"诗史"品格，形成源远流长的"诗史"传统。一家之诗集，往往记录一代史事，折射一代心史。汪瑗《楚辞集解》说："世称杜集为'诗史'，而不知《楚辞》已先之矣。"钟惺《古诗归》论曹操诗说："汉末实录，真'诗史'也。"其实，从《国风》到《屈骚》，从《乐府》到陶诗，从杜甫的《石壕吏》到白居易的《卖炭翁》，无不因实录一代史事和一代心史，从而具有"诗史"的品格。

西哲有云：一国的"诗史"，乃"国史"的精髓。中国诗歌具有浓厚的"诗史"品格，并达到个人史与社会史的完美统一；这与中国诗人的取材特点和文化理想密切相关。钱穆先生对此一问题有精辟论述。首先，诗作为中国文学的正宗，其取材"必以作者本身个人为中心"，以个人的日常生活为题材，将其日常人生融入其文学作品之中。诗人作品虽属"短篇薄物"，然"旁见侧出"，始终以作家本身为最高之中心。其次，中国诗人志在修身齐家治国平天下，中国文学也重在即事生感，即景生情，重在由其个人生活的种种情感而反映全时代与全人生。故"时代酝酿出文学，文学反映出时代，文学即人生，人生即文学"，个人与时代达到完美统一。进而，所谓"诗史"，既是社会史，也是个人史。"当知杜诗固不仅为杜甫时代之一种历史记录，而同时亦即是杜甫个人人生之一部历史记录也。"因此，中国文学家乃不须再有自传，亦不烦他人再为文学家作传。"因一个文学家，即其平生文学作品之结集，便成为其一生最翔实最真确之一部自传。"[①]从这个意义上说，认为"多纪当时事"或"按生活的本来的面貌反映生活"的写实主义，是中国文学的主导倾向，是符合文学史实际的。

优秀的"诗史"之作，无不达到个人史与社会史的有机统一。但就特定时代的具体诗人诗作而言，或偏于社会史，或偏于个人史。一般来说，处于社会动荡或外族入侵时期的"诗史"之作，往往寄寓一代兴替之变，更具社会史价值；亦赵翼所谓"国家不幸诗家幸，赋到沧桑句便工"。如杜诗之于"禄山之难"，宋末、明末遗民诗之于"易代之变"，等等。

---

① 钱穆：《中国文学讲演集》，巴蜀书社1987年版，第31—32页。

宋末诗人汪元量，号水云，是一个供奉内廷的琴师，元兵灭宋，把三宫掳到北方，他也跟去了。他对亡国之苦有极痛切的感受，并用极朴素的语言抒写出来。在宋末遗民叙述亡国的诗歌中，他的《湖州歌》七十八首，规模最大，写得也极生动具体，故有"宋亡之诗史"之称。李珏《书汪水云诗后》评汪元量诗说："纪其亡国之戚、去国之苦，间关愁叹之状，备见于诗……唐之事纪于草堂，后人以诗史目之，水云之诗，亦宋亡之诗史也。其诗亦鼓吹草堂者也。其愁思壹郁，又可复伸，则又有甚于草堂者也。"汪元量的《水云集》，既是个人的流亡史，也是记录家国兴亡的社会政治史。

白居易的诗也被宋人称为"诗史"，而人们似乎更关注其个人史的方面。王楙《野客丛书》说："白乐天诗多纪岁时，每岁必纪其气血之如何与夫一时之事，后人能以其诗次第而考之，则乐天平生大略可睹，亦可谓'诗史'者焉。"白居易活到七十五岁，从"未年三十生白发"，一直到"寿及七十五"，白居易确乎"每岁必纪其气血之如何与夫一时之事"。一部"白氏长庆集"，可以说便是一部白居易的"诗体自传"。这在唐代，并不少见。因为，恰如闻一多所说：在"诗的唐朝"，生活诗化了，诗生活化了；"几乎凡用文字处与夫不须文字处皆用诗"，诗成为诗人"生活的记录——日记"[1]。一部编年诗集，就是一部"诗体日记"，诗人的个体生活史，便被记载在各自的"诗体日记"中。到了宋代，"诗体日记"式的写作更为普遍，这从宋人诗题往往标记"年月日"可以见出。陆游的一部《剑南诗稿》，不妨就是放翁的一部"诗体自传"。

诗歌具有实录时事的"诗史"品格，人们因而可以"知人论世"，既可以"以诗知人"，也可以"以诗论世"；甚而可以"以诗补史之阙""以诗证史之讹"。清代学者钱谦益的《钱注杜诗》和当代史家陈寅恪的《元白诗笺证稿》，便是这一学术方法的代表作。然而，史必征实，诗可凿空，故虽诗具史笔，诗不必尽信，也不能尽信。陈寅恪以诗史互证，著名于

---

[1]《闻一多全集》（第6卷），湖北人民出版社1993年版，第120页。

世，一方面视诗为史料，藉以考史释史；另一方面亦以诗释史，不仅通解古典，而且拖出今典。然若于诗中刻意求史，未免有损风情；史笔固然峥嵘，于诗情则不免扫兴。

浦起龙《读杜心解》"读杜提纲"，论"杜诗"与"国史"的关系，有助于我们正确认识"诗史"本质：

> 代宗朝诗，有与国史不相似者。史不言河北多事，子美日日忧之；史不言朝廷轻儒，诗中每每见之。可见史家只载得一时事迹，诗家直现出一时气运。诗之妙，正在史笔不到处。若拈了死句，苦求证佐，再无不错。

"史家只载得一时事迹，诗家直现出一时气运！"诗之妙正在史笔不到处；故诗虽凿空，诗却比历史更富于哲学意味。诗人永远是讲真话的骗子。因此，"若拈了死句，苦求证佐，再无不错"。这一论断，也可视为给予"诗史互证"者的一句诤言。

2. "咏史"："己有怀抱，借古人事以出之"

"咏史"，吟咏史事，借古人古事以抒情、言志、明理者也。沈德潜《说诗晬语》论"咏史诗"最得要领："太冲《咏史》，不必专咏一人，专咏一事，己有怀抱，借古人事以出之，斯为千古绝唱。""己有怀抱，借古人事以出之"，这是咏史诗的构成要素和本质特征。施蛰存说："咏史诗不是一种特定形式的诗，而是一种特定题材的诗。凡是歌咏某一历史人物或历史事件的诗，都是咏史诗。"[①]储大泓说："咏史诗或专咏一人一事，或泛咏史事，均借评论历史来表达自己的胸襟、抱负、理想、政见以及苦闷，有的更明显地借古喻今，为当时的现实服务。"[②]施、储二氏的解说，可视为沈氏定义的通俗演绎。

中国史家无不能诗，中国诗人也重视读史，并着意从丰厚的历史遗产

---

① 施蛰存：《唐诗百话》，上海古籍出版社1987年版，第680页。
② 储大泓：《历代咏史诗选注》，陕西人民出版社1990年版，第2页。

中获得诗的题材、诗的灵感、诗的深度，故"咏史诗"尤称丰盛。从西汉东方朔《嗟伯夷》算起，咏史诗迄今已有近2200年的历史，并发展出多种微妙的类型。袁枚《随园诗话》说："咏史有三体，一借古人古事，抒自己之怀抱：左太冲之《咏史》是也。一为隰栝其事，而以咏叹出之：张景阳之《咏二疏》、卢子谅之《咏蔺生》是也。一取对仗之巧：义山之'牵牛'对'驻马'，韦庄之'无忌'对'莫愁'是也。"不为无见，但标准似不统一。史家汪荣祖以"赋、比、兴"三义，划分咏史诗细类，颇为得当。他说：

> 咏史诗又有述古与怀古之别，史论与史评之分。盖中华诗体，约有三义，即赋、比、兴。赋即"直书其事，寓言写物"，最宜述古，而比兴、引喻、兴感，最宜抒怀，或借古讽今，或伤今怀古，情见乎词。若诗人以真知灼见，观古察今，史论与史评遂出，史识高低亦在其中。①

依据表现手法和艺术思维的不同，他把"咏史诗"细分为述古与怀古，史论与史评四类；标准统一，亦于史可征。不过，为紧扣"咏史"之名，并根据咏史诗的历史发展，不妨将其细分为"述史""咏史""论史"和"悟史"四类。

（1）述史诗：以赋法咏史，叙述古史，直书其事。"咏史"之名，始于班固。班固《咏史》，以诗语叙述缇萦故事，甚得直书其事之旨。《咏史》云：

> 三王德弥薄，惟后用肉刑。太仓令有罪，就逮长安城。
> 自恨身无子，困急独茕茕。小女痛父言，死者不可生。
> 上书诣阙下，思古歌鸡鸣。忧心摧折裂，晨风扬激声。
> 圣汉孝文帝，恻然感至情。百男何愦愦，不如一缇萦。

---

① 汪荣祖：《史学九章》，生活·读书·新知三联书店2006年版，第197页。

《咏史》歌咏孝女缇萦救父的故事。缇萦父亲犯罪当刑，自请入身为宫婢，以赎父罪，文帝悲悯她，乃废除肉刑律。此诗在诗歌史上有双重意义：一是标志着五言诗的正式成立；二是标志着"咏史诗"的独立自觉。然而，在艺术表现上，纯用赋法，"述"多于"咏"，钟嵘批评说："班固《咏史》，质木无文。"这是不错的。

班固以后的咏史诗，大抵"隐栝本事，不加藻饰"，一诗咏一事，在史事的客观叙述中略见作者意旨。如陶渊明《咏荆轲》："燕丹善养士，志在报强嬴。招集百夫长，岁暮得荆卿"云云，大似《史记》本事之诗化。卢谌《览古诗》："赵氏有和璧，天下无不传。秦人来求市，厥价徒空言"云云，赞蔺相如，述完璧归赵与负荆请罪故事，一如史书。"述"多于"咏"的"述史诗"，当是咏史诗的第一阶段。袁枚"咏史三体"之二，所谓"隐栝其事，而以咏叹出之：张景阳之《咏二疏》、卢子谅之《咏蔺生》是也"，即属此类。

（2）咏史诗：以比兴咏史，叙古抒情，借古讽今。西晋左思《咏史八首》，于叙事之外，多参以比兴之义；所谓"太冲《咏史》，不必专咏一人，专咏一事，已有怀抱，借古人事以出之，斯为千古绝唱"。这可视为咏史诗的第二阶段，也是咏史诗的典型形态。如左思《咏史》其六：

> 荆轲饮燕市，酒酣气盖震。哀歌和渐离，谓若傍无人。
>
> 虽无壮士节，与世亦殊伦。高眄邈四海，豪右何足陈？
>
> 贵者虽自贵，视之若埃尘。贱者虽自贱，重之若千钧。

诗藉荆轲高歌燕市之气概，讽当今王公权贵居禄位而无所作为之可鄙，意在批判当时以门阀分贵贱贤愚，因别立轻重的准则。再如《咏史》其四："济济京城内，赫赫王侯居。冠盖荫四术，朱轮竟长衢"；"寂寂杨子宅，门无卿相与。寥寥空宇中，所讲在玄虚"。诗咏一代文豪扬雄，于俗世之中，潜心学术，生活简朴，"寂寂杨子宅"正与"赫赫王侯居"相对照；然而"悠悠百世后"，"英明擅百世"的是文豪而非王侯，从其历史经验可以得出，文学成就可至不朽，而荣华富贵仅如过眼烟云。

袁枚"咏史三体"之一，所谓"借古人古事，抒自己之怀抱：左太冲之《咏史》是也"，即属此类，亦为咏史诗之正宗。此后，名家名作，络绎不绝。如杜甫《咏怀古迹五首》，白居易《读史五首》，元稹《楚歌十首》，刘禹锡《金陵怀古》，杜牧《赤壁》，李商隐《隋宫》，等等。所谓"各自埋幽恨，江流终婉然"，以比兴之笔咏史，道尽无数读史人感慨。咏史诗，吟咏史事，唱叹出之，自不能如史体之一意求真，必然借史抒情，以古讽今。何焯说："题云咏史，其实咏怀。"沈德潜说："咏古人而己之性情俱见。"无不强调了咏史诗以比兴咏史，叙古抒情，借古讽今的特点。

元代方回《瀛奎律髓》有"怀古"一类，收五、七言律以"怀古"为题的咏史诗共一百首。序曰："怀古者，见古迹，思古人，其事无他，兴亡贤愚而已。可以为法而不之法，可以为戒而不之戒，则又以悲夫后之人也。"施蛰存认为，方回取类太过简单，故对咏史诗和怀古诗，作了进一步区分："咏史诗是有感于某一历史事实，怀古诗是有感于某一历史遗迹。"①并据此认为，杜牧的《赤壁》"是怀古，不是咏史"②。其实，在一首咏史诗中，"历史事实"与"历史遗迹"，往往融为一体而难以区分；而且，既然如其所说"凡是歌咏某一历史人物或历史事件的诗，都是咏史诗"，那么在"咏史"与"怀古"之间强作区分，似无必要，也有违诗家共识。杜牧的《赤壁》，由"历史遗迹"到"历史事实"，二者打成一片，是唐诗中第一流的怀古诗，也是第一流的咏史诗。吴乔《围炉诗话》论此诗曰："古人咏史，但叙史而不出己意，则史也，非诗也。出己意，发议论，而斧凿铮铮，又落宋人之病。如牧之《赤壁》诗，用意隐然，最为得体。"有理有据，良有以也。

（3）论史诗：以诗论史，评论史事，褒贬古人。施蛰存说："只有客

---

① 施蛰存：《唐诗百话》，上海古籍出版社1987年版，第239页。
② 施蛰存：《唐诗百话》，上海古籍出版社1987年版，第622页。

观地赋用历史人物或事实，或加以评论，或给前人的史论提出翻案意见，这才是本色的咏史诗。"①这段话完全可以用来界定"论史诗"的特点。陈子昂《感遇》其四，就是一首评论史事、褒贬古人的论史诗：

乐羊为魏将，食子殉军功。骨肉且相薄，他人安得忠？

吾闻中山相，乃属放麑翁。孤兽犹不忍，况以奉君终。

此诗写两个人物，作善恶对比。一个为了军功，忍心食子肉羹；如此薄情，焉能言忠？一个出于怜悯，擅自放走国君的猎物；对孤兽尚有恻隐之心，何况对待国君？诗人未作太多议论而褒贬之意自明。杜牧的《题桃花夫人庙》，是以诗论史事的名篇。诗曰：

细腰宫里露桃新，脉脉无言度几春。

至今息亡缘底事？可伶金谷坠楼人。

此诗借息夫人事，对古人作道德评价，宋人许彦周《彦周诗话》谓之"二十八字史论"。赵翼《瓯北诗话》申说之，曰："唯《桃花夫人庙》以绿珠之死，形息夫人之不死，高下自见，而词语蕴藉，不显露讥讪，尤得风人之旨。"杜牧这一具有价值观的史论，显然基于儒家伦理，其善善恶恶之心，与史家相同。

唐宋以后，儒家道德史观日益根深蒂固，诗人融经凿史，所具之笔法，褒贬森严，无疑春秋笔法。史家笔下的负面人物，诗人贬之；史家笔下的正面人物，诗人褒之。有些历史人物，如伍子胥、范蠡、屈原、荆轲、项羽、刘邦、曹操、刘备、诸葛亮、岳飞、文天祥等人，成为诗人反复咏叹评论的对象。杜甫《蜀相》，可谓此中的千古绝唱，历史遗迹与历史人物，咏史与论史融为一体，五十六字，可抵一篇绝大文字。"出师未捷身先死，长使英雄泪满襟"，千载之下，读之令人神伤。

---

① 施蛰存：《唐诗百话》，上海古籍出版社1987年版，第680—681页。

（4）悟史诗：以思理悟史，反省史事，诗中明史理。诗人咏史，若能以思理反省史事，以精简的语言，总结历史经验，概括历史规律，便是以诗明史理的"悟史诗"了。如李世民的"疾风知劲草，板荡识诚臣"，文天祥的"时穷节乃见，一一照汗青"，等等，言简意赅，概括了一个普遍的历史哲理。黑格尔说："人格的伟大和刚强只有借矛盾对立的伟大和刚强才能衡量出来。……环境的互相冲突愈众多，愈艰巨，矛盾的破坏力愈大而心灵仍能坚持自己的性格，也就愈显出主体性格的深厚和坚强。"①一为精简的诗人语，一为推论的哲人语，其理如一。晚唐诗人曹松的"凭君莫话封侯事，一将功成万骨枯"，波斯诗人哈菲斯的"世界的行程是一把带血的刀，滴下的每点血都是皇冠"，两位诗人对历史本质的洞察，极为沉痛，也极其警策。

古代哲理诗，追求即事即理的理趣。诗人取事为喻，或自然山川，或历史事件。若以比兴之法，赋哲理于史事之中，便成为史中悟理的哲理诗。白居易的《放言五首》便是史中悟理的哲理名篇。如《其三》曰：

> 增君一法决狐疑，不用钻龟与祝蓍。
>
> 试玉要烧三日满，辨才须待七年期。
>
> 周公恐惧流言后，王莽谦恭未篡时。
>
> 向使当初身便死，一生真伪复谁知。

在组诗中，白居易以史事来印证其敏悟的哲理，发现历史上许多事似是而非。"其一"先以自然现象为喻："草萤有耀终非火，荷露虽团岂是珠？"许多人似忠而实奸，似奸而实忠，臧生诈圣，宁子佯愚，皆须经试练与考验，始能定是非、辨忠奸。因而"其三"便以周公与王莽的历史经验来证明"试玉要烧三日满，辨才须待七年期"的哲理。进而"其四"，表达了自古以来，贵贱无常："谁家第宅成还破，何处亲朋哭复歌；昨日

---

① 黑格尔：《美学》（第1卷），朱光潜译，商务印书馆1979年版，第227—228页。

屋头堪炙手，今朝门外好张罗。"然不论贵贱，都是同一结局："北邙未省留闲地，东海何曾有定波。莫笑贱贫夸富贵，共成枯骨两如何。"最后"其五"，从长时间看，人生夭寿有何患："松树千年终是朽，槿花一日自为荣。"既无须恋世，亦不必厌生。纵观历史，"生去死来都是幻，幻人哀乐系何情?"《放言五首》是具有内在联系的哲理组诗，白居易借历史经验，道出是非、忠奸、贵贱、寿夭等相对性的人生议题，言短而意长。《唐诗快》评曰："真正千古名言。佛说真经，不过如此。"是否? 甚是!

"咏史诗以史为咏，正当于唱叹写神理，听闻者之生其哀乐。一加论赞，则不复有诗用。"这是王夫之《唐诗评选》卷二"五言古"评李白咏史诗《苏武》的一句名言。在王夫之看来，李白这首融入了自己身世之慨的《苏武》诗，便是"唱叹写神理"的艺术典范。其实，无论"述史诗""咏史诗"，还是"论史诗""悟史诗"，即是诗，而非史，便有诗艺的评价标准。所谓"正当于唱叹写神理，听闻者之生无穷哀乐"，即可视为评价咏史诗艺术价值和审美效果普遍有效的标准。

第八章

"六义"与诗学

艺术美学揭示艺术的奥秘,一个民族的艺术美学,揭示一个民族艺术的美学奥秘。以表现性为特点的诗、文、书、画,是中国文学艺术的标志性形态;"六义""六观""六法""八法",则是中国诗、文、书、画艺术美学的核心范畴,它揭示了中国诗、文、书、画的艺术特征和美学奥秘。下面四章,以"六义""六观""六法""八法"为中心,扼要介绍中国诗、文、书、画的美学理论,以领略中国艺术的美学奥秘。

中国诗歌美学源远流长而内涵丰富,其核心理念,主要有三个命题,即"诗言志"说、"六义"说和"兴观群怨"说。"诗言志"是中国诗学的开山纲领,揭示了诗的本质特征;所谓"六义","风、雅、颂"是指诗的文体类型,"赋、比、兴"是指诗的表现手法;"兴、观、群、怨"说则阐述了诗的审美功能。从诗的本质特征、文体类型、表现手法到审美功能,理解了中国诗学这三个命题的要义,也就把握了中国诗歌美学的理论精髓。

一、"诗言志"

"诗言志",被朱自清称为中国诗学的"开山的纲领"①。这一命题的

---

① 朱自清:《诗言志辨序》,《朱自清全集》(第6卷),江苏教育出版社1996年版,第130页。

提出，标志着中国诗学理论的自觉，也是中国诗学最核心的观念，揭示了诗的艺术本质，阐明了诗的美学功能。

"诗言志"出自《尚书·尧典》。《尧典》记舜的话，命夔典乐，以教"胄子"。其曰：

> 帝曰："夔！命汝典乐，教胄子，直而温，宽而栗，刚而无虐，简而无傲。诗言志，歌永言，声依永，律和声。八音克谐，无相夺伦，神人以和。"

这段文字极为重要，是华夏美学和诗学的开篇。它告诉我们，尧舜时代的先民已开始用"乐"和"诗"进行审美教育，以培育青年子弟完美的人格。舜对夔说："夔！任命你主持乐官，教导年轻人，使他们正直而温和，宽大而谨慎，刚毅而不粗暴，简约而不傲慢。诗是表达思想感情的，歌是唱出来表达思想感情的语言，五声是根据歌唱定出来的，六律是和谐五声的。如果八类乐器的声音能够调和，不搞乱相互的秩序，那么神和人就会因此和谐了。"

此后，诗的地位愈来愈高，"诗言志"这个命题脱颖而出，成为中国诗学的"开山的纲领"。从诗学史看，作为诗学的"开山的纲领"，"诗言志"至少包含三层意思。

1. "诗言志"揭示了诗的艺术本质

《庄子·天下》曰："《诗》以道志，《书》以道事，《礼》以道行，《乐》以道和，《易》以道阴阳，《春秋》以道名分。"这段话从表面看，是论六经各自的本质功能；而从深层看，则是论六种文化形态各自的本质功能。"《诗》以道志"，源于"诗言志"。而"诗言志"这一包含主谓宾的三字定义，解释了"诗"不同于其他文化形态的本质特征，即它是"道志"或"言志"，而非"道事"或"道行"等等。

何谓"志"？志者，士心也；志者，人心也。"诗言志"，即诗是抒发士的胸怀志向，抒发人的心灵情感的。清代袁枚对"诗言志"作了开放性的阐释。他在《再答李少鹤书》中写道："来札所讲'诗言志'三字，列举李、杜、放翁之志，是矣，然也不可太拘。诗人有终身之志，有一日之志，有诗外之志，有事外之志，有偶然兴到，流连光景，即事成诗之志；'志'字不可看煞也。"中国诗学有"言志"与"缘情"之分，其实"情""志"一也，"唐诗"与"宋词"一也，无非是主体心灵的外在表现。袁枚对"诗言志"的开放性阐释，对诗学史上诸种文学本质观作了创造性的综合。

据此，我们可以对"诗言志"的内涵作这样的界定，即诗是人的"内心之志"的产物，在心为志，发言为诗；作为语言的艺术，诗的本质就是把人心中的感受情怀、胸襟志向以及倏忽而来的情思，以优美的形式表达出来。《诗经》与《楚辞》如此，"唐诗"与"宋词"如此，屈、陶、李、杜与苏、黄、陆、杨，同样如此。

2."诗言志"揭示了诗的发生发展

《毛诗序》有段诗学名言，曰：

> 诗者，志之所之也，在心为志，发言为诗。情动于中而形于言，言之不足故嗟叹之，嗟叹之不足故永歌之，永歌之不足，不知手之舞之，足之蹈之也。

这段话内涵丰富，可析而为四：一是描述了个体抒情的完整过程，包含内在的情感动力和外在的抒情方式；二是揭示了原初的艺术形式，即诗、乐、舞及其三位一体的特征；三是展示了原初艺术的发展进程，即诗、歌、舞、蹈诸种形式逐步发展的历史进程；四是蕴含了"言不尽意"的局限与意象符号产生的必然规律，所谓"言之不足"，即"言"不足于表达内心的"情意"，故需要创造"嗟叹""永歌""手舞""足蹈"诸种艺术形式和审美符号。

春秋战国时代，"诗言志"具有四种不同形式，即"献诗陈志""赋诗言志""教诗明志"和"作诗言志"①；前三者都是指对《诗》的运用，后者是指诗的创造。《毛诗序》所谓"诗者，志之所之也，在心为志，发言为诗"，表明它是从诗的创造的角度来诠释"诗言志"的；而"作诗言志"，是"诗言志"的本义。因此，后世也都是从"作诗言志"的角度来理解这一命题的。

3. "诗言志"表明了中西诗学的差异

从诗学产生的规律看，"当一个或几个有洞察力的批评家根据当时最崇尚的文类来定义文学的本质和地位时，一种原创诗学就发展起来了。"②中国的"诗言志"与西方的"诗模仿"，这两种"原创诗学"就是根据中西两种不同的"基础文类"建立起来的。西方诗学是亚里士多德根据戏剧定义文学而建立起来的。如果他当年是以荷马史诗和希腊抒情诗为基础，那么西方诗学可能就完全是另一番模样了。中国诗学则是先秦无名氏根据《诗经》定义文学而建立起来的，从"诗言志"到"风、雅、颂、赋、比、兴"，无不如此。中西基础文类的不同，决定了中西原创诗学的差异：西方的"模仿说"，是一种在建筑、雕塑、戏剧基础上形成的再现美学；而中国的"言志说"，则是在诗、乐、书、画基础上形成的表现美学。从这个意义上说，"诗为模仿说"与"诗为言志说"，是中西两大诗学体系的核心命题，也应当是中西比较诗学真正的理论基点。

二、"诗有六义"

"诗有六义"，即风、雅、颂、赋、比、兴。所谓"六义"，不是指诗篇的六种含义，而是指诗学的六个范畴。它源于先秦学者对《诗经》风格

---

① 朱自清：《诗言志辨》，《朱自清全集》（第六卷），江苏教育出版社1996年版，第132—174页。

② 厄尔·迈纳：《比较诗学》，王宇根、宋伟杰译，中央编译出版社1998年版，第7页。

形态和表现手法的理论概括，经过历代学者的不断阐释，"六义"成为中国诗学的代名词。

1. "六义"的提出

"六义"初称"六诗"，最早见于《周礼·春官》："大师教六诗：曰风、曰赋、曰比、曰兴、曰雅、曰颂。以六德为之本，以六律为之音。"在这里，风、雅、颂、赋、比、兴，六个概念是并置的，未对各自内涵作出解释，也未对相互关系加以说明。

汉代《毛诗序》改"六诗"为"六义"，沿用至今。《毛诗序》曰："故诗有六义焉：一曰风，二曰赋，三曰比，四曰兴、五曰雅、六曰颂。上以风化下，下以风刺上，主文而谲谏，言之者无罪，闻之者足以戒，故曰风。……是以一国之事，系一人之本，谓之风；言天下之事，形四方之风，谓之雅。雅者，正也，言王政之所由废兴也。政有小大，故有小雅焉，有大雅焉。颂者，美盛德之形容，以其成功告于神明者也。是谓四始，诗之至也。"

《毛诗序》是中国诗歌美学的第一篇专论，也是先秦儒家诗论的总结，对此后两千多年中国诗学产生了深广的影响。上述文字，对风、雅、颂作了经典性的诠释，但对赋、比、兴没有解释；关于风、雅、颂与赋、比兴的关系也没有说明。

2. "六义"的要义

关于"六义"的含义，历来众说纷纭，影响最大的是唐代孔颖达《毛诗正义》的解释：

> 风、雅、颂者，《诗》篇之异体；赋、比、兴者，《诗》文之异辞耳。大小不同，而得并为六义者，赋、比、兴是《诗》之所用，风、雅、颂是《诗》之成形，用彼三事，成此三事，是故同称为"义"。

孔颖达所谓"《诗》篇之异体"与"《诗》文之异辞"，用现代文艺学的话来说，即风、雅、颂是诗歌的体裁或形态，赋、比、兴是诗歌的表现手法。

其一，"《诗》篇之异体"：风、雅、颂

《毛诗正义》曰："风、雅、颂者，《诗》篇之异体"，"风、雅、颂是《诗》之成形"；换言之，风、雅、颂是《诗经》的不同体裁或形态。根据《诗经》305篇的内容和《毛诗序》的解释，风、雅、颂的含义，可作如下界定。

"风"：十五国风。"风"者，"风俗"之"风"，"以一国之事，系一人之本，谓之风"，是产生于各诸侯国的地方民歌，类似今天所说的地方文学和民间文学。

"雅"：大雅、小雅。"雅者，正也，言王政之所由废兴也"，是产生于周朝中央地区文人士大夫的诗歌，类似今天所说的知识分子文学或精英文学。

"颂"：《周颂》《商颂》《鲁颂》。"颂者，美盛德之形容，以其成功告于神明者也"，是祭祀时赞美祖先的乐歌，类似今天所说的歌颂文学或政治文学。

从现代文艺学看，风、雅、颂既是《诗经》的三种不同体裁，也是文学的三种文化形态。阿诺德·豪泽尔根据接受者的文化阶层，把传统艺术分为三种文化形态："精英艺术"是文化精英的艺术，"通俗艺术"是城市中受过一半教育的人的艺术，"民间艺术"是未受教育的农民的艺术。[①]朱熹对风、雅、颂的解释，与豪泽尔颇有相通之处。宋代郑樵说："风土之音曰风，朝廷之音曰雅，宗庙之音曰颂。"朱熹更进一解："'风'则闾巷风土、男女情思之词"；"'雅'者，正也，正乐之歌也"，周王朝公卿士大夫之词，皆归入雅诗；"'颂'则鬼神宗庙祭祀歌舞之乐"。如果说郑樵的解释侧重于风、雅、颂的音乐渊源，那么朱熹的解释则更注重风、雅、颂的文化内涵。简言之，"风"为民间文学，"雅"为士大夫文人文学，

---

① 阿诺德·豪泽尔：《艺术社会学》，居延安译，学林出版社1987年版，第292页。

"颂"则是宗教政治文学或廊庙文学。

需要说明的是，通常所说的"民间文学"，实包含"民间生活"和"民间形式"两个方面。这里说"风"为"民间文学"，主要是指"十五国风"所表现的大多是十五国的"民间生活"，即朱熹所谓"闾巷风土、男女情思"。从表现形式看，"十五国风"中的作品并非都是原始的"民间形式"。恰如钱穆所说："如十五国风，近人都说是民间文学，夷考其实，颇不然，既有些原是民间的，但已经诗人一番整理，文字雅化了，音节配上固定的曲谱了，其使用意义，也可能与原先意义不同了。"①文学史家把"风"视为现实主义作品，依据的主要是"风"所表现的"民间生活"。

其二，"《诗》文之异辞"：赋、比、兴

《毛诗正义》曰："赋、比、兴者，《诗》文之异辞耳"，"赋、比、兴是《诗》之所用"；换言之，赋、比、兴是《诗经》用以成诗的三种艺术手法。

"赋"：作动词，有铺陈直叙之意。郑玄曰："赋之言铺，直铺陈今之政教善恶。"朱熹曰："赋者，敷陈其事而直言之者也。"

"比"：比方、比喻、隐喻。郑玄曰："比者，比方于物也。"朱熹曰："比者，以彼物比此物也。"

"兴"："起兴"，兼有发端和比喻的双重作用。郑玄曰："兴，见今之美，嫌于媚谀，取善事以喻劝之。"朱熹曰："先言他物，以引起所咏之辞也。"

赋、比、兴是《诗经》成诗的基本手法。赋、比、兴在《诗经》中的具体运用，不妨依照朱熹《诗集传》的标举，各举一例为证。

《国风·周南·卷耳》为"赋"体：

> 采采卷耳，不盈顷筐。嗟我怀人，寘彼周行。（赋也）
> 陟彼崔嵬，我马虺隤。我姑酌彼金罍，维以不永怀。（赋也）

191

---

① 钱穆：《中国文学讲演集》，巴蜀书社1987年版，第97页。

陟彼高冈，我马玄黄。我姑酌彼兕觥，维以不永伤。（赋也）

陟彼砠矣，我马瘏矣。我仆痡矣，云何吁矣。（赋也）

《国风·周南·螽斯》为"比"体：

螽斯羽，诜诜兮。宜尔子孙，振振兮。（比也）

螽斯羽，薨薨兮。宜尔子孙，绳绳兮。（比也）

螽斯羽，揖揖兮。宜尔子孙，蛰蛰兮。（比也）

《国风·周南·关雎》为"兴"体：

关关雎鸠，在河之洲。窈窕淑女，君子好逑。（兴也）

参差荇菜，左右流之。窈窕淑女，寤寐求之。

求之不得，寤寐思服。悠哉悠哉，辗转反侧。（兴也）

参差荇菜，左右采之。窈窕淑女，琴瑟友之。

参差荇菜，左右芼之。窈窕淑女，钟鼓乐之。（兴也）

以上三例，各用同一种表现手法。然而，《诗经》中的大多数诗篇，赋、比、兴三种手法都是综合使用的。

三、"诗有三义"

《诗经》是中国抒情文学的源头，也是抒情法则的源头。从《诗经》中产生的赋、比、兴三种表现手法，以后逐渐从"六义"中独立出来，成为中国抒情文学的普遍手法。所谓"诗有三义"，便是后人对赋、比、兴的别称，也表现出后人对赋、比、兴作为普遍诗法的重视。

1. "诗有三义"的提出

最早把赋、比、兴称为"三义"的，是钟嵘《诗品序》。《序》曰："故诗有三义焉：一曰兴，二曰比，三曰赋。文已尽而意有余，兴也；因物喻志，比也；直书其事，寓言写物，赋也。宏斯三义，酌而用之，干之以风力，润之以丹彩，使味之者无极，闻之者动心，是诗之至也。若专用比兴，患在意深，意深则词踬。若但用赋体，患在意浮，意浮则文散，嬉成流移，文无止泊，有芜漫之累矣。"

钟嵘对"诗有三义"的论述，有三点为后人重视：一是把"六义"中的"赋、比、兴"，重新排序为"兴、比、赋"，这是一种美学排序，表现出他对三种手法美学价值的看法；二是对"兴、比、赋"的内涵做了纯粹的诗学阐释，剔除了郑玄的伦理主义意味，而"文已尽而意有余"作为诗学名言，开启了讲究含蓄、神韵、意境的审美主义诗学；三是提出了诗歌创作中合理使用三种手法的基本原则，即"专用比兴，患在意深"，"但用赋体，患在意浮"，只有"宏斯三义，酌而用之"，才可能创造出"使味之者极，闻之者动心"的诗之至境。

钟嵘的"诗有三义"说，表现出明显的轻"赋"重"比兴"的倾向。明代李东阳对钟嵘的思想作了进一步发挥。其《麓堂诗话》曰："诗有三义，赋止居一，而比兴居其二。所谓比与兴者，皆托物寓情而为之者也。盖正言直述，则易于穷尽，而难于感发。惟有所寄托，形容摹写，反复讽咏，以俟人之自得，言有尽而意无穷，则神爽飞动，手舞足蹈而不自觉，此诗之所以贵情思而轻事实也。"[1]李东阳揭示了比兴之所以高于赋的审美心理根源：赋，"正言直述，则易于穷尽"；比兴，"托物寓情而为之，言有尽而意无穷"。换言之，比兴是一种"寓于形象的思维"，而不是概念性的"正言直述"。因此，比兴之作，"神爽飞动"，更具审美感染力。

2. "诗有三义"的区别

诗之三义，差异何在？尤其比、兴二法，如何区分？历代论家歧见纷纷，莫衷一是。宋代李仲蒙见解精辟，极为后人推重。胡寅《与李叔易书》引李仲蒙语曰："叙物以言情谓之赋，情物尽也。索物以托情谓之比，情附物者也。触物以起情谓之兴，物动情者也。故物有刚柔缓急荣悴得失

---

① 丁福保辑：《历代诗语续编》(下)，中华书局1983年版，第1374—1375页。

之不齐，则诗人之情亦各有所寓。"李仲蒙的诠释，颇具胜义，分别用"叙物以言情""索物以托情""触物以起情"，即由"叙物""索物""触物"三个不同动词开头的短句，揭示赋、比、兴三者微妙的差异，精当而准确。恰如钱锺书所说："'触物'似无心凑合，信手拈起，复随手放下，与后文附丽而不衔接，非同'索物'之着意经营，理路顺而词脉贯。"[①]

梁启超在《中国韵文里头所表现的情感》中，把中国抒情文学的表现法分为三种，即"奔迸的表情法""回荡的表情法"和"蕴藉的表情法"；三种表情法形成三种不同的风格，即直率的风格、婉转的风格和含蓄的风格。梁启超的三种表情法和三种风格，与传统的赋、比、兴，具有高度的内在一致性。

根据李仲蒙的诠释、钱锺书的发挥和梁启超对表情法的划分，赋、比、兴三者的特点和差异，可以作这样的概括。

"赋"："叙物以言情"，从容的铺叙，属于"奔迸的表情法"；它更多使用于汉大赋、叙事诗、长篇排律等文体中；白描、排比、反复、重叠、博喻等，均可归入赋的范畴。

"比"："索物以托情"，刻意的经营，属于"回荡的表情法"；它更多使用于咏物诗、咏史诗、咏怀诗等文体中，以表达美刺之意和寄托之情；明喻、暗喻、隐喻、拟人等，均可归入比的范畴。

"兴"："触物以起情"，自然的凑合，属于"蕴藉的表情法"；它更多使用于田园诗、山水诗、边塞诗等文体中；触发于天然的兴趣，不假思索，妙手偶得，创造出富于神韵理趣的无我之境。

四、"兴观群怨"

"诗言志"是诗的本体论，"六义"说是诗的形态手法论，"兴、观、群、怨"说则是诗的功能论。这三个命题，从本体论到功能论、从形态论

---

① 钱锺书：《管锥编》（第一册），中华书局1991年版，第63页。

到手法论，构成了传统诗学的完整体系。

1."兴观群怨"与诗的功能

"兴、观、群、怨"，出于《论语·阳货》。《阳货》第7章曰：

> 子曰："小子何莫学夫诗？诗可以兴，可以观，可以群，可以怨。
> 迩之事父，远之事君；多识于鸟兽草木之名。"

孔子说：年轻人为什么不学习《诗经》呢？诗可以启发思想，可以观察事物，可以聚合群体，可以表达哀怨。近用来事奉父母，远可以事奉国君，还可以认识和记忆许多动物植物的名称。朱熹《论语集注》说："学《诗》之法，此章尽之。"细而析之，此章论诗的功能，从抽象到具体、可分三个层次：首先，《诗》有"兴、观、群、怨"四种观功能，即总论诗的审美教化功能；其次，《诗》有助于"事父""事君"，朱熹所谓"人伦之道，《诗》无不备"，即诗的伦理道德功能；再次，《诗》可以多识"鸟兽草木"之名，朱熹所谓"其绪余又足以资多识"，即诗的自然科学知识功能。

《诗》可以"兴、观、群、怨"，这是孔子对诗的审美教化功能的理论性概括，并成为古典诗学的核心命题。何谓"兴、观、群、怨"？具体而言，"兴"，指兴发鼓舞的感染作用，即所谓"感发志意"；"观"，指考察社会现实的认识作用，即所谓"观风俗之盛衰"；"群"，指互相感化和互相提高的教育作用，即所谓"群居相切磋"；"怨"，指批判现实政治的讽刺作用，即所谓"怨刺上政"。换言之，"兴、观、群、怨"概括了文学的四大功能，即现代文艺学所说的美感功能、认识功能、教化功能和批判功能。从这个意义上说，"兴、观、群、怨"说是具有普遍价值和现代品格的诗学命题。

诗的功能如此多样而重要。因此，汉代《诗纬·含神雾》有"诗者，天地之心"之说，进一步强调了诗在中华文化中的崇高地位。"诗者，天地之心"，故诗是中国文学的主流，诗也是中华文化的灵魂，诗在中国获得了宗教般的独特地位。中国传统教育也从"学诗"开始，所谓"不学诗，无以言"（《论语·季氏》）；所谓"兴于诗，立于礼，成于乐"（《论语·泰伯》）。孔子强调，在人格培养的诗、礼、乐"三部曲"中，"兴于诗"是最重要的第一步。为什么？"兴之为义，因感发力之大，沁人于不自知，奋起于不自已之谓，是为诗歌为最宜。"换言之，"诗"启迪性情，启发心智，使人开始走上人性之道。

2."兴观群怨"与"寓教于乐"

中西文论史上，关于文学的功能，有两个学理互补的命题，即孔子的"兴、观、群、怨"说和贺拉斯的"寓教于乐"说。如果说，孔子的"兴、观、群、怨"说阐明了文学功能的内涵；那么，古罗马贺拉斯的"寓教于乐"说道出了文学功能的特点。

西方文论史上的文学功能论，有三种不同观点，即道德教化说、娱乐消遣说和寓教于乐说，三种观点体现出正反合的逻辑进程。

第一种是以柏拉图为代表的道德教化说，也即西方的"文以载道"观。柏拉图在《理想国》中提出"诗的正义"说，强调："我们是只许可赞美神明的赞美好人的颂诗进入我们城邦的"；如果越过了这个界限，"放进了甜蜜的抒情诗和史诗"，那时快乐和痛苦就要代替公认为至善之道的法律和理性原则，成为城邦的统治者了。因此，柏拉图主张把迎合"心灵的低贱部分"的抒情诗人逐出"理想国"，甚至对荷马也毫不宽待。因为，荷马笔下的神，有时比人还要低级[①]。柏拉图的观点，被文艺复兴时期古典主义保守派进一步发挥。如英国的高森把诗人看成"风笛手和小丑"一流的人物，把小说家和剧作家看成德行之敌人。十九世纪末，俄国托尔斯泰比柏拉图更进一步，在《何为艺术》中，宣扬基督教的文学观。他所谓符合基督教精神的作品只有两类，一是宗教艺术，一是大众艺术。总之，托尔斯泰主张，最高级的文学作品都应当以爱神和爱人为出发点。

---

① 柏拉图:《理想国》,郭斌和、张竹明译,商务印书馆1996年版,第407—408页。

第二种是以卡斯特尔维屈罗为代表的娱乐消遣说，也即美学的快乐主义。卡氏是意大利文艺复兴时期的文论家，以诠释亚里士多德《诗学》闻名。他在《亚里斯多德〈诗学〉的诠释》中说："经过考虑，诗人的功能在于对人们从命运得来的遭遇，作出逼真的描写，并且通过这种逼真的描写，使读者得到娱乐。"在卡氏看来，诗的发明原是专为娱乐和消遣的，而这娱乐和消遣的对象则是一般没有文化教养的大众；因此，"它所使用的题材也应当是一般人民大众所能懂的而且懂了就能感到快乐的事情。"①十九世纪以后，美学的快乐主义发展成唯美主义的"为艺术而艺术"论。法国的戈蒂叶和英国的王尔德是这种观点的代表。"书没有道德或不道德之分，只有写得好和写得坏之分"，这成为王尔德唯美主义的训条。如果说托尔斯泰代表十九世纪文艺思潮中极端道德的一面，王尔德则可以算是代表了极端非道德的一面。

第三种是始于亚里士多德、成于贺拉斯的"寓教于乐"说，这是道德教化论与娱乐消遣论的逻辑综合。《诗学》建构了西方第一个独立的诗学体系，亚里士多德成为西方文论的奠基者。亚里士多德对文艺功能的态度包含对立的两方面：一方面强调悲剧具有净化和陶冶观众情感的道德功能；另一方面又主张文学的魅力和高贵在于它不带任何实用的目的。他在《政治学》中论及音乐的功能时，又作了综合性的表述："音乐应该学习，并不只是为了某一个目的，而是同时为了几个目的，那就是：一、教育，二、净化，三、精神享受，也就是紧张劳动后的安慰和休息。"②贺拉斯就是在此基础上提出"寓教于乐"说的。他在《诗艺》中写道："诗人的愿望应该是给人益处和乐趣，他写的东西应该给人快感，同时对生活有帮助……寓教于乐，既劝谕读者，又使他喜爱，才能符合众望。"③贺拉斯的"寓教于乐"说，是西方文艺功能论历史发展的成果，它使对立的观点实

197

---

① 伍蠡甫主编：《西方文论选》(上卷)，上海译文出版社1979年版，第193—194页。

② 转引自朱光潜《西方美学史》，人民文学出版社1963年版，第86页。

③ 贺拉斯：《诗艺》，杨周翰译，人民文学出版社1962年版，第155页。

现了和解和互补，从此成为揭示文艺功能特点的经典命题。正如《文学理论》的作者所说："整个美学史几乎可以概括为一个辩证法，其中正题和反题就是贺拉斯所说的'甜美'（dulce）和'有用'（utile），即诗是甜美和有用的。"①

贺拉斯的"寓教于乐"，一方面与孔子的"兴、观、群、怨"形成互补；另一方面对于理解孔子的"兴、观、群、怨"说有一个启示：即"兴、观、群、怨"，既可以理解为四种并列的功能，也可以理解为三种组合的功能。所谓三种组合功能，就是"寓观于兴""寓群于兴"和"寓怨于兴"；换言之，诗的认识功能、教化功能和批判功能，无不寓于美感功能之中。实际上，孔子关于"诗可以兴，可以观，可以群，可以怨"和"兴于诗，立于礼，成于乐"的论述，无不把"兴"置于首位，应当说也暗含了这一层意思；同时，把诗的四种功能理解为组合的而非割裂的，也更加符合美感二重性的艺术本质。

3. "兴观群怨"与"熏浸刺提"

"熏、浸、刺、提"，是梁启超描述小说移情的"四种力"，也可以理解为小说移情心理的四个阶段。这是梁启超前期美学思想中最有价值的内容之一，至今仍不乏其理论意义。更为值得重视的是，作为中国传统诗学范畴，它可以和孔子的"兴、观、群、怨"形成互补，即"兴、观、群、怨"揭示了文学功能的具体内涵，"熏、浸、刺、提"则描述了实现功能的心理过程。

在《论小说与群治之关系》中，梁启超首先强调小说有"不可思议之力"支配人道；进而对这种"不可思议之力"的形成过程作了精细论析，把它描述为"熏、浸、刺、提"四阶段。一曰"熏"，即熏陶。"熏以空间言"，"熏也者，如入云烟中而为其所烘，如近墨朱处而为其所染"，从而在"小说之境界"中得到潜移默化、目迷神移的熏染。二曰"浸"，即沉浸。"浸以时间言"，即"入而与之俱化"，长久沉浸在作品所营造的情感

---

① 韦勒克、沃伦：《文学理论》，刘象愚等译，生活·读书·新知三联书店1984年版，第19页。

氛围中不能自拔，旬日不能释然，最终达到与作品情境的交融合一。三曰"刺"，即"刺激之义也"。"刺之力，在使感受者骤觉"，一刹那间，忽然情动，骤起异感而不能自制。四曰"提"，即是内在情感的升华。"提之力，自内而脱之使出"，读者达到一种忘我的境界，"自化其身焉，入于书中，而为其书之主人翁"，引发模仿书中人物行动的强烈欲望。莱辛说："美的人物产生美的雕像，而美的雕像也可以反转过来影响美的人物，国家有美的人物，要感谢的就是美的雕像。"①这与梁氏的"吾书中主人翁而华盛顿，则读者将化身为华盛顿，主人翁而拿破仑，则读者将化身为拿破仑"②云云，有异曲同工之妙。

移情心理的"熏、浸、刺、提"四力说，基于佛学又融入近代心理学，发前人所未发，既揭示了小说的独特魅力，也对诗文的审美心理作了精细的描述。从中国美学史看，从孔子的"兴、观、群、怨"说，到梁启超的"熏、浸、刺、提"说，标志了审美效应论的质的飞跃。因此在当时便受到重视，有人作诗赞曰："高论于言出胸臆，有如天马无羁勒。稗官小说能移情，不信但看四种力。"③

把孔子的"兴观群怨"、贺拉斯的"寓教于乐"、梁启超的"熏浸刺提"综合起来，又可以发现，它们从三个角度对文学功能做了理论阐释："兴观群怨"揭示了文学功能的具体内涵；"寓教于乐"道出了文学功能的审美特点；"熏浸刺提"则描述了文学功能的心理过程。由此，这三个命题构成了一个完整的文学功能论体系。

传统诗歌美学的精髓，就蕴含在"诗言志""六义"说和"兴观群怨"说三个命题中。它构成了一个具有双重意义的诗学体系：从内容看，它是

---

① 莱辛：《拉奥孔》，朱光潜译，人民文学出版社1982年版，第13页。

② 夏晓虹编：《梁启超文选》（下），中国广播电视出版社1992年版，第4—6页。

③《〈新小说〉第1号题词十首·论说》，《新小说》第5号，1903。原作未署名。

由本体论、功能论、文体形态论和创作手法构成的完整体系①；从特色看，它是在抒情文学的基础上建立起来，以"诗言志"为核心的表现性的诗学体系，与西方在叙事文学的基础上建立起来，以"模仿说"为核心的再现性诗学形成鲜明对比；从普遍诗学的建设看，中国以"诗言志"为核心的表现性诗学，和西方以"模仿说"为核心的再现性诗学，正可以学理互补，融为一体。

---

① 刘勰的《文心雕龙》是中国文论史上唯一"体大而虑周"、具有完整理论体系的文论专著。全书50篇，除《序志》外，可分三大部分，即作为本体论的"文之枢纽"、作为文体论的"论文叙笔"和作为创作论的"剖情析采"。从体系结构看，它与"诗言志""风、雅、颂""赋、比、兴"三组命题所潜藏的内在理路，是暗与契合的。

在唐宋古文运动之前，中国文学史实质是一部诗文史。文、诗、词，是这一时期最主要的文体。如果说词是娱乐文体，诗是严肃文体，那么文则是崇高文体。所谓词以传情，诗以言志，文以载道；惟有"文"，方上达"道"的境界。曹丕说："盖文章，经国之大业，不朽之盛事。"方苞说："艺术莫难于古文。"前者论文章之地位，后者论古文之写作。对现代读者来说，古文阅读是学习文言，学习文学，学习传统文化的重要途径。本章拟结合刘勰的"六观"说，从文章学的角度，略述古文精读的传统方法和现代视角，以便读者更好地阅读古文，欣赏古文，深入把握古文佳作的思想内涵和艺术特色。

一、"艺术莫难于古文"

只有把握了一种文体的写作规律，才能更好地赏析这一文体的具体作品。诗文异体，各有其道。先述古文写作之难，再论古文精读之法。

"古文"相对"骈文"而言。中国古文史有四个重要时期，即先秦古文、秦汉古文、唐宋古文和清代桐城派古文。姚鼐有曰："昔有方侍郎，今有刘先生，天下文章出于桐城乎？"桐城古文，承上启下，其影响一直延续到现代。桐城派古文家异于前代之处，不仅讲究古文的写作艺术，而且重视古文艺术理论的阐发。"艺术莫难于古文"，就是桐城派古文家方苞提出的重要命题。

为什么"艺术莫难于古文"？在《答申谦居书》中，作为"桐城三祖"之首的方苞，作了雄辩滔滔的论述：

> 仆闻诸父兄：艺术莫难于古文。自周以来，各自名家者，仅十数人，则其艰可知矣。苟无其材，虽务学不可强而能也；苟无其学，虽有材不能骤而达也；有其材，有其学，而非其人，犹不能以有立焉。盖古文之传，与诗赋异道。魏晋以后，奸金污邪之人而诗赋为众所称者有矣，以彼暝瞒于声色之中，而曲得其情状，亦所谓诚而形者也。故言之工而为流俗所不弃。若古文则本经术而依于事物之理，非中有所得不可以为伪。故自刘歆承父之学，议礼稽经而外，未闻奸金污邪而古文为世所传述者。韩子有言："行之乎仁义之途，游之乎诗书之源。"兹乃所以能约六经之旨以成文，而非前后文士所可比并也。①

这段话以文学史为基础，史论结合，内涵丰富，多层次地论述了"艺术莫难于古文"的原因。概而言之，约为五端。

其一，传世名家，屈指可数，以见其难。方苞指出，"自周以来，各自名家者，仅十数人"，以此表明古文传世之难。这一判断，源自方苞对古文史的系统研究。方苞编有多部文选，《古文约选》最为著名，体现了他以"义法"为核心的古文观和古文史观。《古文约选序例》认为：古文来源久远，六经、《语》《孟》是其根源，得其枝流而义法最精者，莫如《左传》《史记》，然各自成书，具有首尾，不可以分剟。"惟两汉书、疏及唐宋八家之文，篇各一事，可择其尤，而所取必至约，然后义法之精可见。"故是编所选，惟汉人散文，及唐宋八家专集。常言所谓"唐宋八大

---

① 方苞著、刘季高校点：《方苞集》(上)，上海古籍出版社 2008 年版，第 164 页。

家"，唐宋两代，文化昌盛，然六百年散文史，各自名家者，仅八人而已，仅此一端，也可见文章传世之难。

其二，古文作者，须材、学、人兼得，以见其难。方苞说："苟无其材，虽务学不可强而能也；苟无其学，虽有材不能骤而达也；有其材，有其学，而非其人，犹不能以有立焉。""材"指禀赋才能，"学"指学问修养，"人"指为人品行。在材、学、人三者中，方苞最重视的是"人"，是"为人品行"，是"修辞立其诚"。因为古文写作强调"中有所得，有为而作"，直接表现作者对人事物理的看法，也是作者思想修养、学问识见的直接体现。因此要写好古文，必须首先砥砺名节，开拓胸襟，提高境界，所谓"苟志于古文，必先定其祈向，然后所学有以为基"；而为文的技艺章法，则是次要因素。方苞在《进四书文选表》中说："言者，心之声也。古之作者，其气格风规，莫不与其人之性质相类。"再次强调言为心声，作文做人，不可二分。

其三，古文写作，"非中有所得，不可以为伪"，以见其难。这里的"不可以为伪"，包含两层意思。一是就文体性质言，诗虚文实，诗可虚构，文须真实，古文写作，不可以为伪，所谓"古文之传，与诗赋异道"。故魏晋以后，"奸金污邪"之人而诗赋为众所称者，甚或有矣；相反，"奸金污邪"之人而古文为众所称者，绝无仅有。二是就主题思想言，古文"本经术而依于事物之理"，故"非中有所得，不可以为伪"。文以载道，本六经之旨，而又须得之于真纯之心。真正的古文家必须深通六经，精于义理，并有自己真切的体会，方能写出传世之文；换言之，亦即真正实现传统的现代转换，或"轴心时代"的回顾与超越。若取原不正，见解肤浅，就不可能写出好文章。方苞指出，即以唐宋八大家而言，其文章旨趣有"浅深广狭纯驳等差"，其根源就在于此。在《书柳文后》，方苞对柳文颇有微词，就因为"彼言涉于道，多肤末支离而无所归宿"。一方面，文"与诗赋异道"；另一方面，作文须"中有所得"。因此，在古文家的心目中，真正的载道之"文"，便成为高于"诗赋"的崇高文体。

其四，古文佳作，讲"义法"，尚"雅洁"，以见其难。"义法"和"雅洁"，是方苞揭橥的写作原则，也成为古文普遍的艺术要求。

何谓"义法"？方苞在《又书货殖传后》作了纲领性的说明："《春秋》之制义法，自太史公发之，而后之深于文者亦具焉。义即《易》之所谓言有物也，法即《易》之所谓言有序也。义以为经，而法纬之，然后为成体之文。"这段话包含三层意思：一是渊源流变。"义法"潜藏于《春秋》，发明自司马迁，后又成为深于文者的普遍原则；二是具体内涵。"义"即言有物，"法"即言有序，"义法"的完整意思，指的是有内容，有条理，结构谨严，合乎体制的文章。三是二者关系。义和法，在一篇之中，又有一经一纬、相辅相成的主次关系；它要求依义以制法，由法以见义，亦即要求形式服从内容，内容和形式的完美统一。论文言法，初学者才有规矩可寻；本于义而言法，则法才不至成为死的教条。

何谓"雅洁"？"雅洁"是对义法的补充，是方苞受司马迁"约其文辞，治其繁重"之说的启示，提出的古文语言纯洁化和古文文体风格的命题。方苞认为，古文既不同于诗赋和其他文体，就应具有不同于其他文体的语言。"雅洁"的典范是《左》《史》。《古文约选序例》说："古文气体，所贵澄清无滓；澄清之极，自然发为光精，则《左传》《史记》之瑰丽浓郁是也。"背离"雅洁"原则的，是八大家之后作者。他说："南宋、元、明以来，古文义法不讲久矣。吴越间遗老尤放恣，或杂小说，或沿翰林旧体，无雅洁者。"破坏"雅洁"风格的语言，应一律摒除。他又说："古文中不可入语录中语，魏、晋、六朝人藻丽俳语，汉赋中板重字法，诗歌中隽语，南北史佻巧语。"（见沈连芳《书方望溪先生传后》引）总之，雅洁与否，具体体现在语言文字之间。同时，从语言文字的角度来讲求"义法"，则"义法"才能落到实处；而绳之以"义法"，就必须汰去一切不合古文体制的语言杂质。

古文讲"义法"，尚"雅洁"，概括地说，就是要求一篇文章有内容，有条理，结构谨严，语言简洁，文体典雅。如此说来，似乎陈义并不高。

然而，真正达到"义法"和"雅洁"的标准，并不容易。归有光被誉为"明文第一"，又被推为"唐宋派"之首，其《项脊轩志》《先妣事略》《寒花葬志》诸文，均是脍炙人口的传世之作。方苞在《书归震川文集后》也认为："其尤善者，不俟修饰，而情辞并得，使览者恻然有隐。"然而，衡之以"义法"，则仍有未尽处。方苞继续写道："震川之文于所谓有序者，盖庶几矣，而有物者，则寡焉。又其辞号雅洁，仍有近俚而伤于繁者。岂于时文既竭其心力，故不能两而精与？抑所学专主于时文，故其文亦至是而止与？"最后二问，意味深长，也再次表明古文之难。

其五，古文体制，繁复多样，不易掌握，以见其难。每一种文学体裁都有一套惯例性的规则，它是作家观察和思考世界、认识和表现生活的特定方式。换言之，"体制"是文章构思的基础，也是作品赏析的参照。现代文学理论，借用亚里士多德以来的文体分类法，把散文分为叙事、抒情、议论三类，虽自成一体，也有助认识文体的性质特点，但不免大而化之，且不符合中国散文传统。中国"散文"是一种实用文体，中国人生活内容的丰富多彩，形成了散文文体的繁复多样。且不说明代吴纳《文章辨体》分59类，徐师曾《文体明辨》分127类，姚鼐的《古文辞类纂》也有13类之多：即论辨类，序跋类，奏议类，书说类，赠序类，诏令类，传状类，碑志类，杂记类，箴铭类，颂赞类，辞赋类，哀祭类。中国有悠久的辨体传统，写作以辨体为先，赏析也从辨体入手。明人陈洪谟说："文莫先于辨体，体正而后意以经之，气以贯之，辞以饰之。体者，文之干也。"古文体制，繁复多样，辨别得体，并不容易。恰如钱锺书所说："吾国文学，体制繁多，界律精严，分茅设蕝，各自为政。《书》云'词尚体要'，得体与失体之辨，甚深微妙，间不容发，有待默悟。"[1]艺术莫难于古文，古文莫难于辨体。然而，只有辨明每一种文体的义法特点，才可能真正把握每一篇文章的艺术特点。

---

[1] 钱锺书：《写在人生边上的边上》，生活·读书·新知三联书店2001年版，第35页。

二、"将阅文情，先标六观"

讨论了古文的写作之难，再来探讨古文的精读之法。古文精读的传统方法，前有刘勰的文情"六观"，后有桐城派的文辨"精粗"，中有南宋以后兴起的古文评点。古文精读的传统理论，是今天阅读古文、了解中国传统文评不可或缺的方法论资源。

1.文情"六观"

古文精读何处着手？刘勰的文情"六观"，首次作出了明确回答。《文心雕龙·知音》写道：

> 是以将阅文情，先标六观：一观位体，二观置词，三观通变，四观奇正，五观事义，六观宫商。斯术既形，则优劣见矣。

"凡操千曲而后晓声，观千剑而后识器；故圆照之象，务先博观。"在"圆照"、"博观"的基础上，刘勰认为，要审阅文章的情理，就应当标列六个观察点：第一看全文的体制，第二看全文的布置，第三看继承革新，第四看格调的新奇雅正，第五看事料的运用，第六看声律。这六种方法运用好了，那么文章的优劣就显现出来了。

刘勰的"六观"说，是传统文评关于文本细读的第一个系统理论。但只标名称，未作解释，不便理解运用。黄维樑以现代文本细读理路为参照，把"六观"的先后顺序作了调整，并将《文心雕龙》相关篇章附于各点之后，对"六观"说的理解运用，颇有助益。①撮述如下。

第一"观位体"，就是观作品的体裁、主题和整体风格；《情采》论及主题，《定势》论及整体风格，"论文叙笔"的文体论，则论述了当时的各种诗文体裁。

206

---

① 参阅黄维樑：《中国古典文论新探》，北京大学出版社1996年版，第9—11页。

第二"观事义"，就是观作品的题材，所写的人、事、物等种种内容，包括用事、用典等；刘勰没有"题材"概念，《事类》篇专论用事用典，《物色》篇则论及景物描写。

第三"观置词"，就是观作品的用字修辞、积字成句、积句为章、积章成篇的形式结构；《章句》《丽辞》《比兴》《夸饰》诸篇论用字修辞，《熔裁》《附会》论文章结构。

第四"观宫商"，就是观作品的音乐性，如声调、押韵、节奏等；《声律》篇专论诗文的音乐性。

第五"观奇正"，就是通过与同类作品的比较，以观该作品的整体手法和风格，是正统的，还是新奇的；《定势》《辨骚》篇论及正统与新奇。

第六"观通变"，就是通过与前代作品的比较，以观该作品的整体特点，是如何继承与创新的；《通变》《物色》《辨骚》论及继承与创新。

经过一番调整，对"六观"作了现代转化，对《文心雕龙》全书也获得一种新的理解。第一至第四观，是就作品本身立论，是文本的内在细读；第五观奇正，第六观通变，则通过比较来评论该作品，用的是文学史或比较文学的视角了。先由文本的局部到整体，再从文本的内部到外部，对文章情理作如此六观，就可以达到"圆照之象"了。

2.文辨"精粗"

刘勰的"六观"说，提供了文学批评的系统视角，今天依然值得我们借鉴参考。但必须指出，"六观"说更多着眼于宏观的"诗文批评"，而非专门讨论微观的"古文精读"。清代刘大櫆和姚鼐先后提出的文辨"精粗"论，则是真正属于古文精读的方法，对古文的阅读欣赏，具有更直接的启示。

刘大櫆的古文精读论，可以概括为"字句、音节、神气"合一论。刘大櫆以神气论文，《论文偶记》所谓"行文之道，神为主，气辅之"。神和气分开来讲，气指语言的气势，神指作者饱满的精神风貌；神是气的本体，气是神的表现。神来，气来，则词随之而来，纵横开阖，神明变化，无往而不可。然而，神气毕竟太抽象，于是刘大櫆进而提出了"于字句求音节，于音节求神气"的方法。《论文偶记》云：

> 神气者，文之最精处也；音节者，文之稍粗处也；字句者，文之最粗处也；然论文而至于字句，则文之能事尽矣。盖音节者，神气之迹也；字句者，音节之矩也。神气不可见，于音节见之；音节无可准，以字句准之。

字句、音节、神气，由粗入精，由表入里，揭示了感受文学美的三个层次；刘大櫆就这样构成了他的古文鉴赏论。字句、音节、神气三位一体，将主观的审美效果与客观的表现形式结合起来了，对于文章艺术特点的分析具有较强的可操作性。刘大櫆的古文精读三层次，可表解如下：

$$
古文精读三层次 \begin{cases} 字句：文之最粗处——"字句者，音节之矩也" \\ 音节：文之稍粗处——"音节者，神气之迹也" \\ 神气：文之最精处——"神气不可见，于音节、文字见之" \end{cases}
$$

在字句、音节、神气三要素中，音节问题，是刘大櫆文论的核心；而由音节求神气，也被桐城文家奉为不易之论。那么，怎样因声以求气？神气蕴藏于文本之中。因此，因声求气的重要的手段，就是诵读作品。刘大櫆所谓"合而读之，音节见矣；歌而咏之，神气出矣"。放声诵读，成为欣赏和体会古文的一条最佳途径。姚鼐也说："大抵学古文者，必要放声疾读又缓读，只久之自悟。若但能默看，即终身作外行也。"在古文欣赏中，诵读是基础，也是习文的不二法门。

姚鼐的古文精读论，则是他提出的"神、理、气、味、格、律、声、色"八字。在《古文辞类纂序目》中，他对13类文体的内容和形式、源流和发展作了精审的辨析。然而文体尽管不同，作为散文艺术，其审美要素和衡量标准则有共同性。他说：

凡文之体十三，而所以为文者八：曰神、理、气、味、格、律、声、色。神、理、气、味者，文之精也，格、律、声、色者，文之粗也；然苟舍其粗，则精者亦胡以寓焉？学者之于古人，必始而遇其粗，中而遇其精，终者御其精者而遗其粗者。

姚鼐的文辨"精粗"论，显然是从刘大櫆的神气、音节、字句之说发展而来，然而比刘大櫆说得更为完整。"精"，指的是作家独特精神风貌的表现，"粗"，指的是文字语言的艺术技巧；作家神、理、气、味的精神风貌不可能抽象地存在，必须通过具体语言文字的格、律、声、色而表现出来。姚鼐的古文精读论，就是在"放声诵读"的基础上，由粗而精，品味辨析文章的神、理、气、味、格、律、声、色。

参酌姚鼐文论，八字要义，大体如下。神谓精神、风神，指文章写得生趣满溢灵妙传神；所谓"神理精到""神气超绝"。理谓文理、脉理，指文章脉络通和，条理明晰。气指生气、气质、气势，指文章的生机活力，气势力度；所谓"有气以充之，则观其文也，虽百世而后，如立其人而与言于此"。味谓韵味、滋味，指文章余味曲包，令人回味不尽；所谓"味之而奇思异趣角立而横出焉"。格谓结构布局；姚鼐往往以"雄""骏""老成"形容文章格局，神往杜诗韩文"布置格局"的高壮宽伟，千姿百态。律谓文字的法度规则，指字法、句法、进退、抑扬、顿挫等等。声指声音节奏，高下抗坠，长短疾徐；姚鼐要求诗文声音之美，"音和而调雅""声闳而不荡"。色指文彩、辞藻；姚鼐尊奉方苞"雅洁"说，主张"色丽而不浮"，赞赏"瑰伟之辞""瑰玮奇丽"之词。[①]

姚鼐指出，从学习古文角度看，"必始而遇其粗，中而遇其精，终者御其精者而遗其粗者"；从评论古文角度看，只有在神、理、气、味的前提下谈格、律、声、色，在格、律、声、色的基础上论神、理、气、味，披辞以入情，由粗而入精，文章精读，才完整深入。

---

① 参阅邬国平、王镇远著：《清代文学批评史》，上海古籍出版社1995年版，第573—574页。

3.评点之法

如果说，刘勰的"六观"说，提供了评论古文的圆照之法；刘大櫆和姚鼐的"精粗"论，阐述了赏析古文的细读之道。那么，评点之法，则是精读古文的一种独特方式；而以评点者的精妙评语构成的"历代文话"，又成为今人解读古文的珍贵资源。

诗文评点，其源久矣①。钱锺书论陆云《与兄平原书》曰："什九论文事，著眼不大，著语无多，词气殊肖后世之评点或批改，所谓'作场或工房中批评'（workshop criticism）也。……苟将云书中所论者，过录于（陆）机文各篇之眉或尾，称赏处示以朱围子，删削处示以墨勒帛，则俨然诗文评之最古者矣。"②照此思路，评点之源，或可追溯到《论语》。《论语》记载孔子对《诗》的评论，如"诗三百，一言以蔽之曰：思无邪"（《为政》），若移于卷首，即是总评《诗经》；将"郑声淫"（《卫灵公》）置于《郑风》之下，即是总评一国之诗；将"《关雎》乐而不淫，哀而不伤"（《八佾》）移于《关雎》诗下，即是总评一诗。不妨这样说：诗歌评点，滥觞于《论语》，文章评点，则初见于陆云的《与兄平原书》；而评点中的总评、评注、行批、眉批、夹批等评点方式，则是在传统的经注、史注格式基础上发展起来的。

文章评点，从自发到自觉，经历了漫长的过程。自觉的评点，形成于南宋，其特点是，选本与评点合为一体，对所选文章的义理与章法、思想与艺术、内容与形式作微观细读的批评阐释。吕祖谦的《古文关键》和楼昉的《崇古文诀》，是现存最早的两部体现不同评点倾向、具有典范意义的古文选本。

自觉的评点形成于南宋，原因是多方面的，如书籍印刷业的兴起、诗

---

① 近人讨论诗文评点渊源流变、功能价值者甚多，如罗根泽《中国文学批评史》第3册第11章第10节、龚鹏程《细部批评导论》（收入《文学批评的视野》，华中师范大学出版社2011年版）、吴承学《评点之兴》（载《文学评论》1995年第1期）、张伯伟《评点论》（收入《中国古代文学批评方法研究》，中华书局2002年版）等，可参阅。

② 钱锺书：《管锥编》（第四册），中华书局1986年版，1215页。

210

中国人文学要义

文评的发展、科举制的刺激等。除这些外部条件之外，还与宋人读书认真的风气有关，这是评点兴起内在原因。宋人读书，讲究虚心涵泳，熟读精思，喜欢独立思考，倡自得悟入之说。读书每有心得处，多有题跋或标注点抹。如"东坡题跋""山谷题跋"等，即为时人所重。一旦把这种心得体会批在所读作品的空白处，就成为诗文评点了。黄庭坚《大雅堂记》说他读诗，"欣然会意处，辄欲笺以数语"。而宋儒的读书方法，对评点的影响更大，其中以朱熹为最。朱熹对读书理论有深入研究，总结了一系列有效的读书方法。他主张读书必须循序渐进，要一本书一本书地读；读一本书则应做到"其篇、章、文、句、首尾次第，亦各有序而不乱"。同时，他对文章精读作出具体指导，"且如一章三句，先理会上一句，待通透，次理会第二句、第三句，待分晓，然后将全章反复细绎玩味"。朱熹反复强调读书须精读精思："若读得熟又思得精，自然心与理一，永远不忘。"这种读书态度与评点精神是一致的。评点家在精读精思基础上生发的灵心妙悟，为别有会心而见解独到的文章评点，提供了源源不断的思想资源。

　　吕祖谦的《古文关键》，以指导写作的实用性为特色。这首先体现在选文上。全书分两卷，上卷选韩、柳、欧文凡三十二篇；下卷选苏洵、苏轼、曾巩、张耒文凡二十八篇。所选各家文章，以议论文为主。因为，"有用文字，议论文字是也。"苏轼选文最多，共十六篇，其中十篇为史论。由此可见吕祖谦的史学取向和事功意味。其次体现在"总论"中。卷首的《总论看文字法》指出："学文须看韩、柳、欧、苏。先看文字体式，然后遍考古人用意下句处。"接着提出文章"四看"："第一看大概、主张。第二看文势、规模。第三看纲目、关键，如何是主意首尾相应，如何是一篇铺叙次第，如何是抑扬开合处。第四看警策、句法：如何是一篇警策，如何是下句下字有力处，如何是起头换头佳处，如何是缴结有力处，如何是融化屈折、剪裁有力处，如何是体贴题目处。"从总体印象到内在文势，从篇章结构到警策句法，通过"四看"，领会了名作的奥秘，也学习了写作的技巧。而在"论看文字法"之后，又有"论作文法"，对文体、构思、结构、章法作了具体论述。"看文"是手段，"作文"是目的。最后，在选文的评点中，又详细批点了文章的命意、布局、用笔、句法、字法等等，示学者以门径，所以谓之"古文关键"。后人推重此书，也是其启迪文心的价值。清人胡丹凤《重刻古文关键序》称道："虽所甄录，文仅数家，家仅数篇，而构局造意标举靡遗，实能灼见作者之心源而开示后人以奥窔。"

楼昉的《崇古文诀》，则实用性和文学性兼具。楼昉是吕祖谦的学生，《崇古文诀》也是在《古文关键》基础上增益而成，但又体现出自己的特色。一是选文范围扩大。与《古文关键》只选唐宋文章不同，它选录了秦汉至宋代的文章近二百篇，包举全面，篇目增加，繁简适中。二是选文带有审美眼光，不仅限于实用的议论文字。如欧阳修的文章，吕祖谦选的是《朋党论》《纵囚论》《为君难论》《本论》《春秋论》等；楼昉选的是《相州昼锦堂记》《醉翁亭记》《秋声赋》《祭苏子美文》《峡州至喜堂记》等，实用与审美判然有别，作为文学选本也有其价值。三是评语精当，更注重文章艺术特色的发掘。如评《醉翁亭记》："此文所谓笔端有画，又如累叠阶级，一层高一层，遂旋上去都不觉。"对《醉翁亭记》的艺术描写和结构特色作了精辟论述，并为明清评点家奠定了阐释基调。楼昉的评点更具有文学批评的性质。

评点的价值，是作者、读者和评点家三者合为一体，通过评点家，读者与作者可以直接对话，消除了横亘在作者与读者、文本与读者、选家与读者之间的隔阂与屏障。评点家将每篇选文的命题旨趣、篇章结构、字法句法、文心文思，一一详细批点，直接引导读者探文章之奥秘，得作者之苦心，帮助读者更好地细读文本，欣赏文章。宋代以后，评点作为人们普遍喜爱的文本细读方式，得到了迅速发展，评点型的文选源源不断，构成了文评史上的一道奇观；评点对象也由古文拓展到诗歌、小说、戏曲。明清两代，出现了大量古文评点、诗歌评点、小说评点和戏曲评点的名家名著。金圣叹评《水浒传》、毛宗岗评《三国演义》、张竹坡评《金瓶梅》、脂砚斋评《红楼梦》，是著名的四大小说评点。金圣叹则是一位集大成的评点家，评点对象广泛涉及诗、词、古文、小说、戏剧等各种文体，除评《水浒传》外，还有唐诗评点、杜诗评点、欧阳修词评点、天下才子必读书评点以及《西厢记》评点等等。

评点对现代语文教学的意义，至少表现在两大方面。一是评点方式。评点中的总评、评注、行批、眉批、夹批等评点方式，评点家对文章命题旨趣、篇章结构、字法句法、文心文思的评论，与课堂教学中的课文分析是一致的；差别仅仅在于，评点家面对的是间接的读者，教师面对的是直接的学生。二是评点内容。评点家"精读古文"的评语，构成了蔚为壮观的"历代文话"，为今人的"古文精读"累积了丰富的思想资源。若把历代评点家围绕某一经典作品的评语系统地搜集起来，就构成了经典作品的阐释史，可以从接受史角度深化对作品的理解。

搜集经典作品的"历代评点"，有两条途径：一是在总集性的"历代文话"中搜集。王水照编的十卷本《历代文话》①，为我们搜集历代名篇的阐释史料，提供了极大的便利；一是在专集性的"历代文话"中搜集。曾枣庄主编的《苏文汇评》②，即把历代评点家对苏文名篇的评点汇成一册。

三、古文精读的现代视角

现代文艺学把散文分为文学性散文和应用性散文两类。从中国散文史看，中唐之前，大都是应用性散文，中唐之后，应用散文增强了文学性，并出现了纯文学散文的创作。现代读者阅读的古文，大都属于后者，即文学性强的应用性散文和文学性散文。因此，古文精读的现代视角，力求做到文章分析和文学分析的统一，传统义理章法分析和现代形象审美分析的

213

---

① 王水照编：《历代文话》(全10册)，复旦大学出版社2007年版。
② 曾枣庄主编：《苏文汇评》，四川文艺出版社2000年版。

统一。具体而言，可概括为三。

1.知人论文，点面结合

鲁迅说："倘要论文，最好是顾及全篇，并且顾及作者的全人，以及他所处的社会状态，这才较为确凿。"①这是千古不易之论。分析古代作品，首先应当知人论文，具体分析。古文是前人依据其思想生活写出来的，因此必须了解作家及其时代的社会生活。一方面，同一时代的作家，他们各有不同的生活遭遇、思想历程和艺术道路，其作品必然有各自的思想艺术特点；另一方面，作家一生的创作是随着其思想艺术的发展而变化的，同一作家不同时期的作品必然具有思想艺术上的差异。因此，还应当具体了解这一作品是作家在什么时期创作的，具体了解这一时代的社会生活以及作家在这一时期的生活遭遇、思想状况及艺术进展。苏轼《日喻》是一篇哲理性散文，其主旨在于强调"学"的重要性和必要性，抨击"士知求进而不务于学"的世风。《乌台诗案》记载："元丰元年，轼知徐州，十月十三日，在本州监酒正字吴琯锁厅得解，赴省试。轼作文一篇，名为《日喻》，以讥讽近日科场之士，但务求进，不务积学，故皆空言而无所得。以讥讽朝廷更改科场新法不便也。"了解了《日喻》的具体写作背景，就可以发现，其不仅具有普遍的哲理性，而且更有特定的针对性，即对王安石"以经义论策试士"的批评。

其次，知人论文，既要顾及作者全人及社会状态，作具体分析；还应顾及作品在文学史上的地位及同时代的关系，做到点、面、线结合。诗文鉴赏家吴小如的经验，值得我们记取。他写鉴赏文章，力避就事论事，力避只谈作品。为之，他确立了一条"点、面、线结合"的原则："必须心中先有一个中国文学史的整体，然后再研究一下我所要谈的这位作家在文学史上的地位和影响。这是从纵的方面看的。如果从横的方面看，还要尽量了解这位作者与其同时代的作家的关系，进而区分他们的艺术流派、风

---

① 《鲁迅全集》(第6卷)，人民文学出版社2005年版，第444页。

格之间的异同。"①据此，他每写一篇鉴赏文章，总要从文学史的宏观方面注意其线与面，然后再体察这一篇篇具体作品在线和面上占据什么"点"。掌握了点、面、线的结合，对作品的鉴赏才可能言之有物，折之中肯。吴小如先生的《古文精读举隅》和《古典诗词札丛》，生动体现了他的精读鉴赏原则，值得我们揣摩玩味。

2.解剖结构，把握精髓

知人论文，点面结合，只是古文分析的外部原则。进入作品内部的文本精读，应从哪里入手？应当从章法结构的分析入手。因为，只有解剖了文本的内在结构，才能把握作品的思想精髓。古代散文结构一般都有三个层次：一是文体结构，二是思想内容结构，三是艺术形式结构②。

所谓文体结构，就是看它属于哪种文体。古代散文大多遵循文章体式，依体作文。所以，分析作品便应看清题目，辨明文体。古代散文的题目，有自拟的，也有后人代拟的，但都标明文体。例如元结《右溪记》、欧阳修《醉翁亭记》和曾巩《墨池记》，都是"记"体。按照"记"体的格式，一般要求记叙何时、何地、何事、何人，及事情经过和作记缘由等等。以上三篇"记"，无不遵循这一格式。它们都先记地点，次写景物或传说，再写事情，然后写功用或影响，最后说明作记缘由。文体既有格式要求和框架作用，它就会在作品的结构形式上体现出来。因此分析古代散文结构，首先应看清题目，辨明文体，了解它的文体结构。

古代散文通常按"立意"来"谋篇"，即按照主题思想来安排具体内容，这就形成了作品思想内容的结构。一篇散文的具体内容结构取决于它的主题思想的逻辑结构。为了把握思想内容的逻辑结构，就要在弄懂字句、疏通章节之后，再进行抽象的逻辑分析。比较而言，叙事文、说理文的内容结构容易分析和把握，写景文、抒情文则要困难一些。因为前者直

215

---

① 吴小如：《古文精读举隅》，天津古籍出版社2002年版，第403页。

② 本节吸收了倪其心先生《怎样分析古代散文》（载《诗文鉴赏方法二十讲》，中华书局1986年版）一文相关内容，特予说明。

接表现为逻辑结构，后者往往采用形象性手法来表达思想，如寓情于景、用典喻理、比兴寄托等；而且充满形象的跳跃性和逻辑省略。这就必须分析具体形象的含意，然后把握它们的逻辑联系。试举一例：

唐代王维《山中与裴秀才迪书》是抒情散文的名篇。王维写此文是为了约请好友裴迪在明年春天科试之后，来自己的山中别墅一游。主题思想是劝诫裴迪不要热衷功名、留恋仕途，希望裴迪在仕隐的抉择上保持清醒的认识和超然的态度。这一主题思想决定这封信的内容结构：第一段说明作者了解裴迪在这年冬天忙于温经，准备明年春天科试，因而不便邀请裴迪今冬同去山中别墅，只能独自归山；第二段描述自己到达山中别墅时十分想念裴迪；第三段约请裴迪在明年春天务必来山中同游。文章的第二段和第三段，都是著名的写景抒情文字：

> 北涉玄灞，清月映郭。夜登华子冈，辋水沦涟，与月上下；寒山远火，明灭林外；深巷寒犬，吠声如豹；村墟夜舂，复与疏钟相间。此时独坐，僮仆静默，多思曩昔，携手赋诗，步仄径，临清流也。

> 当待春中，草木蔓发，春山可望；轻鲦出水，白鸥矫翼；露湿青皋，麦陇朝雊。斯之不远，傥能从我游乎？非子天机清妙者，岂能以此不急之务相邀？然是中有深趣矣！无忽。……

第二段分三个层次。"北涉"二句概括途中情景，突出明月，寓有兴意，显出清高独往。"夜登华子冈"九句，即景抒情。登华子冈，便到达此行归宿的目的地，也就是本来希望裴迪同来的山中别墅所在地。登冈夜望，一派冬天月夜的山村景象。寒冬天气，山里更冷，作者点出"寒山""寒犬"，但主要却不写冷。"辋水"四句写山水夜景，显示出一种空旷寂静的意境；"深巷"四句写山村田园，渲染一种单纯朴素的情调。作者对这惬意的环境和理想的归宿，内心满足，精神怡悦。"此时"五句写沉思和回忆。点出"独坐"，说明僮仆并不理解他此时心情；而曾经与他一起在此地同游赋诗的好友裴迪，此时却不能同来，要忙于温经科试。在这缺少知己的孤独惆怅之中，既有对好友的思念和关切，也有不同道的遗憾。因此，第三段便以暂时的遗憾心情写明春邀请的希望，所谓"当待春中"。"草木"六句是描写山中春天景象，生气蓬勃，自由自在。然而这只是作者所喜爱的山中春色，对于裴迪而言则未必有同感。所以反问一句："到那时候，你果真能来山中共游吗？"这就是说，明春科试你榜上有名也罢，不幸名落孙山也罢，你还会有兴致来欣赏山中春色吗？其含意是希望裴迪摆脱仕途功名的束缚，无论中与不中，都一定来山里共游；同时又称赞裴迪"天机清妙"，一定能够理解山中闲游的"不急之务"的"深趣"。可见这一段的邀约，实质是希望裴迪隐逸超脱。概括而言，此信内容的逻辑结构是，因为裴迪要温经考试，与自己志趣发生分歧，使自己失去一位同道好友，感到孤独，深为思念，更觉抱憾；但希望裴迪终于能对仕途清醒超脱，重归清高隐逸的道路。但由于作者以惆怅独归和邀约同游山中为主题，态度委婉，表现含蓄，不直接以逻辑语言表达。因此必须分析它的具体写景抒情的形象，把握它的逻辑联系。

散文的艺术形式结构是由作者依据主题思想的需要，进行选材、剪裁和安排而完成的。分析散文的艺术形式结构，实质就是分析它在选材、剪裁和安排上的匠心所在。上述王维的信，选材是裴迪温经，自己独归，途中所见，山中所见，思念裴迪，想象春景，提出邀约。其中着力加工的题材是山中所见和想象春景。大凡优秀作品，每篇文章的选材，无不作适当处理，安排恰当位置，从而形成思路清晰，层次分明，重点突出的整体结构。试比较元结、欧阳修、曾巩三篇"记"的艺术结构。

《右溪记》

主　　题：记述修筑右溪

主题思想：批评埋没材用

　　　　　呼吁发挥材用

首段（所在）：点出右溪无名

次段（景观）：重在泉石幽趣

三段（功用）：感慨无人赏爱

末段（缘由）：作记以示来人

《醉翁亭记》

主　　题：记述亭名"醉翁"用意

主题思想：发挥与民同乐思想

　　　　寄托乐而无逸情怀

首段（所在）：点出取名用意

次段（景观）：概写四时景观

三段（功用）：可供官民同乐

末段（缘由）：点出醒时作记

《墨池记》

主　　题：记述古迹墨池

主题思想：批评虚夸作风

　　　　倡导踏实学风

首段（所在）：直接说明所在

次段（景观）：指出古迹不实

三段（功用）：强调不由天成

末段（缘由）：讽喻宣扬不当

218

　　这三篇都是"记"体，文体结构大致类同。但由于主题思想不同，它们的选材、剪裁、安排便也不同。《右溪记》借修筑右溪以感慨卑微良材埋没不用。因此记其所在之时，点出右溪原是道州城西近边一条无名小溪；描写景观，则着重写小溪水石的自然形态，表现天然情趣，突出自然之美。《醉翁亭记》借为亭取名而抒写与民同乐、乐而无逸的志士仁者胸襟。因此记其所在之后，直接说明自己为当地太守身份和取名"醉翁"的用意；描写景观，则着重写亭中所获山水乐趣，突出朝暮四时的自然变化的景象。而《墨池记》则借抚州学校修筑相传为东晋王羲之学书的墨池古迹，批评这种虚夸作风，倡导儒家道德文章并重的踏实致诚的学风。因而记明所在之后，并不写景，直截指出墨池传说荒诞不经，不符史实，重在事理考证，进行议论发挥。三篇"记"，材料剪裁各按主题需要，一在突出溪景幽美，一在写出山水乐趣，一在议论人情事理。由上表可见，结构安排既符合记体格式，又各有自己的内在逻辑，通过精心的选材和剪裁，形成独具一格的艺术结构。

3.形象分析，双重观照

"中国文学正宗，其取材必以作者本身个人作中心，而即以此个人之日常生活为题材。"①因此，古代散文大都以作者自我为中心。散文的艺术形象，实质是作者自我形象在客观对象中的体现。换言之，一篇散文的艺术形象是由作品所写客观事物的形象和作者在作品中表现出来的自我形象融合而成。优秀的散文作品，不但客观形象生动，作者自我形象也跃然欲出。一般地说，客观形象通常是由作品具体题材综合而成的人生画面和自然情境，自我形象则是作者对客观形象的认识、感情、态度、个性特征的表现或流露的总和。因而具体分析一篇散文的艺术形象，其实就是要求回答：是什么样的形象？有什么特点？用什么手法技巧表现的？表现或流露着作者怎样的思想感情和倾向？把全篇的具体题材——分析，然后加以综合归纳，便可较确切地了解、把握全篇的客观形象和作者自我形象，从而认识这一作品的艺术特点。

具体地说，分析说理文的形象性，就是分析其中例证的特点和表述；分析叙事文的形象性，就是分析其细节的特点和描述；分析抒情文的形象

219

---

① 钱穆：《中国文学讲演集》，巴蜀书社1987年版，第31页。

性，就是分析借以抒情的具体事物的特点和表现。例如韩愈的《原毁》是说理文，其客观形象就是文中用形象化方式表述的例证。它的正面例证是那种见贤思齐的人物类型，思想明确，栩栩如生；它的反面例证便是几种妒贤嫉能、党同伐异的人物嘴脸，特征鲜明，丑态毕露；正反对照，反复比较，从而具体生动地说明了诽谤的缘由和丑恶。又如欧阳修《与高司谏书》是一封批评书信，也是说理文。信中正面批评揭露谏官高若讷文过饰非，颠倒是非，"不复知人间有羞耻事"。但它并不具体描绘高若讷的丑恶嘴脸，而是反复论述高的行为动机和后果，论证高不是真君子、好谏官，揭露他品质卑劣，内心肮脏，令人感觉此人形象丑恶。显然，韩文是概括说理，欧文是具体批驳，因而构成其客观艺术形象性的特点和表现较易区别。而抒情文多用比兴手法，比较不易把握。例如上文引到的王维那封信中"夜登华子冈"一节，全是优美生动的写景。那就必须先抓住这些景象的特点，指出它是空旷寂静、单纯朴素的山中村落的冬夜景象；然后分析它运用光照、音响比较衬托的艺术技巧，动中见静、象外有神的表现手法，以及由远而近的层次结构，从而出色地描绘出融情于景的冬夜景象。

散文中的作者自我形象，通常并不是通过自我描写表现出来的。在第一人称散文中，是通过所述主题形象而显示出来；在第三人称散文中，是通过所描写的人物事件流露出来的。读者对作者自我形象的认识，实质是通过隐藏在字里行间的"隐含的作者"的理解，用自己的生活经验加以再造想象完成的。因此，分析散文作品的自我形象，实际上是在分析客观形象的同时获得的。应当指出，一篇散文中的自我形象，是作者在特定主题中表现出来的思想观念和感情倾向的综合，并非作者全人的整体形象。因此，同一作者在不同作品中所表现的自我形象，可能颇不相似。例如，欧阳修在《与高司谏书》和《醉翁亭记》两篇文章中所表现的自我形象，几乎判若两人。《书》中的自我形象显得尖锐激烈，斩钉截铁；而《记》中的自我形象则是那样忠厚坦荡，自乐乐人。《书》是抨击不正直的丑恶的东西，所以是非分明，针锋相对；《记》是赞美与民同乐的善举，所以情畅意悦，徐徐道来。这是由于不同的主题和主题思想而来的作者不同的形象表现。可见分析散文作品的自我形象，实际上是分析作者对所写主题内容的爱憎好恶的情感态度和思想倾向，经过有意或无意的综合归纳，在读者头脑中形成的作者的精神形象。

正确的方法无古今之分，而是古今相通，古今有效。古文精读的传统方法和现代视角，可以构成一个互为补充的方法论体系。首先，刘勰的文情"六观"，即为文本精读建构了一个颇为完备的宏观参照系；其次，在知人论文的基础上，对作品作三层结构的剖析和双重形象的解读，以把握作品的内在理路和精神内涵；再次，在理解作品内容的基础上，进而体会文章的神气，即通过放声诵读，或"于字句求音节，于音节求神气"，或在格、律、声、色的基础上论神、理、气、味。而历代评点家留下的"历代文话"，则为解读经典作品的文心奥秘，提供了取之不尽的珍贵资源。

第十章

"六法"与画学

"六法"出自南朝谢赫的《古画品录》。如果说"六义"是古代诗歌美学的代称，那么"六法"则是中国绘画美学的代称。而且，相对"六义"之于诗学，"六法"之于画学更具有权威性、独一无二性和学理体系的完整性。因此，古今学者无不给予"六法"以高度评价。宋代绘画史家郭若虚有"六法精论，万古不移"之说，现代艺术理论家邓以蛰有"六法者，画之理也，包含画事一切现象"①之论；前者视"六法"为评画的永恒标准，后者视"六法"为作画的系统法则。谢赫的"六法"论，渊源于顾恺之的"传神"论，而追求"传神"和"气韵生动"，其目的是为了"畅神"。因此，本章论画学要义，以"六法"为中心，依次阐述中国画学的三个相互联系的核心命题，即"传神"论、"六法"论和"畅神"论。

一、"传神"论

1. "传神"论的提出

"传神"论是晋代画家顾恺之绘画美学的核心，它奠定了中国绘画美学的基础，标志着中国绘画艺术的自觉。此后，"传神"及由"传神"发展而来的"气韵生动"，成为绘画艺术的最高标准。

---

① 《邓以蛰全集》，安徽教育出版社1998年版，第226页。

顾恺之是东晋著名画家，多才多艺，长于绘画、诗赋和书法，有"才绝、画绝、痴绝"之称。其画多绘人物、佛像、禽兽、山水等，尤长人物肖像画。顾氏画迹散见于唐宋画史中，传世名作有《女史箴图》《洛神赋图》等。时人谢安称其画，"苍生以来，未之有也"。顾恺之不仅精于绘画，在绘画理论上，更有前无古人、后启来者的开创之功。他留下的画论有《论画》《魏晋胜流画赞》和《画云台山记》三篇，阐述了传神写照、迁想妙得、临见妙裁、置陈布势、即形布施、巧密于情思等一系列绘画原则以及具体的绘画技法。当代画史研究者对顾恺之在中国画学史上的地位给予高度评价："从顾恺之始，中国有了正式的、较为详细的绘画理论，这标志着中国画艺术的彻底觉醒，中国画成为一门具有独立审美意义的彻底自觉的艺术。"[①]

"传神"是顾恺之画论的核心思想。顾恺之对"传神"的直接表述，主要有两段文字。一则见于《魏晋胜流画赞》，曰：

> 凡生人，亡有手揖眼视而前亡所对者。以形写神而空其实对，荃生之用乖，传神之趋失矣。空其实对则大失，对而不正则小失，不可不察也。一像之明昧，不若悟对之通神也。

一则见于《世说新语·巧艺》，曰：

> 顾长康画人，或数年不点目精。人问其故，顾曰："四体妍蚩，本无关于妙处，传神写照，正在阿堵中。"

所谓"传神"，就是要求画家准确把握、深刻传达人物内在的精神风貌或神情风采。这里所提出的"以形写神""传神之趋""悟对通神""传神写照"等一系列命题，正表达了顾恺之丰富的"传神"论思想。

顾恺之"传神"论的根源和意义何在？首先，从历史背景看，同魏晋

---

① 陈传席：《六朝画论研究》，天津人民美术出版社2006年版，第41页。

时代在"九品中正制"基础上兴起的人伦鉴识和人物品藻有关。早在汉末，刘邵的《人物志》已把人的精神作为人伦鉴识和人物品藻的中心。在《九征》中，他提出"征神"概念，即鉴识人的精神特征，指出"夫色见于貌，所谓征神，征神见貌，则情发于目"。结论是"物生有形，形有神情。能知精神，则穷理尽性"。魏晋以后，玄谈风起，以"神"评论人物成为一时风尚。"神明开朗""神姿高彻""神气傲迈"等，成为人物品藻的常用语。其次，更重要的是，它基于顾恺之自己的艺术实践和对艺术本质的深刻领悟。顾恺之画人物，即以传神著称。顾恺之与南朝的陆探微、张僧繇，被推为"六朝三杰"。唐代张怀瓘《画断》比较张、陆、顾三家人物画，以顾为上。曰："顾公运思精妙，襟灵莫测。虽寄迹翰墨，其神气飘然在烟霄之上，不可以图画间求。象人之美，张得其肉，陆得其骨，顾得其神，以顾为最。"顾恺之评画，也以传神为标准。他在《论画》中评画师为匹配西王母而虚拟的"东王公"画时，下了这样的判语："如小吴神灵。居然为神灵之器，不似世中生人也。"神灵之器是神话人物所具有的异于现实人物的精神特征，抓住这一点，东王公的神似就达到了。再次，"传神"论的提出，标志着中国绘画艺术真正的独立自觉。黑格尔说得好："靠单纯的摹仿，艺术总不能和自然竞争，它和自然竞争，那就像一只小虫爬着去追大象。"①艺术不同于生活，审美不同于现实，就在于以少总多，以形写神，从而揭示生活的真谛，写出人性和人心的奥秘。鲁迅曾说："曹丕的一个时代可说是'文学的自觉时代'，或如近代所说是为艺术而艺术的一派。"②其实，魏晋时代也是"绘画的自觉时代"，是审美主义绘画艺术独立自觉的时代。顾恺之的"传神"论，正是审美主义绘画艺术自觉的理论标志。

2."传神"的艺术方法

人物画像，如何"传神"？顾恺之提出的"以形写神"和"迁想妙

---

① 黑格尔：《美学》（第1卷），朱光潜译，商务印书馆1979年版，第54页。

② 《鲁迅全集》（第3卷），人民文学出版社2005年版，第526页。

得"，从主客观两方面揭示了传神的艺术方法和思维特点。

所谓"以形写神"，是就对象的艺术表现而言。传神离不开外形。顾恺之认为，人物的"神"寓于人的形体之中，神是通过形表现出来的，没有外在的形，内在的神无所寄寓，形神是有机的统一。因此，画人须以形写神。首先，重视头部形象的传神作用。其《魏晋胜流画赞》有所谓"写自颈已上，宁迟而不隽"之说。其次，眼睛是心灵的窗户，在头部五官中，顾恺之又以眼睛为最重要。所谓"四体妍蚩，本无关于妙处，传神写照，正在阿堵之中"。"传神阿堵"，点睛传神，成为人物画的秘诀。清人丁皋《写真秘诀》写道："眼为一身之日月，五内之精华。非徒袭其迹，务在得其神。神得则呼之欲下，神失则不知何人；所谓传神在阿堵间也。"其实，西方艺术学也重视"画眼睛"。黑格尔强调："艺术要把每一个形象的看得见的外表上的每一点都化成眼睛或灵魂的住所，使它把心灵呈现出来。"①而鲁迅的"画眼睛"之说，则直接源自顾恺之。

所谓"迁想妙得"，是就主体的艺术思维而言。顾恺之《论画》开篇曰："凡画，人最难，次山水，次狗马。台榭，一定器耳，难成而易好，不待迁想妙得。"这段话有两点值得重视。一是提出了"迁想妙得"的命题。所谓"迁想妙得"，就是要求画家从各个方面细致观察对象，深刻体会，反复揣摩，以得其传神之处。"迁想妙得"的过程，也就是艺术发现和艺术构思的形象思维过程。二是以"迁想妙得"的难易划分绘画题材表现的难易。人物的思想感情复杂微妙，观察体会最难，故所谓"凡画，人最难"，难在"得神"；"次山水"，即"山水"的难度比之人物要底。而极为可贵的是，顾恺之把山水的描绘也列入"迁想妙得"的范围，这是卓越之见。画山水也要求"迁想妙得"，这表明中国古代山水画论从萌芽开始，就反对自然的单纯模仿，强调表现自然的神态，传达作者的情感。

"以形写神"是艺术目的，"迁想妙得"是心理过程，二者紧密联系，不可分割。此后，它们逐渐成为画家认识和处理艺术创作中主客观关系的

① 黑格尔：《美学》（第 1 卷），朱光潜译，商务印书馆 1979 年版，第 198 页。

重要原则，也成为中国艺术美学的核心范畴。

3.传神论的影响

顾恺之的传神论，在中国绘画史上产生了深广的影响。唐宋之前，以形传神是我国人物画欣赏批评的最高标准；唐宋以后，转而扩展为整个绘画艺术欣赏批评的普遍原则。

"传神"在后世成为人物画的代称。苏轼的《传神记》集中诠释发挥顾恺之的传神论，专论人物画传神写照的艺术技巧。苏轼写道："传神之难在目。顾虎头云：'传形写影，都在阿睹中。'其次在颧颊。吾尝于灯下顾自见颊影，使人就壁模之，不作眉目，见者皆失笑，知其为吾也"云云。《传神记》是苏轼最重要的画论著述之一。南宋陈郁《藏一话腴》进而提出"写心"论。首先他强调"写心"的重要性："盖写其形必传其神，传其神必写其心；否则君子小人，貌同心异，贵贱忠恶，奚自而别，形虽似何益？故曰：写心惟难。"那么画家如何才能写出人物的内心呢？他指出："夫善论写心者，当观其人，必胸次广，识见高，讨论博，知其人，则笔下流出，间不容发矣。"陈郁的"写心"论是顾恺之"传神"论的发展，对人物画的真谛作了更通俗明晰的诠释。

"山之精神写不出，以烟霞写之；春之精神写不出，以草树写之。"这是清代刘熙载《艺概》论述山水画"以形写神"的两句名言，也是唐宋以来山水画中传神论思想的精妙提炼。唐宋以后大量山水画传神论中，郭熙《林泉高致》中关于"真山水"的命题及其阐述最为精彩。郭熙说："盖身即山川而取之，则山川之意度见矣。"所谓"真山水"，就是"见山川之意度"，得山水之真精神；"真山水"的真精神，四时不同。郭熙进而写道："真山水之云气，四时不同：春融冶，夏蓊郁，秋疏薄，冬黯淡。画见其大意，而不为斩刻之形，则云气之态活矣。真山水之烟岚，四时不同：春山澹冶而如笑，夏山苍翠而如滴，秋山明净而如妆，冬山惨淡而如睡。画见其大意，而不为刻画之迹，则烟岚之景象正矣。"云云。如果说陈郁的"写心"论是顾恺之传神论在人物画中的深化；那么郭熙的"真山水"则是顾恺之传神论在山水画中的拓展。

二、"六法"论

1. "六法"的提出

"六法"是南朝齐梁间画家谢赫在绘画理论上的重要贡献。谢赫和顾恺之一样，既是画家，又是画论家。在绘画方面，谢赫是南齐最大的宫廷人物画家，善画宫廷时装美人。谢赫稍后南朝陈姚最的《续画品》，对谢赫的人物画有很高的评价，所谓"点刷研精，意在切似；目想毫发，皆无遗失。丽服靓妆，随时变改；直眉曲鬓，与世事新。……中兴以后，象人莫及。"在画论方面，他留下《古画品录》①一卷，全书除"序言"，分为六品，品第二十七位画家的优劣高下，见解独到，影响深远。谢赫的《古画品录》是我国历史上第一部最为系统的绘画批评著作，它和唐代张彦远的《历代名画记》、宋代郭若虚的《图画见闻志》，是中国画论史上前后相续的三部画史画论名著。

绘画"六法"，就出自谢赫《古画品录》的"序引"。谢赫论曰：

> 夫画品者，盖众画之优劣也。图绘者，莫不明劝戒，著升沉，千载寂寥，披图可鉴。虽画有六法，罕能尽该；而自古及今，各善一节。六法者何？一、气韵生动是也；二、骨法用笔是也；三、应物象形是也；四、随类赋彩是也；五、经营位置是也；六、传移模写是也。唯陆探微、卫协备该之矣。然迹有巧拙，艺无古今，谨依远近，随其品第，裁成序引。

谢赫这篇简短的"序引"，有三点要义：一是自名其著作为"画品"，并对"画品"的性质作了界定，即"品众画之优劣也"；二是阐明"图绘"

---

① 《古画品录》，谢赫自名《画品》，据近人考证，成书于梁代，《宋史·艺文志》称为《古今画品》，至明代毛晋《津逮秘书》始称《古画品录》。

的伦理教化功能和艺术的时空超越性，即"明劝戒，著升沉，千载寂寞，披图可鉴"；三是提出了绘画"六法"，以精炼的文字，描述了一个完整的理论轮廓，构成一个简约的概念体系，奠定了中国绘画理论的基础。郭若虚《图画见闻志》评曰："六法精论，万古不移。"语虽不免夸张，亦足征"六法"在中国画学史上的地位和影响。

谢赫"画有六法"的提出，并非偶然，它是中国审美主义文艺思想高度自觉的产物，也是绘画理论高度成熟的结晶。据考，生活于梁天监中的谢赫，大约后于顾恺之七十年，与著《文心雕龙》的刘勰和著《诗品》的钟嵘，是约略同时的人物。从文化背景看，谢赫的《画品》与《诗品》和《文心雕龙》，是同时代的产物，且有一定的内在联系。谢赫《画品》"品众画之优劣"，钟嵘《诗品》"品五言诗之优劣"，二书均以"品"为名；谢赫以"六法"品画之优劣，刘勰以"六观"评诗文之优劣，二者均以"六"数为目。《文心雕龙·知音》曰："将阅文情，先标六观：一观位体，二观置词，三观通变，四观奇正，五观事义，六观宫商。斯述既形，则优劣见矣。"从"六法"来源看，它实非谢赫原创，而是当时已经存在的理论。例如，顾恺之画论，稍加调理，不难发现已有六法的雏形。而谢赫"虽画有六法，罕能尽该"的口气，也未尝以此为自己的原创之论。从"六法"的内容看，基本上可以说是顾恺之"传神论"或"传神写照"的具体发挥。"气韵生动"是六法的核心，而"气韵生动"即顾恺之传神的神；恰如元代杨维桢《图绘宝鉴》序谓："传神者，气韵生动是也。"至于"六法"与"传神写照"的内在联系，今人徐复观作了更具体的阐释。在他看来，除了"经营位置"，乃系作品与画布的关系；及"传移模写"，乃系习作的方法外；"自'骨法用笔'至'随类傅彩'，皆是顾恺之的所谓'写照'的分解地叙述；而'气韵生动'，乃是顾恺之的所谓'传神'的更明确地叙述。"[1]

尽管"六法"当时已有雏形，但谢赫能将其整理成一个简约完整的系

---

① 徐复观：《中国艺术精神》，春风文艺出版社1987年版，第136页。

统，实有他的一番工力和贡献在里面；而谢赫之后的画论家无不根据"六法"评论绘画。因此，在顾恺之之后，张彦远之前的四百年间，谢赫作为画论家，是一个"分庭抗礼，未见其人"的关键人物，在画论史上具有承前启后的重要地位。

2."六法"的要义

"六法"最初是人物画的艺术原则，后被广泛运用于包括山水画在内的各种绘画类型；它虽是中国古代的绘画理论，今日依然指导着中国画的创作和评论。然而，谢赫的"六法"，只提出纲目，未稍加阐释，更未说明各条之间的联系，因此造成理解的困难和意见的分歧。不过，"六法"已有一千五百年的阐释史，累积了历代学者丰富的精见卓识。现据时贤共识，简释如下。

其一，气韵生动："气韵"就是顾恺之所说的神，谢赫品画也称气韵为神韵。故气韵的本义，是指人物画中人物的精神气质；《易传》曰："天地之大德曰生。"故"生动"的本义，是指生命的运动，包含人与万物存在发展的表现。气与生动是不可分的，有气即有生动；反过来说，没有生动，气也不能存在，因为生动本是气特有的本性。概而言之，"气韵生动"是画家对人物的生命、精神、气质、性格等审美感悟后的形象显现，是显现了人物的生命活动、神采风韵的具有生命灵性的画像。"气韵生动"是中国绘画艺术的最高原则，故列为第一。

谢赫的"气韵"源于"传神"，但又不同于眉目传神。"传神"的基点是眼睛，所谓"四体妍蚩，本无关于妙处，传神写照，正在阿堵之中"。"气韵"则包含眼睛在内的整个身躯之神姿和神态，是人物的每个部位，乃至整体都显现出一种生命活力和神采风韵。同时，应当指出作品中的气韵生动，乃是来自作者自身的气韵生动；于是气韵既是一个作品的审美效果，更是一个作品得以创造出来的作者的精神状态。以后，气韵生动扩展到山水、花鸟等各种题材的绘画，要求描绘对象和笔墨效果具有一种生气流转、神韵超拔之美。

其二，骨法用笔：简言之，即表现画面上的人体结构和物体结构的线条要有骨力之美。人体形象是由人的骨骼结构支撑起来的，画上的人物形象则主要是由线条构成的。谢赫时代作画尚无"没骨法"，作画皆勾线填色。所以，线条是一幅画的骨干，线条决定一幅画的成败。同时，人的骨法，人的气韵，也离不开有骨力的线条。因此，"骨法用笔"主要指勾画人体形象的线条要有骨力之美。"骨法"至为重要，故列为第二。

谢赫把"骨法"和"用笔"联系在一起，第一次明确指出了线是中国画造型的基础，同时又拓展和丰富了"骨法"的含义。中国画的用笔，是与书法密切相关的。而书法的用笔，在魏末晋初已经引入"骨"的观念，"骨势""骨力""骨体""骨气"等，成为评论书法用笔的常用语。绘画不是书法，但中国画即以线条为造型基础，就不但要求完成造型的基本任务，而且还要有书法用笔所产生的线的美。因此，谢赫的"骨法用笔"包含相互联系的两个要求："一是'用笔'要能准确刻画出对象的形体，二是要具有书法的骨力之美。"[①]

其三，应物象形：即画面上所画的"形"，要和实际对象相应，亦即宗炳所说的"以形写形"；以实际的山水之形，写作画面上的山水之形。故"应物象形"的本义，是指描摹形象要应物而象，逼似真实，虽有取舍，但不可主观臆造，类似西方绘画中的素描和写生。

东晋僧肇说："法身无象，应物以形。"意为佛本身无一定形象，但可以化作很多种形象，应于某物则以某物为形。"应物象形"，与此意相类。绘画是造型艺术，是不能没有形的；且"气韵""骨法"，需赖"应物"方能成立，故"应物象形"列为第三。

其四，随类赋彩：类，似也。"随类赋彩"，即根据对象的特点，赋予不同的色彩；对象是什么颜色，画面上也要随之画上什么颜色，虽非绝对相同，但要大致类似。而在实际创作中，既有随类赋彩的，也有按主题需

---

① 李泽厚、刘纲纪主编：《中国美学史》（第2卷下），中国社会科学出版社1987年版，第844页。

要赋彩的。物象的形画出后，即要赋予色彩，使之随色相类而曲得其情，故列为第四。绘画作品在赋色后即告完成。

"随类赋彩"对"色彩"的重视，体现了齐梁画坛的新风气。中国传统绘画重用笔，不重色彩。佛教艺术的兴起，绘画雕塑开始重视色彩。谢赫在"六法"中把色彩提到与"用笔""象形"同等的位置，既受外来画法的影响，也是当时上流社会普遍的审美趣味。谢赫的宫廷仕女画，就是"丽服靓粧，随时变改，直眉曲鬓，与世事新，别体细致，实自赫始。遂使委巷逐末，皆类效颦。"随着西域画风的影响，色彩效果越来越受到人们的重视。稍后，姚最即以"丹青"代表绘画，五代以后更产生了"没骨法"的绘画，画花鸟者，不用线条勾勒轮廓，全用色彩画成。

其五，经营位置：是指构图设计或结构布局而言；所谓"经营"或"妙裁"，强调构图设计要刻意经营，不能随意为之。张彦远《历代名画记》曰："至于经营位置，则画之总要。"构图虽然只是规划位置，却不可随便，要"经之营之"。谢赫把布置位置称之为"经营"，就含有须苦心经营的意味。

无论人物画还是山水画，都离不开经营位置。恰如邓以蛰所说，人物画既有长短，远近，阔促，高下等位置，除摹仿移写一切照守旧本；若传神，则因人物之动作须以对象为转移，故此等位置须加经营，自不待言。至于山水画，自然中一切景物本不相连，亦无动作呼应，其位置之于画作，有待于画家之经营，实有不胜言矣。①

其六，传移模写：是指临摹名画的技能，亦即把原有的绘画作品传移到另一张纸绢上，成为同样的新画。谢赫评刘绍祖："善于传写，不闲其思。时人为之语，号曰'移画'。然述而不作，非画所先。"可见，"传移模写"就是复制古画。顾恺之有"模写要法"，是专谈如何模写的。模写优秀的绘画作品，同时也学习了原作者的绘画方法。所以，后人把"传移"解释为学习传统，是有道理的。

---

① 《邓以蛰全集》，安徽教育出版社1998年版，第237页。

"传移模写"，作为复制古画来说，是一种不可缺少的技能。但作为学习绘画来说，它只是一种手段，不能代替创作。所以，谢赫谓之曰"非画所先"；张彦远谓之曰"乃画家末事"。

3. "六法"的序列和发展

谢赫"六法"的排列，是随意的，还是刻意的？一般认为，谢赫"六法"，是经过了一番意匠经营的，"六法"的序列，既表明价值比重的不同，也隐含了绘画创作的程序。

"气韵生动"是"六法"的核心概念。因此，"六法"的序列，可以这样界定，即"六法"是以元气论为哲学基础，展示了绘画创作的较为完整的过程。中国古代元气论哲学认为，通天下只是一气而已。故绘画无疑也是气的存在和运动行迹。由气之聚而生物与人，在绘画创作中，则表现为人禀天地、生命、书卷之气，于是胸中勃勃，遂有创作表现之冲动，此即为"气韵生动"。动而捉笔，遂次之以"骨法用笔"。笔以线写形，成为中国画的特征。形为何物？形从何来？中国画的形是仰观天文，俯察地理，远取诸物，近取诸心，将万物与人心天人相合之形，这便是"应物象形"。这样的形如何在绘画中得到表现？中国画家将万物罗列于胸中，依生理—心理—物理之异质同构进行类相复合，这种方法运用于赋彩，遂有"随类赋彩"。赋彩必依位置经营。因此，"经营位置"实为制控具体技法的画法论。最后，终之以"传移模写"，即传神、移情、模形，写画，整个创造于此结束。气韵生动既是创造冲动的起始，当它内化于作品之中，又成为鉴赏标准和鉴赏方法。绘画的整个艺术活动过程，从气出发，又回到了气。

邓以蛰论绘画的"明赏、妙得"，有"三心为一心"之说，曰："赏者何？得者何？曰：气韵而已矣。古人画家者流果期期以天地之心，画者之心，鉴者之心为一心，求其画逼近于此心，方号成功。此心为何？吾犹曰：气韵生动是也。"[1]邓以蛰的"三心为一心"说，以更精辟的命题，概

①《邓以蛰全集》，安徽教育出版社1998年版，第224页。

括了"六法"序列的内在逻辑和核心思想。

在"六法"中,"气韵生动"最神秘难解,却又最为重要,以致被视为中国古代艺术美的最高原则。那么,"气韵生动"从何而来?宋代郭若虚《图画见闻志》提出"气韵非师论",曰:"六法精论,万古不移。然而骨法用笔以下五者可学,如其气韵,必在生知,固不可以巧密得,复不可以岁月到,默契神会,不知然而然也。尝试论之,窃观自古奇迹,多是轩冕才贤,岩穴上士,依仁游艺,探迹钩深,高雅之情,一寄于画。人品既已高矣,气韵不得不高。气韵既已高矣,生动不得不至。所谓神之又神,而能精焉。"其实,郭若虚的"气韵非师"并不神秘。他只是告诉后人,气韵生动不是外在的笔墨技巧,而是内在的精神气质,是作者内在的高雅性情的自然流露,所谓"气韵本乎游心";亦即唐代张璪所谓"外师造化,中得心源"。这与儒家的内圣外王之说有渊源关系,同时也体现了中国古代美学的伦理道德品格。

三、"畅神"论

如果说"传神"是绘画的本质,"六法"是绘画的方法,那么"畅神"则是绘画的功能。不过,古代的绘画功能论有一个发展过程,经历了从"鉴戒贤愚"到"怡悦性情",从伦理主义的"比德"到审美主义的"畅神"的变化。具体而言,绘画功能论的发展,可以逻辑地分为三个阶段:即"教化"—"比德"—"畅神"。

1."教化"论

古人绘画,无非劝诫。汉代开始的人物画,几乎纯为一种"礼教化绘画"。中国绘画史家潘天寿说:"自前汉以来,常画古代圣帝贤后诸图画于宫室中,以为鉴戒。此种风气,已盛行于王室及大夫之间";"光武中兴,乃大崇儒学,砥砺名节,推奖气概,以明经修行为进退人才之表的。明帝承之，步武遗规，成汉代儒术隆盛之极点；为吾国礼教最盛时期，亦即为吾国礼教化绘画之最盛期。"①故两汉时期，"于忠臣孝子，贤愚美恶，莫不图之屋壁，以训将来。或想功烈于千年，聆英威于百代，乃心存懿迹，默匠仪形。"（裴孝源《贞观公私画录序》）东汉王充曾说："宣帝之时，画图汉列士，或不在画上者，子孙耻之。何则？父祖不贤，故不画图也。"（《论衡·须颂》）古代画论家则认为，画人物若不于"教化"用意，则未得其道。

绘画的教化论，可以追溯到春秋时期。《左传·宣公三年》所谓："昔夏之有德也，远方图物，贡金九牧，铸鼎象物，百物而为之备，使民知神奸。"唐代张彦远《叙画之源流》论之最明，也论之最详。略曰："夫画者，成教化，助人伦，穷神变，测幽微，与六籍同功，四时并运，发于天然，非繇述作。以忠以孝，尽在于云台；有烈有勋，皆登于麟阁。见善足以戒恶，见恶足以思贤。留乎形容，式昭盛德之事；具其成败，以传既往之踪。记传所以叙其事，不能载其容；赋颂有以咏其美，不能备其象；图画之制，所以兼之也。故陆士衡云：'丹青之兴，比雅颂之述作，美大业之馨香；宣物莫大于言，存形莫善于画。'此之谓也。善哉。曹植有言曰：'观画者，见三皇五帝，莫不仰戴；见三季异主，莫不悲惋；见篡臣贼嗣，莫不切齿；见高节妙士，莫不忘食；见忠臣死难，莫不抗节；见放臣逐子，莫不叹息；见淫夫妒妇，莫不侧目；见令妃顺后，莫不嘉贵。'是知存乎鉴戒者，图画也。图画者，有国之鸿宝，理乱之纪纲。"

张彦远的这段话，内涵极为丰富。首先，这是儒家诗教观在画论中的体现。所谓"成教化，助人伦，穷神变，测幽微"，明显来自《毛诗序》；其次，引用并保存了陆机的名言，"宣物莫大于言，存形莫善于画"，既揭示了诗与画的差异，又强调了画优于诗的审美功能；再次，引用曹植的《画赞序》，显示出自汉代以来人物画创作一贯不变的功能目的。

从此，教化鉴戒，成为古代人物画的基本标准；"奢丽娱目"，则常常

① 潘天寿：《中国绘画史》，团结出版社2011年版，第20页。

234

遭到人们的批评。如米芾《画史》曰："古人图画，无非劝戒。今人撰《明皇幸兴庆图》，无非奢丽；《吴王避暑图》，重楼平阁，徒动人侈心。"清代书画家松年也说："古人左图右史，本为触目惊心，非徒玩好，实有益身心之作，或传忠孝节义，或传懿行嘉言，莫非足资观感者，断非后人图绘淫冶美丽以娱目者比也。"他对后世人物画追求"淫冶美丽"的风气，予以严厉的批评。

2."比德"观

所谓"比德"，就是画家把笔下的花鸟山水作为道德品格的象征而不是自由情感的抒发，观赏者则从画作中获得道德情操的熏陶而不是纯粹的怡情悦性。这是"美是道德的象征"的美学观念在绘画艺术中的体现。

古代艺术中的"比德"观，可以追溯到孔子对自然山水的比拟。如《论语·雍也》："子曰：知者乐水，仁者乐山；知者动，仁者静；知者乐，仁者寿。"《论语·子罕》："子曰：岁寒，然后知松柏之后凋也。"《论语·为政》："子曰：为政以德，譬如北辰，居其所而众星拱之。"山水星辰在这里不是纯粹的自然对象，而是具有了确定的伦理道德内涵。用山水比仁、智，孔子之前就有。如《诗经·鲁颂》之"泰山岩岩，鲁邦所瞻。……莫不率从，鲁侯之功"，《诗经·齐风》之"汶水汤汤，行人彭彭；鲁道有荡，齐子翱翔"云云；孔子之后则更多，尤其对"知者乐水，仁者乐山"的发挥最透彻。如《韩诗外传》卷三有曰："夫水者，缘理而行，不遗小间，似有智者；动而下之，似有礼者；蹈深不疑，似有量者；障防而清，似知命者；历险致远，卒成不毁，似有德者。"等等。

从《诗经》《论语》到《韩诗外传》，"所有这些比拟的特征，在于使伦理、道德的规范或范畴通过理智的类比思考，而予以情感化和感受化。在这种比拟中，尽量使得自然现象与伦理特性通过理知的确定认识，来创造出它们在情感上的相互对应的关系。"①例如，山与人的稳定、可靠、巨大功绩、坚实品格，水与人的活泼、快乐、无穷智慧、流动感情，便是通

①《李泽厚十年集·美的历程》，安徽文艺出版社1994年版，第345页。

过这种理知的明确认识，来建构或唤起情感上的同形相似。

先秦时期的这种"比德"方式被承继下来，这种异质同构的情感结构也形成一种传统，渗透到诗、乐、书、画各种艺术的艺术思维之中。从艺术史看，"比德"思维首先是从音乐转移到其他艺术上来的。在音乐中，《乐记》对乐曲的形容，就有大量"比德"之喻。如"其清明像天，其广大像地，其俯仰周旋有似乎四时"，等等。在文学中，屈原的《橘颂》便是著名的"比德"篇章，对橘的描写只是对自己品德情操的赞颂。王逸《离骚经序》说："善鸟香草，以配忠贞；恶禽臭物，以比谗佞；灵修美人，以媲于君；宓妃佚女，以譬贤臣；虬龙鸾凤，以托君子；飘风云霓，以为小人。"这表明屈原将"比德"运用和扩展到许许多多的事物景色之中，并在文学中形成了"美刺比兴"的传统。在绘画中，松、竹、梅之"岁寒三友"，梅、兰、竹、菊之"四君子"，成为画史上比拟崇高人格、庄严情操的永恒题材。在画论中，直至清代画家石涛论画山水，仍然把山水之美看作是人的精神品格的表现。石涛《画语录·资任》以"比德"思维论山水。论"山"曰："山之拱揖也以礼，山之纡徐也以和，山之环聚也以谨，山之虚灵也以智，山之纯秀也以文，山之蹲跳也以武"云云；论"水"曰："汪洋广泽也以德，卑下循礼也以义，潮汐不息也以道，决行激跃也以勇，潆洄平一也以法，盈远通达也以察，沁泓鲜洁也以善，折旋朝东也以志。"在石涛看来，画家笔下的"山"与"水"，都可以是道德品格的象征。

"比德"观，是"教化"论到"畅神"论之间的中介，也是自然景物由理性的道德象征转化为自由的审美对象的过渡。"比德"本质上是儒家诗教观的体现，但同时它又借助自然景物作为象征物。经过魏晋玄学的洗礼，随着审美主义美学观念的发展，由"比德"发展到"比兴"，自然山水便开始成为纯粹的审美对象和自由的抒情对象。正如宗白华所说："晋人向外发现了自然，向内发现了自己的深情。山水虚灵化了，也情致化了。陶渊明、谢灵运这般人的山水诗那样好，是由于他们对于自然有那一股新鲜发现时身入化境浓酣忘我的趣味；他们随手写下来，都成妙谛，境与神会，真气扑人。"①在这种纯粹的自然美的深厚体验下，产生了王羲之的《兰亭序》，鲍照的《登大雷岸寄妹书》，陶弘景、吴均的"叙景短札"，郦道元的《水经注》；同样，在这种纯粹的自然山水美的深厚体验下，产生了六朝的山水画和山水审美的"畅神"论。

3. "畅神"论

"畅神"论，是南朝宋著名画家宗炳在《画山水序》中提出来的。宗炳一身绝意仕途，好山水，爱远游，西涉荆巫，南登衡岳，因而曾想结庐衡山，终身隐居。后因疾还江陵，"叹曰：'老疾俱至，名山恐难遍睹。唯当澄怀观道，卧以游之。'凡所游履，皆图之于室，谓人曰：'抚琴动操，欲令众山皆响。'"（《宋书·宗炳传》）"卧游"一词，后成为观赏山水画的代名词。如倪瓒《顾仲赞见访》诗曰："一畦杞菊为供具，满壁江山作卧游。"

宗炳的《画山水序》是中国画史上最早的山水画论，也是画论史上最重要的文献之一。全文依次讨论了自然山水美的本质，所谓"山水质有而趣灵""山水以形媚道而仁者乐"；山水画创作的必要性，即"画象布色，构兹云岭"的原因；山水画的创作特征，所谓"身所盘桓，目所绸缪，以形写形，以色貌色"；山水画创作近小远大的透视法原理，所谓"去之稍阔，则其见弥小"；最后论述了山水画的功能，提出了他的"畅神"论。宗炳是个佛教徒，《画山水序》渗透了他的佛学思想，"畅神"论同样如此。宗炳首先论述了山水画的创作，最后写道：

> 于是闲居理气，拂觞鸣琴，披图幽对，坐究四荒。不违天励之藂，独应无人之野。峰岫峣嶷，云林森眇。圣贤暎于绝代，万趣融其神思。余复何为哉？畅神而已。神之所畅，孰有先焉！

237

---

① 宗白华：《艺境》，北京大学出版社1987年版，第131页。

这是说山水画完成之后，于是酌酒鸣琴，对之观赏的情境并从中得到的精神享受。所谓"不违天励之藂，独应无人之野"，就是说在面对所观赏的山水画时，与佛的威灵所聚生的天地万物合为一体，独自逍遥于人所不到的山林原野，由此而得到了精神的超越与解脱，也就是所谓的"畅神"。这种"披图幽对，坐究四荒"的"畅神"，虽也通于道家的"逍遥"思想，但主要是佛学的"解脱"境界。宗炳所说的"峰岫峣嶷，云林森眇，圣贤暎于绝代，万趣融其神思"，也即指整个自然山水都充满和映现着佛的神明。因此，宗炳所谓"畅神"，其本意是指通过山水的欣赏而与佛的神明合一，进入佛学所说的超世间的精神解脱境界。

从心理特点看，宗教体验与审美体验有某种相似性。因此，宗炳的"畅神"论虽然立足佛学，佛道互渗，却具有深刻的美学意义，并产生了深远的美学影响。

首先，宗炳提出山水画的功能，就在于"澄怀观道，卧以游之"的"畅神而已"。这虽然是立足佛学的说法，但它强调了艺术的功能在于给人以精神上解脱和怡悦，突出了艺术所具有的审美特征，使"畅神"作为纯粹的美学范畴成为可能。从主体心理感受角度看，审美体验和宗教体验具有某种相似性。因此，宗炳的"畅神"说又在佛学的意义上暗含了黑格尔所说的"审美带有令人解放的性质"[①]。黑格尔还曾指出，宗教境界是"对真实的心满意足，作为情感，这就是享受神福，作为思想，这就是领悟，这种生活一般地可以称为宗教生活。"[②]这和宗炳的"畅神"颇有相似之处，尽管黑格尔的宗教观和美学观与宗炳有很大的差别。

其次，宗炳的"畅神"说在中国绘画美学史上产生了深远的影响，"畅神""悦情""快人意"，道出了山水审美的基本功能。王微是与宗炳同时代的画家，他在《叙画》中对山水审美的心理状态作了生动的描写："望秋云，神飞扬；临春风，思浩荡。虽有金石之乐，珪璋之琛，岂能仿

---

① 黑格尔:《美学》(第1卷)，朱光潜译，商务印书馆1979年版，第147页。

② 黑格尔:《美学》(第1卷)，朱光潜译，商务印书馆1979年版，第128页。

佛之哉！披图按牒，效异《山海》。绿林扬风，白水激涧。呜呼！岂独运诸指掌，亦以明神降之。此画之情也。"这段优美的文字是"畅神"说的发展，也对何谓"畅神"作了最富于诗意的描述，并消除了宗教色彩，向纯粹的审美更进了一步。北宋郭熙在《林泉高致》中，以"快人意"为中心，对山水画的审美功能作了更具体的论述。《林泉高致》开宗明义："君子之所以爱夫山水者，其旨安在？邱园养素，所常处也；泉石啸傲，所常乐也；渔樵隐逸，所常适也；猿鹤飞鸣，所常亲也。尘嚣缰锁，此人情所常厌也；烟霞仙圣，此人情所常愿而不得见也。……然则林泉之志，烟霞之侣，梦寐在焉，耳目断绝。今得妙手，郁然出之，不下堂筵，坐穷泉壑，猿声鸟啼，依约在耳，山光水色，滉漾夺目，斯岂不快人意，实获我心哉！此世之所以贵夫画山水之本意也。"这段散文诗般的文字，既是"卧游"说的延续，又是"畅神"论的发展，生动阐述了山水画崇高的艺术使命，即为人们提供一个神游物外、快悦人意的心灵空间。

再次，"畅神"一词已成为现代美学的重要范畴，被视为美感体验的最高境界。人的心灵是一个包含感觉、情感、理知、信仰等多要素、多层次的复杂结构；与此相联系，人的美感体验也包含宣泄、遣兴、陶冶、畅神等不同层次。现代美学家李泽厚把人的美感经验分为三个层次，即"悦耳悦目""悦心悦意"和"悦志悦神"；这三者是层层升华的过程："悦耳悦目一般是在生理基础上但又超出生理的感官愉悦，它主要培育着人的感知；悦心悦意一般是在理解、想象诸功能配置下培育人的情感心意；悦志悦神则是在道德的基础上达到某种超道德的人生感性境界。"[①]"悦志悦神"，与崇高有关，是一种崇高感；它不仅不只是耳目器官，而且也不只是心意情感的感觉理解，而且还是整个生命和存在的全部投入。大自然之所以令人魂销骨蚀，山水林泉之所以令人梦寐在焉，就在于此。故所谓"悦志悦神"，一言以蔽之，"畅神而已"！

从传统美学看，从"教化""比德"到"畅神"是一个逻辑发展过程。

①《李泽厚十年集·美的历程》，安徽文艺出版社1994年版，第521—529页。

而在具体的审美活动中，宣泄、遣兴、陶冶、畅神是不可分的；悦耳悦目、悦心悦意和悦志悦神也是不可分的。审美的最高境界，既不是生理的宣泄，也不是伦理的教化，而是"没有道德的目的而生道德的影响"①，是超越悦耳悦目的"畅神而已"！

---

① 《朱光潜全集》(第1卷)，安徽教育出版社1987年版，第318页。

第十一章
"八法"与书学

　　"八法"即"永字八法"，它以"永"字八笔顺序为例，阐述正楷笔势的方法。正楷是书法的基础，八法是中国书法的用笔法则。因此，后人又将八法作为书法艺术或书法美学的代称。本章以"八法"为中心，依次阐述中国书法美学的三个核心问题，即作为书法本质的"心画"论，作为书法笔势的"八法"论，作为书法整体表现的"书境"论。书学要义，不外乎此。

一、"书，心画也"

　　欲论书法美学，先明何谓书法？一国独立于世界，必有一国独有之文字。所谓书法，简言之，即一国文字的书写方法；细言之，即以表示文字之构造，间架行列，及于点画，各有法度。一国文字之书法，"其保持能永久，其推行愈广远，则其国为文明为强盛，如国人荒弃其国历代相传固有之文字，则将无以为国。"[①]

　　中国书法，是汉字的艺术，书家以一只柔软的笔，写出篆、隶、章、草、行各体的字，或庄重，或娟秀，或遒劲，或潇洒，给人一种视觉的美；中国书法，又是纯粹的艺术，它以"纯净化了的线条"，表现出书家

---

　　① 诸宗元:《中国书画浅说》,中华书局2015年版,第14页。

的情感、气度、个性、心灵。因而，书法美不是一般的图案花纹的形式美、装饰美，而是真正意义上的"有意味的形式"，是一种纯粹的表现艺术。

那么，书法的艺术本质何在？两千多年前，西汉扬雄在《法言》中阐述"言"与"心"、"书"与"心"的关系时，提出了"书，心画也"的命题，揭示了书法的艺术本质。《法言·问神》曰：

> 言不能达其心，书不能达其言，难矣哉！惟圣人得言之解，得书之体，白日以照之，江河以涤之。……故言，心声也；书，心画也。声画形，君子小人见矣。声画者，君子小人之所以动情乎。

这段话含义丰富。在扬雄的时代，"言"和"书"的掌握和运用，对一般人而言是不容易的，故"惟圣人得言之解，得书之体"；"书"为"心画"，则是由中国文字的象形引申而来的，最初"写字就是画画"[①]；同时，"言"和"书"都是表现人的精神生命和心灵世界的。"诗以言志"，"书为心画"，其理如一。而"书，心画也"的命题，更为明确地揭示了作者心灵与艺术创作的必然联系，也更加强调了作者的精神情操之于艺术作品的重要性。

"书，心画也"，如今已被视为中国书法美学史上的第一个命题，也是揭示了书法艺术本质的经典命题。这一命题此后不断被书论家引述和诠释，其内涵也越来越丰富。这里，不妨借用现代书法美学家的观点，进一步诠释这一命题的丰富内涵，认识书法的本质功能及其在中华文化艺术史上的地位。

1. "书法是写意的哲学艺术"

"书法是写意的哲学艺术"，这是韩玉涛《中国书学》一书的核心命题。中国书法，是一种写意的艺术。写意是写实的升华；它比写实的高明之处，就在于它的抒情性。"书为心画"，它是浓烈的以人的心灵情感为核心的艺术。中国书法，又是一种哲学艺术。书法以纯净化了的线条为表现手段。书法对事物构造和运动规律的美的表现，虽然摒弃了外在的具体形象，但却具有概括万类万物的构造和运动规律的普遍品格。中国书道，正是自然矛盾的线条化与情感矛盾的线条化的结合。当这二者结合起来的时候，当写意与哲理结合起来的时候，书家笔下的字就飞扬起来了。这就是中国书道的生命，也是中国书法的美学本质。

"书法是写意的哲学艺术"，这确实道出了中国书法的艺术精神。非对书法、书学、书史深有研究者，绝不能言。分而言之，"书法是写意艺术"，这是常人所能道，也能为常人所理解；"书法是哲学艺术"，则陈义甚高而非常人所能道，亦非寻常之心所能悟。据此，我们不妨把这一命题分两个层次来理解。

首先，"书法是写意的心灵艺术"。这是"书为心画"的现代表述，也是历代书论家以不同语言反复说过话。唐代孙过庭《书谱》说："羲之写乐毅则情多怫郁，书画赞则意涉瑰奇，黄庭经则怡怿虚无，太师箴则纵横争折，暨乎兰亭兴集，思逸神超，私门戒誓，情拘志惨，所谓涉乐为笑，言哀已叹。"人愉快时，面呈笑容，哀痛时放出悲声，这种内心情感也能在书法里表现出来，如同在诗歌音乐里那样。这岂非"言为心声，书为心画"？中国书法正是通过线的飞舞、墨的浓淡来抒情达意的。清代刘熙载则顺着扬雄的思路，进而强调书家的精神情操之于书法作品的意义。他在《书概》中说："扬子以书为心画，故书也者，心学也。心不若人而欲书之过人，其勤而无所也宜"；"写字者，写志也。故张长史授颜鲁公曰：'非志士高人，讵可与言要妙？'""书为心画"，既抒情达意，也写心写志。宗白华论"中国书法艺术的性质"明确指出，书法是"反映生命的艺术"："中国的书法，是节奏化了的自然，表达着深一层的对生命形象的构思，成为反映生命的艺术。"①

243

———————

① 宗白华：《艺境》，北京大学出版社1987年版，第362页。

其次，进而再来理解"书法是写意的哲学艺术"。韩玉涛认为，唐代孙过庭《书谱》的两句名言："情动言形，取会风骚之意，阳舒阴惨，本乎天地之心。"这正蕴含了"书法是写意的哲学艺术"的精深思想。上半句讲的是"意"，讲的是"书法的写意性"，即"取会风骚之意"；下半句讲的是"法"，讲的是书法的哲理性及其来源，即书法形式美的变化法则，乃是本自天地之心，自然之意，宇宙变化的总规律。他进而作了这样的溯源："中国书道的源头，也是中国哲学的源头，表现在一个古老的传说，即'伏羲画卦'的传说上。相传的伏羲氏所画的卦，既是形象，又是抽象；既是哲学，又是书道。"[①]

中国艺术讲究意在笔先。情理交融，理趣盎然，是中国艺术的共同追求；只是不同的艺术，表现方式有所不同而已：诗表现于韵味无穷的诗境，画表现于气韵生动的画境，书表现于线的舞蹈的书境。因此，书法是写意的，又是哲学的，它是写意的哲学艺术，正深得书道之三昧。

2. "书法是中国文化核心的核心"

"书为心画"，此"心画"之"心"，既是书家之心，也是文化之心。据此，著名艺术家和书法理论家熊秉明指出："中国书法是中国文化核心的核心"。这是一个措辞虽带夸张，见解极为精深的命题。我们也可以分两个层次理解。

首先，哲学是文化的核心。"文化"一词内容广泛，可以纳入人类一切活动，无论物质的创造或精神的创造。但是，所谓"文化"并非各种活动简单相加的总和，而是从这个整体中解读出的一种模式，一种风格，一种精神品质。所谓"希腊文化""印度文化""中国文化"，就是在这个意义上说的。这种似乎只可意会难以言传的"文化"，就是一个民族的生存意志与创造欲望在实际世界中的体现，也就是这个民族的人生观、宇宙观、思维方式、抒情方式的具体体现。这种由一个民族的人生观、宇宙观、思维方式、抒情方式构成的文化精神，可以称为广义的哲学。狭义的

---

① 韩玉涛：《中国书学》，东方出版社1991年版，第19—37页。

哲学便是此种文化精神的自觉，是广义哲学的加工、凝聚和提升。在有的文化里，宗教是生活的主轴，是文化的核心。在中国文化史上，宗教虽然也曾起过大的作用，但文化的核心毕竟是哲学，是以儒道为核心的道德哲学和人生哲学。

其次，书法是文化核心的核心。为什么这样说？因为，书法代表着中国人哲学活动从思维世界回归到实际世界的第一境。中西哲学有一差异，即：西方哲学有严密的逻辑系统，中国哲学则重视受用与人生实践。西方哲学家努力在建构一个庞大而严密的思想系统；中国哲学家最关心的是身心性命之学。中国哲学家的最后目的是在思想上省悟贯通之后，还要回到实践的生活之中，要从抽象观念中还归日常实际。而从抽象思维回归到形象世界的第一境可以说就是书法。书法的素材是文字，也就是抽象思维运用的符号。但在书法里，由于线的舞动，墨的韵味，书家的风格，抽象符号取得了具体事物的特点，也就是有了个性。书法并不模拟任何实物，它们只是点线、横竖的结构。我们可以评议字的"骨、肉、血、气"，就因为它们是活泼的，有生命、有灵魂。

欣赏中国对联时的审美心理，最能说明书法与哲学的关联。当我们徘徊在主人厅堂里，环视壁上悬着的对联："养天地正气，法古今完人"，"阅历知书味，艰难识世情"，"万树梅花一潭水，四时烟雨半山云"，等等。我们沉浸于一种生命的格调韵味，我们低吟玩味的同时，是哲学，是诗境，也是书法。

熊秉明认为："书法代表中国人的哲学活动从思维世界回归实际世界的第一境，它还代表摆脱此实际世界的最后一境。"①李叔同（弘一法师）出家之后，把音乐、绘画、诗文、戏剧诸艺都弃置，只不废书法，在斋戒期间，以书法为日课。国内老年人退休之后，很多参加书法学习班。一些年轻人也说，将来老了，退休了，要每天写字练书法。书法成为中国人生命的最后的寄托。生命的桑榆时光，能够在这里得到心灵的安慰和愉悦，

245

---

① 熊秉明：《看蒙娜丽莎看》，百花文艺出版社1997年版，第171页。

能不说是文化核心么？

3."书法是艺术风格史的主体形象"

书法在中国艺术史上的地位如何？宗白华指出："书法是艺术风格史的主体形象"。为什么？宗白华认为，中国乐教衰落，建筑单调，书法成了表现各时代精神的中心艺术；同时，书法美学与中国美学相通，并为中国美学提供了一套术语。

首先，书法是表现各时代精神的中心艺术。一切艺术的核心问题都是韵律问题。中国人对韵律的理解和崇拜源自书法；书法的笔法、韵律和意象则渗透到一切艺术之中。西晋大画家钟繇论书法说："笔迹者界也，流美者人也，非凡庸所知。见万象皆类之，点如山颓，摘如雨线，纤如丝毫，轻如云雾，去者如鸣凤之游云汉，来者如游女之入花林。"这是说书法用笔通于画意。唐代大书家李阳冰论笔法说："于天地山川得其方圆流峙之形，于日月星辰得其经纬昭回之度。近取诸身，远取诸物，幽至于鬼神之情状，细至于喜怒舒惨，莫不毕载。"这是说书法取象于天地的文章，人心的喜怒情状，通于文学的美。唐代草书宗匠张旭见公孙大娘剑器舞，始得低昂回翔之状。书家解衣盘礴，运笔如飞，何尝不是一种舞蹈？中国书法作为一种艺术，表现人格，创造意境，通于其他一切艺术，尤接近于音乐的、舞蹈的、建筑的构象美。书法成为各种艺术的中心，也成为表现各时代精神的中心艺术。

其次，书法美学与中国美学相通。书法是中国最为普及的一种艺术。于是，通过书法，中国的学者训练了自己对各种美质的欣赏力。如线条上的刚劲、流畅、蕴蓄、精微、迅捷、优雅、雄壮、粗犷、谨严或洒脱；形式上的和谐、匀称、对比、平衡、长短、紧密，有时甚至是懒懒散散或参差不齐的美。这样，书法艺术给美学欣赏提供了一整套术语，我们可以把这些术语所代表的观念看作中华民族美学观念的基础。总之，在书法上，也许只有在书法上，我们才能够看到中国人艺术心灵的极致。

再次，中西艺术史有一个重要差异。西方艺术史家，往往拿西方各时代建筑风格的变迁做骨干来展示各时代的风格特征；中国建筑风格的变迁不大，不能用来区别各时代绘画雕塑风格的变迁。而中国的书法艺术，自殷代甲骨文字以来，风格的变迁非常明显，可以代替建筑在西方艺术史中的地位，凭借它来窥探各个时代艺术风格的特征。基于上述诸方面原因，宗白华指出："西洋人写艺术风格史常以建筑风格的变迁做基调，以建筑样式划分时代，中国人写艺术史没有建筑的凭借，大可以拿书法风格的变迁来做主体形象。"①这是一个精深的见解，非对中西比较艺术史深有研究者所不能道。

扬雄的"书为心画"说，经过现代学者的创造性阐释，分而为三："书法是写意的哲学艺术"，揭示了书法的艺术特征；"书法是中国文化核心的核心"，确立了书法的文化地位；"书法是艺术风格史的主体形象"，则阐明了书法在艺术体系中的核心位置。书虽小技，其精者亦通于道焉！

二、"永字八法"

书为心画，书法是生命的表现。然而，书家之心和书法的意境，是通过由点、线、笔画构成的"字"来体现的。恰如邓以蛰所说："意境必托形式以显。非先有字之形质，书法不能产生也。故谈书法，当自形质始。"②书法的形质有三：一曰笔画或用笔，二曰结体或体势，三曰章法或行次。与此相联系，学习中国书法也分三步：始而用笔，继而结体，终而章法。书法始于用笔，"八法"则是用笔的法则，也是创造书法意境的基本功。故欲论书道，当从"八法"开始。

1. "八法"的来源

"八法"的来源，旧有三说：一为出于张旭，见北宋朱长文《墨池编》；一为出于僧智永，见南宋陈思《书苑菁华》；一为出于蔡邕、王羲

---

① 宗白华：《艺境》，北京大学出版社1987年版，第124页。
②《邓以蛰全集》，安徽教育出版社1998年版，第168页。

之，见元代李溥光《雪庵八法》。时代越后，溯源越远。不过，这三种说法都出于后人记载，并无确凿根据。现能见到论八法来源的最早文献，均出于唐人。其中，两则文献，可供参考。

唐代《翰林禁经》叙曰："'八法'起于隶字之始，自崔（瑗）、张（芝）、钟（繇）、王（羲之）传授，所用该于万字，墨道之最不可不明也。隋僧智永发其旨趣，授于虞秘监世南，自兹传授遂广彰焉。李阳冰云：昔逸少攻书多载，十五年中偏攻'永'字，以其备八法之势，能通一切字也。'八法'者，'永'字八画是矣。"①

唐贞元年间书法家韩方明《授笔要说》有曰："八法起于隶字之始，后汉崔子玉历钟（繇）、王以下，传授至于永禅师，而至张旭始弘八法。"②

这两段文字，颇多相似，综合印证，可获得如下信息：从汉魏起，一些书家就开始研究汉字基本笔画的写法。如蔡邕留下的《九势》，论及九种用笔和结体方法，王羲之的《题笔阵图后》，提到六种用笔方法，等等。经过历代书家不断的探索总结，至隋唐时代终于形成了完备的"八法"学说。而明确提出"八法"之名的，可能是隋僧智永，也可能是唐代张旭。在"八法"的形成过程中，蔡邕、崔瑗、张芝、钟繇、王羲之，智永，张旭等都有贡献。总之，"八法"是汉魏至隋唐历代书家集体智慧的结晶。至于《翰林禁经》所引李阳冰所说王羲之"十五年中偏攻'永'字，以其备八法之势，能通一切字也"，似并不足信。因为，从晋代流传至今的书学著作中，迄今未找到王羲之时代已有"永字八法"之名的证据。这一传闻故事，或出于后人对王羲之苦心孤诣、精研书法精神的敬佩和褒扬。

关于"八法"定名的时代，今人周汝昌提出不同看法，认为："此'八法'应定型定名于汉末至三国魏晋之间。"理由何在？他的回答是，

---

① 上海书画出版社等选编、校点：《历代书法论文选》，上海书画出版社2014年版，第875—876页。

② 上海书画出版社等选编、校点：《历代书法论文选》，上海书画出版社2014年版，第286页。

"永字八法"即汉末"隶书"发展到"八分书"的那个"八"的同义同指；"八法"在这一时代的形成，标志着由"隶书"发展到"八分书"运笔艺术的"大大进展"。他进而解释说，大致说来，古隶汉隶的字形偏于横方，即扁方；而"八分书"则向着渐改"正方"与"竖方"的趋势进展而定型。这样一来，汉字笔画的"走向"，便一改篆体的众画向一个中心点"抱拱"，成为四面八方的分布与铺展。这种铺布伸展的书写法，显示出书者的精神气度，不是拘谨束窄，而是拓放开阔，自由舒展；这种笔画的方向不同而用笔各异，不再是万画同一匀停的单线法，而是形成了轻重、迟复、放敛、转侧、起落、顿挫等等，诸多不同的行笔运笔之法。"这才是真正成熟了的中国书法艺术的极大独特性！'永字八法'之说，根源道理，全在于此。"[①]

周汝昌关于八法定名的时代，也只是一个大胆而大致的推测。但他对八法所体现的艺术精神和运笔法则的阐述，对我们理解八法，研习八法，颇具启示意义。

2. "八法"的要义

何为"八法"？《翰林禁经》曰："八法者，'永'字八画是矣。"现将"永字八法"图示如下：

其一，` 点为侧；

其二，¯ 横为勒；

其三，丨 竖为努；

其四，亅 挑为趯；

其五，⺊ 左上为策；

其六，丿 左下为掠；

其七，⺀ 右上为啄；

---

① 周汝昌：《永字八法——书法艺术讲义》(修订版)，广西师范大学出版社2006年版，第154—156页。

其八，永　右下为磔。

《禁经》列出"八法"名称，并有唐人《永字八法详说》①一篇，设为问答，对八法要义作了更为详细的解说。这是"永字八法"最初的释义。为便于阅读，现综合撮要如下。

其一，丶　点为侧。"侧"不得平其笔，当侧笔就右为之。

其二，乛　横为勒。"勒"不得卧其笔，中高两头下，以笔心压之。

其三，亅　竖为努。"努"不宜直其笔，笔直则无力，立笔左偃而下，最须有力。又云须发势而卷笔，若折骨而争力。

其四，亅　挑为趯。"趯"须蹲锋，得势而出，出则暗收。又云前画卷则敛心而出之。

其五，㇀　左上为策。"策"须斫笔，背发而仰收，则背斫仰策也，两头高，中以笔心举之。

其六，丿　左下为掠。"掠"者拂掠须迅，其锋左出而欲利。又云微曲而下，笔心至卷处。

其七，㇏　右上为啄。"啄"者如禽之啄物也，立笔下罨，须疾为胜。又云形似鸟兽卧斫斜发，亦云卧笔疾罨右出。

其八，永　右下为磔。"磔"者不徐不疾，战而去欲卷，复驻而去之。又云趯笔战行，翻笔转下，而出笔磔之。②

《翰林禁经》还附"八法"口诀两首，以简洁的语句，对每一法的运笔要点，作了精要的说明。

诀一

侧蹲鸱而坠石，勒缓纵以藏机。

① 见陈思《书苑菁华》卷二，收入《历代书法论文选》(上海书画出版社2014年版，第877—882页。)

② 上海书画出版社等选编、校点：《历代书法论文选》，上海书画出版社2014年版，第876—882页。

弩弯环而势曲，趯俊快以如锥。

策依稀而似勒，掠仿佛以宜肥。

啄腾凌而速进，磔仰趄以迟移。

诀二

侧不愧卧，勒常患平。

弩过直而力败，趯宜存而势生。

策仰收而暗揭，掠左出而锋轻。

啄仓皇而疾掩，磔趣趄以开撑。①

近现代以来，诠释八法者更不乏其人。如包世臣《艺舟双楫·述书下》，诸宗元《中国书学浅说》，沈尹默《笔势与永字八法》，周汝昌专著《永字八法——书法艺术讲义》等等。尤其是周汝昌的《永字八法》一书，对八法的来龙去脉和各法要义作了极为详尽的解说，不可不读。然而，恰如当代学者邸永君所说：永字八法，"因师承不同，解释多有差异，而以近人诸宗元所著《中国书学浅说》一书中之解说较为简单明了。"故现将诸宗元对"永字八法"的解释转录如下，以供习书者玩味。

丶 一点为侧。不言点，而言侧，以笔锋顾右，审其势险而侧之，故名侧也。侧不得平其笔，当侧笔就右为之。

乛 二横为勒。不言画而言勒，以勒须趯笔而写。勒，不得卧其笔，中高两头，以笔心压之。

丨 三竖为弩。不言直而言弩，以弩笔之法，竖笔徐下，近左引势。弩不宜直，其笔直，则无力。

亅 四挑为趯。凡字之出锋，曰挑，今何曰趯，因弩笔之下，随势趯起。趯，得蹲锋趁势而出，出即暗收。

㇇ 五左上为策。策与短画颇同。何以为策，因仰笔趯锋，轻抬而

251

---

① 上海书画出版社等选编、校点：《历代书法论文选》，上海书画出版社2014年版，第876—877页。

进，故曰策也。

㇓　六左下为掠。

㇓　七右上为啄。掠，啄，今皆称为短撇，何以分为两名？盖掠之用笔，随侧笔而下，故名曰掠；啄，则立笔下趯，取从右向左之势也。

永　八右下为磔。磔，今谓之捺，盖以笔右送，复提笔而出笔锋，故成波磔。用笔当微仰徐行，势足而后磔之。①

诸宗元是著名书画家，诗、书、画三艺，深有造诣，颇得时人称道。他的"书学浅说"，面对的是初学者，"永字八法"的解说，融入了独到的习书经验，故要言不烦，通俗而切用。

3."八法"的解读

从《翰林禁经》到"书学浅说"，无不侧重于八法的逐点解说。至于八法的取名由来、整体结构、相互关系及掌握八法的功夫修养，隋唐以来书论家有很多精辟见解，玩味妙言，可以深化我们对八法要义的理解。

唐代张怀瓘《书议》说："夫工书点画，体理精玄，约象立名，究之可悟：岂不以点如利钻镂金，画似长锥界石。仿兹用笔，坐进千里。"以自然意象喻用笔工夫。虽只举了"八法"中的二法：点和画，却可见这二法是笔法的基本功，是进入书法之门的关键。"约象立名"一语，则道出了八法取名的特点；即它是抽取、提炼了事象的道理建立的名称，各有取义。

所谓"约象立名"，在周汝昌看来，"八法"之勒、策、掠、磔等字眼，都与车马之事有关。古人心思，别有深意。"驾驭车马，要调驯，要配合，要行进，又要控制。道路高低起伏，崎岖险阻，种种情境不同，需要很高的驾驭功夫。而书法之道要'驾驭'笔、墨、纸、字形、字势、'线长'、架构、风神姿态等等，真是'险夷'难行之路，并不是悠悠荡荡地在'康庄大道'上'蹓跶'。"②真是"立名古人事，苦心书家知"。

①诸宗元：《中国书画浅说》，中华书局2015年版，第13—14页。
②周汝昌：《永字八法——书法艺术讲义》，广西师范大学出版社2006年版，第158页。

八法的内在关系和基本精神，清代刘熙载《书概》有独到看法。他说："书以侧、勒、努、趯、策、掠、啄、磔为八法。凡书下笔多起于一点，即所谓侧也。故侧之一法，足统余法。欲辩锋之实与不实，观其侧则思过半矣"；又曰："书能笔笔还其本分，不稍闪避取巧，便是极诣。永字八法，只是要人横成横、竖成竖耳。"前者强调"侧—点"在八法中的重要性，所谓"侧之一法，足统余法"；后者则揭示了八法的基本精神，"只是要人横成横、竖成竖"。此亦"永字八法"所以为正楷之法的道理。

如何理解"侧之一法，足统余法"？邓以蛰从篆隶真行诸种书体之关系，作了深入解读。他说："八法可统之于侧。侧者点也；然则真书主要之笔法在点矣。何者：点固继之以横竖，而横竖乃真之因袭于篆隶者，故为篆隶真所共同之笔画，盖即中锋骨筋之笔画耳；八法以磔为终，然磔又袭自隶法者；于以知楷法诚重在'点'矣。然则笔画之道，以骨筋之画为始，以点为终。骨筋为画，八法为点。是笔画者为点、画与波磔耳。"[1]概而言之，笔画只有为点画波磔，别无他法。画为篆之笔画，波磔与画为八分之笔画，合点画波磔为真书之笔画。

掌握八法，功夫还在八法之外。康有为《广艺舟双楫·缀法》有曰：

驰思造化古今之故，寓情深郁豪放之间，象物于飞、潜、动、植、流、峙之奇，以疾涩通八法之则，以阴阳备四时之气。新理异态，自然佚出。[2]

这段话意蕴丰富，论述了八法与书家修养的关系。熊秉明作了精细解读。"造化"指大自然，"古今"指历史。首句统领下文，强调书家对自然、历史要有广泛的认识。"深郁""豪放"可以说是中国诗学的两种主要倾向；杜甫是沉郁的、内向的，代表儒家精神的；李白是豪放的、外向的，代表道家精神。"象物"一句说对万有形态的观察。"疾涩"一句说对

---

① 《邓以蛰全集》，安徽教育出版社1998年版，第177页。
② 上海书画出版社等选编、校点：《历代书法论文选》，上海书画出版社2014年版，第846页。

书法造型原则的掌握。至于四时阴阳之气，乃是生命盛衰之不同状态：春季的萌发滋润，夏季的茂盛蓬勃，秋季的成熟丰满，冬季的冷峭高洁。纳摄这一切方是一个有创造力的书法家，所谓"新理异态，自然佚出"。①这是一个理想的书家，也是一个理想的中国文化人。这个书家背后是整个中国文化实体，他写出来的书法，则是整个中国文化矿藏提炼出来的结晶。

三、书法意境

书法艺术，出于书家之心，起于八法研习，终于书境创造。意境创造是中国艺术的最高追求。诗有诗境，画有画境，书有书境。何谓书法意境？书家是如何创造出风神潇洒的书法意境的？

1.书境的创造

诗歌和书法，在中国所有艺术门类中，最为源远流长，历时悠邈。诗歌和书法又同在唐代达到无可企及的高峰。以"境"论诗书，也同时出现于唐代。不过，孙过庭《书谱》的"冀酌希夷，取会佳境"说，又早于王昌龄《诗格》的"诗有三境"说。

何谓书法意境？情景交融，谓之有意境。书法意境或书法"佳境"，即指整幅作品的抒情气氛而言。书法意境由笔、墨、章法等多种因素构成，但抒情气氛则是核心。故可以说，在线的舞蹈中，跃动着书家之心者，便是有意境。一幅没有抒情气氛，缺乏书家风神的字，没有意境，更难成佳境。

意境必托形式显现。意境与章法关系密切。有意境的章法，在于黑与白、笔画与布白的恰当处理。清代书法家邓石如有一句名言："字画疏处可以走马，密处不使透风，常计白当黑，奇趣乃出。"②所谓"计白当黑"，

---

① 熊秉明：《看蒙娜丽莎看》，百花文艺出版社1997年版，第179页。

② 包世臣：《艺舟双楫·述书上》，载《历代书法论文选》，上海书画出版社2014年版，第641页。

不仅是结字的规律，也是章法的原则。

王羲之的《兰亭序》就是一幅章法精美、风神潇洒的书法神品。元末明初书法家张绅评曰："古之写字，正如作文。有字法，有章法，有篇法。终篇结构，首尾相应。故羲之能为一笔书，谓《禊序》（即《兰亭序》）自'永'字至'文'字，笔意顾盼，朝向偃仰，阴阳起伏，笔笔不断，人不能也。"《兰亭序》不仅每个字结构优美，更注意全篇的章法布白，前后相管领，相接应，有主题，有变化。全篇中有十八个"之"字，每个结体不同，神态各异，暗示着变化，却又贯穿和联系着全篇。它们既执行着管领的任务，又于变化中前后相互接应，构成全幅的联络，使全篇从第一字"永"到末一字"文"，一气贯注，风神潇洒，不粘不脱；既表现出王羲之的精神风度，也标示着晋人对于美的最高理想。唐代书法大家临摹《兰亭序》，各有不同的笔意，褚摹欧摹，神情不一，但全篇的章法，分行布白，不敢稍有移动。《兰亭序》的章法和意境成为行书意境美无可企及的典范。

苏轼的《寒食帖》也是一幅富于佳境的书法杰作。为了保证全幅气韵的疏通，苏轼在黑白处理上，一反前人的章法，在行书中借鉴了狂草的气势，成为书史上最优美的行书之一。此帖字大小悬殊，真堪"计白当黑"之喻。配合思路的变化，他的"年"字、"苇"字、"纸（纸）"字，末一竖特长，字大如拳，相当于三个字的跨度；相反，"在万里也拟"，又字小如指。这就留出了大段的空白，使人思路飘扬，深入意境。再配以运笔的浓、淡、疏、密，一个完整的郁勃淋漓的境界呈现在观赏者面前了。苏轼的《寒食帖》是自书诗，故可以自我作古，别人代替不了。但苏轼在章法上的惨淡经营，却开启后人无限法门。此帖，诗书合璧，观赏这样的字，就像读诗一样醉人。

章法的经营，唐代前后有一个变化。唐以前字密，唐以后字疏。北宋书家，特重章法；这是诗学融入书学的结果。苏轼的《寒食帖》，计白当黑，起伏跌宕，极大地增强了书境的抒情性。

2.从章法到书境

意境必托章法显现。意境是虚，章法为实。空灵的书法意境，必须通过章法的苦心经营才能显现。因此，书家只有掌握了章法的美学原则，才能创造出"取会佳境"的书法作品。

习书有三步，曰笔画，曰结体，曰章法。笔画者，"永字八法"；结体者，一字之结构形势；章法者，乃数字、数行或全篇之结构形势。章法有首尾前后之组织，如同一篇文章。文章的结构有内外之分，外在结构即篇章结构，内在结构即意象结构。邓以蛰指出，书法的章法结构，也可以作内外之分："外之一面为章法之形式，内之一面为章法之精神。"①

章法的外在结构即章法的形式，它表现在两个方面，即字体的一致与形势的一致。

第一，须字体一致。《文心雕龙·章句》曰："夫人之立言，因字而生句，积句而为章，积章而成篇。"书家创作，同样如此。全篇既导源于一字，则篇中之字可以形不同，而体势终当一贯。如一字为篆则全篇皆篆，一字为真则全篇皆真。一般说来，篆、隶、真三体，体别分明，不易掺杂；但是，若真与行，若行与草，若章草之于今草，因体别不严，往往容易相间。若诸体相间，就可能出现"谓之龙又无角，谓之蛇又有足"的芜杂现象。"故章法第一当观其体纯不纯也。体若不纯，余无论矣。"②

第二，须形势一致。中国文字经历了篆、隶、章、草、行各种字体的发展。一种字体有一体之形势。刘熙载以篆、隶二体为核心，把字体形势概括为两类，即"内抱"与"外抱"。《书概》云："字形有内抱，有外抱。如上下二横，左右两竖，其有若弓之背向外弦向内者，内抱也；背向内弦向外者，外抱也。篆不全用内抱，而内抱为多；隶则无非外抱。辨正、行、草书者，以此定其消息，便知于篆隶孰为出身矣。"篆多内抱，故其章法纡徐款婉，益见形神内敛；隶势作外抱，故其章法峭拔险峻。真行草

①《邓以蛰全集》,安徽教育出版社1998年版,第181页。
②《邓以蛰全集》,安徽教育出版社1998年版,第180页。

可师法篆隶之意，作内抱外抱之章法。以古代书家为例：王羲之《快雪时晴帖》近于篆，王献之《中秋帖》则近于隶；唐代欧阳询近于隶，虞世南则近于篆；宋代苏东坡近于篆，而黄庭坚、米芾则近于隶。"近于篆者所谓内涵筋骨，恬淡雍容；近于隶者则外耀锋芒，峥嵘取胜；所以然者，各能以内抱外抱之形势作机纽，运转适宜，而不背乎一致之理也。"①当然，追求意境美的行草，其一致之运用，也在善于变化，不像篆隶真三体讲究形式化。

章法的内在结构即章法的精神，它表现在三个方面，其不外乎势、笔墨和气韵。

第一，须有顾盼引带之势。刘熙载《书概》曰："书之章法有大小，小如一字及数字，大如一行及数行，一幅及数幅，皆须有相避相形、相呼相应之妙。"这种"相避相形、相呼相应"之妙，亦即章法的"顾盼引带之势"。一幅作品，因字成章，字与字之间的引带，以上下左右为向背。向背呼应，由上下左右敷于全篇行次间，则演为疏密、盈虚、整齐、参差、展促、夷险、方圆、曲直种种态势，诚所谓变化无穷矣。章法之势出于书家精神。人的精神活动虽无形质，而有往复动静，抑扬顿挫之意，发之于书，便形成章法的向背呼应之势。宗白华认为，欧阳询《书三十六法》之"相管领"，虽论一字之势，亦通于一章之势。他解释说："以上管下之为'管'，以前领后之为'领'。由一笔而至全字，彼此顾盼，不失位置。由一字以至全篇，其气势能管束到底。"②凡作书者，首写一字，其气势便能管束到底，则此一字便是通篇之领袖。故"相管领"之顾盼引带，好像一个乐曲的主题，贯穿着和团结着全曲于不散，同时表现出作者的基本思想。《兰亭序》自"永"字至"文"字，全幅作品形成笔意顾盼之势，一气贯注而风神潇洒。

第二，须讲究笔墨的运用。要使章法之势能穷形尽态，必须讲究笔墨

257

---

① 《邓以蛰全集》，安徽教育出版社1998年版，第181页。

② 宗白华：《艺境》，北京大学出版社1987年版，第296页。

的恰当运用。笔以心圆锋劲为主；墨有浓淡，润燥，肥瘦，轻重之别。笔墨运用之理，古人论之甚详。唐太宗《指意》论用笔曰："字以心为筋骨，心若不坚，则字无劲健也；以副毛为皮肤，副则不圆，则字无温润也。所资心副参用，神气冲和为妙。"用笔之理，用指腕不如锋芒，用锋芒不如冲和之气，自然手腕轻虚，则锋含沉静。欧阳询《八诀》论墨色的浓淡肥瘦曰："墨淡则伤神彩，绝浓必滞锋毫；肥则为钝，瘦则露骨。勿使伤于软弱，不须怒降为奇。"至于用笔之轻重，则如姜夔《续书谱》所说："是点画处皆重，偶相引带，其笔皆轻。"明代丰坊以人为喻，论笔墨之理，最耐人寻味。其《笔诀》曰："书有筋骨血肉。筋生于腕，腕能悬则筋脉相连而有势，指能实则骨体坚定而不弱。血生于水，肉生于墨，水须新汲，墨须新磨，则燥湿调匀肥瘦得所。"一个有生命的躯体是由骨、肉、筋、血构成的。有了骨、肉、筋、血，一个生命体就诞生了。中国书家要使一幅字成为有生命的艺术，就须用手中的笔和墨，表现出一个生命体的骨、肉、筋、血的感觉来。

第三，须追求全幅的气韵。邓以蛰说："气韵为书画之至高境，美感之极诣也。凡有行迹可求之书法，至气韵而极焉。"中国书画都是静态的空间艺术，追求气韵生动，实质是静中求动，空间中要求蕴涵时间性。绘画之气韵生动，可以选择最富于孕育性的顷刻。书法之气韵生动不同于绘画，亦无题材问题夹杂其间，而纯为笔墨本身的问题。那么，书法的气韵，其形态究竟若何？邓以蛰指出：书法之气韵，"不外迟与留，速与遣也。迟速、留遣，正所以为此气韵之动态也。"①何为"迟速"与"留遣"？简言之，纡馀款婉，是为迟与留之状；峭拔险峻，则为遣与速之意。孙过庭《书谱》曰："或恬淡雍容，内涵筋骨；或折挫槎枿，外曜锋芒。"证之古代书家，多骨之书，则锋芒外曜，气象劲利，如欧阳询与黄山谷之书；丰筋之书，则内涵筋骨，气韵浑秀，如颜鲁公与苏东坡之书。最后，章法之气韵实为迟速与留遣。那么，如何表现出章法的迟速或留遣？必须付之

①《邓以蛰全集》，安徽教育出版社1998年版，第184页。

运笔，付之运笔的"疾"与"涩"。因为，运笔的"疾"与"涩"是可以传情达意的。吕凤子说得好："凡属表示愉快感情的线条，无论其状是方、圆、粗、细，其迹是燥、湿、浓、淡，总是一往流利，不做停顿，转折也是不露圭角的。凡属表示不愉快感情的线条，就一往停顿，呈现一种艰涩状态，停顿过甚的就显示焦灼和忧郁感。"①以宋代书家为例，黄庭坚的线条，一往顿挫，呈现一种艰涩状态，表示了一种忧郁感；怀素与米芾的线条，纵横挥斫，锋芒毕露，往往表示一种激情。

空灵的书法意境，必须通过章法的苦心经营方能显现，通过或"疾"或"涩"的神妙运笔才能化虚为实。由此可见，书法艺术以笔画始，亦以笔画终。

---

① 吕凤子：《中国画法研究》，上海人民出版社2017年，第31页。

第十二章
"韵"与中国人的审美理想

　　"韵者美之极！""韵"是中国美学的核心概念。中国人心目中的美，无不归结到"韵"：画尚气韵，书崇逸韵，诗求神韵，文章之美在雅韵，仕女之美在风韵。以"韵"为核心，产生了中国美学的观念系统，表达了中国人的审美理想。艺术美是美的最高形态。中国人"以韵为美"的观念，集中体现在艺术美的创造中。

一、"韵者美之极"

　　"韵者美之极"，是宋代范温在其《潜溪诗眼》中提出来的。这一美学命题的提出，有一个过程：从表面看，它经历了从"以韵为美"到"韵者美之极"的变化；从深层看，它经历了从各别门类的艺术评价标准，上升为涵盖各门艺术的普遍美学范畴的过程，由此被视为艺术美的灵魂和极致。

　　首先，以韵为美，在中国美学史上有一个发展过程，即品评对象不断扩展的过程。钱锺书有简明的描述："盖初以品人物，继乃类推以品人物画，终则扩而充之，并以品山水画焉。风扇波靡，诗品与画品归于一律。"①简言之，以韵为美，经历了"品人物"—"品人物画"—"品山水

---

①　钱锺书：《管锥编》（第四册），中华书局1979年版，第1356页。

画"—"品诗文"的衍化过程。

以韵品人物，始于魏晋的人物品评，至晋宋以降，已成常谈。如袁宏《三国名臣序赞》的"景山（徐邈）恢诞，韵与道合"；王羲之《又遗谢迈书》的"以君迈往不屑之韵，而俯同群辟，诚难为意也"；庾亮《翟征君赞》的"禀遗韵于天陶"；《世说新语·任诞》的"阮浑长成，风气韵度似父"；以及宋顺帝《诏谥王敬弘》的"神韵冲简，识宇标峻"；梁武帝《赠萧子显诏》称其为人"神韵峻举"等等。以韵品人物，无论"韵""风韵""遗韵""神韵"，都着眼于人的内在精神气度，而非外在的体格相貌，是指人的风度的自然、飘逸和高雅超俗。

以韵谈艺，始于谢赫《古画品录》。《古画品录》论"六法"，第一条就是"气韵生动是也"。以韵评诗，始见于梁简文帝的《劝医论》："又若为诗，则多须见意，或古或今，或雅或俗，皆须寓目。详其去取，然后丽辞方吐，逸韵乃生。"以韵论文，可见于萧子显《南齐书·文学传论》："文章者，盖性情之风标，神明之吕律也。蕴思含毫，游心内运，放言落纸，气韵天成。"谢赫以韵品画，专指人物画的鉴赏。唐代以后，韵又用于山水画的鉴赏，如五代荆浩《笔法记》（又名《山水画录》）所谓"夫画有六要：一曰气，二曰韵"云云。终则扩而充之，唐宋以后，诗品与画品归于一律。如卢照邻《乐府杂诗序》："鼓吹乐府，新声起于邺中；山水风云，逸韵生于江左。"司空图《与李生论诗书》："近而不浮，远而不尽，然后可以言韵外之致。"黄庭坚以韵谈艺，开始兼及书画诗文。他认为书法当"以韵观之"，书画与文章同理，都当以韵求之："凡书画当观韵。……此与文章同一关纽，但难得人人神会耳。"以韵谈艺，同以韵品人一样，本质上也是强调艺术作品的内在精神风貌和栩栩如生的艺术表现。

"吾国首拈'韵'以通论书画诗文者，北宋范温其人也。"①范温之前，以韵谈艺的对象范围不断扩充的过程，也就是"韵"作为普遍的美学范畴

① 钱锺书：《管锥编》（第四册），中华书局1979年版，第1361页。

的地位不断得到认同和确立的过程。正是在这一美学背景下，范温以"韵"通论书画诗文，提出了"韵者美之极"的美学命题，把"韵"视为艺术美的灵魂和极致，确立了"韵"在中国美学体系中的核心地位。

范温"论韵"篇，是《潜溪诗眼》中少见的长文，全篇共一千多字。"韵者美之极"的命题，则借用"辩难设宾主"①的方式，通过与王偁的"宾主问答"，郑重提出。文章一开头，便有高屋建瓴、统揽众艺之势："王偁定观好论书画，常诵山谷之言曰：'书画以韵为主。'予谓之曰：'夫书画文章，盖一理也。'"范温认为，不独"书画"，"书画文章"各种门类的艺术品，都应当"以韵为主"。这一论断的提出，表明"韵"这个概念发展到宋代进入一个全新的阶段，它已成为各门艺术共同的审美标准，成为一个具有普遍意义的美学范畴。

接着，王偁提出了一系列关于韵的内涵的诠释："不俗之为韵""潇洒之为韵""生动之为韵"等，范温——予以辩驳，并在争辩问答中提出了"韵者美之极"的命题：

> 定观（王偁字）曰："不俗之为韵。"余曰："夫俗者、恶之先，韵者、美之极。书画之不俗，譬如人之不为恶。自不为恶至于圣贤，其间等级固多，则不俗去韵也远矣。"定观曰："潇洒之为韵。"予曰；"夫潇洒者、清也，清乃一长，安得为尽美之韵乎？"定观曰："古人谓气韵生动，若吴生笔势飞动，可以为韵乎？"予曰；"夫生动者，是得其神；曰神则尽之，不必谓之韵也。"定观曰："如陆探微数笔作狻猊，可以为韵乎？"余曰："夫数笔作狻猊，是简而穷其理；曰理则尽之，不必谓之韵也。"定观请余发起端，乃告之曰："有余意之谓韵。"定观曰："余得之矣。盖尝闻之撞钟，大声已去，余音复来，悠扬宛转，声外之音，其是之谓矣。"②

---

① 钱锺书：《管锥编》（第四册），中华书局1979年版，第1380页。

② 郭绍虞：《宋诗话辑佚》（上册），中华书局1980年版，第372—373页。

接着，范温详细论述了"韵"这一范畴从"三代先秦"至唐宋的发展史以及在各门艺术中的表现，并对"韵者美之极""尽美之为韵"的命题作了进一步强调："凡事既尽其美，必有其韵，韵苟不胜，亦亡其美。"① 这令人想起明代诗评家陆时雍《诗镜总论》中一则论韵文字："有韵则生，无韵则死；有韵则雅，无韵则俗；有韵则响，无韵则沈；有韵则远，无韵则局。物色在点染，意态在转折，情事在于犹夷，风致在于绰约，语气在于吞吐，体势在于游行，此则韵之所由生矣。"用铺张的语言描述了"韵者美之极"的丰富内涵，也揭示了"尽美之为韵"的根源，与范温论韵可以相视而笑。

北宋以后，"韵"作为一个普遍的美学范畴，广泛而又频繁地出现在诗、文、书、画、戏曲的评论中。宋代严羽的《沧浪诗话》、张戒的《岁寒堂诗话》、明代胡应麟的《诗薮》、许学夷的《诗源辨体》、陆时雍的《诗镜总论》、祁彪佳的《远山堂剧品》、王骥德的《曲律》等等，无不以韵论诗文戏曲。清代论艺无不以韵为美，"韵"成常谈而不胜枚举。

中国人以"韵"为美，西方人以"美"为美。"韵"是中国美学的核心概念，"美"则是西方美学的核心概念。关于"韵"，范温在《潜溪诗眼》中借用"辩难设宾主"的方式，通过与王偁的"宾主问答"郑重提出。何谓"美"？或"美"是什么？柏拉图在《大希庇阿斯篇》中同样借用"辩难设宾主"的方式，通过苏格拉底与希庇阿斯的"宾主问答"郑重提出。自信的希庇阿斯认为，回答什么是美，什么是丑，是微不足道的小事。于是，他一连提供了五个答案："美是漂亮的小姐"，"美是黄金"，"美是物质精神的满足"，"美是恰当、有用，有益"以及"美是由视听引起的快感"云云。大智若愚的苏格拉底以雄辩的反驳，对这五种当时流行的经验主义的"美的观念"作了引人入胜的批判，从而把对美的认识由关注"美的现象"，引向思考"美的本体"。这是古希腊哲学由经验主义转向理性主义在美学中的体现。苏格拉底指出："对美的本质茫然无知，生等

263

---

① 郭绍虞：《宋诗话辑佚》(上册)，中华书局1980年版，第373页。

于死！"然而，"美是难的"[1]！为什么"美是难的"？这有两方面原因：从对象性质方面看，在纷繁多样的美的事物中求取"美的本质"是难的；从主观认识方面看，在众说纷纭的美的学说中求取"美的共识"是难的。

苏格拉底的结论是"美是难的"，因为他追问的是"美的本体"；范温的结论是"有余意之谓韵"，因为他回答的是"韵的特点"。这一区别，正显示出西方思辨理性与中国实用理性的不同。此后，中国学者对"韵"的思考，始终结合艺术创作和审美经验，从不同角度谈论"韵"的内涵、成因、表现、效果等问题，不断丰富着"韵"的理论，没有遁入"韵的本体"的形而上学玄思。

美学范畴的衍化史，是其美学内涵的诠释史，也是其理论内容的丰富史。"韵"作为一个普遍的美学范畴，从南北朝到清代的诠释史，也是其美学内涵和理论内容不断丰富的历史。对于"韵之美"的特点，钱锺书考察了前人的种种诠释后，作了这样的总结：

> 综会诸说，刊华落实，则是：画之写景物，不尚工细，诗之道情事，不贵详尽，皆须留有余地，耐人玩味，俾由其所写之景物而冥观未写之景物，据其所道之情事而默识未道之情事。取之象外，得于言表（to overhear the understood），"韵"之谓也。曰"取之象外"，曰"略于形色"，曰"隐"，曰"含蓄"，曰"景外之景"，曰"余音异味"，说竖说横，百虑一致。[2]

"韵"作为美学概念，本质上属于美感范畴。钱锺书这段话就是对"韵之美"的美感特点的描述。然而，艺术的美感效果，取决于作品的独特结构。"韵之美"作为极致之美、美的极致，从创作过程看，它是怎么生成的？从作品内在要素看，它具有哪些特点？陆时雍《诗镜总论》说："物色在点染，意态在转折，情事在于犹夷，风致在于绰约，语气在于吞

---

① 柏拉图：《文艺对话集》，朱光潜译，人民文学出版社1963年版，第178—210页。

② 钱锺书：《管锥编》（第四册），中华书局1979年版，第1358—1359页。

吐，体势在于游行，此则韵之所由生矣。"不过，陆时雍所谓"韵之所由生"的条件，主要是就以唐诗为主的抒情诗而言的。推而广之，以诗文、书画、戏曲、小说为对象，汲取历代评论家和美学家对这一问题的思考，以及当代美学家的研究成果，不妨对"韵之美"的生成根源和内在要素作这样的概括：

> 从艺术精神看，以温柔敦厚为美，不是锋芒毕露，大喜大悲；
> 从艺术形象看，以气度神韵为美，不是追求形似，精确摹仿；
> 从情感表现看，以含蓄蕴藉为美，不是快语直言，一览无余；
> 从艺术风格看，以芙蓉出水为美，不是错采镂金，雕绘满眼；
> 从创作主体看，以修辞立诚为美，不是有口无心，有艺无德；
> 从艺术欣赏看，以心灵妙悟为美，不是视听为尚，感官刺激。

当代思想史家徐复观在论述中国"艺术精神"的哲学基础时写道："中国文化中的艺术精神，穷究到底，只有由孔子和庄子所显出的两个典型。由孔子所显出的仁与音乐合一的典型，这是道德与艺术在穷极之地的统一，可以作万古的标程；但在实现中，乃旷千载而一遇。而在文学方面，则常是儒道两家，尔后又加入佛教，三者相融相即的共同活动之场。……由庄子所显出的典型，彻底是纯艺术精神的性格，而主要又是结实在绘画上面。此一精神，自然也会伸入到其他艺术部门。例如魏晋时代的音乐，也可以看作是玄学的派生子。而宋代形象素朴、柔和，颜色雅淡、简素的瓷器，在精神上是与当时的水墨山水画相通的。"[1]孔子的仁学精神和庄子的纯艺术精神，也可以说是"韵之美"的哲学基础。下面结合审美实践和艺术创造，对"韵之美"的生成根源和内在要素、对以"韵之美"为核心的中国艺术精神和中国人的审美理想作具体论述。

---

[1] 徐复观：《中国艺术精神》，商务印书馆2010年版，第6页。

二、艺术精神：温柔敦厚之美

"温柔敦厚"语出《礼记·经解》，其曰："入其国，其教可知也。其为人也，温柔敦厚，《诗》教也。"意思是说：进入一个国家，就可以看出这个国家对民众的教化怎样。观察他们的为人，温柔而厚道，是得力于《诗》的教化。

所谓"艺术精神"，是指一个民族的艺术所显示的整体的内在精神品质和所追求的价值理想。从艺术精神看，中国人以温柔敦厚为美。中国艺术在精神内容上，崇尚和追求温柔敦厚、文质彬彬的价值理想，而不是求刺激，走极端，锋芒毕露，大喜大悲。这也是"韵之美"的内容根源。

温柔敦厚既是中国人的艺术精神，也是中国人的人格理想，其核心是"和"的精神，和善、和睦、和谐、和解等等。从艺术精神的内涵看，它主要包含以下几个方面：即性格的温柔敦厚，情感的温柔敦厚，人生态度的积极乐观。

1.性格的温柔敦厚："君子比德于玉"

性格的温柔敦厚，是指文质彬彬、温润如玉的君子性格。孔子说："质胜文则野，文胜质则史。文质彬彬，然后君子。"（《论语·雍也》）

"韵之美"也就是"玉之美"。中国古人常用美玉来比喻这种文质彬彬、温柔敦厚的君子品格。如《诗经·秦风·小戎》："言念君子，温其如玉；在其板屋，乱我心曲。"这是少妇思念丈夫远征西戎的诗，意谓："想念那君子，温润如美玉"。

"君子比德于玉"的命题，《礼记·聘义》作了更精细的阐释。其曰："君子比德于玉焉。温润而泽，仁也；缜密以栗，知也；廉而不刿，义也；垂之如队（坠），礼也。叩之其声清越以长，其终诎然，乐也；瑕不掩瑜，瑜不掩瑕，忠也。""温柔敦厚"是一个内涵丰富的模糊概念，这里以玉为喻，对温柔敦厚的君子之德作了系统阐释，它至少包含三层意思：一是仁德义节；二是仪表端正；三是温和友善。

"玉"的美，既是中国人人格美的理想，也是中国人艺术美的理想。宗白华指出："中国向来把'玉'作为美的理想。玉的美，即'绚烂之极归于平淡'的美。可以说，一切艺术的美，以至于人格的美，都趋向玉的美：内部有光采，但是含蓄的光采，这种光采是极绚烂，又极平淡。"①曹雪芹《红楼梦》主人公的命名，如宝玉、黛玉、及妙玉，以玉为名，暗示了人物性格的品质，也寄托了作家的美学理想。而玉之美，绚烂之极后的平淡美，也就是"韵之美"。

2.情感的温柔敦厚："乐而不淫，哀而不伤"

情感的温柔敦厚，至少包含两层意思：一是情感的性质；二是情感的强度。

从情感的性质看，它应是优美的人性之情，而不是粗野的原始本能或兽性之情。《毛诗序》所谓："发乎情，止乎礼义"，就是指艺术应当表现优美的人性之情。美国美学家苏珊·朗格曾说："一个艺术家表现的是情感，但并不是像一个大发牢骚的政治家或是像一个正大哭的儿童所表现出来的情感……。艺术家表现的决不是他自己的真实情感，而是他认识到的人类情感"②。在这个问题上，美国现代美学家和中国古代哲人，完全可以平等对话。

从情感的强度看，它应当抑扬顿挫、哀乐适度，既不应当欢乐过分，也不应是绝望的呼号；这就是孔子所说的"乐而不淫，哀而不伤"的中和之美。《诗经·关雎》是"乐而不淫，哀而不伤"的最高典范，达到了快乐而不放纵，哀怨而不伤感的和美境界。诗中的"君子"见到"淑女"后，从"寤寐求之"的相思，到"辗转反侧"的痛苦，从"琴瑟友之"的相爱，到"钟鼓乐之"的有情人终成眷属，全诗生动展示了中国古人对美

267

---

① 宗白华:《艺境》,北京大学出版社1987年版,第327页。

② 苏珊·朗格:《艺术问题》,滕守尧译,中国社会科学出版社1982年版,第25页。

好爱情和幸福婚姻的追求和向往；同时又遵循着"发乎情，止乎礼义"的文明规范，所谓"乐而不淫，哀而不伤"。这是一种文明的爱情之歌，而不是原始的野性呼喊。

柏拉图《理想国》曾说：最美的境界应是心灵的优美与身体的谐和一致，"过度快感可以扰乱心智，正如过度痛感一样。"①中西先哲对中和之美的强调也是一致的。

3.人生态度的积极乐观：始悲终欢的大团圆

中国人温柔敦厚的性格，使之能始终以积极乐观的态度看待人生，顺境时充满忧患，逆境中决不绝望。这种积极乐观的人生态度，在中国哲学和中国文学中都有表现。

首先，老子的辩证法与乐观精神。《老子》五十八章："祸兮，福之所倚；福兮，祸之所伏。孰知其极？"在中国人看来，逆境的极点就是顺境的开始，黑夜的尽头就有曙光的出现。这种思想有两方面的来源，一是对四时循环的观察，一是对历史兴亡的总结。虽然看似朴素，其实包含一定的真理性。

其次，乐观人生与大团圆。这一点中国戏剧中表现得最明显，也是中国古代缺乏西方式悲剧的原因所在。王国维在《红楼梦评论》中最早指出这一现象："吾国人之精神，世间的也，乐天的也，故代表其精神之戏曲、小说，无往而不着此乐天之色彩。始于悲者终于欢，始于离者终于合，始于困者终于亨，非是而欲餍阅者之心难矣。若《牡丹亭》之返魂，《长生殿》之重圆，其最著之一例也。"②

以中国古代四大名剧的结局为例。《西厢记》之"庆团圞"，"愿普天下有情的人都成了眷属"；《牡丹亭》之《圆驾》，"为情而死，为情而生"；《长生殿》之《重圆》，"中秋之夕，玉妃上皇到月宫相会"；《桃花扇》之《入道》，"白骨青灰长艾萧，桃花扇底送南朝"。以上四大名剧，除《桃花

---

① 柏拉图：《文艺对话集》，朱光潜译，人民文学出版社1963年版，第64页。
② 刘刚强编：《王国维美论文选》，湖南人民出版社1987年版，第37页。

扇》外，其余三部都以不同方式的"大团圆"结束。

王国维认为关汉卿的《窦娥冤》和纪君祥的《赵氏孤儿》，"即列之于世界大悲剧中，亦无愧色"。然而，就是这两部被誉为"世界大悲剧"的作品，仍然带有大团圆的色彩。《窦娥冤》有窦娥"三桩誓愿"：血飞白练，六月飞雪，大旱三年。最后，窦娥冤魂复仇，窦父窦天章平反冤案。《赵氏孤儿》同样结束于"赵氏孤儿大报仇"。

中国古代文学中，有的作品情节原本以悲剧结局，但在流传过程中渐渐改编成了喜剧的结局。如元稹的小说《会真记》（《莺莺传》），本是以女主人公莺莺被抛弃为结局，所谓"始乱而终弃"。王实甫根据这个故事创造的戏剧《西厢记》，就成了大团圆的喜剧性结局。《醒世恒言》里有一篇小说《白娘子永镇雷峰塔》，结局是白娘子被法海压在雷峰塔下，永世不得翻身。可是在后来的戏曲里，又加了一个大团圆的结局尾，让白娘子的儿子中了状元救出母亲。

戏剧中的大团圆，正是善良乐观的民族性格和温柔敦厚的艺术精神，在最为平民化的戏剧艺术中的表现。

三、艺术形象：气度神韵之美

从艺术形象的塑造看，中国人以传达神韵为美，追求对象的神似而非形似，追求内在的神韵而非外形的精确。

1.中国美学中的形神论：形神兼备，传神为主

中国古代的形神论始于先秦，兴盛于魏晋南北朝。六朝以后，重神轻形的美学观念深入人心。且看苏轼的《书鄢陵王主簿所画折枝》：

论画以形似，见与儿童邻。赋诗必此诗，定非知诗人。

诗画本一律，天工与清新。边鸾雀写生，赵昌花传神。

何如此两幅，疏淡合精匀。谁言一点红，解寄无边春。

苏轼的这首诗是一首谈"艺术哲学"的诗,对中国古代美学中的形神论和神韵论作了诗意的阐释,对宋代以后的美学思想产生了深远的影响。

中国的神韵生动说和苏珊·朗格的生命形式说是有一致之处的。苏珊·朗格说:"你愈是深入地研究艺术品的结构,你就会愈加清楚地发现艺术结构与生命结构的相似之处,这里所说的生命结构包括着从低级生物的生命结构到人类情感和人类本性这样一些高级复杂的生命结构(情感和人性正是那些最高级的艺术所传达的意义)。"①中国艺术所要传达的气韵和神韵之韵,就是对人类情感和优美人性的传达。

2.传达神韵之美在艺术中的表现

其一,画的神韵之美:敦煌飞天与希腊爱神。

先说画史上的两个常谈。顾恺之有"点睛传神"之说。《世说新语·巧艺》曰:"顾长康画人,或数年不点目睛。人问其故,顾曰:'四体妍蚩,本无关于妙处。传神写照,正在阿堵中。'"王维有"雪中芭蕉"之画。《梦溪笔谈》曰:"书画之妙,当以神会,难可以形器求也。予家所藏摩诘画《袁安卧雪图》,有雪中芭蕉。此乃得心应手,意到便成,故造理入神,迥得天意,此难可与俗人论也。"无论顾恺之的"点睛传神"之说,还是王维的"雪中芭蕉"之画,都超越形似而追求神韵之美。

再作一点中西的比较。绘画的神韵之美,敦煌飞天与希腊爱神是一个鲜明对比:敦煌的飞天飘然欲仙,古希腊的爱神背长双翅;前者传神,后者重形。同样,中国的仕女画和写意画,西方的肖像画和故事画,都有重神韵与重形似之分。

其二,戏的神韵之美:表演的假定性与表演的逼真性。

20世纪20年代,张厚载在《我的中国旧剧观》一文中,曾用"假象会意自由时空"来概括京剧的特征。这是最早对京剧所作的界说。经过多年的探讨积累,现在人们倾向于认为京剧的表演体系可归结为虚拟性、程式化和写意型这三个基本特征。京剧的这种表演体系,与恪守"三一律"

① 苏珊·朗格:《艺术问题》,滕守尧译,中国社会科学出版社1982年版,第55页。

的古典主义戏剧体系是不同的。

《三岔口》这出京戏，并不熄掉灯光，但夜还是存在的。这里的夜并非真实的夜，而是通过演员的表演在观众心中引起虚构的黑夜，是情感思想中的黑夜。从美学上讲，这是一种"化形为神""化景物为情思"。

《梁祝相送》可以不用布景，而凭着演员的歌唱、谈话、姿态表现出四周各种多变的景致。这景致在物理学上不存在，在艺术上却是存在的，这是"无画处皆成妙境"。这不但表现出虚拟的景物，更重要的结合着表现了内在的精神。

中国戏剧表演的假定性，与西方舞台背景的写实性、"三一律"的精确性，形成一个鲜明的对照。

其三，诗的神韵之美：言外之意，韵外之旨。

崔颢《长干曲》："君家何处住？妾住在横塘。停舟暂借问，或恐是同乡。"王夫之《姜斋诗话》评曰："五言绝句，以此为落想第一义。唯盛唐人能得其妙，如'君家何处住'云云，墨气所射，四表无穷，无字处皆其意也。"钱锺书《谈中国诗》论中国诗特点："中国诗是文艺欣赏里的闪电战，平均不过二三分钟。比了西洋的中篇诗，中国长诗也只是声韵里面的轻鸢剪掠。"[1]不过，简短的诗可以有悠远的意味，收缩并不妨碍延长。

中国有最精美的抒情短诗，没有荷马式的史诗。其实，长篇诗在中国不发达的重要原因也就在于此，就在于重传神、轻形似的艺术美观念。

四、情感表现：含蓄蕴藉之美

所谓含蓄蕴藉，就是意蓄象中，含而不露。从艺术情感的表现看，中国人以含蓄蕴藉为美，以不着一字为美，反对道尽说绝，一览无余。

1.中国美学中的含蓄论：不着一字，尽得风流

中国美学中的含蓄观念源远流长，是诗文评中谈论最多的一个话题。

271

---

[1] 钱锺书：《写在人生边上的边上》，生活·读书·新知三联书店2001年版，第56页。

《老子》第五十六章："知者不言，言者不知。"《庄子·天道》："语之所贵者意也，意有所随。意之所随者，不可言传也，而世因贵言传书。"唐代司空图《诗品·含蓄》："不着一字，尽得风流，语不涉难，己不堪忧。"清代叶燮《原诗·内篇下》："诗之至处，妙在含蓄无垠，思致微渺，其寄托在可言不可言之间，其指归在可解不可解之会，言在此而意在彼，泯端倪而离形象，绝议论而穷思维，引人于冥漠恍惚之境，所以为至也。"而司空图的"不着一字，尽得风流"，可视为"含蓄"最简明的定义。

在艺术情感的表达上，重含蓄蕴藉之美，力求做到若隐若现，欲露不露，反复缠绵，终不许一语道破。所谓不着一字，尽得风流，这是中国文学和中国艺术的一个共同特点。

2.含蓄蕴藉之美在艺术中的表现

其一，诗的含蓄之美：言有尽而意无穷。

中国人对含蓄美的强调，始于中国古典诗歌。简短的诗篇要具有悠远的意味，就必须通过种种形象暗示的表现手法，使之短中见长，小中见大，言有尽而意无穷。李白诗风以豪放飘逸著称，但他的五言乐府《玉阶怨》则是含蓄美的典范：

> 玉阶生白露，
>
> 夜久侵罗袜。
>
> 却下水晶帘，
>
> 玲珑望秋月。

这是一个无言的画面：寂静的长夜，一个孤独的少女，若有所思，久久地悄立阶下，凝视秋月，直到夜色深沉，白露泠泠，侵入罗袜，才恍然醒悟。她回到屋内，放下水晶帘子，却未进寝房，仍然痴痴地站立着，透过玲珑的疏帘，凝望着高高的秋月。然而，在无言的画面后却包含着无穷的意味：也许这位幽禁深宫的女子，家中还有年迈多病的老母，在这月光如水的秋夜，她正苦苦思念着自己的亲人；也许这位痴情伫望的少女，进宫之前早已有了心上人，如今宫门深似海，只有借这洁白的秋月，遥寄一片相思之情。元代诗评家萧士赟说："太白此篇，无一字言怨，而隐然幽怨之意见于言外。"这是含蓄之美，也是"韵之美"。

古典诗歌的含蓄与白话诗的直白形成对照。以胡适的《尝试集》为标志的中国现代白话诗，其价值地位近年时时引起争论。白话诗的明白如话，缺乏含蓄蕴藉之美，是其遭到批评的重要原因。而受到赞称的现代白话诗，则恰恰是其具备了含蓄美的品质。如徐志摩的《再别康桥》和戴望舒的《雨巷》，因其幽美含蓄而成为白话诗中的经典。

中国诗的含蓄美与惠特曼的奔放美，同样形成鲜明对照。惠特曼的《草叶集》在诗歌形式方面是美国诗歌史上一次重要革新。这种被人们比做"波浪滚滚"的自由体，大量采用重叠句、平行句和夸张的形象语，具有丰富的表现力和雄辩的说服力，与诗人所要表现的博大内容是一致的。但文学史家也指出，惠特曼的重复叠句有时掌握不住分寸，令人感到烦琐冗长；同时，有一些过分的夸张，显得华而不实，还有一些抽象的议论缺乏艺术感染力。

其二，画的含蓄之美："无画处皆成妙境"。

中国画的含蓄美，在艺术表现上要求巧妙地处理虚实的关系。这就是清代笪重光《画筌》所说的"虚实相生，无画处皆成妙境"。笪重光的这句话，与司空图的"不着一字，尽得风流"，精神是一致的。"虚实相生，无画处皆成妙境"，是中国艺术普遍的表现原则。

中国画很重视空白。如南宋画家马远构图别具一格，常常只画"半边"之景，或只画一个角落而得名"马一角"，剩下的空白并不填实，是海，是天空，给人以无穷的想象空间。所谓"空白处更有意味，无画处皆成妙境。"南宋画家夏圭构图也多作"半边""一角"之景，有"夏半边"之称。马远与夏圭，后人并称为"马夏"。"马一角"和"夏半边"，后人也有认为这是为南宋偏安写照。这应是一种"沉痛"的附会。

中国书家讲究布白，要求"计白当黑"。这是"无画处皆成妙境"在书法艺术中的体现。书法的整幅结体有"分行布白"之法，即书法上安排字的点划和布置字、行之间关系的方法。字的点划有繁简，结体也有大小、疏密、斜正，故分行布白的要求，是使字的上下左右相互影响，相互联系，达到整幅呼应。

中国园林建筑注重空间布置，通过"借景"的方法产生"无画处皆成妙境"的效果。所谓"借景"，其物不在我而在他，即化他人之物为我物，巧妙地吸收到自己的园中，以增加园林的景色。明代园林建筑学家计成《园冶》对"借景"之法作了系统总结。他说："园林巧于因借"；"构园无格，借景在因"，"因者随基势高下，体形之端正，碍木删桠，泉流石注，互相借资，宜亭斯亭，宜榭斯榭，不妨偏径，顿置婉转，斯谓精而合宜者也。借者园虽别内外，得景无拘远近，晴峦耸秀，绀宇凌空，极目所至，俗者屏之，嘉者收之，不分町疃，尽为烟景，斯所谓巧而得体者也。""夫借景者也，如远借、邻借、仰借、俯借、应时而借"等等。初期"借景"，大都利用天然山水。清代钱泳《履园丛话·芜湖长春园》说，该园"赭山当牖，潭水潆洄，塔影钟声，目不暇接。"概而言之，中国园林借景之妙，要在览天地风云，收四时景色。

其三，音乐的含蓄之美："此时无声胜有声"。

音乐是声音的艺术，音乐的含蓄之美，在于巧妙地处理有声与无声的关系，以有限的停顿暗示丰富的意蕴，所谓"此时无声胜有声"。

凡是唱歌奏乐，音调宏壮急促而变到低微以至于无声的时候，我们精神上就有一种沉默渊穆和平愉快的景象。唐代大诗人白居易在《琵琶行》里形容琵琶声音暂时停顿的情境说："水泉冷涩弦凝绝，凝绝不通声暂歇。别有幽愁暗恨生，此时无声胜有声。"这就是形容音乐上无言之美的韵味。著名英国诗人济兹在《希腊花瓶歌》诗中也说："听得见的声调固然幽美，听不见的声调尤其幽美"，说的是同样的道理。

其四，小说戏剧的含蓄之美：婉而多讽与潜台词。

中国古典小说的含蓄美，至少表现在两个方面：一是作者的"婉而多讽"；一是人物的欲言又止。

吴敬梓的《儒林外史》是一部著名的讽刺小说，它的讽刺手法就十分惋转而含蓄。作者的褒贬和爱憎不是直接表露出来，而是寄寓在具体的细节场面描写之中。鲁迅说《儒林外史》："婉而多讽"。这个"婉"字，就是指它的含蓄性。例如，范进守孝时吃大虾元子的一段描写，就是"无一贬辞，而情伪毕露，诚微辞之妙选，亦狙击之棘手矣。"再如，严监生临死之时伸着两个指头，总不肯断气的经典细节，也是作者婉而多讽之一例。

曹雪芹的《红楼梦》是一部伟大的爱情小说，所谓"大旨谈情"。贾宝玉、林黛玉和薛宝钗三人之间的情感纠葛是全书主线。然而作者写林黛玉的爱情心理，常常是欲言又止，极其微妙。虽"大旨谈情"，但全书没有一句"我爱你"，即使在最蔑视传统礼法的贾宝玉口中，也未说出这句话，致使令西方读者难以理解。

中国戏剧中的含蓄美，主要表现为人物对话多含潜台词。传统戏曲《梁山伯与祝英台》中的"十八相送"，现代话剧《家》中的鸣凤与觉慧最后诀别的场面，都是运用潜台词而具有含蓄之美的范例。如杏桥主人著《新编东调大双蝴蝶》写"梁祝故事"，第十回"梁山伯依依十送，祝英台耿耿伤心"，有一曲祝英台的唱词，句句深情蜜意，一语双关，极富韵味：

鸿雁双双甚渺茫，鸳鸯对对宿池塘。

壁上秋虫声卿卿，水中比目入汪洋。

人间夫妇如鱼水，天仙织女会牛郎。

愚弟与兄同一处，今朝分手走羊肠。

梁山伯听罢答道："贤弟之言，愚兄不解其意。"其实舞台下的观众，人人都知其情。含蓄的潜台词，虚虚实实，有无相生，令观众兴味无穷。

275

第十二章 「韵」与中国人的审美理想

五、艺术风格：芙蓉出水之美

　　"芙蓉出水"是个隐喻，来源于李白的诗《赠江夏韦太守》："览君荆山作，江鲍堪动色。清水出芙蓉，天然去雕饰。"它喻指清新真率，天趣自然的艺术风格。从艺术风格看，中国人崇尚天真自然的芙蓉出水之美，反对雕绘满眼的错采镂金之美。这是"以韵为美"在风格上的体现。

　　1.中国美学论芙蓉出水之美："信言不美，美言不信"

　　道家美学，最为崇尚自然之美。《老子》第八十章："信言不美，美言不信。善者不辩，辩者不善。知者不博，博者不知。"《老子》第二十五章："人法地，地法天，天法道，道法自然。"《淮南子·说山训》："求美则不得美，不求美则美矣。求丑则不得丑，求不丑则有丑矣，不求美又不求丑，则无美无丑矣，是谓玄同。"文评与诗品，同样崇尚自然。陆游《文章策》诗曰："文章本天成，妙手偶得之。"陆游《读近人诗》诗曰："琢雕自是文章病，奇险尤伤气骨多。君看大羹玄酒味，蟹螯蛤柱岂同科。"从哲人到诗人，中国美学都强调自然平淡的芙蓉出水之美。

　　中国艺术美的风格是多样的，从艺术史角度看，它经历了由强调"错采镂金"到崇尚"芙蓉出水"的过程。这实质上是从华丽的"贵族美"向内敛的"文人美"转化的过程。春秋战国时代，随着物质生产水平和工艺技术水平的提高，王宫贵族家中的青铜器物和祭祀礼器，其艺术风貌一改西周的朴实平易，无不精雕细刻，镂金错彩，奢侈豪华，强烈显示出摆脱实用束缚，追求审美观赏的倾向。隋唐以后，随着平民知识分子社会地位和政治地位的提高，体现平民知识分子审美理想的芙蓉出水之美逐渐占据主导地位。芙蓉出水之美出自文人素朴的书房，错采镂金之美则出自贵族华丽的客厅。从比较美学角度看，"错采镂金"之美，类似西方艺术中的巴洛克风格；而"芙蓉出水"之美，则类似法国启蒙思想家卢梭所崇尚的自然主义。

艺术美的各种要素不是相互分裂的，而是一个有机统一的浑然整体。天真自然的芙蓉出水之美，同温柔敦厚的艺术精神、传达神韵的艺术形象和含蓄蕴藉的情感表达是相一致的，是特定的精神内容的外在表现形态。清代朱庭珍《筱园诗话》精辟阐释了二者的内在联系："盖自然者，自然而然，本不期然而适然得之，非有心求其必然也。此中妙谛，实费功夫。盖根底深厚，性情真挚，理愈积愈精，气弥炼而弥粹。酝酿之熟，火色俱融；涵养之纯，痕迹进化。天机洋溢，意趣活泼，诚中形外，有触即发，自在流出，毫不费力。故能兴象玲珑，气体超妙，高浑古淡，妙合自然，所谓绚烂之极，归于平淡是也。"[①]有了内在的真挚性情和活泼意趣，方可能妙手偶得，自然天成。

"芙蓉出水"的自然平淡之"淡"，不是淡而无味之淡，而是淡而弥旨的"冲淡"之淡。司空图《诗品·冲淡》曰：

> 素处以默，妙机其微。饮之太和，独鹤与飞。
>
> 犹之惠风，荏苒在衣。阅音修篁，美曰载归。
>
> 遇之匪深，即之愈稀。脱有形似，握手已违。

前人评《冲淡》曰："冲而弥和，淡而弥旨。"又曰："此格陶元亮居其最。唐人如王维、储光羲、韦应物、柳宗元亦为近之，即东坡所称'质而实绮，癯而实腴，发纤秾于简古，寄至味于淡泊'。要非情思高远，形神萧散者，不知其美也。"[②]要之，司空图的"冲淡"说，对于全面理解艺术诸要素的内在统一性，极有帮助。

2.芙蓉出水之美在艺术中的体现

其一，诗风的芙蓉出水之美："好诗如弹丸脱手"。

艺术风格崇尚芙蓉出水之美，首先体现在诗歌创作中。诗人们反对雕

---

① 郭绍虞选编：《清诗话续编》(四)，上海古籍出版社1983年版，第2341页。
② 司空图著、郭绍虞集解：《诗品集解》，人民文学出版社1981年版，第5页。

琢的廊庙体，崇尚自然的文人诗。《南史·颜延之传》："延之尝问鲍照，己与谢灵运优劣。照曰：'谢公诗如初发芙蓉，自然可爱。君诗如铺锦列绣，亦雕缋满眼。'延年终身病之。"颜延之和谢灵运的区别，就是贵族美与文人美、廊庙体与文人诗的区别。

谢灵运、陶渊明、李白、杜甫的诗作，因此受到历代读者的高度评价。谢灵运《登池上楼》："池塘生春草，园柳变鸣禽。"无所用意，猝然与景相通。陶渊明《归园田居·其三》："种豆南山下，草盛豆苗稀。晨兴理荒秽，戴月荷锄归。道狭草木长，夕露沾我衣；衣沾不足惜，但使愿无违。"眼前景，口头语，信手写出，天然本色。元好问《论诗绝句三十首》评陶渊明名句："一语天然万古新，豪华落尽见真淳。"杜甫《水槛遣心二首》："细雨鱼儿出，微风燕子斜"；《曲江二首》："穿花蛱蝶深深见，点水蜻蜓款款飞"；《江畔独步寻花·其五》："桃花一簇开无主，不爱深红爱浅红"。宋人叶梦得《石林诗话》在称赞杜甫《曲江二首》诗后写道："使晚唐诸子为之，便当如'鱼跃练波抛玉尺，莺穿丝柳织金梭'体矣。"晚唐人的这两句诗，便是雕琢之体。

中国诗歌的风格有时代差异。明人胡应麟借用上面的隐喻，对唐、宋、元三代诗风作了这样的区分："唐人诗如初发芙蓉，自然可爱。宋人诗如披沙拣金，力多功少。元人诗如镂金错采，雕缋满前。三语本六朝评颜谢诗，以分隶唐、宋、元人，亦不甚诬枉也。"①胡应麟的评语颇为独到，较准确概括了唐、宋、元三代诗歌创作的特色。

其二，文风的芙蓉出水之美："美文如行云流水"。

中国古代文章的语体，经历了六朝骈体向唐宋散体的发展。从文体风格看，前者雕琢，后者自然；前者有严格要求，后者打破一切束缚；前者以错采镂金为美，后者以芙蓉出水为美。

汉魏六朝的赋和文都用骈偶体，以四六句式为主，所以又称为"四六文"。骈体文的要求是：语言对偶，四六句式，音韵声律，用典藻饰，诚

---

① 胡应麟：《诗薮》，上海古籍出版社1979年版，第234页。

可谓铺锦列绣，雕绘满眼。这种文体和文风一直延续到初唐。

王勃《秋日登洪府滕王阁饯别序》，写滕王阁及四周景象一节，是华丽风格的典型一例：

> 时维九月，序属三秋。潦水尽而寒潭清，烟光凝而暮山紫。俨骖
> 𬴊于上路，访风景于崇阿。临帝子之长洲，得仙人之旧馆。层峦耸
> 翠，上出重霄，飞阁流丹，下临无地。鹤汀凫渚，穷岛屿之萦回；桂
> 殿兰宫，列冈峦之体势。披绣闼，俯雕甍。山原旷其盈视，川泽盱其
> 骇瞩；闾阎扑地，钟鸣鼎食之家；舸舰迷津，青雀黄龙之轴。虹销雨
> 霁，彩彻云衢。落霞与孤鹜齐飞，秋水共长天一色。渔舟唱晚，响穷
> 彭蠡之滨；雁阵惊寒，声断衡阳之浦。①

《滕王阁序》是骈文史上的名篇，词语华美，佳句迭出。"落霞与孤鹜齐飞，秋水共长天一色""渔舟唱晚，响穷彭蠡之滨；雁阵惊寒，声断衡阳之浦"等，脍炙人口，千古流传。一篇《滕王阁序》不足千言，成语就有四十多个。然而，文章风格确乎铺锦列绣，雕绘满眼，是一种华丽的美，而非平淡的美。

从中唐延续到宋代的古文运动，世称"唐宋古文运动"，主张废除雕琢的骈体，恢复自然的古文体，文风为之一变。苏轼是"唐宋八大家"之一，也是中国散文史上的一代大家。苏轼在散文理论和散文创作上，都作出了突出的贡献。

先看苏轼的散文理论。《文说》有曰："吾文如万斛泉源，不择地而出，在平地滔滔汩汩，虽一日千里无难。及其与山石曲折，随物赋形而不可知也。所可知者，常行于所当行，常止于不可不止，如是而已矣。"《答谢民师书》有曰："所示书教及诗赋杂文，观之熟矣，大略如行云流水，初无定质，但常行于所当行，常止于不可不止，文理自然，姿态横生。"

---

① 此段文字有诸多版本，这里引自《古文观止》，故不再改动。

从此，"如行云流水"，成为"美文"的最高评语。

再看苏轼的散文佳作。《赤壁赋》首段："壬戌之秋，七月既望，苏子与客泛舟游于赤壁之下。清风徐来，水波不兴。举酒属（zhǔ主）客，诵明月之诗，歌窈窕之章。少焉，月出于东山之上，徘徊于斗牛之间。白露横江，水光接天。纵一苇之所如，凌万顷之茫然。浩浩乎如冯（凭）虚御风，而不知其所止；飘飘乎如遗世独立，羽化而登仙。"苏轼此文由律赋而变为散文赋，兼具诗、文之长，融抒情、叙事、写景、说理于一炉，是传世名篇。再如《记承天寺夜游》：

> 元丰六年十月十二日夜，解衣欲睡；月色入户，欣然起行。念无与乐者，遂至承天寺，寻张怀民。怀民亦未寝，相与步于中庭。庭下如积水空明，水中藻、荇交横，盖竹柏影也。何夜无月，何处无竹柏，但少闲人如吾两人者耳。

这是"游记"的全文，仅八十五个字，诚所谓"如行云流水，初无定质，但常行于所当行，常止于不可不止"。前人评曰："仙笔也。读之觉玉宇琼楼，高寒澄澈。"

苏轼行云流水般的文风，广受读者喜爱，对后世的影响更大。陆游《老学庵笔记》写道："建炎以来，尚苏氏文章，学者翕然从之，而蜀士尤盛。亦有语曰：'苏文熟，吃羊肉；苏文生，吃菜羹。'"

其三，画风的芙蓉出水之美：韵味幽淡的文人画。

中国山水画派仿照佛教禅宗，有南北宗派之分。北宗着色山水，金碧辉映；南宗水墨渲染，韵味幽淡。对这两派画风，历代中国文人更倾向于韵味幽淡的南宗画，而不是金碧辉映的北宗画。

董其昌《画旨》论南北宗及"渲淡之法"：

> 禅家有南北宗，唐时始分；画之南北宗，亦唐时分也，但其人非南北耳。北宗则李思训父子着色山水，流传而为宋之赵幹、赵伯驹、

伯骕，以及马、夏辈；南宗则王摩诘始用渲淡，一变钩斫（zhuó）之法。其传为张璪、荆、关、董、巨、郭忠恕、米家父子，以至元之四大家。亦如六祖之后有马驹、云门、临济，儿孙之盛，而北宗微矣。要之，摩诘所谓云峰石迹，迥出天机；笔意纵横，参乎造化者。东坡赞吴道子、王维画，亦云："吾于维也无间然。"知言哉。

文人之画，自王右丞始。这里所说的"王摩诘始用渲淡，一变钩斫之法"，徐复观作了这样的解释："所谓渲淡，是用墨渲染为深浅的颜色，以代替青绿的颜色；而这种深浅的颜色，对墨的本色而言，都是以淡为主。这样便扬弃了刚性积成的量块的线条（这被认为是钩斫之法），并表现出了山形的阴阳向背，这是水墨画在技巧上的基本作用"[1]。显然，渲淡之法更求自然本色，而钩斫之法更讲人工笔力。

欧阳修推崇的"萧条澹泊"之境，亦属文人画传统，后人视为画之逸品：

> 萧条澹泊，此难画之意，画者得之，览者未必识也。故飞走迟速，意近之物易见，而闲和严静，趣远之心难形。（《试笔》）

中国文人画家以"萧条澹泊、荒寒简远"为山水画的最高境界。这种境界实质是含蓄蕴藉、自然天真的芙蓉出水之美在画中的体现，也被称为画之逸品。

欧阳修标举的这种画境，为后人反复强调。明代李日华《紫桃轩杂缀》："绘事必以微茫惨澹为妙境，非性灵阔彻者未易证入，所谓气韵必在生知，正在此虚澹中所含意多耳。其他精刻逼塞，纵极功力，于高流胸次间何关也。"微茫虚澹与精刻逼塞形成鲜明对照。清代邵梅臣《画耕偶录》："萧条淡漠，是画家极不易到工夫，极不易得境界。萧条则会笔墨之趣，淡漠则得笔墨之神。"清代恽寿平《南田画跋》："如此荒寒之境，不见有笔墨痕，令人可思。"《欧香馆集卷十二·画跋》："画家尘俗蹊径，尽

---

[1] 徐复观：《中国艺术精神》，商务印书馆2010年版，第376页。

为扫除；独荒寒一境，真元人神髓。所谓士气逸品，不入俗目，惟识真者，乃能赏之。"

诗尚冲淡，文尚行云，画尚渲淡。要之，均为自然天真的芙蓉出水之美在诸艺术门类中的体现。

3. 从平淡美到眩惑美：艺术与广告

如果说芙蓉出水的平淡美是纯艺术所崇尚的风格，那么错采镂金的眩惑美，则成为今天大众文化或商业文化所崇尚的风格。

"眩惑美"是王国维提出的概念。"眩惑"不同于"优美"，也不同于"古雅"，不是给人以纯粹的美感，而是以炫目的色彩，诱惑人的感性欲望。王国维说："夫优美与壮美皆使吾人离生活之欲而入于纯粹之知识。若美术中而有眩惑之原质乎，则又使吾人自纯粹之知识出，复归于生活之欲。……吾人欲以眩惑之快乐医人世之苦痛，是犹欲航断港而至海、入幽谷而求明，岂徒无益，而又增之。"[1]王国维的"眩惑"说，渊源于叔本华的"媚美"说。叔本华说："媚美却是将鉴赏者从任何时候领略美都必须的纯粹观赏中拖出来，因为这媚美的东西由于（它是）直接迎合意志的对象必然地要激动鉴赏者的意志，使这鉴赏者不再是'认识'的纯粹主体，而成为有所求的，非独立的欲求的主体了。"[2]追根溯源，无论王国维的"眩惑"说，还是叔本华的"媚美"说，都是基于康德审美非功利性的诠释和发挥。"韵之美"，就是非功利、非概念的纯粹美。

当代大众文化或商业文化的风格，不是"芙蓉出水"之美，而是"错采镂金"之美；不是精神性的超越美，而是煽情性的眩惑美。广告的设计，更是以"媚惑"为美，以"眩惑"为美。每一则媚惑的广告，都是一把欲望的扇子。与风格的眩惑性相联系，在表现技巧上便是煽情主义盛行。大众文化在眩惑的风格和煽情技巧的背后，便是一个商业动机。

---

① 刘刚强编：《王国维美论文选》，湖南人民出版社1987年版，第32页。

② 叔本华：《作为意志和表象的世界》，石冲白译、杨一之校，商务印书馆1997年版，第289—290页。

一个以错采镂金为美的商业文化时代，更需要人们以一种宁静的心境，去细细欣赏以自然天真、萧条淡泊为美的东方古典艺术。

六、创作与欣赏："修辞立诚"与"心灵妙悟"

中国传统艺术"以韵为美"的特点，对艺术创作和艺术欣赏提出了相应的要求：从艺术创作看，必须"修辞立诚"和"涤除玄鉴"，而不是有口无心，有艺无德；从艺术欣赏看，诉诸心灵妙悟和潜移默化，而不是视听刺激，求一时快感。

1.创作：修辞立诚与涤除玄鉴

其一，"修辞立其诚"：高尚的人格。

"修辞立其诚"是儒家美学的重要观点。《周易·乾卦·文言》曰："子曰：'君子进德修业。忠信，所以进德也；修辞立其诚，所以居业也。'"孔子说，这是譬喻君子要增进美德、营修功业。忠诚信实，就可以增进美德；修饰言辞出于诚挚的感情，就可以积蓄功业。

"修辞立其诚"要求艺术家人格高尚，情感真挚，认为艺术家只有"诚心诚意"，才能创造出伟大的作品，才能使作品具有温柔敦厚之美。简言之，"修辞立其诚"强调"艺品出于人品"：诗品出于人品，词品出于人品，书品出于人品，画品出于人品。

中国美学特别强调修辞立其诚，强调德艺双馨。因此对一些有口无心、有艺无德的艺术家评价极低。西晋诗人潘岳是个显例。元好问《论诗三十首·之六》：

心画心声总失真，文章宁复见为人。

高情千古《闲居赋》，争信安仁拜路尘。

潘岳的为人，《晋书·潘岳传》有这样的记载："字安仁，……岳性轻躁，趋世利。与石崇等诌事贾谧，每候其出，与崇辄望尘而拜。……既仕宦不达，乃作《闲居赋》。"元好问的这首论诗诗，就是这段记载的櫽栝。

儒家"修辞立其诚"与歌德"雄伟人格"说可以相互照明。歌德有句名言："如果想写出雄伟的风格，他也首先就要有雄伟的人格。"①儒家的"修辞立其诚"与歌德的"雄伟的人格"说，基本上是一致的。歌德解释说："一般说来，作者个人的人格比他作为艺术家的才能对听众要起更大的影响。拿破仑谈到高乃依时说过，'假如他还活着，我要封他为王！'……拉封丹也受法国人的高度崇敬，但并不是因为他的诗的优点，而是因为他在作品中所表现的人格的伟大。"②只有真诚的心态和雄伟的人格，才能赋予作品无穷的韵味和雄伟的风格。

其二，"涤除玄鉴"：超功利理性直观。

"涤除玄鉴"是中国道家的美学观点。《老子》第十章："涤除玄鉴，能无疵乎？"意思是说，洗清杂念而深入观照，能没有瑕疵吗？"涤除玄鉴"意谓洗清杂念，摒除妄见，而返自观照内心的本明。

"涤除玄览"的命题包含两层含义，这两层含义对中国古典美学都有重要影响。第一层含义是把观照"道"作为认识的最高目标。"玄鉴"就是对道的观照。第二层含义是要求人们排除主观欲念和主观成见，保持内心的虚静。《老子》第十六章："致虚极，守静笃。万物并作，吾以观复。"意谓人心只有保持虚静的状态，才能观照宇宙万物的变化及其本原。

到魏晋南北朝时期，"涤除玄鉴"的命题被美学家直接用到艺术创作中，强调虚静的心境对创造伟大作品的重要性。陆机《文赋》："伫中区以玄览，颐情志于典坟。"意谓在创作前，要以虚静的心境长久地伫立在天地间深刻观察，在古代典籍中任情潜化。刘勰《文心雕龙·神思》："是以陶钧文思，贵在虚静；疏瀹五藏，澡雪精神。"进一步强调虚静心境对艺术构思的重要性。

老子的"涤除玄鉴"与康德的超功利理性直观也可以相互照明。老子

---

① 爱克曼辑录：《歌德谈话录》，朱光潜译，人民文学出版社1982年版，第39页。
② 爱克曼辑录：《歌德谈话录》，朱光潜译，人民文学出版社1982年版，第38页。

的"涤除玄鉴"实质上是一种超功利的理性直观，这是审美所具有的重要特征，同康德所说的审美的非概念和非功能性是一致的。康德在"美的分析"中强调："那规定鉴赏判断的愉悦是不带任何利害的"，指出"每个人都必须承认，关于美的判断只是混杂有丝毫的利害在内，就会是很有偏心的，而不是纯粹的鉴赏判断了。我们必须对事物的实存没有丝毫倾向性，而是在这方面完全抱无所谓的态度，以便在鉴赏的事情中担任评判员。"①

与"涤除玄鉴"直接相关，老子反复赞美天真无邪的婴儿。《老子》第二十八章："常德不离，复归于婴儿。"《老子》第五十五章："含德之厚，比于赤子。"明代的李贽、袁宏道等人对"赤子之心"的强调，就渊源于老子。德国美学家席勒指出："在趣味的领域内，即使是最伟大的天才也必须放弃他那至高无上的威严，亲切地俯就儿童的童心"②席勒同样认为，艺术家只有彻底超越利害观念，具有一颗纯洁无邪的"儿童的童心"，才能真正创造出伟大的作品。

2.欣赏：心灵妙悟与人格塑造

中国艺术一方面以表现性的诗、书、画为核心，另一方以传神、含蓄、自然、冲淡为美，亦即"以韵为美"。艺术形态和美学原则的这一特点，使之在欣赏过程中直接诉诸观赏者的心灵妙悟，而不是视听感官的刺激，经过潜移默化的陶冶，塑造出温柔敦厚的人格。

其一，心灵妙悟：以禅喻诗。

古希腊的建筑、雕塑、绘画和戏剧，奠定了西方艺术的基础传统，对这类造型性艺术的欣赏，以视听为主。西方美学家无不认为，视觉和听觉是最重要的审美感官。文艺复兴时期，视觉被认为是最高贵的审美感官。达·芬奇《画论》说："如果诗人通过耳朵来服务于知解力，画家就是通过眼睛来服务于知解力，而眼睛是更高贵的感官。"③启蒙运动之后，视觉

285

① 康德：《判断力批判》，邓晓芒译，人民文学出版社2002年版，第38—39页。
② 席勒：《审美教育书简》，冯至、范大灿译，北京大学出版社1985年版，第153页。
③ 戴勉编译：《芬奇论绘画》，人民美术出版社1979年版，第23页。

和听觉一视同仁。黑格尔说："艺术感性事物只涉及视听两个认识性的感觉，至于嗅觉，味觉和触觉则完全与艺术欣赏无关。"①

中国艺术由于艺术门类的特点和对艺术美的独特追求，在欣赏过程中更少诉诸感性的视听感官，更多地诉诸人们的心灵妙悟。中国美学中的"以禅喻诗"说，正揭示了审美过程中的这一特点。严羽《沧浪诗话·诗辨》说："大抵禅道惟在妙悟，诗道亦在妙悟。……惟悟乃为当行，乃为本色。然悟有浅深，有分限，有透彻之悟，有但得一知半解之悟。"严羽的"通禅于诗"的妙悟说，包含丰富的涵义，贯穿艺术活动的各个环节。钱锺书作了精彩的阐发：

> 沧浪别开生面，如骊珠之先探，等犀角之独觉，在学诗时功夫之外，另拈出成诗后之境界，妙悟而外，尚有神韵。不仅以学诗之事，比诸学禅之事，并以诗成有神，言尽而味无穷之妙，比于禅理之超绝语言文字。他人不过较诗于禅，沧浪遂欲通禅于诗。②

根据钱锺书的阐释，严羽"禅道惟在妙悟，诗道亦在妙悟"的内涵，可细析为三个层次，即妙悟、神韵、滋味："妙悟"，作诗之参悟工夫；"神韵"，成诗之神韵境界；"滋味"，吟诗之心灵启迪。而妙悟、神韵、滋味，也是"韵之美"从创造、作品到欣赏的三个层次、三个阶段。

其二，以美育代宗教："心的陶冶"。

徐复观认为："中国文化最基本的特性，可以说是'心的文化'。……中国文化认为人生价值的根源即是在人的自己的'心'。"③借言之，中国艺术最基本的特性，也可以说是"心的艺术"：源自诗心，诉诸人心，陶冶仁心。

现代美学家根据中国艺术的这一特性——"心的艺术"，提出了"以

---

① 黑格尔：《美学》（第一卷），朱光潜译，商务印书馆1979年版，第48页。
② 钱锺书：《谈艺录》（修订本），中华书局1984年版，第258页。
③ 徐复观：《中国思想史论集》，上海书店出版社2004年版，第211页。

美育代宗教"的命题。西方人以宗教拯救心灵，中国人以审美陶冶心灵。这是中西文化的一大特点，也是"罪感文化"和"乐感文化"的差异所在：

西方：原罪观——上帝拯救灵魂：宗教信仰，回归天国。

中国：性善说——人人皆可为尧舜：礼乐文化，活在人间。

"以美育代宗教"的命题，是现代大教育家蔡元培提出来的。蔡元培在《以美育代宗教说》一文中，从宗教中抽取其情感作用的美感因素，发现其与艺术本质的一致性，从而提出以美育代宗教的观点。他写道："要之美学之中，其大别为都丽之美，崇宏之美（日本人译言优壮美），而附丽于崇宏之悲剧，附丽于都丽之滑稽，皆足以破人我之见，去利害得失之计较。则其明以陶养性灵，使之日进于高尚者，固已足矣。"[1]孔子就是一个"美育主义"者。孔子的教育，就是"始于美育，终于美育"[2]。因此，从儒家的"诗教"传统到现代的"以美育代宗教"，其文化精神和哲学基础是一脉相承的；从温柔敦厚的艺术精神到陶冶温柔敦厚的仁爱之心，在理论和实践上也是内在一致的。

现代美学家邓以蛰论赏画的"气韵生动"时，提出了著名的"三心为一心"之说："若乃画理，则当立于艺术之外观吾人之明赏、妙得可也。赏者何？得者何？曰：气韵而已矣。古人画家者流果期期以天地之心，画者之心，鉴者之心为一心，求其画逼近于此心，方号成功。此心为何？吾犹曰：气韵生动是也。"[3]所谓气韵生动的"三心为一心"可作这样的理解：中国人"以韵为美"的艺术，源于"天地之心"，诉诸"观者之心"，陶冶"气韵生动"的"艺术之心"。邓以蛰的"三心为一心"与范温的"韵者美之极"，遥相呼应，可视为是超越时空的美学对话，从不同角度阐释了中国人"以韵为美"的美学理想。

---

[1] 蔡元培：《蔡元培美学文选》，北京大学出版社1983年版，第72页。

[2] 刘刚强编：《王国维美论文选》，湖南人民出版社1987年版，第6页。

[3]《邓以蛰全集》，安徽教育出版社1998年版，第224页。

第十三章

《论语》：中国人思想的总源泉

《论语》是中国人思想的总源泉，《三字经》是中华文化的微型百科，《弟子规》是礼仪之邦的为人之道，《幽梦影》是华夏诗国的诗性格言。阅读这四部不同层次、不同形态的文化经典，可以在与先贤的直接对话中，更亲切地感受中国人文学的精神要义。

《论语》是至善之境，是智慧之源，是国学之魂，是两千年来中国人思想的总源泉。西汉以来，《论语》是每个读书人一生必读之书。今天，《论语》仍是每个中国人第一部必读之书。《论语》全书20篇，500章，11700余言，篇幅不大。但是，今天的人们要读完《论语》，读懂《论语》，并非易事。本章先谈《论语》的诞生，再谈阅读《论语》的意义和读法，着重讨论《论语》的四种读法。

一、《论语》是中国人第一部必读之书

（一）《论语》的诞生

读其书，不知其来历，可乎？《论语》是怎么诞生的？这是阅读《论语》应当具备的知识。班固《汉书·艺文志》说：

《论语》者，孔子应答弟子、时人及弟子相与言而接闻于夫子之
语也。当时弟子各有所记，夫子既卒，门人相与辑而论纂，故谓之
《论语》。

　　这是学术史上阐述《论语》诞生最权威的文字，对《论语》的内容、
成书及书名等问题作了简要回答。

　　第一，《论语》的内容。《汉书·艺文志》说："《论语》者，孔子应
答弟子、时人及弟子相与言而接闻于夫子之语。"换言之，《论语》是一部
记载孔子"应答"弟子等人的"对话集"。具体内容，可分三类：一是孔
子应答弟子之语。如《学而·第15章》，是孔子与弟子子贡关于"贫与
富"的一段著名对话；二是孔子应答时人之语。如《为政·第20章》，季
康子问孔子如何"使民敬、忠以劝"。季康子是鲁哀公时的正卿，当时政
治上最有权力的人物。孔子的回答，体现了儒家温情脉脉的德政理想。三
是"弟子相与言而接闻于夫子之语"，即弟子们记录或追记直接听闻的孔
子语录。《论语》中没有对话情境和应答对象，只有"子曰云云"的即属
此类，这一类为数最多。人的言语和行事是不可分的。《论语》既记录孔
子的言语，也记录孔子的行事。《乡党》一篇最为典型，孔子的衣食住行、
待人接物、个性爱好，尤其是各种场合的神态举止，表现得栩栩如生。此
外，《论语》还记载了孔子若干弟子的言行。如《学而》篇共16章，其中
4章是有子、曾子和子夏的话。总之，《论语》一书，主要是记载孔子的言
语行事，同时也记载了孔子若干弟子的言行。

　　第二，《论语》的成书。《论语》的成书，包括纂辑之人和成书时代。
《汉书·艺文志》说："当时弟子各有所记，夫子既卒，门人相与辑而论
纂。"据此，班固认为《论语》直接编成于孔子弟子之手。但后人有不同
看法，如郑玄认为是孔子弟子仲弓、子游、子夏编撰；唐柳宗元《论语
辨》认为是曾子的弟子所作；宋程颐认为成于有子、曾子的门人。现代学
者经过考辨，较一致的看法认为，《论语》是孔门弟子及再传弟子共同编

辑的。至于《论语》的成书，大致在战国初期。为什么？杨伯峻说："《论语》书中记到了孔子晚年最年轻学生曾参的死，又记着曾参对鲁国孟敬子一段对话（《泰伯篇》）。'敬'是谥号，当时人死了才给谥号。孟敬子肯定死在战国初期，那么，《论语》的编辑成书大概在战国初期，即公元前四百年左右。"①合而言之，《论语》是孔子的言行录，采辑了孔门弟子及再传弟子的记录或追记，于战国初期纂辑而成，时距孔子去世七十多年。

第三，《论语》的书名。"论语"之名，初见于《礼记·坊记》："子云：君子弛其亲之故而敬其美。《论语》曰：'三年无改于父之道，可谓孝矣。'"为何称"论语"，说法不同，今引三家，以供参考。杨伯峻《论语译注导言》引《汉书·艺文志》并引《文选辨命论注》语"昔仲尼既殁，仲弓之徒追论夫子之言，谓之《论语》"后，得出两点结论：（1）"论语"的"论"是"论纂"的意思，"论语"的"语"是"语言"的意思，"论语"就是把"接闻于夫子之语""论纂"起来的意思。（2）"论语"的名字是当时就有的，不是后来别人给他的。②赵纪彬《论语新论导言》说："'论'字有'整理''撰次'等义；'语'字谓'二人相等而说'，有'论难''答述'等义；就字面直译，论语就是经过整理、撰次的对话，也就是'对话集'之义。"③李泽厚《论语今读》认为：赵氏之说，"其实望文生义，'论语'者，译为'讨论的话语'，亦无不可。"④以上三家，各圆其说。要言之，"论语"是一种"讨论的话语"，一部语录体的"对话集"。

第四，《论语》的版本。据《汉书·艺文志》，《论语》传到汉代有三个版本：一是《鲁论语》20篇；二是《齐论语》22篇，比《鲁论语》多出《问玉》《知道》两篇；三是《古论语》21篇，没有《问玉》《知道》两篇，但把《尧曰篇》"子张问"另分为一篇，于是有两个《子张篇》。总的来

---

① 杨伯峻：《经子浅谈》，中华书局2016年版，第79页。
② 杨伯峻：《论语译注》，中华书局1980年版，第25页。
③ 赵纪彬：《论语新论·导言》，《中国哲学》（第十辑），生活·读书·新知三联书店1983年版。
④ 李泽厚：《论语今读》，生活·读书·新知三联书店2008年版，第27页。

说，三个版本，大同小异。《论语》版本的分合过程，马培棠《国故概要》有简要描述："西汉之末，有安昌候张禹，本受《鲁论》，晚讲《齐论》，后合而考之。删《齐论》之《问玉》《知道》，从《鲁论》二十篇，号《张侯论》。此《论语》第一次改订也。东汉末，郑玄又就《鲁论》篇章，考之《齐》《古》而为之注。此《论语》第二次改订也。第二次改订本，即现行《论语》之来源。"①今天能见到的最古的《论语》读本，是收入《十三经注疏》中，以"第二次改订本"为基础，由魏何晏集解、宋邢昺义疏的《论语注疏》。

（二）读《论语》，学什么？

孔子是中国古代最伟大的思想家，在中国文化史上具有最崇高的地位，受到历代中国人的崇敬。《论语·子罕篇》颜渊叹曰："仰之弥高，钻之弥坚。瞻之在前，忽焉在后。夫子循循然善诱人。"司马迁《孔子世家》赞曰："高山仰止，景行行止；虽不能至，心向往之。"宋代无名氏诗曰："天不生仲尼，万古如长夜。"②梁启超说："《论语》为二千年来国人思想之总源泉。"③从颜渊到梁启超，无不表达了前人对孔子的无比崇敬之情，称颂了《论语》在中国思想史上的巨大价值。

读《论语》，中国已有两千五百年的历史。不同时代的读者，可谓仁者见仁，智者见智，少有少的收获，老有老的感悟。今天读《论语》，我们学什么？我人为，它至少有三重价值，可以用三句话来概括：

> 《论语》是至善之境，读《论语》，为生命铺下一道崇高的精神底色；

> 《论语》是智慧之源，读《论语》，为人生开辟一条坦荡的成功

291

---

① 转引陈国庆：《汉书艺文志注释汇编》，中华书局1983年版，第76页。

② 北宋唐庚《唐子西文录》有一则记载："蜀道馆舍壁间题一联云：'天不生仲尼，万古如长夜。'不知何人诗也。"见何文焕辑：《历代诗话》（上），中华书局1981年版，第446页。

③ 梁启超：《饮冰室书话》（周岚、常弘编），时代文艺出版社1998年版，第253页。

之路；

　　《论语》是国学之魂，读《论语》，为学问打下一座厚实的文化根基。

　　《论语》是至善之境。"子曰：朝闻道，夕死可矣"（《里仁》），这是追求真理的至境；"子曰：三军可夺帅也，匹夫不可夺志也"（《子罕》），这是道德人格的至境；"子曰：'《关雎》，乐而不淫，哀而不伤"（《八佾》），这是审美理想的至境。一部《论语》，以"仁"为核心；至善之境，以"仁"为基础。夫子之道，一以贯之。孔子的思想，就是以"仁"为核心的思想体系。

　　何谓"仁"？"樊迟问仁。子曰：'爱人。'"（《颜渊》）《孟子·离娄下》曰："仁者爱人。"韩愈《原道》曰："博爱之谓仁。"《说文解字》释："'仁'相人偶也，从二人。"二人者，即人与他人的关系，这是仁的本质。"爱人"之"爱"，即善待之意。爱人，就是友爱他人、善待他人，竭尽所能地帮助他人。清代阮元《论语论仁论》说："凡仁，必于身所行者验之而始见，亦必有二人而仁乃见，若一人闭户齐居，瞑目静坐，虽有德理在心，终不得指为圣门所谓之仁矣。盖士庶人之仁，见于宗族乡党，天子诸侯卿大夫之仁，见于国家君臣，同一相人偶之道，是必人与人相偶而仁乃见也。"[1]阮氏发凡，对仁的本质和仁的体现作了精要而概括的阐述。

　　"爱人"之"仁"，表现在哪些方面？孔子回答子张问仁，作了较全面的阐述。《论语·阳货》曰："子张问仁于孔子。孔子曰：'能行五者于天下，为仁矣。'请问之。曰：'恭、宽、信、敏、惠。恭则不侮，宽则得众，信则人任焉，敏则有功，惠则足以使人。'"在孔子看来，一个人能行恭、宽、信、敏、惠五种德行，就可以说是仁了。扩而言之，"爱人"之"仁"，不妨图示如下：

---

① 阮元：《揅经室集》（上），中华书局1993年版，第176页。

$$\text{"吾道一以贯之": "仁"} \begin{cases} \text{孝悌} \begin{cases} \text{孝: 尊敬父母} \\ \text{悌: 尊重兄长} \end{cases} \\ \text{忠信} \begin{cases} \text{忠: "臣事君以忠"} \\ \text{信: "信则人任焉"} \end{cases} \\ \text{宽恕} \begin{cases} \text{宽: "宽以待人, 严以律己"} \\ \text{恕: "己所不欲, 勿施于人"} \end{cases} \\ \text{恭敬} \begin{cases} \text{恭: 对己庄重严肃, 对人谦虚和平} \\ \text{敬: 对事业严肃认真, 对人以礼相待} \end{cases} \\ \text{敏惠} \begin{cases} \text{敏: "敏则有功"} \\ \text{惠: "惠则足以使人"} \end{cases} \end{cases}$$

一部《论语》，就是一部"仁学"，内容丰富，思想深邃，对仁的含义、形态以及仁与礼的关系等做了多方面、多角度的阐释；而孝悌、忠信、宽恕、恭敬、敏惠等，则是这一仁学体系的核心。同时可见，"爱人"之"仁"，起始于家而推广于国。起始于家，故曰："孝弟也者，其为人之本与！"（《学而》）推广于国，故曰："老者安之，朋友信之，少者怀之。"（《公冶长》）这也是孔子的社会理想和人生抱负。孔子的崇高情怀和至善之境，塑造了华夏民族的性格，升华了华夏民族的情怀，成为华夏民族取之不尽、用之不竭的精神财富。故曰：读《论语》，为生命铺下一道崇高的精神底色。

《论语》是智慧之源。什么智慧？是"修己安人"的智慧，是"内圣外王"的智慧，也是"修齐治平"的智慧。这三者境界不同，但层层递进，内外相连，是一个有理想目标、有行动次第的有机整体。

儒家哲学上述三个命题的内在联系，梁启超有精辟的阐述："儒家哲学，范围广博。概括说起来，其用功所在，可以《论语》'修己安人'一语括之。其学问最高目的，可以《庄子》'内圣外王'一语括之。做修己的功夫，做到极处，就是内圣；做安人的功夫，做到极处，就是外王。至于条理次第，以《大学》上说得最简明。《大学》所谓'格物致知诚意正心修身'，就是修己及内圣的功夫；所谓'齐家治国平天下'，就是安人及外王的功夫。"①抓住了这三个命题，就抓住了儒家哲学的核心；把握了这三个命题，也就把握了阅读《论语》的纲领。

"修己安人"是基础，是君子的职责，也是实践的起点。《论语·宪问》："子路问君子。子曰：'修己以敬。'曰：'如斯而已乎？'曰：'修己以安人。'曰：'如斯而已乎？'曰：'修己以安百姓。修己以安百姓，尧舜其犹病诸？'"用白话说，子路问如何是君子？孔子说："修养自身而敬爱他人。"子路说："就这样吗？"孔子说："修养自身，使他人安乐。"子路说："就这样吗？"孔子说："修养自身而使百姓安乐。修养自身而使百姓安乐，尧舜恐怕还不易做到哩。"

在孔子看来，从"修己以敬"到"修己安人"再到"修己以安百姓"，是君子的三种境界。然而，"修己以安百姓"或曰"内圣外王"，这是圣人的作为。作为一个君子，要"修己以敬"，更要"修己安人"；"修己安人"是君子的职责和使命。

然而，必须首先修养自身，使自身成为一个真君子，才可能给人安定和快乐。一部《论语》，就是一部"君子之学"，一部"修己安人"的智慧之学。《论语》把君子与小人作了多方面的对比，凸显了君子的智慧和品格：

子曰："君子坦荡荡，小人长戚戚"（《述而》）；

子曰："君子喻以义，小人喻义利"（《里仁》）；

子曰："君子泰而不骄，小人骄而不泰"（《子路》）；

子曰："君子求诸己，小人求诸人"（《卫灵公》）；

子曰："君子和而不同，小人同而不和"（《子路》）；

子曰："君子成人之美，不成人之恶。小人反是"（《颜渊》）；

子曰："君子固穷，小人穷斯滥矣"（《卫灵公》），等等。

"君子而不仁者有矣夫？未有小人而仁者也。"（《宪问》）人之仁者，即为君子；人之不仁者，即为小人。君子有自己独特的品格规范，也有自

---

① 梁启超：《儒家哲学》，中华书局2015年版，第3页。

己真正的人生智慧。修养自身，使自己成为一个坦荡的真君子，就能做到"三军可夺帅，匹夫不可夺志"（《子罕》），就能做到"不义而富且贵，与我如浮云"（《述而》），就能做到"先天下之忧而忧，后天下之乐而乐"。故曰：读《论语》，为人生开辟一条坦荡的成功之路。

《论语》是国学之魂。读《论语》，又可为学问打下一座厚实的文化根基。为什么说《论语》是国学之魂？它至少表现在三个方面。

其一，《论语》浓缩了六经的精华。孔子说："十室之邑，必有忠信如丘者，不如丘之好学也。"（《公冶长》）学什么？学六经。孔子是中国历史上第一位伟大的典籍整理家，上古六经不同程度都经过孔子的编辑整理；孔子又是中国历史上第一位伟大的教育家，他以重新整理过的六经为教材传道施教。一部《论语》，正是孔子研究六经、传授六经的心得体会的结晶。孔子说："述而不作，信而好古，窃比于我老彭。"（《述而》）"述而不作"是孔子的学术原则：《论语》是"述"而不是"作"，是阐述六经的精义，而不是表达一己的见解。中国古代哲学著作可分三个层次，即经、传、子；"经"是上古的文化元典，"传"是对经典的训解阐释，"子"是学者的一家之言。在汉代，《论语》就被看作辅翼"经"、阐释"经"的"传"。如《汉书·扬雄传赞》就有"传莫大于《论语》"之说。正因为《论语》浓缩了六经的精华，所以前人有"读了《论语》就不必读《五经》"之说。朱熹《读论语孟子法》说："程子曰：学者当以《论语》《孟子》为本。《论语》《孟子》既治，则《六经》可不治而明。"[1]钱穆也曾说："我再敢直率讲一句，倘使我们读了《四书》，就不必读《五经》……读通《五经》的是孔子，我们今天读了孔子的书，也就够了。"[2]程子、朱子与钱穆，古今老师宿儒，他们的论断，值得信赖。

其二，《论语》奠定了国学的根基。中华文化灿烂辉煌，多元并存，所谓"百花齐放，百家争鸣"。然而，在多元并存的中华文化中，儒学无

---

[1] 朱熹：《四书章句集注》，中华书局2011年版，第47页。

[2] 钱穆：《中国文化丛谈》，九州出版社2011年版，第200—202页。

疑是文化的中心，国学的主体。因为，评判一种学说的地位，一面要看他的持续性，一面要看他的普遍性。而"自孔子以来，直至于今，继续不断的，还是儒家势力最大。自士大夫以至台舆皂隶普遍崇敬的，还是儒家的信仰最深。所以我们可以说，研究儒家哲学，就是研究中国文化。……中国民族之所以存在，因为中国文化存在；而中国文化，离不了儒家。"①而《论语》是儒学的第一部经典，研究儒家哲学，必须从阅读《论语》开始；《论语》也是国学经典中的经典，是国学的根基，研究国学，同样必须从研读《论语》入手。

其三，《论语》是两千年来国人思想的总源泉。《论语》仅11700余言，篇幅不大。然而，《论语》一书，可谓字字精金美玉，大量至理名言、成语警句，两千年来成为中国人思想的总源泉，成为支配中国人内外生活的基本准则。仅以流传至今的"原创成语"而言，《论语》20篇，累累如贯珠，不下200条。如《学而》："学而时习之""不亦乐乎""吾日三省吾身""温良恭俭让""慎终追远""言而有信"；如《为政》："而立之年""从心所欲，不逾矩""知之为知之，不知为不知，是知也""温故而知新，可以为师矣"；如《公冶长》："听其言观其行""敏而好学，不耻下问""三思而后行"；如《卫灵公》："工欲善其事，必先善其器""己所不欲，勿施于人""当仁不让""有教无类""群而不党"；等等，不一而足。语言是思想的直接现实，思想借助语言流传后世；文字背后是文化，文化深处是智慧。中国人的文化信仰和实践智慧，就蕴藏在文字之中。读《论语》，就是读思想，读智慧。两千多年来，《论语》正是通过这些至理名言、成语警句，丰富了国人的思想，支配着国人的行为。

今人读《论语》，最终目的是什么？程子曰："今人不会读书。如读《论语》，未读时是此等人，读了后又只是此等人，便是不曾读。"②确实如此，"纸上得来终觉浅，绝知此事要躬行。"（陆游《冬夜读书示子聿》）

---

① 梁启超：《儒家哲学》，中华书局2015年版，第8页。
② 朱熹：《四书章句集注》，中华书局2011年版，第46页。

读《论语》更当如此，不仅要读懂纸上文字，更重要的是身体力行。梁启超说得好："《论语》之最大价值，在教人以人格的修养，修养人格，绝非徒恃记诵或考证。最要是身体力行，使古人所教变成我所自得。既已如此，则不必贪多务广，果能切实受持一两语，便可以终身受用。"[①]修养人格，最重要的是"身体力行"，梁启超的话，是每一个《论语》读者必须记取和践行的。

读《论语》，怎么读？从《论语》阅读史看，《论语》的传统读法大致有两种，即文本精读和主题阅读。本书认为，在传统读法的基础上，不妨尝试诗体阅读和母题阅读。下面略述这四种读法，先谈文本精读和主题阅读，再谈诗体阅读和母题阅读。

二、《论语》的文本精读

读《论语》，怎么读？首要前提是心静，从而能平心静气"读一部书"。针对当时学界浮躁风气，清代学者陈澧痛心疾首地说："学者之病，在懒而躁，不肯读一部书。此病能使天下乱。读经要详味之，此学要大振兴。"[②]陈澧的这段话至少包含两层意思：一是把"不肯读一部书"的危害，提至"此病能使天下乱"的高度。这并非危言耸听：学风影响世风，世风影响民风；学风坏，世风坏，民风坏，故"此病能使天下乱"。二是提出如何"读一部书"，即"读经要详味之"，要自首至尾精读之。陈澧呼吁的"读一部书"，就是今天提倡的"整本书阅读"；陈澧强调的"读经要详味之"，就是本节所说的"文本精读"。

所谓文本精读，就是既要细读文本的每一个文字，更要读懂文字背后的思想，领悟文字蕴含的智慧。借用梭罗《瓦尔登湖》中谈阅读经典的话来说："我们必须辛勤地探询每个字、每一行的意义，用我们拥有的智慧、

---

① 梁启超：《饮冰室书话》（周岚、常弘编），时代文艺出版社1998年版，第100页。

② 转引自钱穆：《学籥》，九州出版社2016年版，第81页。

勇气和气量，揣摩出比一般运用下更深的含义来。"①除此之外，《论语》的文本精读还必须做到以下三点：一要遵循正确的阅读原则，二要选择精当的《论语》读本，三要掌握有效的阅读方法。

（一）精读原则："四当"与"四有"

宋代哲学家程颐说："《论语》一书，未易读也。有既读之而漠然如未尝读者，有得一二而启悦其心者，有通体诚好之者，有不知其手之舞之足之蹈之者。"②这是读《论语》的四种境界，也是读《论语》的四个阶段。然而，一切从整本书阅读开始，一切从文本精读开始。

《论语》的文本精读，首先应当遵循正确的阅读原则。所谓正确的阅读原则，概言之，就是孟子的"知人论世"；细言之，则是钱穆发挥的"四当、四有"：

1.当注意于书中之人物、时代、行事，使书本有活气。

2.当注意于书中之分类、组织、系统，使书本有条理。

3.当注意于本书与同时及前后各时有关系之书籍，使书本有联络。

4.当注意于本书于我侪切身切世有关系之事项，使书本有应用。

钱穆的"四当、四有"是正确阅读的普遍原则；"读他书如是，读《论语》亦莫勿然"③。阅读《论语》，只有遵循"四当"，才能达到"四有"，使古老的文本"有活气""有条理""有联络""有应用"。同时，钱穆的"四当、四有"包含了丰富的内涵，需要细心体会。随着阅读的积累和学问的长进，我们对"四当、四有"的体认必然会越来越深，文本精读的收获也会越来越大。再者，钱穆的"四当、四有"对读者提出了很高的

---

① 梭罗：《瓦尔登湖》，王家湘译，北京十月文艺出版社2009年版，第101页。

② 程颢、程颐：《二程集》(下)，中华书局1981年版，第1209页。

③ 钱穆：《四书释义》，九州出版社2017年版，第11页。

要求，只能循序渐进，逐步深入。如"三、当注意于本书与同时及前后各时有关系之书籍，使书本有联络。"这就是说，只有读过"许多书"，才能读懂"一本书"。先贤的智慧是阅读经验的总结；与此相应，积累丰富的阅读经验，是深入理解先贤教诲的基础。

（二）《论语》读本：古代与现代

读《论语》应遵循正确原则，还必须选择精当读本。精当的《论语》读本，就是指文字注释精当、义理阐述准确的《论语》注释本。为什么要读"注释本"而不是"白文本"？明代学者许天赠说得好："圣贤之言无长说也，但后学不明，则不得不多其词，使人易晓，有所居而入。"[1]好的《论语》注释本，就是通过"多其词语"的再阐释，让读者"有所居"而更容易进入文本，深刻理解经典的意义。正是在这个意义上可以说：没有经典，我们将停止思考；而没有阐释，经典将毫无意义。

在《论语》阅读史上，有几个注释本特别重要，可以参考。蒋伯潜《十三经概论》认为：现代以前，"以何晏《论语集解》为最古，朱子《论语集注》为最精，刘宝楠《论语正义》为最博。"[2]所论极是。

三国魏何晏的《论语集解》是现存最古的《论语》注本。《序》曰："今集诸家之善，记其姓名，有不安者颇为改易，名曰《论语集解》。"以《学而》首章为例：

> 子曰："学而时习之，不亦说乎？"马曰："子者，男子之通称，谓孔子也。"王曰："时者，学者以时诵习之。诵习以时，学无废业，所以为说怿。""有朋自远方来，不亦乐乎？"包曰；"同门曰朋。""人不知而不愠，不亦君子乎？"愠，怒也。凡人有所不知，君子不怒。

"集解"的目的，就是"集诸家之善"，精读文本，深解文义。《论语》

---

① 刘毓庆、贾培俊：《历代诗经著述考（明代）》，中华书局2008年版，第129页。
② 蒋伯潜：《十三经概论》，上海古籍出版社2010年版，第339页。

和《孝经》是汉初学者的必读书，只有先读这两部书，才能进而研习"五经"。故自汉代开始，便有不少人注解《论语》。遗憾的是，汉人所注《论语》，基本亡佚。今日所见残存的汉代注解，多半仅存于何晏的《论语集解》中，共计二十余家。从这个意义上说，何晏的《论语集解》，是汉初至三国《论语》四百年阅读史的结晶。

朱熹的《论语集注》于义理之阐发最为精当，也是宋代以来最权威的《论语》注本。《集注》除正文前的《论语序说》和《读论语孟子法》外，每一篇有题解，每一章有注释和集解。《集注》所集，有二程、张载、范祖禹、吕希哲、吕大临、谢良佐、游酢、扬时、侯仲良、尹焞、周浮先、胡寅、洪兴祖诸人解释《论语》之言，可谓集宋代理学之大成。朱熹的《论语集注》对现代的《论语》解读产生了深刻影响。今人注释或语译《论语》，每每引用和参酌朱熹的见解。李泽厚《论语今读》就认为："在各注疏论议中，朱熹的《集注》仍然简明精锐，极有深度，是本书摘录的重点。"①精读《论语》，朱熹的《论语集注》当是首选。

刘宝楠的《论语正义》为最博，最详赡。刘宝楠依焦循《孟子正义》，作《论语正义》，后因病而停笔，由他的儿子刘恭冕继续写定。梁启超评刘氏《论语正义》曰："最精博，但太繁，非专家研究者不必读。"②三书比较，各有所长：何氏《集解》，时有疏漏，而汉人《论语》解说保存不少。朱注精矣，而亦有承前人之疏误，未及补正者，有求之过深，致人理障者。刘氏《正义》以详赡见长，而时或病其琐曲。"故吾人读《论语》于义有未明者，固不得不求之注，而亦未可蔽于前人之注。"③此为明通之论。

现代的《论语》注本，也有三部值得参考，即杨伯峻《论语译注》、钱穆《论语新解》和李泽厚《论语今读》。

---

① 李泽厚：《论语今读》，生活·读书·新知三联书店2008年版，第15页。
② 梁启超：《饮冰室书话》（周岚、常弘编），时代文艺出版社1998年版，第101页。
③ 蒋伯潜：《十三经概论》，上海古籍出版社2010年版，第340页。

杨伯峻是古汉语专家，《论语译注》成书于20世纪50年代。《译注》除注、译堪称精当外，开篇的"导言"和书后的《论语词典》也极有助益。"导言"四节，对《论语》命名的意义和来由，《论语》的作者和编著年代，《论语》的版本和真伪，以及古今《论语》的注释书籍，作了简明扼要的介绍，是一篇精当的"《论语》导读"。《论语词典》基于著者对《论语》逐字逐词的研究。在撰述《论语译注》之前，著者先对《论语》每一字、每一词进行了研究，编成"论语词典"一稿。后著者听从吕叔湘建议，把"词典"附于"译注"之后，以收相辅相成之效。故《论语译注》是杨伯峻逐字逐词精读《论语》之后，奉献出的一部"《论语》精读"。

钱穆是历史学家，《论语新解》成书于20世纪60年代。在《新解》之前，钱穆著有《论语文解》（1918）、《论语要略》（1925）、《四书释义》（1953）等多种著作；《新解》当是其读《论语》的集成性作品。《新解》在旨趣上，"旨取通俗，求其为一部人人可读之注，体求简要，辞取明净，乃不得不摆脱旧注格套，务以直明《论语》本义为主"；在体例上，"先原文，次逐字逐句之解释，又次综述一章大旨，最后为《论语》之白话试译。"①"逐字逐句之解释"，应是《论语新解》的一大特点，对于深入理解《论语》词句，具有极大的助益。《论语新解》固"可以为一部人人可读之注"，在每一章的"综述"中，又能体会这位"新儒家"学者的人生取向和道德文章。

李泽厚是哲学家，《论语今读》成书于20世纪90年代。《今读》的体例，先原文，然后依次是注、译、记。"注"主要是摘录前人的注疏论议，以有助于了解原文为标准。"译"是他细读了最晚出的两个译本，即杨伯峻的《论语译注》和钱穆的《论语新解》，感觉都不满意，所以才作这个新译。"记"者，"我的评论、札记和解说也。它们长短不一，品类不齐。或讲本文，或谈哲学；或发议论，或发牢骚；或就事论事，或借题发挥；

① 钱穆：《论语新解》，生活·读书·新知三联书店2002年版，第2—3页。

并无定规，不一而足。"①"记"是《论语今读》的特色所在，重心所在，深度之所在，文采飞扬，见解独到，极为精彩。李泽厚认为，两千多年来，《论语》在中国是一部"半宗教半哲学"的书。《今读》的"记"，就是要以他的"情本体的人类学历史本体论"哲学，对《论语》这部"半宗教半哲学"的书，先"解构"再"重建"。作者认为："培育人性情感、了解和区分宗教性私德与社会性公德、重视和把握个体命运的偶然，我以为乃《论语今读》三重点。"②这也是贯穿于五百篇"记"中的核心思想。

如果在上述六部注本中精选三部，那么不妨依次阅读杨伯峻的《论语译注》，朱熹的《论语集注》，李泽厚的《论语今读》：从杨伯峻的《论语译注》"入门"，在朱熹的《论语集注》中"探古"，在李泽厚的《论语今读》中感受"今义"。古今会通，融为一体，化为血肉，付诸躬行。

（三）精读方法："拟标题，编目录"

读《论语》，什么方法最有效？"读书莫要于笔记"！梁启超说："无笔记则必不经心，不经心则虽读犹不读而已。"③关键是，一个现代读者，读《论语》这部文言对话集，如何做笔记？做什么样的笔记？在我看来，"先拟标题，再编目录"，这是让《论语》走进心灵的有效方法。

先拟标题，即要求每读一章，就给每一章拟一个三五字的小标题。标题是文章的眼睛，也是每一章的旨趣。而要拟出恰当的标题，一要读懂领会文义，二要提炼概括中心，三要选择推敲语言。《论语》的文字并不难懂，少量难懂的文字均可借助注释。因此，对大部分读者来说，细读《论语》，拟个标题，并不困难，收获肯定不小。这是可操作也有效的读《论语》方法。

拟标题，是我精读《论语》的方法。《为政篇》第4章："子曰：'吾十

---

① 李泽厚：《论语今读》，生活·读书·新知三联书店2008年版，第17页。
② 李泽厚：《论语今读》，生活·读书·新知三联书店2008年版，第21页。
③ 梁启超著：《饮冰室书话》（周岚、常弘编），时代文艺出版社1998年版，第282页。

有五而志于学，三十而立，四十而不惑，五十而知天命，六十而耳顺，七十而从心所欲，不逾矩。'"这是传诵人口的千古名言。如何理解这一章的真谛，很长时间我一直认为，这是由年岁来描述个体生命成长的不同阶段和状态，可以称为"生命的成长"。然而，人的生命是自然生命与文化生命的统一体。孔子在这里描述的，显然不只是自然生命的成长，而是文化生命的升华。基于这种理解，我把这一章的标题拟为"生命的境界"。从"生命的境界"角度重读"五十而知天命"，顿悟所谓"知天命"，并非指人的自然生命的有限，而是指人的文化使命的无穷。一个精当的标题，可以深化对文本的理解。具体而言，读《论语》，拟标题，大致可分三种情况。

一是已有标题而无需自拟的。如《宪问篇》之"三道章"，《季氏篇》之"三友章""三乐章""三愆章""三戒章""九思章"等，《阳货篇》之"六言六蔽章"，《子张篇》之"三变章"，《尧曰篇》之"尊五美、屏四恶章"等。《论语》20篇，前十篇谓之"上《论》"，后十篇谓之"下《论》"。有标题的大多属下《论》，在文体上有两个特点，即结构上先总后分，句式上多用排句。

二是格言式的短章，可径取其中的警句作标题。如《学而篇》之"子曰：'巧言令色，鲜矣仁'""曾子曰：'慎终追远，民德归厚矣'"，《为政篇》之"子曰：'为政以德，譬如北辰，居其所而众星拱之'""子曰：'君子不器'"，《里仁篇》之"子曰：'德不孤，必有邻'"，等等，依次可以用"巧言令色""慎终追远""为政以德""君子不器""德不孤，必有邻"作标题。

三是需要自拟标题的，这在500章中属于大多数。其中，有些看似有标题，但仍需进一步提炼标题。如《颜渊篇》之"颜渊问仁""仲弓问仁""司马牛问仁"，三人同是问仁，孔子的回答则各不相同。这就需要根据具体内容提炼标题。不妨依次以"克己复礼""己所不欲，勿施于人""仁者言讱"为标题；否则仍不明章旨。

先拟标题，再编目录。为什么拟了标题，还要编目录？没有目录的笔记是知识的坟墓！如果说拟标题是"提要钩玄"，那么编目录则可以"提纲挈领"。因此，拟标题是第一步，第二步还应编目录。一部《论语》20篇，编目录可以分两个层次：首先是每篇一个分目，置于每篇之前。如《学而篇》一个目录，《为政篇》一个目录；然后把20篇分目合成全书总目，置于全书之前。这样，打开《论语》，既有总目，又有分目，一部《论语》，尽收眼底，熟读成诵，一生受用。

需要强调的是，拟标题、编目录，必须在细读文本的基础上，自己动手，自主完成。一分耕耘，一分收获；一番苦思，一片心得。《论语》的每一章，不同的读者会有不同的体会，拟出不同的标题；同一个人在不同时期，也会有不同的体会，拟出不同的标题。这是理解深化的过程，也是学问长进的过程。

说到这里，令我想起苏东坡"抄《汉书》，拟标题"的故事。据陈鹄《西塘集耆旧续闻》记载，一天，黄州教授朱载上拜访苏轼，仆从通报后却迟迟不见主人出来，客人等得不耐烦几乎想走了，苏轼才匆匆从室内出来：

> 东坡始出，愧谢久候之意，且云适了些日课，失于探知。坐定，他语毕，公请曰："适来先生所谓日课者何？"对云："抄《汉书》。"公曰："以先生天才，开卷一览，可终身不忘，何用手抄？"东坡曰；"不然，余读《汉书》，至此凡三经手抄矣。初则一段事抄三字为题，次则两字，今则一字。"公离席，复请曰："不知先生所抄之书，有幸教否？"东坡乃令老兵就书几上取一册至，公视之，皆不解其意。东坡曰："足下试举题一字。"公如其言。东坡应声辄诵数百言，无一字差缺。凡数挑皆然。

苏轼"抄《汉书》，拟标题"的读书法，对于精读《论语》的启发是多方面的。古人云：抄一遍胜过读十遍；写在纸上，刻在心上。而"三抄《汉书》，三拟标题"，从"初则三字"，到"次则两字"，再到"今则一字"，正表明，随着阅读的深入和理解的深化，提炼的标题也必然会由"繁"而"简"，由"浅"入"深"。

三、《论语》的主题阅读

文本精读是主题阅读的基础，主题阅读则是文本精读的深化。所谓主题阅读，就是确立主题，聚散为整，把散见于《论语》全书某一论题的语句集中起来，作专题性阅读；通过系统性的主题阅读，在《论语》"整本书阅读"的同时，可以对孔子思想体系获得"整体性认识"。

从《论语》阅读史看，主题阅读也是《论语》阅读的传统方法。清代学者阮元的《论语论仁论》就是一篇"主题阅读"的典范之作。"仁"是《论语》的核心。此文专取《论语》论"仁"之语，依类排列，并逐条加以阐释，对孔子"仁学"思想做了通贯研究。

那么，读《论语》为什么要采用主题阅读法？《论语》主题阅读的思路有几种？主题阅读的意义是什么？

（一）"理论真理"与"事实真理"

首先，采用主题阅读的方法，是由《论语》语录体的文本特点和中国哲学"事实真理"的性质决定的。《论语》内容丰富，博大精深，广泛涉及人生、社会、历史、文化、教育、政治等各方面问题。但从文本结构看，一部《论语》，就是一部不成体系的语录，"一部未经整理的课堂笔记"[①]。全书20篇，500章，篇目次序散乱，编排缺乏层次，篇章之间没有系统性和逻辑性，不是一个纲举目张的有机体系。西方人看不懂《论

---

① 钱宁：《新论语》，生活·读书·新知三联书店2012年版，第2页。

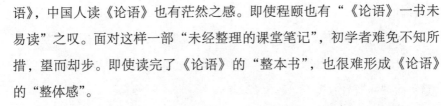

语》，中国人读《论语》也有茫然之感。即使程颐也有"《论语》一书未易读"之叹。面对这样一部"未经整理的课堂笔记"，初学者难免不知所措，望而却步。即使读完了《论语》的"整本书"，也很难形成《论语》的"整体感"。

如何读《论语》？如何读《孟子》？如何读中国哲学著作？对于中国语录体哲学著作与西方思辨体哲学著作的文本差异及阅读方法，思想史家徐复观有独到的认识与做法。

首先，他对中西哲学家的著作结构作了比较："西方的思想家是以思辨为主，思辨的本身必形成一逻辑的结构。中国思想家系出自内外生活的体验，因而具体性多于抽象性。但生活体验经过了反省与提炼而将其说出时，也常会澄汰其冲突矛盾的成分，而显出一种合于逻辑的结构。这也可以说是'事实真理'与'理论真理'的一致点、结合点。但这种结构，在中国的思想家中都是以潜伏的状态而存在。"[1]换言之，西方哲学是以思辨为主"理论真理"，其思想结构与著作结构是内外一致的逻辑结构；而中国哲学是以体验为主的"事实真理"，其思想结构与著作结构往往是不相一致的，潜在的思想体系隐藏于无序的语录或短章之中。如何把中国思想家潜在的思想结构如实地显现出来，便是现代思想史研究者的任务，也是较之研究西方思想史更为困难的任务。

其次，为了完成这个任务，为了如实显现中国思想家潜在的思想结构，徐复观实际上采用了"主题阅读"的方法。他在总结《象山学述》一文的研读思路时写道："先是按着象山的各种观念、问题，而将其从全集的各种材料中抽了出来，这便是把材料的原有单元（如书札、杂文、语录等）加以拆散，再以各观念、各问题为中心点重新加以结合，以找出对他所提出的每一观念、每一问题的比较完全的了解，更进一步把各观念、各问题加以排列，求出它们相互间的关联及其所处的层次与方位，因而发现

---

① 徐复观：《中国思想史论集》，上海书店出版社2004年版，第2页。

他是由哪一基点或中心点（宗旨）所展开的思想结构（或称为体系）。"①
这种按照各种观念、问题，把全集中的相关材料，先"拆散"再"组合"
的阅读方法，不就是"主题阅读"法吗？

中国儒家思想家，从孔孟、程朱到陆王，他们的思想大都是以体验为
主的"事实真理"，潜在的思想体系隐藏于无序的语录或短章之中。因此，
要读通他们的著作，全面系统地把握他们的思想，"主题阅读"是不可或
缺的阅读方法。

（二）主题阅读的三种思路

20世纪以来，主题阅读法被反复运用于《论语》研读中。1925年梁启
超的"《论语》解题及其读法"，1944年蒋伯潜的《论语概论》，2012年钱
宁的《新论语》，代表了《论语》主题阅读的三个阶段，也是《论语》主
题阅读的三种思路。

梁启超是最早进行《论语》主题阅读的现代学者之一。1925年，他在
《要籍解题及其读法》中，草拟了《论语》主题阅读一个纲要。梁启超认
为：《论语》"字字精金美玉，实人类千古不灭之宝典"，也是"表现孔子
人格唯一之良书"；然而，"其书编次体例，并无规定，篇章先后，似无甚
意义，内容分类，亦难得正确标准"。据此，为有助阅读理解，他把《论
语》全书按主题分为八类：

第一类，关于个人人格修养之教训；

第二类，关于社会伦理之教训；

第三类，政治谈；

第四类，哲理谈；

第五类，对于门弟子及时人因人施教（注重个性的）的问答；

第六类，对于门弟子及古人时人之批评；

第七类，自述语；

---

① 徐复观：《中国思想史论集》，上海书店出版社2004年版，第2页。

第八类，孔子日常行事及门人诵美孔子之语。（映入门弟子眼中之孔子人格。）

根据分类大纲，梁启超对《论语》全书内容作了简要评析："所列第一二项，约占全书三分之二，其余六项约合占三之一。第一项人格修养之教训，殆全部有历久不磨的价值。第四项之哲理谈，虽著语不多（因孔子之教，专贵实践，罕言性与天道），而皆渊渊入微。第二项之社会伦理，第三项之政治谈，其中一部分对当时阶级组织之社会立言，或不尽适于今日之用，然其根本精神，固自有俟诸百世而不惑者。第五项因人施教之言，则在学者各自审其个性之所近所偏而借以自鉴。第六项对人的批评，读之可以见孔子理想人格之一斑。第七项孔子自述语及第八项别人对孔子之观察批评，读之可以从各方面看出孔子之全人格，《论语》全书之价值大略如此。"①

梁启超学贯四部，精研经籍，对《论语》更有精深体会，故分类颇为系统，评论也极中肯。然而，只有分类大纲，没有具体内容，仅具草创性质。从某种意义上说，这可视为梁启超为撰写"孔子传或孔子学案"草拟的主题大纲。梁启超的主题阅读思路，也可称之为以孔子为中心逐层展开的"传记""学案"式思路。

循着梁启超的思路，以孔子为中心对《论语》作"传记"式主题阅读的，是钱穆编撰于20世纪60年代的《论语新编》②："《论语新编》十四篇凡四百六十五章。旧编（指《论语》）二十篇，四百九十八章（《乡党篇》以十七章记）。共删三十三章。"③。在"引言"中，钱穆对每一篇的主题和篇幅都作了说明。如"第一篇凡六十二章，记孔子生平行事"，如"第二篇凡二十七章，记孔子立行传教之精神及其人格学养之造诣"，最后"第十四篇三十七章，类记孔子弟子语"等等。一部《论语新编》，成为一

① 梁启超：《饮冰室书话》（周岚、常弘编），时代文艺出版社1998年版，第99—100页。
② 钱穆的《论语新编》未单行，现作为《孔子传》（九州出版社2011年版）的附录，可参阅。
③ 钱穆：《孔子传》，九州出版社2011年版，第181页。

部有纲有目，有血有肉，由《论语》原文构成的"孔子传"。1975年钱穆出版的《孔子传》，就是在《论语新编》的基础上撰写而成的。

比之梁启超的"主题大纲"，蒋伯潜《十三经概论》中的主题阅读则更为精细而具体。《十三经概论》是20世纪40年代的一部大学教材。作者秉持"经为古代文学哲理政俗所汇萃，固有文化之精华"的立场，向当时青年学生介绍"群经知识"。其中《论语概论》有八章专论《论语》的主题阅读，每章分为几个层次，有纲目，有内容，对初学者很有帮助。

首先，它把《论语》思想内容分为六大主题，即"论语论道德""论语论修养""论语论教学""论语论政治""论语记孔子"和"孔门子弟"。

其次，每一主题根据问题的逻辑层次又分出若干细目。如"论语论修养"分出四个细目，即"人格标准""修养方法""修养进程""处世之道"。然后在每一细目下摘录《论语》的相关论述。

再次，某些主题因内容丰富，又在细目下分出若干层次。如"论语论教学"纲目分得最细，在七个细目下又分出层次，在每一层次下摘录《论语》的相关论述。如：一、教学精神：学不厌，教不倦。二、教学方法：1.启发；2.因材施教。三、教学项目：1.诗书礼乐；2.文行忠信。四、教学步骤：1.下学上达；2.不言之教。五、有教无类。六、师生感情。七、学重躬行：1.学思并行；2.温故知新；3.为学难易，等等。

《论语概论》的主题阅读，以现代学科分类为参照，从《论语》中提炼出相关的理论问题，进而对每一论题做有逻辑层次的逐层阅读。这种阅读思路可称之为"思想史"或"哲学史"的阅读思路。与之不同的是，"思想史"或"哲学史"的作者，主要是围绕核心主题，侧重于思想体系的建构和概念命题的阐释；《论语概论》的作者，则是围绕不同主题，分类摘录《论语》原文，以供教师课堂教学和学生课后阅读。分类摘录《论语》原文，是主题阅读的特点，也是《论语概论》的特点。如《论语》论仁，摘录了28条，《论语》论君子，摘录了近70条。

《论语概论》的主题阅读，比之梁启超的"主题大纲"，更为有血有肉，更为名副其实；但毕竟是"概论性"的主题阅读，而非"整本书"的主题阅读。钱宁的《新论语》，则是一部对《论语》全书作整体性和系统性主题阅读的"新编《论语》"。作者试图遵循孔子的思想脉络，在不加一字，不减一字的前提下，"重编"一本"有逻辑、有深度，让全世界人"都能读懂和理解的"新经典"①。如何对《论语》进行"重编"？

首先，通过解构和梳理，确认孔子学说的核心和逻辑起点是"仁"。因此，应当以"仁"为核心来重新结构《论语》。当编者用"仁"重编《论语》后，发现一个令人惊奇事实，即在不增不删一字一句的情况下，《论语》呈现出全新的面貌。

其次，在文本结构上，组成一个以"仁"为中心的多层次的主题结构。一是将《论语》分为内编、外编。内编是孔子之语，外编是弟子之语。"内编"五篇，为核心篇、路径篇、实践篇、例证篇、哲思篇。"外编"三篇，为评价篇、记忆篇、阐释篇。二是每一篇又根据内容分若干分主题。如"核心篇第一"分三个分主题，即"仁为核心""仁之形态""外化为礼"。三是每一分主题又根据内容列出若干小主题。如"仁为核心"，列出四个小主题，即（一）仁是什么；（二）仁不是什么；（三）如何做到仁；（四）仁者之仁。

再次，每一小主题之下，摘录"解构"后的《论语》相关章句。如"仁是什么"，从《颜渊》篇的"樊迟问仁。子曰：'爱人'"开篇，共四章。"仁不是什么"，从《学而》篇的"子曰：'巧言令色，鲜矣仁'"开篇，共三章。"如何做到仁"，从《述而》篇的"子曰：'仁远乎哉？我欲仁，斯仁至矣'"开篇，共七章。"仁者之仁"，从《里仁》篇的"子曰：'唯仁者，能好人，能恶人'"开篇，共九章。

最后，每一篇的每一分主题之下，撰有简短引言，概括这一主题的基本内容。如内编第一篇"仁为核心"的引言："仁者，二人也，即人与他人的关系。一部《论语》，以'仁'为核心而展开论述。'仁'的定义及内

① 钱宁：《新论语》，生活·读书·新知三联书店2012年版，第7页。

涵，以及如何做到'仁'的具体要求。"每一章之下，各有"注释""译文"和"评点"；"评点"对《论语》原文作简要的阐释和点评。

经过这样的解构和重编，《新论语》成为一部以"仁"为核心主题，由内、外两编共八篇，由31个分主题和70个左右小主题构成的主题阅读文本。《新论语》的阅读思路，是一种赋予《论语》以现代学理体系，纲举目张，逻辑有序的阅读思路。《新论语》的"重编"不同于《论语概论》，至少表现在三个方面：一是《新论语》的重编，是对《论语》全书而非局部的解构和重编；二是《新论语》的重编不加一字，不减一字，编而不作，使《论语》呈现出全新面貌；三是《新论语》的重编，以"仁"为核心逐层展开，孔子的深邃思想获得了纲目清晰的现代理论形态。

一部《新论语》，成为一部最具有现代学理品格、最为系统完整的《论语》主题阅读文本。如果进行《论语》的主题阅读，《新论语》不失为一部实用而富于启示的参考书。

（三）从主题阅读到专题研究

《论语》的主题阅读应当注意什么？主题阅读的意义何在？对此，至少有三点需要说明。

首先，"主题阅读"不同于"主题索引"。这主要表现在两个方面：一是"主题阅读"摘录的原文具有内在的逻辑层次；二是摘录原文的前后都作必要的阐释和说明。以蒋伯潜《论语概论》为例，在《论语》论君子主题下，分层次摘录了近70条原文，并对孔子的"君子标准"作了这样的概括："由上所录各条观之，则'君子'之标准当如下：（1）仪容庄重。（2）慎言敏行。（3）好学。（4）崇德"；进而又强调："读者如能就《论语》说'君子'各条，加以研究，综合比较，可以得修养上标准人格之概念焉。"①

其次，《论语》的内容博大精深，《论语》主题阅读的角度多种多样。《论语》500章，章章是警句，可以提炼出无数主题。上述三种思路，从

---

① 蒋伯潜：《十三经概论》，上海古籍出版社2010年版，第352页。

"学案""概论"到"新论语"，已经提炼出了大量主题，为《论语》主题阅读提供了有益借鉴；同时，阅读对象不同，阅读目标不同，阅读语境不同，阅读主题也自然不同。而在以《论语》为阅读文本的教学活动中，教师可以指导学生，确立合适的主题，进行切合学生实际，有益学生身心，启发学生心智的主题阅读。在中学生的《论语》阅读中，提炼出"切合学生实际，有益学生身心，启发学生心智"的主题，最为重要。如果远离读者的生活实际和思想实际，就可能无的放矢，事倍功半。一部经过文本精读，有标题、有目录的《论语》，为主题阅读提供了极大的方便。同时，针对学生实际，教师的启发、引导和创造性转换也极为重要。

再次，主题阅读是文本精读的深化，也是专题研究的基础。在主题阅读的基础上，教师可以指导学生撰写研读《论语》的专题小论文了。所谓论文，简单说就是观点加材料，即根据特定主题，先对材料作有逻辑层次的排列，然后围绕主题，对材料作有理有据、层层深入的论析。换言之，一篇论文就是系统提问的系统回答；主题即提问，材料即回答。主题阅读需要对全书先拆散、再组合，这就为专题论文写作提供了基础。阮元的《论语论仁论》一文，就是阮元在对《论语》论"仁"专题阅读基础上撰写的。再如，让学生在《论语》中搜集10条论"学"的材料，就可以从学习目的、学习态度、学习内容、学习步骤、学习方法等方面，写出一篇"孔子论学"的精彩论文。

精读一部书，是为了运用一部书；而运用一部书，从主题阅读入手，从专题研究开始。

四、《论语》的诗体阅读

《论语》的诗体阅读，就是把《论语》的每一章作为一首诗来读，作为一首哲理诗或抒情诗来读。《论语》能作诗来读吗？子曰："不学《诗》，无以言。"孔子是一位伟大的哲人，也是一位杰出的诗人，一位"唱歌的圣人"①。《论语》是国学之魂，是经典中的经典，也是一部声韵和谐、理趣盎然、情志幽深的哲理诗集。

（一）《学而》是一组哲理诗

《论语》能否作诗读，且以开篇的《学而》作尝试。《学而》篇一共16章，即可视为16首诗，16首句式错落有致，声韵和谐优美，篇幅长短不一，读起来朗朗上口的哲理诗。《学而》第1章，只要分行分节排列，就是一首双行三节的抒情哲理诗：

> 学而时习之，
>
> 不亦说乎？
>
> 有朋自远方来，
>
> 不亦乐乎？
>
> 人不知而不愠，
>
> 不亦君子乎？

三个排比句，也是三个设问句，通过设问，增强了语句的启示性、沉思性和抒情性。如果让它成为一首完整的诗，不妨再拟一个"诗题"，如"人生的快乐"："学而时习之"是"愉悦"的，"有朋自远方来"是"欢乐"的，"人不知而不愠"是"真君子"。人生的这"三乐"，是孔子的快乐论，也是儒家的人生观。以排比句为主的，还有《学而篇》第4章：

> 曾子曰：
>
> 吾日三省吾身：
>
> 为人谋而不忠乎？

---

① 韦礼文：《唱歌的圣人——孔子对话中的韵》，邓秉元主编：《新经学》（第三辑），上海人民出版社2018年版，第188—226页。

与朋友交而不信乎？

传不习乎？

这一章的"诗题"可拟为"反省"。"三省吾身"的"三"，是虚数又是实数，下面正好是由三个排比组成的设问句。《学而》第7章："子夏曰：贤贤易色；事父母能竭其力；事君，能致其身；与朋友交，言而有信。虽曰未学，吾必谓之学矣。"这一章的主体部分是三个整齐的排比句。第11章："父在，观其志；父没，观其行，三年无改于父之道，可谓孝矣。"这一章的前两句，是两个整齐的对偶句。第13章："有子曰：信近于义，言可复也。恭近于礼，远耻辱也。因不失其亲，亦可宗也。"这一章又是一首由三个整齐的排比句构成的双行三节的箴言诗。

《学而》第6章，则是一首著名的三字句的"弟子规"：

子曰：

弟子入则孝，

出则悌，

谨而信，

泛爱众，

而亲仁。

行有余力，

则以学文。

清人李毓秀的《弟子规》，稍易数字，即把这一章作为全篇的"总叙"。此章诗题自然应是"弟子规"。《学而》第12章的开首四句，也以三字句为主：

礼之用，

和为贵。

先王之道，

斯为美。

这一节同样是一首整饬有力、声韵悠扬的三字句短诗，"贵"与"美"押韵，形成声韵的回环美。此外，第2章的最后四句，也是结论性的四句，可以独立为一首四行诗：

君子务本，

本立而道生。

孝弟也者，

其为仁之本与！

"君子务本"即可作为此章"诗题"。这一章语句的来源，阮元《揅经室集》卷二《论语解》认为："'君子务本，本立而道生'者，'本立而道生'一句，乃古逸诗。"①毋怪四句错落有致，朗朗上口。第5章，也可以排列成一首四行的诗：

道千乘之国，

敬事而信，

节用而爱人，

使民以时。

这一章的"诗题"，可以是"道千乘之国"，也可以通俗化为"治国之道"。第8、14章，都是论"君子"。第14章的语句，更为整齐流畅而富于诗意：

君子：

食无求饱，

---

① 阮元:《揅经室集》(上),中华书局1993年版,第51页。

居无求安，

敏于事而慎于言，

就有道而正焉，

可谓好学也已。

这一章的"诗题"不妨拟为"君子之行"。第15章，稍作剪裁，去掉引《诗》，则可以组成一首问答体的诗：

子贡曰：

贫而无谄，

富而无骄，

何如？

子曰：

可也；

未若贫而乐，

富而好礼者也。

这一章的上下两节，诗体是问答，诗意则是递进。本章的"诗题"，可拟为"贫与富"，也可以直接用原句，即"贫而乐，富好礼"。

最后，《学而》第3、9、16三章，则可视为三首简短的"警句诗"：

子曰："巧言令色，鲜矣仁。"（《学而》第3章）

曾子曰："慎终追远，民德归厚矣。"（《学而》第9章）

子曰："不患人之不己知，患不知人也。"（《学而》第16章）

《学而》作诗读，从句式看，有排比句，有对偶句、有三字句，也有长短句；从诗体看，有双行体，有问答体，也有警句诗。这16首诗，虽无唐诗、宋词的严整格律，却比现代的自由体诗，更富于情致理趣，也更为朗朗上口。

《学而》16 章是一组哲理诗，《论语》500 章则是一部哲理诗集，其中最为重要的篇章，大都可以作为诗来读。再以《为政》篇前四章为例。第 1 章，即以一个形象的比喻，构成一首短诗，对"为政以德"作了诗意诠释：

> 为政以德，
>
> 譬如北辰，
>
> 居其所
>
> 而众星共之。

第 2 章，子曰："《诗》三百，一言以蔽之，曰：'思无邪。'"便是一首论诗诗，一首论《诗》的警句诗或格言诗。第 3 章，是两个排比句，可以自然地组成上下两节，成为一首每节各三行的短诗：

> 道之以政，
>
> 齐之以刑，
>
> 民免而无耻；
>
> 道之以德，
>
> 齐之以礼，
>
> 有耻且格。

上下两节之间，构成一种递进关系，揭示了"刑政"不同于"德政"，"德政"高于"刑政"的优势。紧接着的第 4 章，已是千古名言，分行排列，更能显示出这一章的精神旨趣：

> 吾十有五而志于学，

三十而立，

四十而不惑，

五十而知天命，

六十而耳顺，

七十而从心所欲不逾矩。

粗看这六句话，只是描述了一个人自然生命的六个阶段。实质上，"吾十有五而志于学"的"志"字表明，年龄背后是心灵，年龄是心灵的向导。因此，这六句话，既描述了一个人自然生命的六个阶段，也描述了一个人人生修养的六个阶段，更描述了一个人精神生命的六种境界。用"生命的境界"作为这一章的"诗题"，是再合适不过的了；分六行来排列，则可以把精神生命的六种境界直观地呈现出来。

根据《学而》和《为政》的初步尝试，可以把《论语》诗体阅读的方法概括为"四步曲"：一是把散体文本排列成诗体文本，增强直观；二是按内在理路分出若干诗节，便于理解；三是按哲理旨趣拟出诗题，以醒其目；四是按诗体需要作适当裁剪，以不害主旨为限。通过上述"四步曲"，就可以把《论语》大部分篇章中潜在的诗性得以发掘和彰显。

"唱歌的圣人！"这是捷克学者韦礼文通过对"被认为是孔子所作的那些内含故事的诗歌"[1]的研究得出的结论，这也是支持本文观点的强有力的论断。不过，韦礼文所谓"孔子所作的诗歌"，主要取材于《说苑》《孔丛子》《韩诗外传》等书的记载，并不包括更为重要的《论语》。相反，他认为《论语》中的孔子，俨然是一位"严肃的道德主义者"，而不是一位"唱歌的圣人"，一个"作诗的夫子"："《论语》中那个拘泥于道德观念的孔子，要求他的听众们孝顺、正直、有教养并严守礼制，这更接近人们对历史上的孔子的一般看法，而不是一个诱惑者，一个唱歌的圣人，一个作

---

[1] 韦礼文：《唱歌的圣人——孔子对话中的韵》，邓秉元主编：《新经学》（第三辑），上海人民出版社2018年版，第190页。

诗的夫子。"①然而，通过以上对《论语》诗体阅读的尝试，有理由让我们得出这样的结论：《论语》中的孔子，既是一个严肃的道德主义者，也是"一个唱歌的圣人，一个作诗的夫子。"

（二）《论语》为何能作诗读？

《论语》为何能作诗读？把《论语》作诗读的依据何在？我们不妨从三个方面来探讨《论语》诗性品格的形成：一是诗的原始本质，二是孔子的《诗》学修养和诗才，三是《论语》流传过程中的诗化。

首先，何谓诗？关于诗的定义，古典诗学最为关注的是两大要素，一为声韵，二为情志；以韵律为形貌，以情志为神采，韵律与情志的完美统一，即为诗。《尚书·尧典》曰："诗言志，歌永言，声依永，律和声"，虽以歌、声、律与诗并称，然诗之主旨仍在"律"与"志"两方面。古代诗论家论诗，无不强调声韵和情志的统一，以概括其外形与内质。白居易《与元九书》诗的定义，论诗的要素最为全面，曰："诗者，根情，苗言，华声，实义。""根情""实义"是诗的"内质"，"苗言""华声"为诗的"外形"。换言之，诗之为诗，关键在于情感义理之精微和声音韵律之谨密，并通过诗意的想象，创造出幽深的意境。

从诗歌史看，诗在产生之初，只是一种声韵、意象、情志、理趣的审美存在，并没有固定的格律形式。诗的格律形式，所谓四言、五言、近体、词曲等等，是艺术发展的历史成果。沈德潜《古诗源序》曰："诗至有唐为极盛。然诗之盛非诗之源也。"沈氏收入《古诗源》中的诗歌源头之作，如《击壤歌》《唐衢谣》《伊耆氏腊辞》《南风歌》等古逸诗，就是一些句式相对整齐，声韵较为和谐，具有明朗诗意的古朴之章。

我们说《论语》具有诗性品格，就是从诗歌的原初状态而言，并不是说《论语》就是一部《诗经》《楚辞》式的诗歌集。从诗歌的原初状态来

319

---

① 韦礼文：《唱歌的圣人——孔子对话中的韵》，邓秉元主编：《新经学》（第三辑），上海人民出版社2018年版，第225页。

看，《论语》500章，大都具备诗的审美素质，具备哲理诗的声韵、意象、情志、理趣的审美素质，有些篇章甚至还是一首首优美的抒情诗。

如《雍也》第11章："子曰：贤哉，回也！一箪食，一瓢饮，在陋巷，人不堪其忧，回也不改其乐。贤哉，回也！"这一章按诗体排列，就是一首完整而优美的抒情诗：

> 贤哉，回也！
>
> 一箪食，
>
> 一瓢饮，
>
> 在陋巷，
>
> 人不堪其忧，
>
> 回也不改其乐。
>
> 贤哉，回也！

程子曰："颜子之乐，非乐箪瓢陋巷也，不以贫窭累其心而改其乐也，故夫子称其贤。"①这一章的"诗题"，就可以用"颜子之乐"，中间三个意象和两句议论，构成诗的主体，生动展示了颜回"贫而乐道"的崇高道德境界，前后两个赞叹句，"贤哉，回也"，形成一个回环，极大地增强了充满赞叹的抒情意味。

其次，《论语》的诗性品格与孔子的《诗》学修养和诗才直接相关。孔子是《诗经》接受史上真正的"第一读者"，是一位一身多任的伟大的"第一读者"。他是《诗三百》的整理者，又是《诗三百》的阐释者，更是《诗三百》的传授者；《史记》所谓"孔子以《诗》《书》《礼》《乐》教，弟子盖三千，身通六艺者，七十有二人。"孔子深厚的《诗》学修养，深化了他对《诗》的价值功能的认识，从而对弟子们提出了"不学《诗》，无以言"的告诫。不学《诗》，无以言；学好《诗》，则善于言。《论语》

---

① 朱熹:《四书章句集注》,中华书局2011年版,第85页。

中，孔子与弟子那些句式整饬、声韵和谐的诗性对话，正是其深厚的《诗》学修养的体现。

或许基于同样的原因，孔子又被后人塑造成才华横溢的诗人，并记载了大量据说出自孔子的诗章。沈德潜《古诗源》就收录多篇。如《临河歌》：

> 狄水衍兮风扬波，
>
> 舟楫颠倒更相加。
>
> 归来归来胡为斯。

这首诗取自《水经注》。《水经注》曰："孔子适赵，临河不济，叹而作歌。"再如《楚聘歌》：

> 大道隐兮礼为基，
>
> 贤人窜兮将待时。
>
> 天下如一兮欲何之。

据《孔丛子·记问第五》记载：楚王使使奉金币聘夫子。宰予、冉有对孔子说"夫子之道，至是行矣"，并以"太公遇文王"作比。然而，孔子对楚王并不抱有希望，也不准备应聘。他说："今世无文王，虽有太公，孰能识之?"于是写了这首诗，表达了"大道难行"的无望之情。

《孔丛子·记问第五》还记载了孔子所作的《丘陵之歌》，这是一首格律严整的四言诗：

> 登彼丘陵，峛崺其阪。仁道在迩，求之若远。
>
> 遂迷不复，自婴屯蹇。喟然迥虑，题彼泰山。
>
> 郁确其高，梁甫迥连。积棘充路，陟之无缘。
>
> 将无伐柯，患滋蔓延。惟以咏叹，涕霣潺湲。

鲁哀公派遣使者带着玉帛等礼物到卫国迎接孔子回鲁国，但最终还是没有重用他。孔子便作了《丘陵之歌》，表达了他对理想受阻及世事沉沦的沮丧之情。

孔子的诗篇或为拟作，孔子的《诗》学修养和诗才则无可置疑。这是《论语》对话之所以富于诗韵和诗性的主体根源。孔子既是一位伟大的哲人，也是一位杰出的诗人，一位"唱歌的圣人"。这一说法虽然有点新奇，但绝非无稽之谈。

再次，《论语》流传过程中的诗化，也是增强《论语》诗性品格的重要原因。从开篇的《学而》到终篇的《尧曰》，《论语》500章，具备诗的审美素质的篇章，触目皆是，举不胜举。那么，为什么《论语》具有诗性品格？阮元《揅经室三集》卷三《文言说》中的一段话，可以帮助揭开其中奥秘。略曰：

> 古人以简策传事者少，以口舌传事者多，故同为一言，转相告语，必有愆误，是必寡其词，谐其音，以文其言，使人易于记诵，始能达意，始能行远……古人歌诗、箴铭、谚语凡有韵之文，皆此道也。[1]

《文言说》是就古代典籍"文言"的普遍现象而言的，除歌诗、箴铭、谚语，自然包括先秦的经书和子书。让我最先想到的是《周易》乾坤二卦两句著名《象》辞：

> 天行健，
> 君子以自强不息；
> 地势坤，
> 君子以厚德载物。

---

[1] 阮元：《揅经室集》（下），中华书局1993年版，第605页。

这是一副对联，两句格言，也是一首警句诗。在子书中，最典型的是《老子》五千言："《老子》五千言是以诗的韵律、诗的语言、诗的意境完成的道家哲学著作。"①第一章就是一首论理精辟、艺术精美的哲理诗：

> 道可道，非常道；
>
> 名可名，非常名。
>
> 无名，天地之始；
>
> 有名，万物之母。
>
> 常无，欲观其妙；
>
> 常有，欲观其徼。
>
> 此两者同出而异名，
>
> 同谓之玄。
>
> 玄之又玄，众妙之门。

恰如论者所说："诗以排比引端，并以排比承转，呈示其诗意间之逻辑联系，而且撑起了气势，张大了容量，为阐明其宇宙观、方法论、认识论留出充分余地，以便统摄五千言精旨，成为全书的纲领。"②

同样，《论语》最初作为"口舌传事者"，在流传过程中，为了减少和避免"愆误"，并"易于记诵"，于是"寡其词，谐其音，以文其言"，不断地诗化，不断地被赋予了诗的品质。

《论语》的成书过程也可以证明这一点。上引《汉书·艺文志》传递了《论语》成书的三大信息：一是《论语》源于"孔子应答弟子时人及弟子相与言而接闻于夫子之语"，即《论语》是"口舌传事者"；二是《论语》不是出于一人之手，而是"当时弟子各有所记"；三是《论语》也不是成书于孔子之手，而是"夫子既卒，门人相与辑而论纂"，是众多弟子在长时间里逐步"纂辑"而成。今天见到的《论语》，又是西汉末年安昌

---

① 许结、许永璋：《老子的诗学宇宙》，黄山书社1992年版，第11页。

② 许结、许永璋：《老子的诗学宇宙》，黄山书社1992年版，第136—137页。

侯张禹把流传下来的《鲁论语》和《齐论语》合二为一的《张侯论》，亦即又经过了张禹的进一步的编辑与整理。

《宪问》第8章："子曰：'为命，裨谌草创之，世叔讨论之，行人子羽修饰之，东里子产润色之。'"这是孔子描述郑国人造一辞命的郑重过程。孔子的弟子门人"相与辑而论纂"夫子之语，无疑也会以极其慎重的态度，"草创之，讨论之，修饰之，润色之"，力求使《论语》"寡其词，谐其音，以文其言"，从而赋予诗的品质。《论语》中大量声韵铿锵的三字句、四字句和排比句，就是一个例证；《学而》16章能作为16首哲理诗来读，就是一个例证；《季氏》之"三友章""三乐章""三愆章""三戒章""三畏章""九思章"等，都是诗性的排比句，也绝非偶然。

（三）《论语》为何要作诗读？

为什么要把《论语》作诗读？这绝非刻意为之，故弄玄虚，一言以蔽之，"易于记诵"者也；同时也易于见出《论语》语言的诗性美。当年，孔子及弟子门人赋予《论语》以诗的品质，是为了让《论语》便于传诵；今天，我们发掘出《论语》潜在的诗性品质，则是为了让《论语》"易于记诵"——有助于学生对经典的"记诵"。把《论语》作诗读，对于教师，是一种不妨尝试的教学方式；对于学生，则是一种肯定有效的记诵方式。

"将宝贵的教训牢牢地嵌入读者的记忆中！"韦礼文认为：孔子对话中，"韵律的使用大概不是为了审美效果，而是为了助记作用。听觉的模式，连同唤起对相同内容的注意力的简单重复，被用来将宝贵的教训牢牢地嵌入读者的记忆中。"①我们尝试把《论语》作诗读，同样是为了"助记作用"，从而"将宝贵的教训牢牢地嵌入读者的记忆中"。

那么，把《论语》作诗读，为什么具有"助记作用"？为什么"易于记诵"？这与诗歌体裁的认知优势密切相关。首先，整齐规范的句式，和

---

① 韦礼文：《唱歌的圣人——孔子对话中的韵》，邓秉元主编：《新经学》（第三辑），上海人民出版社2018年版，第224页。

谐回环的声韵，朗朗上口而有助记忆。其次，把散体《论语》转化为诗体《论语》，基本的做法就是，根据内容的逻辑层次，把线性的散体文句，按照诗体形式分行与分节排列。而分行的过程，就是分解的过程，分解的过程，又是分析的过程。通过分行—分解—分析，线性的文句转化成直观的诗行，平面的文本转化为立体的文本。这就增强了文本的明晰性，视觉的直观性，阅读的迅捷性，理解的透彻性，从而达到"易于记诵"的目的。再次，通过分行—分解—分析的心理过程，又有助于使机械的记忆变成逻辑的记忆。

且看《里仁》第5章："子曰：富与贵是人之所欲也，不以其道，得之不处也；贫与贱是人之所恶也，不以其道，得之不去也。君子去仁，恶乎成名？君子无终食之间违仁。造次必于是，颠沛必于是！"这是《论语》中著名的一章，也是篇幅较长的一章。如果按诗体排列，就是一首句式讲究，错落有致，理致深沉，富于抒情意味的哲理诗：

> 富与贵是人之所欲也，
>
> 不以其道，得之不处也；
>
> 贫与贱是人之所恶也，
>
> 不以其道，得之不去也。
>
> 君子去仁，恶乎成名？
>
> 君子无终食之间违仁。
>
> 造次必于是，
>
> 颠沛必于是！

俗话说，君子爱财，取之有道。这一章的"诗题"，不妨拟为"君子之道"。而把以排比句为主的散文体转换成诗歌体，不仅形式整齐美观，主旨鲜明显豁，充满抒情意味，而且更为易于记诵。不妨把它同先秦古逸诗《忼慷歌》做一比较：

贪吏而不可为而可为，

廉吏而可为而不可为。

贪吏而不可为者，当时有污名，

而可为者，子孙以家成。

廉吏而可为者，当时有清名，

而不可为者，子孙困穷被褐而负薪。

贪吏常苦富，

廉吏常苦贫。

独不见楚相孙叔敖，

廉洁不受钱。[①]

前者贫富对比，后者贪廉对比，二者主题相近，结构也相似。但比之《忼慷歌》，诗体《里仁》第5章，句式更整饬，诗意更显豁，也更"易于记诵"。

在中国人文经典中，《论语》和《老子》是最需要熟读成诵的两部书，同时也是最具有诗性品质的两部书。对当下的青年学生而言，《论语》的熟读成诵是关键，理解和躬行是终生的事。因此，在文本精读的同时，不妨采用诗体阅读的方法，以助记诵，将宝贵的教训牢牢地嵌入纯洁的心灵中！

五、《论语》的母题阅读

《论语》的母题阅读，是由《论语》作为"中国人思想的总源泉"的文化地位决定的；《论语》的母题阅读有两个维度，即历时性维度和共时性维度；从人类文化史的角度看，对《论语》母题还可以进行跨文化的比较阅读。

[①] 沈德潜：《古诗源》，中华书局1963年版，第12—13页。

（一）母题与母题阅读

《论语》的母题阅读，是文艺学中的母题研究法在《论语》阅读中的运用。借助于母题研究法，可以在《论语》阅读中开拓新领域，扩大新视野，提升新境界。

母题是文化传统中具有高度传承性和重现性的文化因子。在文艺学中，它是指在文学作品中反复出现的人类生活情境、精神现象和对世界的观念，往往表现为文学史上反复出现的主题、人物、故事情节、意象比喻等等。母题是传统的载体，精神的纽带，它可以超越时空，把传统与现代、过去与现在、古人与今人连成一体，生动地展示出人性的相通性、精神的延续性和历史的未来性。

母题阅读是钱锺书常用的经典阅读方法之一。以《管锥篇·毛诗正义》为例，论《燕燕》之"送别情境"，论《君子于役》之"闺怨情境"，论《陟岵》之"思乡情境"，论《蒹葭》之"企慕情境"，等等，都是母题阅读的经典的篇章，多角度、多层次地展示了一个个母题的诞生与旅行史。细读这些篇章，可以深化对母题阅读的理解、认识和运用。

母题来源于生活，来源于人类相同的生活方式和相同的生活情境。歌德谈到"诗歌母题"时指出："世界总是永远一样的，一些情境经常重现，这个民族和那个民族一样过生活，讲恋爱，动感情，那末，某个诗人做诗为什么不能和另一个诗人一样呢？生活的情境可以相同，为什么诗的情境就不可以相同呢？"①答案当然是肯定的。凡是第一个以优美的语言描述了人生的某个情景，就为人类提供了一个文学母题；凡是第一个以智慧的语言道出了生命的某种真谛，就为人类提供了一个精神母题。从此，这些文学母题和精神母题将不断被后人重复，并在历史上形成一条精神之链。

《论语》的母题阅读，就是以《论语》的思想原创性和对中华文化的深广影响为基础的，二者具有因果关系。《论语》作为国学之魂和智慧之

① 爱克曼辑录：《歌德谈话录》，朱光潜译，人民文学出版社1982年版，第55页。

源，是"第一个"以精炼的语言揭示了生命真谛的伟大著作。从其诞生之日起，中国人就不断从中汲取精神力量，获得思想启迪，并不断对其中的哲理母题进行阐释发挥，从而形成了一部持续两千多年的阐释史和接受史。用韦礼文的话说：孔子作为"一位道德仲裁者和哲学权威，他的箴言作为中国文化和文明的'通奏低音'（basso contiuno），向下共振了一个又一个世代。"①由此，《论语》成为"二千年来国人思想之总源泉"。所谓《论语》的母题阅读，就是在中国文化史的背景上，考察《论语》哲理命题的阐释史，考察《论语》思想母题的影响史，以认识《论语》鲜活的生命力和恒久的启示价值。

《为政篇》第15章："子曰：'学而不思则罔，思而不学则殆'。"这是"治学"的至理名言，对"学"与"思"的辩证关系作了精辟阐述。从此，古今学者关于治学原则的阐述，无不围绕"学"与"思"及相互关系展开。首先是孔门弟子子夏作了发挥，《子张篇》云："子夏曰：'博学而笃志，切问而近思，仁在其中矣。'"继而是《礼记·中庸》在子夏的基础上，围绕"学"与"思"，提出了完整的治学五步曲："博学之，审问之，慎思之，明辨之，笃行之。"此后，学思并重，知行合一，一直为两汉、隋唐到两宋学者所强调。南宋学者叶适针对当时学思分离的学风，在《习学记言》中指出："其祖习训诂，浅陋相承者，不思之类也。其穿穴性命，空虚自喜者，不学之类也。士不越此二涂也。"清代学者章学诚更进一解，他在《原学下》中写道："诸子百家之患，起于思而不学；世儒之患，起于学而不思。"②20世纪40年代，现代学者陈康在《学与思》一文中，则根据现代学术规范，结合自己的学术经验，对"如何学，如何思，以及它们间的关系"③作了精细的分析，把孔子的一句治学格言，演绎成一篇现代的治学论文。同时，"学思并重"的治学原则，不仅是中国的，也是人

---

① 韦礼文：《唱歌的圣人》，《新经学》（第三辑），上海人民出版社2018年版，第189页。
② 章学诚：《文史通义校注》（上），中华书局1994年版，第154页。
③ 陈康：《陈康：论希腊哲学》，商务印书馆1995年版，第537—544页。

类共通的。正如李泽厚在《论语今读》这一章的《记》中所说："就认识论说，与康德所说'感性无知性则盲，知性无感性则空'，几乎同一思路。这一道理至今不过时。东海西海，此心相同，此理相同；汉学宋学，国粹西髦，古今同慨。"①

德国哲学家黑格尔对格言式的《论语》评价不高。他说："孔子只是一个实际的世间智者，在他那里思辨的哲学是一点也没有的——只是一些善良的、老练的、道德的教训，从里面我们不能获得什么特殊的东西。"②现代读者读《论语》，可能同样感觉散乱无序，缺乏思辨性。钱穆的看法不同于黑格尔，他对思辨性的西方哲学和语录体的中国哲学的实质，做了这样的比较：

> 我对西洋哲学，当然是外行。但我觉得一部书从头到尾读完，其实也只几句话。但他这几句话，必须用许多话来证。中国书中讲一句是一句，讲两句是两句，不用再有证。只此一句两句已把他要说的道理说完了。③

为什么中国经典只此"一句两句"就能把道理说完了？因为，这"一句两句"绝不是可有可无的闲话，每一句都是思想的结晶，思辨的结论，理论的命题，精神的母题，蕴含了有待阐释的丰富内涵。运用母题阅读的方法，考察这"一句两句"话的阐释史和观念史，借助后人的阐释和发挥，就可以更好地理解这"一句两句"话的深邃内涵和深广影响。

母题阅读有各种思路，它取决于母题传播影响的特点。根据《论语》母题的历史影响和人类价值，《论语》的母题阅读至少有三种思路：一可以作历时性的影响史考察，二可以作共时性的多角度描述，三可以作跨时空的文化比较。

---

① 李泽厚：《论语今读》，生活·读书·新知三联书店2008年版，第72页。
② 黑格尔：《哲学史讲演录》（第一卷），贺麟、王太庆译，商务印书馆1996年版，第119页。
③ 钱穆：《中国文化丛谈》，九州出版社2011年版，第210页。

（二）母题阅读的两个维度

母题阅读的两个维度，是指对《论语》母题作历时性的影响史考察和作共时性的多角度描述。

所谓历时性的影响史考察，就是按照时间线索，考察《论语》母题在思想史和文化史上的影响。《为政篇》第15章的"学与思"就是一例。再如《子罕篇》第28章："子曰：'岁寒，然后知松柏之后凋也。'"这是《论语》中最富诗意的名言。《庄子·让王》有记载："孔子穷于陈蔡之间，七日不火食"，"颜色甚惫，而弦歌于室"，门人有怨言，孔子曰："天寒既至，霜雪即降，吾是以知松柏之茂也。"其旨趣与"匹夫不可夺志"章相同。在冰雪严寒的恶劣环境中，才能真正显示具有韧性精神的崇高意志和坚贞节操。借用黑格尔的话说就是："人格的伟大和刚强只有借矛盾对立的伟大和刚强才能衡量出来。"①

孔子的这一意象比喻，此后形成松竹梅"岁寒三友"的意象群，通过诗文书画一直流传至今。《世说新语·方正》"培塿无松柏，薰莸不同器"，反其意而用之；潘岳《西征赋》"临危而智勇奋，投命而高亮节"，以理语明旨趣。唐宋诗文，反复咏叹。如张九龄《与李让侍御书》"太阿之剑，犀角不足齿其锋；高山之松，霜雪不能渝其操"，李白《赠韦侍御黄裳二首》"愿君学长松，慎勿作桃李"，刘长卿《罪所上御史惟则》"黄鹤翅垂同燕雀，青松心在任风霜"，陆游《梅花绝句》"高标逸韵君知否，正在层冰积雪时"，文天祥《正气歌》"时穷节乃见，一一垂丹青"等等。孔子的比喻，还化为蒙学佳句。如周兴嗣《千字文》曰："似兰斯馨，如松之盛"，程允升《幼学琼林》曰："明日黄花，过时之物；岁寒松柏，有节之称"。"学思"章是格言，"岁寒"章是比喻，无不明理透彻，境界高远，而流芳千古。

所谓共时性的多角度描述，就是对《论语》母题的多元影响作多层次

---

① 黑格尔：《美学》（第一卷），朱光潜译，中华书局1979年版，第227页。

的全面考察。《子罕篇》："子在川上，曰：'逝者如斯夫！不舍昼夜。'"
这是《论语》中最重要的一句哲学话语，在抒情性的语句中，表达了孔子
的时间观和生命观。夫子咏叹的是一种有情时间，生命时间，从此它成为
中国人珍惜时间、珍惜生命的精神母题。

　　"逝者如斯，不舍昼夜"这一时间母题，对后人产生了三方面的影响。
一是人生，感叹人生无常，人生苦短，体现个体生命意识的觉醒。如屈原
《离骚》："日月忽其不淹兮，春与秋其代序。惟草木之零落兮，恐美人之
迟暮"，《古诗十九首》："浩浩阴阳移，年命如朝露。人生忽如寄，寿无金
石固"，曹植《箜篌引》："惊风飘白日，光景西驰流"，陆机《短歌行》：
"人寿几何？逝如朝露。时无重至，华不再阳"等等。这种人生如寄、人
生无常的感叹，在战国至两汉的诗文中表现得最为强烈，它表面看似消极
悲哀，实质是对生命的留恋，生命的觉醒，生命的执着，也是对生命存在
的肯定。因此，它感被视为中国诗文中的某种"最高感受"。二是事业，
强调君子自强，奋发努力，抒发早建功名的豪情。在这里，孔子的"逝者
如斯，不舍昼夜"，变成《周易》"天行健，君子以自强不息"，变成陶渊
明《杂诗》"盛年不再来，一日难再晨；及时当勉励，岁月不待人"，变成
李白《五松山送殷淑》"抚酒惜此月，流光畏蹉跎"，变成岳飞《满江红》
"莫等闲，白了少年头，空悲切"等等。这表现了儒家积极入世的时间观
和生命观，表现了儒家重实践重行动的理念。三是学业，劝勉少年惜时，
努力学业，切莫虚度青春时光。乐府歌辞《长歌行》"少壮不努力，老大
徒伤悲"成为最传诵的名言。此后成为唐诗反复咏叹的主题。如孟郊《劝
学》"青春须早为，岂能长少年"，杜荀鹤《题弟侄书堂》"少年辛苦终身
事，莫向光阴惰寸功"，王贞白《白鹿洞》"读书不觉已春深，一寸光阴一
寸金"等等。直至朱自清的散文《匆匆》，依然是同一主题的现代抒写和
演绎。

　　此外，从苏轼的《赤壁赋》到毛泽东的《水调歌头·游泳》，都直接
引用了《论语》这句名言，但表现的不是个体的生命时间观，而是宇宙观

和历史观。如果说苏轼的《赤壁赋》借以表达万物一体的宇宙时空观，那么毛泽东的《水调歌头·游泳》则借以表达天翻地覆的时代进步观。

德国哲学家加达默尔有句名言："艺术作品里的真正意义的汲舀是永无止境的。"①同样，圣哲经典中真正意义的汲舀也是永无止境的。两千多年来，《论语》中大量至理名言，在中国历史的各个阶段，对中国人生活的各个方面，产生了广泛而深刻的影响。一部《论语》母题的影响史，就是一部民族精神和民族性格的塑造史。这就为《论语》母题的历时性阅读和共时性阅读提供了无数的课题，有待我们去发掘和梳理，以深化和丰富我们对《论语》价值的认识。

（三）《论语》母题的文化比较

《论语》是中国的，也是人类的。《论语》作为"轴心时代"的文化经典，用中国话语，提供了大量有益人类的普遍智慧。所谓跨时空的文化比较，就是在人类文化史的背景上，在与西方经典的互读中，读出《论语》母题跨文化、超民族的普遍意义和普遍价值。

钱锺书诗学名文《诗可以怨》，是《论语》母题跨文化比较的范例。《论语·阳货》有曰："诗可以兴，可以观，可以群，可以怨。"钱锺书指出：在这四个命题中，尤以"诗可以怨"是"中国文评里的一个重要概念"，汉代以后不断得到阐释而成为"一种普遍的文学主张"②。文章首先描述了"诗可以怨"在中国的阐释史。从屈原《九章·惜诵》"惜诵以致愍兮，发愤以抒情"，司马迁《报任少卿书》"大抵圣贤发愤之所为作也"，钟嵘《诗品序》"使穷贱易安，幽居靡闷，莫尚于诗矣"，韩愈《荆潭唱和诗序》"夫和平之音淡薄，而愁思之声要眇，欢愉之辞难工，而穷苦之言易好"，到欧阳修《梅圣俞诗集序》"诗穷而后工"，等等，他们或从创作动机，或从创作效果，阐发和丰富了"诗可以怨"的理论内涵。进而，笔

---

① 加达默尔：《真理与方法》（上卷），洪汉鼎译，上海译文出版社1999年，第383页。

② 钱锺书：《七缀集》，上海古籍出版社1985年版，第102页。

锋一转，文章指出，"十九世纪西洋的几位浪漫诗人"，同样强调了"诗可以怨"和"穷苦之言易好"的观点。如雪莱《致云雀》："最甜美的诗歌就是那些诉说最忧伤的思想的"，凯尔纳《诗》："真正的诗歌只出于深切苦恼所炽燃着人心"，缪塞《五月之夜》："最美丽的诗歌就是最绝望的，有些不朽的篇章是纯粹的眼泪"，爱伦坡《诗的原理》："忧郁是诗歌里最合理合法的情趣"，等等，无不可以与"诗可以怨"相互发明。《诗可以怨》一文内容丰富，胜义纷披，论析精辟，妙语连珠，从中国古代讲到西方近代，通过跨文化比较，对"诗可以怨"这一母题做了益人心智的"环球文化旅行"。

顺便补充一句，"诗可以怨"不仅是"中国文评里的一个重要概念"，而且对古代诗歌体裁产生了实质性影响。中国诗歌史上的"怨诗""怨歌行""闺怨""春怨"的"怨"，就是"诗可以怨"的"怨"。可以说，这是"诗可以怨"母题意义的另一种表现。

《学而篇》第十五章可分前后两部分，前半部分论"贫"与"富"的最高境界，即孔子所的崇尚"贫而乐"与"富而好礼"；后半部分是子贡引诗类比和孔子对子贡的肯定："子贡曰：'《诗》云'："如切如磋，如琢如磨"，其斯之谓与？子曰：赐也，始可与言《诗》已矣，告诸往而知来者。"最后一句"告诸往而知来者"，一向不为人所重视，最多把它和《述而篇》"举一隅而以三隅反"的学习格言相联系。其实，这是一个深刻的历史哲学命题，可与《为政篇》"温故而知新"章相互发明，蕴含了历史的未来性和传统的现代性的深刻哲理：告诉你过去的，就可以知道遥远的未来；温习传统的，就可以知道崭新的现代。中国是具有悠久历史的民族，对历史和传统的重视，是中国智慧的特点。如《老子》第14章"执古之道，以御今之有，能知古始，是谓道纪"，《管子·形势》"疑今者察之古，不知来者视之往"，《墨子·非攻中》"谋而不得，则以往知来，以见之隐"，陆贾《新语·术事》"善言古者合之于今，能述远者考之于近"，以及谢灵运《七里濑》诗"谁谓今古殊，异代可同调"等等，无不与孔子的名言异曲同工，相视而笑。

同时，《论语》这一哲理母题，具有跨文化的普遍意义，它所蕴含的历史的未来性和传统的现代性的哲理，揭示了人类历史发展的普遍规律。因此，西方哲人用不同的语言，从不同的角度，不断阐述着相同的观念。《圣经·旧约·传道书》说："已有的事，后必再有；已行的事，后必再行。日光之下，并无新事。"古罗马西塞罗说："如果你对你出生之前的事情一无所知，这就意味着，你永远是幼稚的人"；因而，"除非人的生命融入了祖先的生命，除非人的生命置入历史语境中，否则人生又有何价值呢?"①法国哲学家笛卡尔说："我们能够想象得出来的任何一种意见，不管多么离奇古怪，多么难以置信，全都有某个哲学家说过。"②德国哲人歌德说得更为直接："凡是值得思考的事情，没有不是被人思考过的；我们必须做的只是试图重新加以思考而已。"③英国历史学汤因比则说："一部成书于2300多年前另一个世界的著作封存了种种体验，对于后世的读者而言，自己这一代人才刚刚开始这些体验。公元1914年与公元前431年在哲学的意义上是同时代的。"④从古代到现代，从哲学家到历史家，如此等等，不一而足。一言以蔽之："告诸往而知来者"!《论语》是中国的，也是人类的。

《论语》的有些母题，通过跨文化比较阅读，可以发现中西文化微妙的同中之异。《季氏篇》第6章"君子有三戒"，三个排比，句式整齐，可以作为诗来读：

> 君子有三戒：
> 少之时，

---

① 转引尼尔·波斯曼：《技术垄断》，何道宽译，北京大学出版社2007年版，第113—114页。
② 笛卡尔：《谈谈方法》，王太庆译，商务印书馆2000年版，第14页。
③ 歌德：《歌德的格言和感想集》，程代熙、张惠民译，中国社会科学出版社1982年版，第3页。
④ 阿诺德·汤因比：《历史研究》(下卷)，郭小凌等译，上海人民出版社2010年版，第938页。

血气未定，

戒之在色；

及其壮也，

血气方刚，

戒之在斗；

及其老也，

血气既衰，

戒之在得。

孔子的这首"年龄诗"，强调君子一生有三种警惕戒备，不同年龄阶段有不同修养重点。"血气"是自然生命，"三戒"是道德修养；自然生命随时而衰，道德修养与时俱进，所谓活到老，学到老。

与孔子的"年龄诗"相似，西方从古希腊开始就有"年龄诗"的写作传统。最著名的是17世纪法国布瓦洛《诗的艺术》中的一组"年龄诗"：

光阴改变着一切，也改变我们性情；

每个年龄都有其好尚、精神与行径。

青年人经常总是浮动中见其躁急，

他接受坏的影响既迅速而又容易，

说话则海阔天空、欲望则瞬息万变，

听批评不肯低头，乐起来有似疯癫。

中年人比较成熟，精神就比较平稳，

他经常想往上爬，好钻谋也能审慎，

他对于人世风波想法子居于不败，

把脚跟抵住现实，远远地望着将来。

老年人经常抑郁，不断地贪财谋利；

他守住他的积蓄，却不是为着自己，

一切计划进行时，脚步僵冷而连蹇；

老是抱怨着现在，一味夸说着当年；

青年沉迷的乐事，对于他已不相宜，

他不怪老迈无能，反而骂行乐无谓。[1]

布瓦洛的这组诗祖述贺拉斯的《诗艺》，贺拉斯又祖述亚里士多德的《伦理学》，布瓦洛以后还有许多诗人写了同样的诗作。但以布瓦洛的这组诗最为著名，也可作为西方"年龄诗"的代表。

孔子的"年龄诗"与西方的"年龄诗"有一个共同特点，即都指出或描述了一个人在不同年龄阶段个性心理和欲望追求的不同特点。但各自的目的却有所不同：西方的"年龄诗"客观描述各年龄阶段人的性格特点和心理特点，从而为演说家揣摩听众心理，为诗人刻画人物性格提供参考，属于文艺学中的人物性格论；孔子的"年龄诗"指出人在不同年龄阶段的性格特点和心理弱点，以君子人格为目标，提出了应当警戒和修养的重点，属于君子论中的道德修养论。朱熹《论语集注》论此章引范氏曰："圣人同于人者血气也，异于人者志气也。血气有时而衰，志气则无时而衰也。少而定、壮而刚、老而衰者，血气也。戒于色、戒于斗、戒于得者，志气也。君子养其志气，故不为血气所动，是以年弥高而德弥邵也。"范氏的诠释可谓精辟，有助认识孔子"年龄诗"不同于西方"年龄诗"的伦理品格。

《论语》母题品格的揭示，让我们深刻认识到，《论语》是古代的，也是现代的；是中国的，也是世界的；是民族的，也是人类的。《论语》的母题阅读，可以拓宽学生视野，深化对《论语》的理解，拉近《论语》与现代人的距离。不过，母题阅读是一种互文性的深度阅读，已经进入"探

336

---

[1] 布瓦洛：《诗的艺术》（修订本），任典译，人民文学出版社1959年版，第53—54页。

究"的境界，也是《论语》阅读中有待开拓的新领域。因此，它需要教师首先花一番功夫，然后根据学生的知识背景和知识积累，作必要的引导，作必要的示范。

西哲云，一千个读者有一个哈姆雷特。借言之，一千个读者有一千种《论语》读法。这里的四种读法，仅为一隅之见。当然，四种读法各具特点，亦可自成一体，读者不妨尝试采用：以"诗体阅读"引发兴趣，有助记诵；以"主题阅读"深入文本，把握体系；以"母题阅读"开拓新境，扩大视野；而"文本精读"则贯彻始终，它是主题阅读、诗体阅读和母题阅读的基础，也是《论语》阅读的最终目的。

第十四章

《三字经》：传统文化的微型百科

两千多年来，数千种蒙书中，《三字经》和《弟子规》是迄今流传最广、影响最大、阅读人数最多的蒙书，也是最适合当代学生诵读，借以了解传统文化的经典。《三字经》以国学教育为主，旨在"劝学"，《弟子规》以伦理教育为主，旨在"做人"，但无不包含了丰富的传统文化内涵，体现出匠心独运的编写理路。在我看来，《三字经》是一部传统人文学的微型经典，《弟子规》则是礼仪之邦的为人之道。本章拟对《三字经》的文本解读，提供一得之见。

一、《三字经》的传播影响史

自南宋迄今，《三字经》八百年的传播影响史，有两大谜团、一大特点，即作者不明、版本不定，却又形成一部代有其人、绵延相续的注释、补订、仿作史。

首先是作者不明。《三字经》的作者，到底是南宋浙江鄞县大儒王应麟，还是南宋顺德登州儒者区适之，迄今难有定论。作为蒙书之首的《三字经》，流传迄今近千年，但明代以前似未见著录，明代中后期方有学者提及。但或只涉及书名而未提作者，如吕坤（1534—1616年）《社学要略》曰："初入社学，八岁以下者，先读《三字经》，以习见闻"；或点明不详作者，如赵星南《教家二书序》曰："世所传《三字经》《女儿经》者，皆不知谁氏所作。"

入清以后，《三字经》的作者，出现两种意见。一种认定是王应麟所作。最先提出者是清初王相，其《三字经训诂序》（1665年）曰："宋儒王伯厚先生作《三字经》以课家塾，言简义长，词明理晰，淹贯三才，出入经史，诚蒙求之津逮，大学之滥觞也。"清人夏之瀚《小学绀珠原珠序》亦曰："迨年十七，始知其作自先生（指王应麟），因取文熟复焉，而叹其要而赅也。"一种认为是区适之所作。最先提出者是稍后于王相的清初学者屈大均，其《广东新语》（1677年）曰："童蒙所诵《三字经》，乃宋末区适之所撰。适之，顺德登州人，字正叔，入元抗节不仕。"此后，持不同意见者代有其人，并各自为己见作了论证①，以致有的刊本不知所从，对作者作调和处理。如民国金陵大学《三字经》油印本，署作者为"王应麟撰、区适之改订、黎贞②续"。

近年以来，随着国学热的升温，《三字经》的作者问题，再度引起南北学者，尤其是顺德和宁波两地学者的关注，并专门举办了《三字经》的学术讨论会。2007年，广东佛山市顺德区博物馆的李健明，在《〈三字经〉作者细考》③一文中，根据明代广东学者黄佐（1490—1566）《广东人物志》和明万历年间出版的《顺德县志》中的记载，为"区适之所撰"说提供了新的史料。宁波方面的学者郑传杰，则对李文史料的可靠性和引用的规范性提出质疑，并予以反驳，指出黄佐的区适之撰"这一说法实来源于民间传闻"，来源于"故老相传"，而民间传闻自然不可信④。

宁波大学历史系教授钱茂伟，在分析了双方的论据和研究思路后提出

① 张志公：《传统语文教育教材论》，中华书局2013年版，第19页。
② 清人邵晋涵《江南诗抄》有诗曰："全家生计渔舟上，识字才教记姓名。读得贞黎三字训，便称渔浦小书生。"自注："《三字经》，为南海黎贞所作"。
③ 李健明：《〈三字经〉作者细考》，《学术研究》2007年第8期。
④ 郑传杰：《"〈三字经〉作者历史公案"一种解读》，见《蒙学之冠：〈三字经〉及其作者王应麟》，宁波出版社2007年版。

了自己的看法。首先，通过对"文句索源"，认为《三字经》是一部"原创蒙学作品"，它的底色是"宋代文化"，它的成书不是北宋而是"南宋中期"。其次，通过《三字经》"署名嬗变"的考察，认为，"《三字经》实际作者是一位佚名蒙师，两者必居其一式的《三字经》作者讨论，可能是一个伪命题。区适之说是一个民间传说，署名王应麟则是一种公共文化冠名现象。"①

客观地说，钱茂伟教授的研究，视野开阔，论证翔实，方法和观点确有令人耳目一新之感。他通过"文句索源"，指出《三字经》是一部"原创蒙学作品"，成书于"南宋中期"，是颇为令人信服的；通过"署名嬗变"的考察，认为"署名王应麟是一种公共文化冠名现象"，从文化传播学看也不无道理。但是，他的"公共文化冠名"说，毕竟是"可能"的猜测，是学理性的分析，缺乏必要的史料证据。鉴于明末清初以来，王相"宋儒王伯厚先生作《三字经》"之说，早已深入人心，也为海内外读者普遍接受。本书从俗，依然采用"王应麟著《三字经》"的公认说法。

其次是文本不定。明代以来，《三字经》的文本篇幅，一直处于变动之中。《三字经》宋元刻本，未见留存。现存最早版本，为明刻赵星南②的《三字经注》③本。此本原文为1086字，但在述史部分有显为明人续补的"辽与金"至"再开辟"等24字。另据清人许印芳《增订发蒙三字经叙》所说，"古本"述史仅至五代即止，而无"炎宋兴"等12字，则最接近《三字经》原本的仅1050字。到了清代，《三字经》的文本又发生了变化。张志公说："今天所见到的清初的本子是1140字，后来比较通行的本子（如所谓《徐氏三种》本），总共1248字。"④据此，从"古本"的1050字，

① 钱茂伟：《王应麟学术评传》，中华书局2011年版，第237—304页。
② 赵星南(1550—1627)，字梦白，号侪鹤，高邑(今属河北)人。明万历二年(1574)进士，官至吏部尚书。天启年间，因反对魏忠贤，被矫旨削籍发配，死于代州。所撰《三字经注》是现存最早的《三字经》注本。
③ 见陆林辑校：《三字经辑刊》，安徽教育出版社1994年版，第3—9页。
④ 张志公：《传统语文教育教材论》，中华书局2013年版，第20页。

到明刻的 1086 字，再到清初的 1140 字或 1248 字，《三字经》文本，随年代的推移呈不断增加的趋势；到了清末许印芳的《增订发蒙三字经》，文字已数倍于古本《三字经》了。

再次是形成了一部代有其人、绵延相续的传播影响史。《三字经》的传播影响史可分四个方面。

一是《三字经》的注释。今所知最早注释者是万历年间台州人薛国让的《启蒙三字经》，然此书不传。现存较有代表性的是明代万历年间赵星南的《三字经注》、清初王相的"训诂"和清代后期贺兴思的"注解备要"。此类注本，在文本上大多以王本为准，仅在历史部分各有续写，主要致力于文字的串讲、典故的诠释和义理的阐发；在文字、典故、义理三方面，又因注者的不同而各有侧重。如潘子声的《三字经针度》，只注单字，不注全句，只注字义，不注句义，近似于《三字经》小字典；贺兴思的《三字经注解备要》，是此前注本中篇幅最大的一种，包含了丰富的文化知识，并附有《历代帝王源流歌》。

二是《三字经》的补订。较有代表性的是清代前期车鼎贲的《三字经》、清末许印芳的《增订发蒙三字经》、民国初年章太炎的《重订三字经》等。内容的增补，主要有两种情形，一是侧重于增加他们认为儿童应懂得的伦理规范和文化知识，一是随时代的变化而侧重于传播近代思想和科学知识。由章太炎"重订"、刘松龄"订补"的《增订三字经》，则兼具上述两方面的内容。2008 年，人民教育出版社出版了由傅璇琮先生任主编、在向社会公开征求修改意见基础上，由"《三字经》修订工程编审委员会"修订的《三字经·修订版》，这应是最新的、影响较大的一个《三字经》"补订本"了。

三是《三字经》的仿作。明清迄今，《三字经》的仿作层出不穷，从对象分，有专供女子阅读的《女三字经》，有专供教育小儿的《三字幼仪》；从内容分，有专述历史的《历史三字经》，有专讲地理的《舆地三字经》，有专门介绍中医、中药的《医学三字经》和《药性三字经》，有专门介绍新学的《西学三字经》和《时务三字经》等等。种类繁多的《三字经》注释本、补订本和仿作本，构成了一个庞大的《三字经》系列。

四是《三字经》的传播。这是由国内南北的传播扩大至海外亚欧的传播。据考，明清之际《三字经》已经传至韩国和日本，或加以修订，或直接翻印，被广泛用于两国蒙童的学习。其间又随着"下南洋"的华人，被带到缅甸、泰国、越南和马来西亚诸国。清代雍正五年（1727年）订立《恰克图界约》之后，沙皇政府派到北京的"学艺"人员，即以《三字经》为识字课本，后又被译成俄文。道光九年（1829年）又在彼得堡出版了《汉俄对照三字经》，被人称为中国"十二世纪的百科全书"，广泛流行于俄国知识界和俄国公众。到道光十五年（1835年），又由美国传教士出版了英译本。1990年，新加坡教育出版社出版了新译的英文本《三字经》，同年参加法兰克福书展，后即被联合国教科文组织选入《儿童道德丛书》中予以推广。①

《三字经》近千年传播影响史上的两大谜团和一大特点，说明一个问题，那就是《三字经》的巨大价值、深广影响和历代读者对它的持续兴趣和高度关注。

二、《三字经》的文本阐释史

在传统蒙学教学中，"三、百、千"属于识字类蒙书。那么，作为"蒙书之首"的《三字经》到底是一部什么书？它只是识字类蒙书，还是劝学性蒙书？编者只考虑字句的声韵和谐，还是蕴含了内在的学理体系？围绕这一问题，《三字经》的文本阐释史，大致经历了三个阶段：最初的概括评价，稍后的文本解读，以及现代的学理分析。

从明代开始，《三字经》的丰富内容和严谨结构，便已受到人们的关

---

① 参阅陆林《三字经辑刊》（安徽教育出版社1994年版）、钱茂伟《王应麟学术评传》（中华书局2011年版）、喻岳衡主编《传统蒙书集成》（岳麓书社1996年版）。

注。不过，最初大多只是概括性的评价或赞叹。如赵星南认为，《三字经》"可以当十三经"。清人夏之瀚亦只"叹其要而赅也"六字。为车鼎贲《三字经备要》作序的朗轩氏称赞《三字经》是"一部袖里《通鉴纲目》"。王相《三字经训诂序》的赞语稍长，也是概括性评价中最值得重视的。其曰："言简义长，词明理晰，淹贯三才，出入经史，诚蒙求之津逮，大学之滥觞也。"对《三字经》的风格、内容、地位和价值作了全面评价，不啻为《三字经》解读提供了一个论纲。然而，惜其"要而赅"也。

清代对《三字经》的文本解读，有两个人的两种角度值得重视。现代学者解读《三字经》的千言万语，其实并未超越清人的思路。

一是清代前期的车鼎贲。他在《三字经》"订补本序"中，对《三字经》的内在理路做了清晰的梳理。其曰："今观其书，首之以性善之说，继之以孝悌之行，继之以方名象数之学，又继之以读经史之次第，而后错举古之善学者以为之劝，而末乃期其有成，此其规模大体可谓得之矣！"一部《三字经》，由"首"至"末"，分为六个层次，模糊的文本，梳理出了清晰的思路。为车鼎贲《三字经备要》作序的朗轩氏，对《三字经》的内容也作了具体描述："世之欲观古今者，玩其词，习其义，天人性命之微，地理山水之奇，历代帝王之统绪，诸子百家著作之原由，以及古圣贤由困而亨、自贱而贵，缕析详明，了如指掌。是散见于诸子百家之中者，而以一帙聚之。"文字更多，但显然不及车氏的清晰具体。

一是清代后期的许印芳。他在《增订发蒙三字经叙》中，对《三字经》的核心旨趣做了明确的阐释。其曰："窃谓伯厚原书，意主劝学，详于策励，自仲尼师项橐以下，引证十余事，较量古人，责望今人，八面受敌，无隙闪避。儆惕之深，至于人'不如物'，后生读之，足以激发志气，是诚有功士林，故历久不废。惜其意主劝学而不亟讲学，详于策励而略于启发。"许叙肯定了王氏《三字经》"意主劝学，详于策励"的特点，又指出其"不亟讲学，略于启发"的缺点，从而为其"增订"提出思路。许氏的"增订"，一是增加"讲学"的内容，二是注重"启发"引导，三是扩充"见闻"的篇幅，四是调整杂乱的"叙次"，五是订正不妥的字词。态度之严谨，内容之丰富，在《三字经》的续补之作中都是罕见的。最重要的是，其"意主劝学，详于策励"八字，颇为准确地揭示了《三字经》的核心主题。

从文本内容的梳理，到核心旨趣的揭示，这是解读的深化；同时，结构分析和主题诠释，也成为今人对《三字经》文本作学理分析的基本思路。

张志公的《三字经》文本解读，就属于内容的串讲。他依据1248字的"徐氏三种本"，依次把内容分为五个部分：首先说"教"和"学"重要性，84字；其次是讲封建伦常的话114字；再次是介绍数目和基本名物，96字；然后是介绍小学和经子诸史，714字；最后是讲勤学人物故事，勉力儿童学习，做有用的人，共240字[①]。钱茂伟的文本解读，分得更细，他依据韩国忠南大学校图书馆所藏《新刊三字经》，即"最接近宋版《三字经》的明朝古本"，依次把内容分为八个部分：即教育重要性，28句；礼仪，12句；名物，66句；四书五经，60句；诸子，8句；诸史，92句；案例，72句；勉励，16句。共354句，1062字。两个文本内容篇幅的差别，在于"诸史"的多少。"明朝古本"，诸史叙述结束于"十七史，全在兹"；"徐氏三种本"则一直续写到清代。两个文本内容详略的共同之处在于，诸史最多，其次是名物与礼仪，其三是案例，其四是四书五经与诸子，最后是教育重要性与勉励。"中国历史谱系的排比，生活常识，四书五经内容的介绍，案例的使用，建构起一个人文知识框架，简明扼要。"[②]

今人对《三字经》核心主题的阐释，基本上是对许印芳"意主劝学，详于策励"的"劝学说"的发挥。徐梓认为，《三字经》就是"一篇劝学文献"[③]。李鹏辉的《〈三字经〉的劝学主题与宋代劝学文化生态》[④]一

---

① 张志公：《传统语文教育教材论》，中华书局2013年版，第20页。
② 钱茂伟：《王应麟学术评传》，中华书局2011年版，第263页。
③ 徐梓：《〈三字经〉：一篇劝学文献》，《王应麟学术讨论集》，清华大学出版社2012年版。
④ 李鹏辉：《〈三字经〉的劝学主题与宋代劝学文化生态》，《教育评论》2008年第5期。

文，更为值得重视，视野开阔而论述透彻。首先，文章以丰富的资料提供了宋代劝学文化的背景，展现了宋代自上而下的劝学盛况。如南宋后期编撰刊刻的《古文真宝》，卷首收录了真宗、仁宗、司马光、王安石、柳永、白居易、朱熹、韩愈诸人的劝学文，可见当时劝学风气。宋真宗的《劝学诗》流传最广，诗曰："富家不用买良田，书中自有千钟粟；安居不用架高堂，书中自有黄金屋；出门莫恨无人随，书中车马多如簇；娶妻莫恨无良谋，书中自有颜如玉。男儿欲遂平生志，六经勤向窗前读！"帝王以功名利禄为诱，百姓以读书做官为荣，上下呼应，自成风气。继而，文章围绕"劝学"中心，从学习的重要性、学习的内容、学习的典范、学习的目的这四个方面，逐层分析了《三字经》的内在理路。李鹏辉的论析，确乎达到了青出于蓝而胜于蓝的境界。

三、《三字经》的四重意蕴

参酌前人精解，细读文本内容，可以发现，言简义长、词明理晰的《三字经》，实是一部以儒家教育理念为构架，以名物伦常、经子诸史为内容，以劝学策励为宗旨，具有"蒙求之津逮，大学之滥觞"的问学导引功能的蒙学经典。细而析之，一部千余言的《三字经》，至少可以从四个角度作四重解读：从整体构架看，它由四个逻辑层次构成，体现了较为完整的儒家教育理念；从思想内容看，它包含了乡土中国以宗法文化为基础的，较为系统的伦理道德观念；从学术内容看，一部《三字经》，不妨说是一部微型的国学概论；从目的宗旨看，它又是一部以典范人物为榜样，"劝学策励"的励志大全。

其一，从整体构架看，《三字经》体现了较为完整的儒家教育理念。这一逻辑构架，由四个相互联系的部分构成：即"子须学"，"学什么"，

"怎么学"，"学何为"。据此，《三字经》全文①，可以依次分为四大段落。

一是"子须学"的必要论。从"人之初，性本善"到"人不学，不知义"，共28句，84字。这一段可分为两个层次。首先是以儒家人性论为基础，强调"子须学"的必要性。最关紧的是六个字，即"性相近，习相远"。语出《论语·阳货》："性相近也，习相远也"，表达了孔子的人性观。程树德《论语集释》引《皇疏》曰："性者，人所禀以生也。习者，生后有百仪常所行习之事也。人具禀天地之气以生，虽复厚薄有殊，而同是秉气，故曰相近也。及至识，若值善友则相效为善，若逢恶友则相效为恶，恶善既殊，故云相远也。"关于人性，有性善、性恶、有善有恶、不善不恶等种种说法。孔子不言善恶，但言远近，即不从人性的本身说，而是从人性的作用说，由此导出来"教"与"习"的重要性和必要性，即"苟不教，性乃迁"。从这个意义上说，一部《三字经》，是建立在孔子的人性观和教育观基础之上的。进而阐述了"教之道"和"学之道"。"教之道"，两个字，一是"专"，二是"严"。即所谓"教之道，贵以专"，"养不教，父之过；教不严，师之惰"。"师严道尊"观念见于《礼记·学记》，曰"凡学之道，严师为难。师严，然后道尊，道尊，然后民知敬学。"这也成为劝学风盛的南宋流行的观念。如谢枋得《示儿二首》"养儿不教父之过，莫视诗书如寇雠"、《古文真宝》"养子不教父之过，训导不严师之惰"等等。"学之道"，两个词，一"有为"，二"知义"。即所谓"幼不学，老何为"，"人不学，不知义"。前者令我们想起乐府古诗《长歌行》："百川东到海，何时复西归；少壮不努力，老大徒伤悲"；后者源于《礼记·学记》："玉不琢，不成器；人不学，不知道"。《三字经》将"不知道"改为"不知义"，一则考虑声韵，二则也体现了宋代社会重视仁义的风气。《三字经》的开篇，宗旨鲜明，定下了"劝学策励"的思想基调。

---

① 本书依据的《三字经》文本，主要是清代王相的《三字经训诂》本，见陆林辑校《三字经辑刊》（安徽教育出版社1994年版），又见喻岳衡主编《传统蒙学书集成》（岳麓书社1996年版）；这两个文本有极细微的差别。

二是"学什么"的内容论。从"为人子，方少时"，一直到"朝于斯，夕于斯"，共256句，768字。这一部分至少有三大特点。从内容看，包括名物伦常、四书五经、历史谱系；多为"人文之学"，而非"自然科学"，此点下文详说。从顺序看，所谓"知某数，识某文"。数为五数，"一、十、百、千、万"，由小而大；文则由三才、三光、三纲、四时、五行、五常、六谷、六畜、七情、八音、九族、十义构成，次序井然，便于记忆。从规律看，从名物、伦常，到经子、诸史，遵循由实而虚，由近及远，由易而难，循序渐进的学习规律。"学什么"的内容，极为丰富，构成《三字经》的主体。前人所谓"天人性命之微，地理山水之奇，历代帝王之统绪，诸子百家著作之原由"，无所不包，推崇为"袖里通鉴纲目"，成为一部学习中国传统文化的微型入门书。

三是"怎么学"的态度论。从"昔仲尼，师项橐"，到"有为者，亦若是"，共66句，198字。这一部分的特点，不是抽象说理，而是提供典范，成为一部具体生动、事迹感人的励志大全。同时，大量的人物典故也说明，我们这个民族是一个学习的民族，是一个好学的民族。编者之用心，下文细说。

四是"学何为"的目的论。从"犬守夜，鸡司晨"，到最后的"戒之哉，宜勉力"，共24句，72字。"学何为"？一是"幼儿学，壮而行，上致君，下泽民"；二是"扬名声，显父母，光于前，裕于后"。换言之，"致君泽民"，"光宗耀祖"，为国为家，家国兼顾，体现了儒家积极的济世观和家族荣誉观。而"学而优则仕"，"仕者，上致君，下泽民"，也是宋代以来的社会共识。宋人胡瑗有"君子已仕，进用朝廷，上以致君，下以泽民"之说；朱熹也有"尝谓儒者事业，以致君泽民为先务"之论。

中国的乡土社会和农耕文明，形成了源远流长的"双劝"文化，既劝农，又劝学。劝农始于《诗经》时代，劝学始于孔子。《论语·学而》所谓"学而时习之，不亦说乎"；《论语·季氏》所谓"不学诗，无以言"。从荀子的《劝学》之后，历代都有"劝学"之文。作为蒙书的《三字经》，就是这一劝学传统的继承和发扬。一部《三字经》，从整体构架看，就是由"子须学""学什么""怎么学""学何为"四部分构成，包含了基本的名物伦常知识，系统的经子诸史内容，体现了孔子的人性教育观的劝学蒙书经典。

其二，从思想内容看，《三字经》包含了较为系统的伦理道德观念。这是以家庭为核心，以宗法政治为特点的儒家伦理道德体系。

首先，《三字经》系统阐述了以家庭为核心、以宗法政治为特点的儒家伦理道德观念。它包括三纲、五常、九族、十义。一是"三纲"："三纲者，君臣义，父子亲，夫妇顺"；二是"五常"："曰仁义，礼智信，次五常，不容紊"即仁、义、礼、智、信；三是"九族"："高曾祖，父而身，身而子，子而孙，至玄曾，乃九族，人之伦"，依次是高祖、曾祖、祖父、父亲、自身、儿子、孙子、玄孙、曾孙；四是"十义"："父子恩，夫妇从，兄则友，弟则恭，长幼序，友与朋，君则敬，臣则忠，此十义，人所同"，它强调的是"相互敬重""交互之爱"的双向关系：父慈而子孝，夫和而妻顺，兄友而弟恭，朋信而友义，君敬而臣忠。

其次，如何看待传统的伦理观念和伦理原则？谈到传统伦理，谈到"三纲五常"，受激进主义影响的人士，往往会用"吃人"二字否定之。其实，这是失之皮相、失之片面的情绪之言。陈寅恪指出："吾中国文化之定义，具于白虎通三纲六纪之说，其意义为抽象理想最高之境，犹希腊柏拉图所谓 idea 者。"[1]对"三纲六纪之说"在中国文化中的地位给予极高的评价。在著名的《五伦观念的新检讨》一文中，贺麟对以"三纲"为核心"五伦观念"，作了披沙拣金的分析，进一步揭示了它的四大内涵：即一是注重人与人的关系；二是维系人与人之间的正常永久关系；三是以等差之爱为本而善推之；四是以常德为准而皆尽单方面之爱或单方面的义务。[2]台湾学者韦政通对贺麟的观点，给予高度评价。他认为：贺麟对五伦内涵

348

---

[1] 陈寅恪：《陈寅恪诗集》，清华大学出版社1993年版，第10页。
[2] 贺麟：《文化与人生》，商务印书馆2006年版，第62页。

的分析，"不但态度客观，且确已把握到传统伦理的本质，尤其对等差之爱的补充，以及三纲的精神，更是作了颇富创意的阐释，很能表现一个哲学学者的思考训练。"①

正确理解传统伦理的内在本质和现代意义，梁启超提出了一条科学原则，那就是"学那思想的根本精神"："须知凡一种思想，总是拿它的时代来做背景。我们要学的，是学那思想的根本精神，不是学它派生的条件，因为一落到条件，就没有不受时代支配的。譬如孔子说了许多贵族的伦理，在今日诚然不适用，却不能因此菲薄孔子。柏拉图说奴隶制度要保存，难道因此就把柏拉图抹杀？明白这一点，那么研究中国旧学，就可以得公平的判断，去取不致谬误了。"②不应拘泥表面的历史内容，而应抓住内在的根本精神，进而实现传统的现代转化。贺麟关于"五伦观念"的新检讨，就是"学那思想的根本精神"的具体表现。

那么，传统伦理观念的"根本精神"或超越时空的"理念"是什么？王元化指出，那就是蕴含其中的"和谐意识"："在传统道德继承问题上，无论是梁启超的'思想的根本精神'，或是陈嘉异说的'民族精神之潜力'，或是陈寅恪说的'超越时间地域之理性'即'理念'，都是指排除时代所赋予的特定条件之后的精神实质或思想实质。根据这一观点，等级制度、君臣关系等等，只是一定时代一定社会所派生的条件，而不是理念。理念乃是在这些派生的条件中所蕴含的作为民族精神实质的那种'和谐意识'。"③这对于我们正确认识传统伦理的精神实质，是富有启示意义的。

其三，从学术内容看，《三字经》是一部微型的国学概论，一部微型的人文学概论。这部"国学概论"，表现出明显的重经史、轻子集的儒家学术观念。

传统学术就是人文学。《三字经》这部"国学概论"，也是一部人文学

---

① 韦政通：《伦理思想的突破》，台湾水牛出版社1985年版。

② 夏晓虹编：《梁启超文选》（上），中国广播电视出版社1992年版，第428页。

③ 王元化：《九十年代反思录》，上海古籍出版社2000年版，第70页。

概论。细而论之，它论及了国学的五大方面：一是"小学"："详训诂，明句读，为学者，必有初"，所谓"读书先识字"；二是"四书"：依次扼要介绍了《论语》《孟子》《中庸》《大学》《孝经》的要义与结构；三是"六经"："诗书易，礼春秋，号六经，当讲求"，分别介绍了"三易"、《尚书》、"三礼"、《诗经》、及《春秋》"三传"；四是"诸子"："五子者，有荀扬，文中子，及老庄"，似蜻蜓点水，一笔带过；五是"诸史"："自羲农，至黄帝，号三皇"，一直到"迨崇祯，煤山逝，廿二史，全在兹"。

上述五方面，就国学而言，远没有做到应有尽有，但作为一部蒙学书，已是做到当有则有了。前人所谓"袖里通鉴纲目，千古一部奇书"，所谓"若能句句知诠解，子史经书一贯通"，所谓"蒙求之津逮，大学之滥觞"，无不是称赞《三字经》概述国学要义的全面和精当。正因为如此，章太炎在《重订三字经题辞》中说：要想把"学校诸生"引入"国学"大门，"今之教科书，弗如《三字经》远甚也！"①换言之，要想进入国学大门，读《三字经》，远比读"今之教科书"更有效。

不过，细读《三字经》可以发现，编者具有明显的重经史、轻子集的倾向。首先是重经史。一部《十三经》，除了《尔雅》，易、书、诗、三礼、三传、《论语》《孟子》《孝经》，都逐一论到了；一部"二十四史"，三皇五帝到如今，也一朝不漏地细细道来。然而，论到诸子，只轻轻一点；至于集部，则一字未提。这种重经史、轻子集的倾向，明显受到宋儒理学的影响，从而也使《三字经》失去了国学体系的完整性。许印芳所谓"惜其意主劝学而不亟讲学，详于策励而略于启发"的批评，或许就是针对这种偏向而言的。为此，他的《增订发蒙三字经》所"增订"的，主要是"诸子"和"集部"，即增加了一部"诸子学"和一部"文学史"。

其四，从目的宗旨看，《三字经》是一部劝学策励的励志大全。这是一部以典范人物为榜样，适合蒙童特点的励志故事大全。

首先，《三字经》介绍了"勤学"的"六类榜样"。一是"古圣贤，尚

---

① 陆林辑校：《三字经辑刊》，安徽教育出版社1994年版，第278页。

勤学"：即"昔仲尼，师项橐"；二是"彼既仕，学且勤"：即"赵中令，读鲁论"，以"半部《论语》治天下"的赵普；三是"家虽贫，学不辍"：依次叙述了苏秦、路温舒、公孙弘、孙敬、车胤、孙康、朱买臣、李密的苦学事迹；四是"彼既老，犹悔迟"：即"二十七，始发愤"的苏洵、"八十二，对大廷"的梁灏。五是"彼女子，且聪敏"：即蔡文姬和谢道韫；六是"彼虽幼，身已仕"：即被称为"神童"的祖莹、张泌和刘晏。一言以蔽之，"勤有功，戏无益，戒之哉，宜勉力。"

此外，《三字经》也介绍了"善教"的"两类榜样"。开篇的"孟母三迁"和"窦氏五子"，以强调"教之道，贵以专"的道理。先论"教"，后论"学"，蒙童的"勤学"，则是重心所在。

采用适合蒙童接受的方式和内容，是《三字经》编写方法的一大特点，它表现在几个方面：文本叙述语言，三字韵语，句法灵活，词法多样[①]；介绍名物伦常，以数字为线索；叙述历史谱系，以时间为线索；进行劝学教育，则提供勤学典范，而不是抽象说教。提供的勤学典范，涉及不同年龄、不同阶层，故可视为"传统励志故事大全"。许印芳所谓："自仲尼师项橐以下，引证十余事，较量古人，责望今人，八面受敌，无隙闪避。微惕之深，至于人'不如物'，后生读之，足以激发志气，是诚有功士林，故历久不废。"诚可谓得编者之苦心；而"较量古人，责望今人，八面受敌，无隙闪避"，更揭示了励志故事编排的内在思路。

现存最早的《三字经》"补订本"，是明末清初黄周星的《黄九烟先生三字经》。从此以后，《三字经》的"补订""增订""演绎""新订"，代有其人，层出不穷。每一个"补订"者，无不竭尽心力，欲求其善。然而，所有的"新本"，均不及最接近"古本"的王相本更为人重视。翻开经典文本的"续作史"，哪一部"续书"能胜过"原书"？此种奥秘，耐人寻味。

---

① 参阅张志公：《传统语文教育教材论》，中华书局2013年版，第21页。

第十五章
《弟子规》：礼仪之邦的为人之道

　　《弟子规》与《三字经》，主题各有侧重。如果说《三字经》的核心主题是"勤勉向学"，所谓"勤有功，戏无益，戒之哉，宜勉力"；那么《弟子规》的主题则是"力行做人"，所谓"不力行，但学文，长浮华，成何人"。中国是一个礼仪之邦，具有悠久的家训传统和诫子传统。从文化渊源看，《弟子规》是中国家训传统的产物，也是诫子文化的结晶。从具体内容看，它是一部礼仪之邦的为人之道和行为仪规的微型大全，也是一套"弟子"居家处世应当遵守的道德规范。

一、从《训蒙文》到《弟子规》

　　"《弟子规》原名《训蒙文》，作者李毓秀，后经贾存仁修改后，改名为《弟子规》；全书依《论语》'弟子章'为纲，凡八章，三字为句，皆为韵语，共一千零八十字。"从清代乾隆以来，人们便这样介绍《弟子规》的成书和内容。因此，《弟子规》不同于《三字经》，作者清楚，文本稳定，它的编撰史似乎没有什么谜团。咸丰五年，戴槃在《弟子规重刻序》中，对《弟子规》的作者和文本做了这样的描述：

　　　　……子潜（按：李毓秀，字子潜）先生依《论语》"弟子章"著

《弟子规》书，凡八章。首章总叙，其目次按入则孝、出则弟、谨信、泛爱众、亲仁、余力学文分章。其文亦三字为句，皆为韵语，共一百八十韵，一千有八十字，便于童子诵读，明白简切，易知易行，所言皆弟子之事，而所以为成人之道，实基乎此。

那么，李毓秀与贾存仁是何许人？《弟子规》的原作者李毓秀（1647—1729），山西绛州人，康熙年间秀才。乾隆《直隶绛州志》、民国《新绛县志》，对李毓秀有这样的记载："李毓秀，字子潜，国学注选县丞。从党冰坚游几二十年，守师说，不敢变。尤精研学庸、或问诸书。尝曰：《西铭》《太极》，相为表里。《西铭》言其当然，《太极》言其所以然。《西铭》犹《大学》，《太极》犹《中庸》也。晚而讲《易》敦复斋，听者履满户外。太平王御史王免曾往复质疑，极倾倒也。年八十三卒。"李毓秀出身虽只秀才，却是一个精研理学，勤于著述，讲学一方的儒者。据考，除《弟子规》，他还著有《四书正伪》《四书字类释义》《学庸发明》《读大学偶记》《宋儒大文约》以及《水仙百咏》等。李毓秀所有著述中，《弟子规》名声最大，流传最广，并因此受到乡里尊崇，逝后牌位被供奉于绛州先贤祠。

贾存仁是山西浮山人，乾隆辛卯科副榜，算是李毓秀的同乡后辈。关于贾存仁及修订《弟子规》，民国《浮山县志》有记载："贾存仁，字木斋，乾隆辛卯科副榜，事亲至孝，朝夕承欢，不乐仕，进家虽淡泊而甘旨未尝少缺。尤工书法，精韵学，著有《等韵精要》及《弟子规正字略》诸书行世，祀孝弟祠。"[1]

《三字经》与《弟子规》的作者问题，形成一个鲜明对比：《三字经》的两位作者，究竟谁是原作，至今一团迷雾；《弟子规》两位作者，原作与修订，一直和睦相处。遗憾的是，贾存仁是如何把李毓秀的《训蒙文》修订成《弟子规》的，并无文献资料留下传来，《浮山县志》也只说其著

---

[1] 参阅王俊闳：《弟子规密码》，中国文联出版社2010年版，第49页。

有《弟子规正字略》。故《弟子规》的作者和成书，虽无谜团，仍有遗憾。

二、《弟子规》的文化渊源

《弟子规》的文本原型，可以追溯到管子的《弟子职》；《弟子规》的文化渊源，则可以追溯到的中国的诫子传统。

"童蒙养正"的诫子传统，源远流长。《尚书·太甲》叙伊尹语曰："先王昧爽丕显，坐以待旦；旁求俊彦，启迪后人。"所谓"旁求俊彦，启迪后人"，就是寻求才智出众之人，教导启迪年少后辈。《论语·学而》的"弟子章"，独立成篇，则可以视为最早的"诫子诗"。古之为君、为父者都深知，"建国军民，教学为先"：国要享百年的长治久安，必须教育为先；家要有百年的兴旺气象，必须培育后辈。"养不教，父之过"，败德恶果，有目共睹。《颜氏家训》"教子篇"有曰："父母威严而有慈，则子女畏慎而生孝矣。吾见世间，无教而有爱，每不能然；饮食运为，恣其所欲，宜诫反奖，应诃反笑，至有识知，谓法当尔。骄慢已习，方复制之，捶挞至死而无威，忿怒日隆而增怨，逮于成长，终为败德。"俗谚："防微杜渐，教儿婴孩。"诚哉斯言！

家庭是"弟子"的第一学校，弟子的教育从"诫子"开始。前人的"诫子"方式，多种多样，从诗文书信、到家规家训。从汉代开始，便有专门的"诫子诗"。如东方朔的《诫子诗》、韦玄成的《戒子孙诗》以及西晋谢混的《诫族子诗》等等。东方朔《诫子诗》曰："明者处世，莫尚于中，优哉游哉，於道相从"，教导弟子处世，允执厥中；谢混《诫族子诗》曰："勿轻一篑少，进往必千仞，数子勉之哉，风流由尔振"，教诲弟子入世，从小事做起。此后，从《颜氏家训》到《太公家教》，从"郑板桥家书"到"曾国藩家书"，或"诫子"，或"劝弟"，方式越来越家常，叮咛越来越具体，内容则与《弟子规》多有一致之处。如曾国藩"与弟书"论读书"专字诀"曰："若夫经史而外，诸子百家，汗牛充栋。或欲阅之，但当读一人专集，不当东翻西阅。如读昌黎集，则目之所见耳之所闻无非昌黎，以为天地间除昌黎集而外更无别书也。此一集未读完，断断不换他集，亦专字诀也。"① 《弟子规》所谓"方读此，勿慕彼，此未终，彼勿起"，此可谓李毓秀的"专字诀"，与曾国藩的"专字诀"，精神意思则完全一致。

"养不教，父之过；教不严，师之惰。"家教欲严，师教更当严，所谓"严师出高徒"。因此，从管子《弟子职》开始，尤其到了宋元明清时期，随着教育的发展和私学的兴盛，为了规范"弟子"的行为，又产生了大量的学规、学则、教约等等。朱熹曾制订过《白鹿洞书院揭示》《沧州精舍谕学者》《童蒙须知》等学则，王阳明则编制过《教条示龙场诸生》《社学教约》等教约。朱熹的《白鹿洞书院揭示》，是其中最著名的书院学规。它提出书院的教育方针是实施"五教"，即"父子有亲，君臣有义，夫妇有别，长幼有序，朋友有信"。为实现"五教"，又提出了为学、修身、处事、接物等具体原则。如为学之序："博学之，审问之，慎思之，明辨之，笃行之"；修身之要："言忠信，行笃敬；惩忿窒欲，迁善改过"；处事之要："正其义不谋其利，明其道不计其功"；接物之道："己所不欲，勿施于人；行有不得，反求诸己"。《白鹿洞书院揭示》概括了儒家道德修养的基本原则，体现了中国传统教育的主要精神，不仅对南宋书院产生广泛影响，而且对元明清三代书院的学则都有指导作用。

从家庭到学校，从"诫子"到"谕学"，从"家训"到"学则"，前后衔接，相互配合，共同形成了中国教育的文化传统。关于"诫子"与"谕学"、"家训"与"学则"的内在联系，清代学者洪亮吉在《弟子职笺释叙》中有精要论述："古之教弟子者，纤悉无不至也。在《小戴礼记》者曰《内则》，教弟子所以事父兄，在《管子》杂篇者曰《弟子职》，教弟子所以事师长，二者缺一不可。三代以前国家风俗之厚，士大夫家法之修，

---

① 钟叔河整理校点：《曾国藩家书》，湖南大学出版社1989年版，第115页。

无不由此。"在洪亮吉看来，弟子者，成人之基也。成人者，一乡一国所取法也。正弟子方可以正成人矣，成人正方可以正一乡一国及天下。

《弟子规》的内容是极为丰富的，它有"入则孝出则弟"的"家训"，又有"行有余力则以学文"的"学则"。因此，《弟子规》是"诫子"与"谕学"文化传统的产物，又是"家训"与"学则"历史成果的结晶。

三、《弟子规》的文本来源

《弟子规》的产生具有深厚的文化渊源，《弟子规》的文本则基于丰富的经典资源，即儒家经典和前代学则学规，成为《弟子规》所依据的重要的文本来源。具体地说，作为《弟子规》来源的儒家经典，主要有《论语》《礼记》等；作为《弟子规》来源的学则学规，主要有朱熹的《童蒙须知》、程端蒙和董铢的《程董二先生学则》、真德秀的《家塾常仪》、陈淳的《小学诗礼》以及方孝孺的《幼仪杂箴》等等。《弟子规》1080字的文本，就是作者在对经典资源的直接借用、间接檃栝以及加上自我创造的基础上完成的。

1.《弟子规》与《论语》

《弟子规》与《论语》的源流关系，前人即已揭示。1858年，一位自称太隆罗诗氏者，在《弟子规》"跋"中写道："绛州李子潜先生著《弟子规》一卷，本《论语》弟子篇推衍其说，语皆平易近情，而无高远难行之病，诚为弟子之良规也。"《论语》对《弟子规》的影响，至少表现在两大方面。

首先，《论语》为《弟子规》确立全篇总纲。《弟子规》"总叙"曰："《弟子规》，圣人训。首孝悌，次谨信。泛爱众，而亲仁。有余力，则学文。""总叙"是《弟子规》的总纲，这篇"总纲"即源自《论语·学而》的"弟子章"：

子曰：弟子，入则孝，出则弟，谨而信，泛爱众，而亲仁。行有余力，则以学文。

作者对《论语》稍加增删处理，即把"弟子章"的杂言语录体，变成《弟子规》的三字韵语体。《弟子规》的总叙，亦即《弟子规》的灵魂。一部《弟子规》，就是对《论语》"弟子章"要义的推衍阐发。

其次，《论语》为《弟子规》提供思想观念。除"总叙"，《弟子规》甚少从《论语》借用现成文句，但大量思想观念均渊源于《论语》。尤其关于孝道、孝行的论述，大多可以在《论语》中找到思想原型。如，"亲有过，谏使更，怡吾色，柔吾声。谏不入，悦复谏，号泣随，挞无怨"，实渊源于《里仁》："事父母，几谏；见志不从，又敬不违，劳而无怨。""丧尽礼，祭尽诚，事死者，如事生"，则明显来源于《为政》："……子曰：生，事之以礼；死，葬之以礼，祭之以礼。"从某种意义上说，《弟子规》是《论语》理念通俗化的韵文表达。

2.《弟子规》与《礼记》

《弟子规》旨在培养"弟子之良规"。因此，集礼学之大成的《礼记》，便成为《弟子规》更直接的思想资源和文本资源。《弟子规》关于侍奉双亲、立身行道、孝道孝行、对待尊长以及洒扫应对的文句，有不少或直接取用，或点化檃栝自《礼记》的《曲礼》《内则》《祭义》等篇章。仅举数例。

"冬则温，夏泽清，晨则省，昏则定。"此段节缩自《曲礼》："凡为人子之礼，冬温而夏清，昏定而晨省。"

"出必告，反必面，居有常，业无变。"此段节缩自《曲礼》："凡为人子者，出必告，反必面，所游必有常，所习必有业。"

"物虽小，勿私藏。苟私藏，亲心伤。"此段化用自《内则》："子妇无私货，无私蓄，无私器，不敢私假，不敢私与。"

"身有伤，贻亲忧，德有伤，贻亲羞。"此段檃栝自《祭义》："父母全而生之，子全而归之，可谓孝矣。不亏其体，不辱其身，可谓全矣。……一出言而不敢忘父母，是故恶言不出于口，忿言不反于身，不辱其身，不羞其亲，可谓孝矣。"①

在儒家经典中，《礼记·曲礼》对《弟子规》的影响最大。《礼记·礼器》曰："经礼三百，曲礼三千。""经礼"者，礼之大目，"曲礼"者，礼之小目。今本《曲礼》上下篇，可分104小节，作为《弟子规》来源者，至少有十节以上。

3.《弟子规》与学规学则

宋代以后的学规学则，一方面直接渊源于《论语》《礼记》等儒家经典，一方面又融入了朱熹、王阳明等大儒根据教学实践提出的规范守则，从而成为当时"弟子之良规"。朝代与时变化，良规百世不移。因此，《弟子规》的不少"良规"，即直接来源于宋代以后的学规学则。朱熹的《童蒙须知》和程、董的《程董二先生学则》，对《弟子规》影响最大。

朱熹的《童蒙须知》，依据切于日用、便于施行原则编写。内容共五部分：衣服冠履第一；言语步趋第二；洒扫涓洁第三；读书写文第四；杂细事宜第五。一物一则，一事一宜，对蒙童的生活起居、读书学习、道德行为、出入礼仪，均有详细规定。虽纤悉而养其德性，为异日上达之阶梯。《程董学则》为学童而编，有古小学之遗义。内容分为：谨晨昏之令；居处必恭；步立必正；视听必端；言语必谨；容貌必庄；衣冠必整；饮食必节；出入必省；读书必专一；几案必整齐，等等。如果说《童蒙须知》是父兄教之于家，那么《程董学则》则是师长教之于塾；所谓内外加持，家塾合一。这里仅就《童蒙须知》和《程董学则》对《弟子规》的影响，举出三例，作一对照。

"出必告，反必面，居有常，业无变。"《童蒙须知》有曰："凡外出及归，必于长上作揖。虽暂出亦然。"《程董学则》有曰："出必告，反必面，出不易方，入不逾期。"

① 参阅王俊闳：《弟子规密码》，中国文联出版社2010年版，第54—55页。

"对饮食，勿拣择。食适可，勿过则。年方少，勿饮酒。饮酒醉，最为丑。"《童蒙须知》有曰："凡饮食，有则食之，无则不可思索。但粥饭充饥不可缺。凡饮食之物，勿挣较多少美恶。"《程董学则》有曰："毋求饱，毋贪味，食必以时，不得饮酒。非节假及尊命，不得饮酒。饮不过三爵，勿至醉。"

"读书法，有三到，心眼口，信皆要。方读此，勿慕彼，此未终，彼勿起。"《童蒙须知》曰："余尝谓读书有三到：谓心到、眼到、口到。……三到之中，心到最急，心即到矣，眼口岂不能到乎？"《程董学则》有曰："必正心肃容，记遍数，遍数已足，而未成诵，必须成诵；遍数未足，虽已成诵，必满遍数。一书已熟，方读一书；毋务泛观，毋务强记。非圣贤之书勿读，无益之文勿观。"

据考，《童蒙须知》和《程董学则》对《弟子规》文本内容的影响，合计至少有三十条以上①。此外，《家塾常仪》《小学诗礼》《幼仪杂箴》等，也成为《弟子规》重要的文本来源。

那么，为什么《弟子规》与儒家经典和传统学规学则，具有如此密切的渊源关系？在我看来，这是由《弟子规》的性质决定的。如前所述，《弟子规》实质是一部为人之道和行为仪规的微型大全，是一套"弟子"居家处世应当遵守的道德规范。换言之，《弟子规》的宗旨是"学礼"，而不是"劝学"。何谓"礼"？礼是一种文化，礼是一种传统，礼是一个民族在长期的生活实践中约定俗成的行为规范。要而言之，礼必须具有客观的普遍有效性，而不能出诸一己的个体主观性。《管子·心术》曰："礼者，因人之情，缘义之理，而为之节文者也，故礼者谓有理也。"中华民族是一个礼仪之邦，所谓"礼仪三百，威仪三千"；《礼记》是传统礼学的集大成之作，宋代以后的学规学则则是传统礼学的具体运用。因此，李毓秀作《弟子规》，"纲"来自《论语》，而"目"多取自《礼记》和以往的学规学则。

---

① 参阅王俊闳：《弟子规密码》，中国文联出版社2010年版，第54—55页。

四、《弟子规》的内在理路

《弟子规》的文本资源，既有儒家经典，又有学规学则，所谓"无一字不从圣经贤传中来"。那么，《弟子规》是否便成了一件东拼西凑的"百衲衣"？《弟子规》琅琅可诵，平易近情，是一部有纲有目，有理有则，层次清晰，结构严整的蒙学之书。这也是《弟子规》不同于《三字经》的最大特点和优点。

《弟子规》文本的清晰理路，表现为两个层次：一是外在结构的章节分明。李毓秀依《论语》"弟子章"著《弟子规》，首章总叙，其次按"入则孝出则弟""谨而信""泛爱众而亲仁""行有余力，则以学文"分章。换言之，是《论语·学而》"弟子章"的四大命题，赋予《弟子规》以整体构架。从这个意义上说，一部《弟子规》，就是对《论语》"弟子章"的具体诠释和发挥，是对孔子"弟子之教"的具体化。二是内在理路的逻辑有序。《论语》"弟子章"，包含相互联系的七个概念，即"孝、悌、谨、信、爱、仁、文"，这七个概念由内而外、由己及人、由爱而仁、由行而文，构成《弟子规》全文的内在理路。外在结构的四大部分与内在理路的七个层次，形成《弟子规》的双重结构。

第一部分："入则孝，出则悌"。它包含"入"与"出"两个层次，即一个"弟子"先入后出、先内后外、从家庭到社会应遵循的行为规范。"入则孝"的核心是"和顺"之"顺"，"出则悌"的核心是"和睦"之"睦"。

首先是"入则孝"。《弟子规》从"入则孝"开篇，从日用常行着眼，以时间为线，以情境为点，从孩提时的应答父母，到日常的侍奉父母，一直到为父母养老送终，把一个"弟子"在家庭之中应遵循的孝行和孝道作了全面的交代。其曰：

父母呼，应勿缓；父母命，行勿懒。

父母教，须敬听；父母责，须顺承。

弟子之孝，从"勿缓""勿懒"开始，从"敬听""顺承"开始；缓的反面是快，懒的反面是勤，敬听的反面是敷衍，顺承的反面是忤逆。而"顺"是核心之所在。孩提时代对父母的"顺承"，不是牺牲自我的"屈从"，而是与父母之间"顺畅"的沟通，更是对待父母的"和顺"之情。其曰：

亲爱我，孝何难？亲憎我，孝方贤。

亲有过，谏使更，怡吾色，柔吾声。

谏不入，悦复谏，号泣随，挞无怨。

比之与父母的"顺畅"沟通，对待父母的"和顺"之情，是更高的要求，也是更高的境界。只有顺心顺意，交流才会发生，只有心意和顺，才真正尽到弟子之责。

其次是"出则悌"。何谓"悌"？尊敬、爱戴兄长是为"悌"。这里的"悌"，不只是指家中的兄长，也是指同一家族、宗族、氏族的同辈而年长者。因此，这里实质讲的是弟子由入而出、由内而外、由家庭到社会所应遵循的行为规范。其曰：

兄道友，弟道恭，兄弟睦，孝在中。

财物轻，怨何生？言语忍，忿自泯。

或饮食，或坐走，长者先，幼者后。

称尊长，勿呼名，对尊长，勿见能。

在今人看来，"出则悌"的13事，不免苛刻拘谨而让人谨小慎微。其实，这是无条件的等差之爱的具体表现。在一个社会中，只有人人以"出则悌"的13条规则规范自己，以无条件的等差之爱善待对方，人与人之间才能和睦相处，这个社会才可能成为一个和谐社会。

有"和顺"，就有家的和谐；有"和睦"，就有社会的和谐。"和顺"与"和睦"，是弟子应具的首要品格，也是人生成功的首要条件。一位《弟子规》诠释者说得好："一个能够和父母兄妹和谐相处的孩子，他的德行已经完成了一半；一个能够和老师同学和谐相处的学生，他的学业已经完成了一半；一个能够和领导同事和谐相处的员工，他的事业已经完成了一半；一个能够和大自然和谐相处的人，他的爱心已经完成了一半；一个能够和道德和谐相处的人，他的生命已经功德圆满了。"①正所谓顺时得时，顺水得水，顺天得天，顺意得意。

第二部分："谨而信"。它包含"谨"和"信"两个层次，即对自己的"谨"和对他人的"信"；亦所谓严以律己，宽以待人，对己谨慎，对人诚信，己所不欲，勿施于人。

先论"谨"，自我言行的谨慎。李毓秀依然从弟子的日常行为说起，惜时、衣冠、饮食、步履、坐立、应对等等，一一道来，共24事。其曰：

> 朝起早，夜眠迟，老易至，惜此时。
>
> 衣贵洁，不贵华，上循分，下称家。
>
> 步从容，立端正，揖深圆，拜恭敬。
>
> 勿践阈，勿跛倚，勿箕踞，勿摇髀。
>
> 用人物，须明求，倘不问，即为偷。
>
> 借人物，及时还，人借物，有勿悭。

细读《弟子规》的"谨"篇，讲的都是生活小事，从早晨到夜晚，从穿衣到吃饭，从坐走到执器，从问对到借物。看似琐碎，实质入理，大处着眼，小处着手，把弟子的"谨慎"之道，阐释得淋漓尽致。在现代某些人看来，强调"勿践阈，勿跛倚，勿箕踞，勿摇髀"的谨慎行为，便是对

---

① 郭文斌：《〈弟子规〉到底说什么》，中华书局2014年版，第23页。

人性的压抑。于是，在大庭广众，到处都可以看到大大咧咧，大声嚷嚷，旁若无人，我行我素的"现代野蛮人"。从小懂得谨守规矩，长大成为彬彬君子。弟子之道，首在谨慎。慎，谨也，诚也，德之守也。《诗经·小雅》有曰："战战兢兢，如临深渊，如履薄冰。"西哲有曰："在薄冰上滑行，速度就是安全。"无不是对谨慎之道的阐释和强调。无数惨痛的经验教训证明，一个人只有从小养成谨慎品行，谨言慎行，严守规矩，人生之舟才能行稳致远。

次论"信"，与人相处的诚实守信。子曰："人而无信，不知其可也。"人不守信任，那怎么可以？人还成一个什么人？社会还成一个什么社会？因此，弟子对己要"谨慎"，待人要"诚信"。孔子论"信"，强调言行一致，所谓"言必信，行必果"；前者是"信言"，即"出言为信"，后者是"信义"，即"有诺必践"。《弟子规》的"信"篇，可以说就是孔子"信"论的具体发挥。其曰：

> 凡出言，信为先，诈与妄，奚可焉。
>
> 话说多，不如少，惟其是，勿佞巧。
>
> 奸巧语，秽污词，市井气，切戒之。
>
> 见未真，勿轻言，知未的，勿轻传。
>
> 事非宜，勿轻诺，苟轻诺，进退错。

"守信任"和"不说谎"，作为普遍性道德，是任何社会群体必然要求其个体遵行的普遍礼俗和道德法规，否则社会就不能维系。子曰："民无信不立。"在市场经济的社会中，诚实守信更是一种基本的道德规范，否则就连一笔最小的买卖都无法做成。当今社会的信任危机、医患矛盾、人际关系紧张等等，无不是缺乏"诚信"的恶果。从《论语》的"言必信，行必果"，到《弟子规》的"出言为信""有诺必践"，这是现代社会和现代人必须信守和践行的精神原则。

第三部分："泛爱众，而亲仁"。"爱"和"仁"，内外相济，一体两面："爱"是外在的善行，"仁"是内心的仁德。

先论"泛爱众"。"泛爱众"者，博爱众人也。"爱"有"爱心"和"爱行"，"爱心"是"爱行"之本，也是一部《弟子规》之根。郭文斌说："孝悌谨信爱仁文，人心七个根，事实只是一个根，那就是爱。孝是爱父母，悌是爱兄弟，谨是爱品格，信和仁是爱他人，文是爱的方法和途径。"①如此概括，不无道理。以爱心为根的爱行，是孝悌谨信的集中体现，也是孝悌谨信的最高体现。

> 凡是人，皆须爱，天同覆，地同载。

那么，如何"爱"？爱父母、爱兄弟、爱他人，正面的"爱行"，"孝悌"和"谨信"篇已有大量论述。于是，此处便从反面立说，即"爱他人"，从"不扰人""不损人"开始。其曰：

> 人不闲，勿事搅；人不安，勿话扰。
> 人有短，切莫揭；人有私，切莫说。
> 道人善，即是善，人知之，愈思勉。
> 扬人恶，即是恶，疾之甚，祸且作。
> 善相劝，德皆建，过不规，道两亏。
> 凡取与，贵分晓，与宜多，取宜少。
> 将加人，先问己，己不欲，即速已。

"爱"，从体贴他人开始，从小善做起。"勿事搅"，"勿话扰"，"莫揭短"，"莫扬恶"，推己及人，体贴入微，己所不欲，勿施于人。

进而论"而亲仁"。"爱行"源于"爱心"，而"爱心"即是"仁心"。一个小小的"爱行"，发端于一颗深厚的"仁心"。"仁"是孔子思想的核

---

① 郭文斌：《〈弟子规〉到底说什么》，中华书局2014年版，第81页。

心，也是道德的至高之境。因此，既要"爱众"，博爱众人，更要"亲仁"，亲近仁德之人。其曰：

> 同是人，类不齐，流俗众，仁者希。
>
> 果仁者，人多畏，言不讳，色不媚。
>
> 能亲仁，无限好，德日进，过日少。
>
> 不亲仁，无限害，小人进，百事坏。

子曰："知者乐水，仁者乐山；知者动，仁者静；知者乐，仁者寿。"智者与仁者，都是非常之人；然而，仁者之境，更高于智者之境。智者爱人而利己，智者中的智者，爱人而得众爱；故智者之境，是一种"有我之境"。仁者爱人而忘我，仁者中的仁者，爱人而不求众爱；故仁者之境，是一种"无我之境"。因此，就人群而言，"流俗众，仁者希"。圣贤是不可能批量生产的；就个人而言，"能亲仁，无限好"，"不亲仁，无限害"！毋怪，孔子于"仁"，三致其意："君子去仁，恶乎成名？君子无终食之间违仁，造次必于是，颠沛必于是。"

第四部分："行有余力，则以学文"。《弟子规》的为人准则是"先做人，后学文"；所谓"不力行，但学文，长浮华，成何人"？然而，对一个"弟子"来说，要把外在的行为规范，转化为内在的心灵自觉，必须"读书学文"；因为，"但力行，不学文，任己见，昧理真。"读书学文，是克服一己私见，走向普遍真理，走向至善之境的必由之途。高尔基不亦有云：书籍是人类进步的阶梯。

如何"学文"？如何"读书"？作者以简明的语言，对读书的方法、习惯和境界，作了精辟论述。

一是"读书三法"：

> 读书法，有三到，心眼口，信皆要。
>
> 方读此，勿慕彼，此未终，彼勿起。

宽为限，紧用功，工夫到，滞塞通。

心有疑，随札记，就人问，求确义。

二是"读书习惯"：

房室清，墙壁净，几案洁，笔砚正。

墨磨偏，心不端，字不敬，心先病。

列典籍，有定处，读看毕，还原处。

虽有急，卷束齐，有缺坏，就补之。

三是"读书境界"：

非圣书，屏勿视，蔽聪明，坏心志。

勿自暴，勿自弃，圣与贤，可驯致。

何谓"可驯致"？"驯致"者，逐渐达到之谓。《易·坤·象》曰："'履霜坚冰'，阴始凝也；驯致其道，至坚冰也。"《象传》说，"踏上微霜将迎来坚冰"，这是说阴气已经开始凝结；顺沿其中的规律，坚冰必将到来。所谓"冰冻三尺，非一日之寒"，圣贤之境，可驯致其道。

朱熹《童蒙须知》的"读书写文第四"，可谓"朱子读书法"的精华版，凡五则。首则最为具体，也最为重要。其曰："凡读书，须整顿几案，令洁净端正，将书册整齐顿放。正身体，对书册，详缓看字，仔细分明读之。须要读得字字响亮，不可误一字，不可少一字，不可多一字，不可倒一字，不可牵强暗记，只是要多诵数遍，自然上口，永远不忘。古人云：'读书千遍，其义自见。'谓熟读则不待解说，自晓其义也。余尝谓读书有三到：谓心到、眼到、口到。心不在此，记亦不能久也，心到最急，心既到矣，眼口岂不到乎？"对童蒙或少儿的读书心理和读书习惯，缺乏细致观察和精准把握，难以写出如此体贴入微的文字，也难以提出如此切实有效的方法。圣贤之心，诚为对童蒙的一片挚爱之心。《弟子规》"学文"

篇，基本上是朱熹《童蒙须知》"读书写文第四"的檃栝。然而，二者比较，《弟子规》精髓保存而文字更为朗朗可诵。

细绎《弟子规》全文，其基本准则似可概括五句话：一曰修身心，弟子始；二曰"入则孝，出则悌"；三曰对己谨，待人信；四曰既有爱，又有仁；五曰先做人，后学文。作为世俗儒家伦理的经典文本①，《弟子规》不同于"摩西十诫"，也不同于"沙弥十戒"，它不是上帝对子民的诫命，也不是信徒须严守的戒律；它是祖父辈对子孙的教诲，是弟子应自觉遵守的世间法。一言以蔽之，《弟子规》诉诸人的自觉，规范人的行为，实现人际的和谐，充分体现出儒家的人本精神，充满了儒家的人文情怀。

那么，《弟子规》只是"弟子之规"吗？同治二年，一位自称"东海观复徐桐"的儒者，在《弟子规》的"序"中写道：《弟子规》"语虽浅近，实无一字不从圣贤传中来。弟子良规，诚不外是。余受读竟喟然曰：此其惟弟子所当奉为圭臬者哉。"其所谓"此其惟弟子所当奉为圭臬者哉"的一声喟叹，实质提出了一个蒙学价值和蒙学功能的重要问题，即蒙学或蒙学之书的普遍有效性或全民性问题。

按传统说法，蒙学属于"小学"，即八至十五岁少儿的启蒙教育。但实际上，对于蒙学来说，年龄并不具有绝对意义。当年，二十岁以上的成人在农闲时节，到私塾或村学中接受启蒙教育，极为普遍。因此，"小学"与"大学"的界限，不是年龄的大小，而是内容的深浅。小学确立行为与道德的规范，大学则进一步研习其哲理；前者习其所当然，后者习其所以然。从这个意义上说，蒙学读物不只对蒙童有效，对成人同样有效。尤其像《弟子规》这样阐述伦理规范和为人之道的蒙书，更是具有全社会的普遍有效性，不只规范"弟子"，同样也规范"成人"。王阳明《颁行社学教条》说得好："尽心训导童蒙如己子，以启蒙为家事，不但训饬其子弟，

---

① 陈来："世俗儒家伦理与精英儒家伦理不同，它主要不是通过儒家思想家的著述去陈述它，而是由中下层儒者制定的童蒙教育读物形成的，并发生影响。这种通俗儒家伦理读物的内容并非简单认同现实的世俗生活，而是体现为家族主义、个人功利与儒家道德伦理的结合。"(《蒙学与世俗儒家伦理》，《国学研究》第三卷，北京大学出版社1995年版，第27页。)

亦复化喻其父兄。"

　　因此，《弟子规》作为礼仪之邦的为人之道与行为仪轨，既是"弟子之规"，也是"父兄之规"；"弟子"应当习诵，"父兄"更当谨守。《弟子规》是中国童蒙的，也是全体中国人的。

第十六章
《幽梦影》：华夏诗国的诗性智慧

明清清言的历史，源远流长，可以追溯至先秦诸子中的格言警句。清言作为富于审美情趣的诗性格言，可以怡情悦性，也可以教化人心，是现代国人值得珍视的优美读物。清代张潮的《幽梦影》，是明清清言小品的杰作，华夏诗性格言的典范，对中国人文学要义作了最精彩的诗性诠释。

一、清言小品的艺术特色

什么是清言小品？"清言"是晚明清初一种新兴的小品文，一种精致幽美、清俊隽永的诗性格言或诗性语录体小品。清言小品作为明清文人诗性智慧的结晶，一则则名言警句，理趣盎然而脍炙人口。例如：

> 楼前桐叶，散为一院清明；枕上鸟声，唤起半窗红日。

——屠隆《娑罗馆清言》

> 名华芳草，春园风日洵饶；红树青霜，秋林景色逾胜。

——屠隆《娑罗馆清言》

> 事事有实际，言言有妙境，物物有至理，人人有处法，所贵乎学者，学此而已。无地而不学，无时而不学，无念而不学，不会其全，不诣其极不止，此之为学者。

——吕坤《呻吟语·问学》

要体认，不须读尽古今书，只一部《千字文》，终身受用不尽。要不体认，即三坟以来卷卷精熟，也只是个博学之士，资谈口、修文笔、长盛气、助骄心耳。故君子贵体认。

——吕坤《呻吟语·问学》

欲作精金美玉的人品，定从烈火中锻来；思立掀天揭地的事功，须向薄冰上履过。

——洪应明《菜根谈·修省》

昨日之非不可留，留之则根柢复萌，而尘情终累乎理趣；今日之是不可执，执之则渣滓未化，而理趣反转为欲根。

——洪应明《菜根谈·修省》

瓶花置案头，亦各有相宜者。梅花傲雪，偏绕吟魂；杏蕊娇春，最怜妆镜；梨花带雨，青闺断肠；荷气临风，红颜露齿；海棠桃李，争艳绮席；牡丹芍药，乍迎歌扇；芳桂一支，足开笑语；幽兰盈把，堪赠仳离。以此引类连情，境趣多合。

——陈眉公《岩栖幽事》

绘雪者，不能绘其清；绘月者，不能绘其明；绘花者，不能绘其香；绘风者，不能绘其声；绘人者，不能绘其情。

——陈眉公《小窗幽记·景》

雨窗作画，笔端便染烟云；雪夜哦诗，纸上如洒冰霰，是谓善得天趣。

——朱锡绶《幽梦续影》

笔苍者学为古，笔隽者学为词，笔丽者学为赋，笔肆者学为文。

——朱锡绶《幽梦续影》

明丽的文字，清新的风格，美妙的意境，深邃的思想，或赏自然景色，或论做人道理，或说生活情趣，或谈诗画文章，无不给人以美的享受，心灵的启迪。

清言小品作为一种诗性格言，其体制可溯源至先秦典籍。诸子中的一些格言警句，富于诗性品格而具有清言的意味。如"智者乐水，仁者乐山。智者动，仁者静。智者乐，仁者寿。"（《论语·雍也》）"天地不仁，以万物为刍狗；圣人不仁，以百姓为刍狗。"（《老子·五章》）"赠人以言，重于珠玉；劝人以言，美于黼黻文章；听人以言，乐于钟鼓琴瑟。"（《荀子·非相》）但直接影响明清清言的是《世说新语》。《世说新语》可谓"清言之渊薮"。明代李鼎在《偶谭》中即称"刘义庆，清言之圣也"。《世说新语》的"言语篇"，尤堪称晋人的"清言集"。如第21则："诸葛靓在吴，于朝堂大会。孙皓问：'卿字仲思，为何所思？'对曰'在家思孝，事君思忠，朋友思信，如斯而已。'"第55则："桓公北征，经金城，见前为琅琊时种柳，皆已十围，慨然曰：'木犹如此，人何以堪！'攀枝执条，泫然流泪。"第61则："简文入华林园，顾谓左右曰：'会心处不必在远，翳然林水，便自有濠濮间想也，不觉鸟兽禽鱼，自来亲人。'"第88则："顾长康从会稽还，人问山川之美。顾云：'千岩竞秀，万壑争流，草木葱茏其上，若云兴霞蔚。'"第91则："王子敬云：'从山阴道上行，山川自相映发，使人应接不暇。若秋冬之际，尤难为怀。'"等等，举不胜举。《世说新语》凝练隽永的叙述文字和人物玄远高妙的谈论，直接启发了清言作者的灵感。

晚明屠隆最早以"清言"命名其小品，名曰《娑罗馆清言》《续娑罗馆清言》。这两部小品标志着清言文体的正式确立，开创了清言小品的写作风气。晚明清初产生了大量清言作品，其中著名而流传较广的，除屠隆的《娑罗馆清言》，尚有吕坤的《呻吟语》、洪应明的《菜根谈》、陈继儒的《岩栖幽事》《小窗幽记》、涨潮的《幽梦影》、朱锡绶的《幽梦续影》、王永彬的《围炉夜话》等。①

---

① 今人选编的明清清言集有多种,如程不识编《明清清言小品》(湖北辞书出版社 1993 年版)、诸伟奇、敖堃编《清言小品菁华》(海天出版社 2013 年版)、日本学者合山究编译《明代清言集》(中国广播电视出版社 1992 年版)等;其中诸伟奇、敖堃编的《清言小品菁华》篇幅最大,共收录明清清言作者20家、作品22部。

清言小品作为一种诗性格言和诗性语录，介乎诗歌与散文之间，是诗性智慧和诗化形式的有机融合。从以上所举例子可见，清言小品在艺术内容和艺术形式上，具有如下鲜明特点。

在体制上，短小简约，意味隽永。作者把深思熟虑的人生经验和哲理思考，凝缩在片言只语之中，给人以咫尺万里之感。清言的名言警句，不同于文章中的警策之句。陆机《文赋》曰："立片言而居要，乃一篇之警策，虽众辞之有条，必待兹而效绩。"清言的佳言隽语，虽片玉碎金，可脱离篇章而独立存在；文章中的"一篇之警策"，则需要"文辞富丽"之"众辞"衬映辅助，方能产生效果。简言之，"警句得以有句无章，而《文赋》之'警策'，则章句相得始彰之'片言'耳。"①

在题材上，丰富多样，无所不谈。除立身处世、修身养性外，山水园林、花鸟虫鱼、茶酒蔬果、琴棋书画、诗文戏曲、饮食养身等等，无所不及，把生活中的每个细节都艺术化，着意发现和寻找日常生活中的诗意和韵味。

在语言上，融合骈文之韵和散文之气，典雅整饬而又灵动畅达。清言虽多用偶句，但少用典故，自然流畅，清新活泼，读起来如行云流水，自如无碍。

在表现手法上，清言多用比喻和对比。比喻常以自然喻社会，以物喻人。如以花喻美人，以鸟喻友人，以松声、溪声喻音乐，借以形象地表情达意。清言中的对比，总体上是以山林田园与市朝官场相对比，其他诸如浊与清、浓与淡、忙与闲、苦与乐、俗与雅、富与贫、祸与福等等，通过鲜明的对比，给读者留下深刻影响。

在思想情调上，清言可用一个"清"字概括。"清言"之"清"，有清妙、清雅、清奇、清静、清虚、清远等含义。清言作者以"清士"自居，《史记·伯夷列传》所谓"举世混浊，清士乃见"。"清士"就是头脑清醒、情操清洁、追求清雅之趣的士人。清言作品多以"清"字命名，如屠隆的

372

---

① 钱锺书：《管锥编》（第三册），中华书局1979年版，第1198页。

《娑罗馆清言》、吴从先的《小窗清纪》等等。至于作品中用到"清"字的词语，更是俯拾皆是，如清真、清华、清赏、清玩、清供、清享、清苦、清骨等等。

清言是明清文人人文学养和诗性智慧的艺术结晶，谈生活艺术，论处世之道，赏山水风光，评诗文书画，无不给人以心灵的启迪和艺术的享受。清言独特的审美价值至少表现在两大方面，可以借用清言作者自己的话来表达。

其一，吴从先在《小窗自纪》中说："名世之语，政不在多；惊人之句，流声甚远"；又说："冷语、隽语、韵语，即片语亦重九鼎。"这就是说，作为诗性格言的清言小品，在艺术表现上具有以少总多、小中见大的独特魅力。

其二，屠隆《娑罗馆清言》序云："余之为清言，能使愁人立喜，热夫就凉，若披惠风，若饮甘露。"杨梦衮《草玄堂漫语》序云："热闹场中，急与一贴清凉剂。"这就是说，作为诗性智慧的清言，在艺术内容上能像清凉剂那样使人清新爽快、启迪心智。

二、诗性格言与思辨格言

一般地说，所谓格言就是含有教育意义可以作为准则的话；它是人类传递经验教训和哲理智慧的最古老的形式。《三国志·魏志·崔琰传》："盖闻盘于游田，《书》之所戒，鲁隐观鱼，《春秋》讥之。此周孔之格言，二经之名义。"这段话传递了三个重要信息：一是汉语的"格言"一词至晚在《三国志》之前已成为一个专有名词；二是中国的格言传统可以追溯到《尚书》和《春秋》；三是中国最初的格言内容是侧重儒家思想的"周孔之道"。

中国是一个诗国。历经三千年诗歌创作和传诵的熏陶，中国人的思维诗化了，中国的汉语也诗化了。中国元典中的格言警句，无不充满诗情和理趣，成为一种诗性格言。如《周易》"天行健，君子以自强不息""地势坤，君子以厚德载物"，《尚书》"克勤于邦，克俭于家""满招损，谦受益"，《国语》"众心成城，众口铄金""从善如登，从恶如崩"，等等。此后，在《世说新语》中出现了一批"目送归鸿，手挥五弦"的玄学人物，他们以灵虚的胸襟，玄远的清言，传达一种超然幽深的意境，成为后世小品作者灵感的源泉。明清的清言小品正是这一传统的延续，并成为中国诗性格言高度成熟的典型形态。

如果说以清言小品为标志的中国格言是一种诗性格言；那么产生于古希腊演说艺术的西方格言则是一种推理格言或思辨格言。

西方"思辨格言"的产生，可以追溯到古希腊的演说艺术。公元前四世纪，随着希腊城邦中民主政体的出现，演说成为一种重要的政治活动方式。当时的政治家，也就是演说家。这一时期成为希腊演说学的黄金时代，出现了许多著名的演说家和修辞学家。作为演说的理论方法，最早的修辞学家把演说分为政治演说和诉讼演说。亚里士多德按照听众的种类和演说的性质，把演说分为政治演说、诉讼演说和典礼演说。这种三分法为后来的修辞学家所接受。格言就是演说中的一种修辞手法。修辞学家认为，格言的作用是多方面的，好的格言能表现演说者好的性格，而格言的巧妙使用，既能引发听众的兴趣，更能有效地表现演说的主题。郎加纳斯《论崇高》有一句妙语："一个崇高的思想，如果在恰到好处的场合提出，就会以闪电般的光彩照彻整个问题，而在刹那之间显出雄辩家的全部威力。"①因此，无论政治演说、诉讼演说还是典礼演说，演说家都喜欢使用格言。格言的创造和运用，也成为古希腊和古罗马修辞学家研究的重要课题。

亚里士多德建构了西方第一个完整的修辞学体系，也是西方最早系统

374

---

① 郎加纳斯:《论崇高》，伍蠡甫主编《西方文论选》(上卷)，上海译文出版社1979年版，第122页。

研究格言的学者之一。他的《修辞学》和《亚历山大修辞学》都有论述"格言"的专章，对推论性思辨格言的性质特点做了深入的阐述。亚里士多德认为："修辞术是论辩术的对应物。"①所谓修辞术是指"演说的艺术"，论辩术则是指"问答式论辩的艺术"；二者的差别在于，修辞术采用修辞式推论，论辩术采用论辩式推论。然而，无论修辞式推论，还是论辩式推论，都是一种三段论法。格言是修辞式推论的手段之一，因此也遵循三段论法。亚里士多德就是从修辞式推论的角度来阐述格言的推论特性和思辨品格的。

亚里士多德对格言的定义是："格言乃是指某人关于一般事实的某种观念或信念的表述。"②进而指出："既然修辞式推论几乎都是论证这种问题的三段论，那么格言就是修辞式推论的去掉三段论形式以后剩下的结论或前提。"③他以欧里庇得斯的悲剧《美狄亚》中诗句为例予以说明。他写道：

> 一个头脑很清醒的人决不应当把他的子女教养成为太聪明的人。

这是一句格言；再加上理由和原因，整段话就成了修辞式推论，比如：

> 因为他们不但会得到书呆子的骂名，而且会招惹本地市民的恶意的嫉妒。④

又以欧里庇得斯悲剧《赫卡柏》中的诗句为例予以说明。他写道：

> 凡人当中没有一个人真正自由。

---

① 《罗念生全集》（第一卷），上海人民出版社2016年版，第141页。
② 苗力田主编：《亚里士多德全集》（第九卷），中国人民大学出版社1994年版，第584页。
③ 《罗念生全集》（第一卷），上海人民出版社2016年版，第256页。
④ 《罗念生全集》（第一卷），上海人民出版社2016年版，第256页。

这是一句格言；再加上下一行，整段话就成了修辞式推论：

因为都是金钱和运气的奴隶。①

所谓"修辞式推论"，就是指"演说式推论"，又被理解为"省略式三段论"。格言是"去掉三段论形式"后的结论，因此也就是一种"省略式三段论"。同时，由于这类格言是"去掉三段论形式"，亦即去掉"理由和原因"后的结论，是穿越思辨丛林后获得的人生智慧；所以"格言一经说出意思就很明白，也不必要解释语。"②换言之，"思辨格言"是隐含着一个"三段论形式"的思辨结构的格言，思辨性和明确性是它的两个基本特点。例如，"凡人应作凡人的想法，不应作神的想法"，"不永远爱人的不算爱人"，"最难对付的莫过于邻居"等等，这些格言意思明白，无需作任何解释，听众听了就会感到高兴。在亚里士多德看来，格言的运用方式是多样的，既可以是去掉"理由和原因"后的简明结论，也可以是包含"理由和原因"的完整推论。但无论前者还是后者，格言本质上是一种思辨性的修辞式推论。

古罗马演说家西塞罗继承了亚里士多德的修辞学传统，也十分重视格言的作用。他在《论公共演讲的理论》中指出："格言来自生活，它能准确地表明生活中发生或必然发生的事情"；因此，"当我们用格言点缀演讲时，它们就能增加许多特色。"③同时，他在亚里士多德的基础上，明确把格言分为两类，即"简明的格言"和"推理的格言"。西塞罗写道：

例如："万事开头难。""乐于依赖好运的人最不敬重美德。""要选择最高尚的生活方式，习惯会使它成为幸福的人。"这种简洁的格言是不能抛弃的，因为无需说明理由，格言的简洁性就具有巨大的魅力。但是我们也喜欢那种有推理相伴，作为其支撑的格言。例如：

---

① 《罗念生全集》(第一卷)，上海人民出版社2016年版，第256页。
② 亚里士多德：《修辞学》，罗念生译，生活·读书·新知三联书店1991年版，第111—115页。
③ 《西塞罗全集·修辞学卷》，王晓朝译，人民出版社2007年版，第96—97页。

"高尚生活的一切规则应当基于美德，因为只有美德才处在他自己的控制之下，而其他一切都服从运气的摆布。"还有："那些为了谋求他人财富而交友的人，一旦朋友的财富没有了，那么他马上就会离开朋友。因为此时他们交友的动力消失了，没有任何能够保持友谊的东西留下来。"①

西塞罗所谓"简明的格言"，就是去掉"理由和原因"后的简明结论；所谓"推理的格言"，就是包含"理由和原因"的完整推论。二者比较，他似乎更"喜欢"有推理相伴的"推理的格言"。此后，有推理相伴的"推理格言"或"思辨格言"，便成为西方格言的主流。这可以从近代以来西方学者对格言的论述和格言写作得到证明。

关于格言的思辨本质，培根有一段著名论述。他说："格言应该是科学的精髓和实质——除非它们是荒谬的。因为在格言中，删去了冗长的说明，删去了烦琐的论证，删去了对次序和相互关系的解释，删去了实践过程的描述，留下的只有观察所得的精华。"②在培根看来，无论"简明的格言"还是"推理的格言"，都是复杂的思辨过程的结晶，浓缩后是一句格言，展开来便是一篇论文。而近代西方思想家，有许多就是格言家。他们的"格言集"，大多是这种"思辨格言"。在黑格尔看来，歌德是一位写过很多"非常美妙而深刻"③的格言的哲人。《歌德的格言和感想集》的开篇写道："凡是值得思考的事情，没有不是被人思考过的；我们必须做的只是试图重新加以思考而已。"这就是一则典型的包含"理由和原因"的思辨格言。此外，西方思想家的那些著名格言集，从帕斯卡尔的《思想录》、拉布吕耶尔的《品格论》到利希滕贝格的《格言集》以及尼采以《查拉图斯特拉如是说》为代表的格言式著作，虽然不乏"简明的格言"，但无不以"有推理相伴"的思辨格言为主。

377

---

① 《西塞罗全集·修辞学卷》，王晓朝译，人民出版社2007年版，第96页。

② 约翰·格罗斯：《牛津格言集》，王怡宁译，汉语大词典出版社1991年版，第2—3页。

③ 黑格尔：《美学》（第二卷），朱光潜译，商务印书馆1979年版，第114页。

那么，西方格言的思辨性与中国格言的诗性，这一差异是如何形成的？王国维曾说："我国人之特质，实际的也，通俗的也；西洋人特质，思辨的也，科学的也，长于抽象而精于分类。"①中西思维方式的差异，无疑是一个重要方面；但更为主要的是，它与中西方格言产生的动因和功能目的有着密切关系。

西方的格言产生于大庭广众的公开演说。演说的目的在于影响公众的判断：政治演说要在公民大会上作出决议，诉讼演说要在法庭上作出判决。格言的运用必须有助于增强演说的说服力，有助于影响听众作出判断。这就要求格言的风格同演说的风格一样，具有思维的雄辩性和明晰性。此后，格言写作又成为近代哲学家和思想家表达思想的一种常用方式。哲学家和思想家的逻辑思维与哲学著作的理论品格，进一步增加了格言的雄辩性和思辨性。

与之不同，中国的诗性格言——清言，不是产生于公开演说，而是产生于文人的书房，是文人士大夫心灵妙悟的产物。他们胸怀一颗玄远之心，端居一室之中，仰观天文，俯察地理，悟三才之理，体万物之情，周览古今人事之变；然后，抒性情而为著述，缘阅历以作篇章，化妙悟为妙语，写出一则则精致幽美、清俊隽永的诗性格言或诗性语录体小品。

与之相应，思辨格言与诗性格言的接受特点也明显不同。如果说西方的思辨格言旨在以雄辩性和明晰性，直接影响听众的当下判断；那么中国的诗性格言则旨在以审美性和含蓄性，间接地诉诸读者的回味和领悟。

最后应当指出，思辨格言与诗性格言，与其说代表了东西方格言的两种截然不同的风格，不如说这是人类共有的两种格言形态。例如，帕斯卡尔的名言，"人不过是一根芦苇，大自然中最纤弱的生命，可它是一根会思想的芦苇"②，这就是一句富于理趣的诗性格言；同样，运用比喻手法，或以自然喻社会，或以花鸟喻人物，是明清清言常用的艺术手法。而一个

---

① 刘刚强：《王国维美论文选》，湖南人民出版社1987年版，第78页。

② 帕斯卡尔：《思想录》，何兆武译，商务印书馆1997年版，第157—158页。

比喻就是一个类比推理，一个"省略式三段论"。东西方的区别在于，源起于古希腊演说艺术的西方格言，以思辨格言为主流；而兴盛于明清清言的中国格言，则以诗性格言为特点。

清初张潮的《幽梦影》，当是中国诗性格言最杰出的典范。

三、《幽梦影》的诗性智慧

明清清言中，最为今人欣赏，也最值得今人重视的作品，当属清初张潮的《幽梦影》。《幽梦影》问世近四百年来，被公认是清言小品中的杰作，中国诗性格言的代表，东方诗性智慧的典范，堪称文学史上的精品。20世纪30年代，林语堂评《幽梦影》说："这书是一种文人的格言，中国古代类似的著作很多，但都不如这书而已。"[1]近年，《幽梦影》越益受到学界的重视，越益受到海内外读者的青睐。在海外华文教学中，《幽梦影》成为继《三字经》《弟子规》之后，又一部被广泛采用的优秀中华典籍。[2]

《幽梦影》作者张潮，字山来，号心斋，新安（今安徽歙县）人。生于清顺治七年（1650年），卒年据考当在1711年之前。[3]

张潮出生在古徽州的一个书香门第。父张习孔，曾任刑部郎中，山东督学佥事，著有《诒清堂集》《云谷卧余》。张潮生性聪慧，刻苦习文，博通经史。康熙初期，曾以岁贡担任翰林院孔目。其一生著述颇丰，有《心斋诗抄》《心斋杂俎》《花影词》《幽梦影》等二十多种著作存世。张潮还以刊刻丛书知名于世。他主持编辑刻印的《昭代丛书》和《檀几丛书》，至今嘉惠学林。

《幽梦影》是张潮诗心、词心、学问、人生，治于一炉融合而成的杰作。作者以《幽梦影》为题，取其如幽人梦境，似虚幻影像之意，并寓有

① 林语堂：《生活的艺术》，陕西师范大学出版社2006年版，第309页。

② 关于近年《幽梦影》在海内外的传播研究情况，可参阅刘和文《涨潮研究》（安徽大学出版社2011年版）、梁雪、胡元翎《清言小品研究综述》（《牡丹江大学学报》2017年第3期）等等。

③ 参阅刘和文：《张潮研究》，安徽大学出版社2011年版，第13页。

破人梦境，发人惊醒的用心。全书收录作者诗性的格言、箴言、语录，共219则。一部《幽梦影》，论雨、论花、论美人，论山、论水、论风月，论茶、论酒、论交友，论文、论诗、论读书。诚所谓虽片金碎玉，一脔片羽，然三才之理，万物之情，古今人事之变，诸子百家之学，皆在是矣。

此书一经刊行，便受到学人的高度评价，产生了极大的反响。先后有140多位文人写了550余则评语，其后又出现了续仿之作，如朱锡绶的《幽梦续影》等，衍生出一部内容丰富的《幽梦影》传播接受史。其中，著名学者余怀的"序"和张惣的"跋"，最有助于我们理解《幽梦影》的价值和寓意。

余怀"序"曰："其《幽梦影》一书，尤多格言妙论，言人之所不能言，道人之所未经道。展味低徊，似餐帝浆沆瀣，听钧天广乐，不知此身之在下方尘世矣。"《幽梦影》精妙格言的独创性和超越性，能使读者顿生"不知此身在下方尘世"的超然之感。

张惣"跋"曰："凡一切文字语言，总是才子影子。人妙，则影自妙。此册一行一句，非名言即韵语，皆从胸次体验而出，故能发人警省。片玉碎金，俱可宝贵。幽人梦境，读者勿作影响观可矣。"《幽梦影》名言韵语的深邃性和哲理性，则寄寓着作者破人梦境，启迪心智，发人警省的深意。

但必须指出，《幽梦影》不是一部有整体构思的系统著作。在体例上，它同明清清言一样，是一部感想集、随感录。作者兴之所至，随感而发，不同内容的格言、警句、语录，随意排列在一起。因此，要有效利用这部书，就需要对全书的内容作必要的分析和归类。

最先对《幽梦影》作分类研究的是林语堂。1937年，林语堂在《生活的艺术》"张潮的警句"一节中，摘录《幽梦影》"警句"91则，分为十类，依次是论何者为宜、论花与美人、论山水、论春秋、论声、论雨、论风月、论闲与友、论书与读书、论一般生活。这一分类显得过于琐碎，如论山水、论春秋、论声、论雨、论风月，可以归入"论自然风物"一类。后来，林语堂在英译《幽梦影》中将全书内容分为六大类，依次是人生、品格、妇女与朋友、宇宙万物、房屋与家庭、读书与文学。[1]另一位对《幽梦影》进行分类的是吕自扬。他在1999年出版的《眉批新编幽梦影》中将其分为九类，依次是论才子佳人、论人与人生、论朋友知己、论书与读书、论闲情逸趣、论立身处世、论文兼论艺、论四时佳景、论花鸟鱼虫万物。[2]这两种分类，大同小异，对我们理解《幽梦影》的内容结构均不乏参考价值。

那么，能否透过表面的随意无序，进入文本深处，把握其内在的心灵秩序，从而对《幽梦影》的丰富内容，进行提纲挈领、纲举目张的概括呢？这是值得尝试的。

细玩《幽梦影》可以发现，一个"闲"字，是张潮创作这部清幽之作的灵魂；而自然、人生、读书，则是张潮观照和沉思的三大重心。因此，抓住一个"闲"字，从自然、人生、读书三大方面归类，可以对《幽梦影》的核心内容做到纲举目张的整体把握。

悠闲出智慧。张潮的《幽梦影》，正是他以悠闲的心境观察自然、思考人生、总结读书经验的智慧结晶。《幽梦影》有两则论"闲"，表达了张潮对"闲"有独到的认识。

> 能闲世人之所忙者，方能忙世人之所闲。（第209则）
>
> 人莫乐于闲，非无所事事之谓也。闲则能读书，闲则能游名山，闲则能交益友，闲则能饮酒，闲则能著书。天下之乐，孰大于是？（第96则）

世人忙的是什么？无非"名利"二字；其所谓"万事可忘，难忘者名心一段"。而"能闲世人之所忙者"，就是从直接的实用功利活动中暂时摆脱出来，形成一定的心理距离，从而能以审美的眼光，观照自然，反思人生。因此，张潮认为"闲"不是消极的（"非无所事事之谓也"），"闲"

---

① 张潮：《幽梦影》（英文版），林语堂译，正中书局1999年版。
② 张潮著、吕自扬编著眉批：《眉批幽梦影》，河畔出版社1999年版。

对于人生有积极的意义。这是有道理的。一个人有了悠闲的心境，有了审美的眼光，才能观察生活，才能思考生活，才能发现生活中的美。

稍早于张潮的著名学者金圣叹，在《西厢记》的评点中，有一段也论及"悠闲之心"与"审美发现"的关系。他说，天地之间到处都有美，问题关键在于欣赏者必须要有"闲心"，要有一种审美的心胸，一种审美的眼光。有了"闲心"，有了审美的心胸和审美的眼光，那么你就能在很平常、很普通的生活中发现美，世界的一切就会变得那么有情味，有灵性，与你息息相通。所以金圣叹说：

> 人诚推此心也以往，则操笔而书乡党馈壶浆之一辞，必有文也，书人妇姑勃溪之一声，必有文也，书旅途之人一揖遂别，必有文也。

张潮就是以一颗悠闲之心、一种审美心境、一双审美眼光，观照生活，沉思人生，所以他能"言人之所不能言，道人之所未经道"；从而令读者生发"似餐帝浆沆瀣，听钧天广乐，不知此身在下方尘世"的超然之感。

《幽梦影》，幽人梦境，一个幽思的哲人心中的理想境界。自然、人生、读书，是这个幽思境界的三大重心。下面就对这三方面的佳言隽语，择其要者，依类排列，稍作评说。

1. 以审美的眼光看自然

以审美的眼光看自然，在我们的眼前展现出一个有情味、有灵性、有诗意的自然世界。这是《幽梦影》给我们的最强烈的第一印象。

> 春风如酒，夏风如茗，秋风如烟，冬风如姜芥。（第 142 则）①
> 春听鸟声，夏听蝉声，冬听雪声，白昼听棋声，月下听箫声，山中听松风声，水际听欸乃声，方不虚此生耳。（第 7 则）
> 雨之为物，能令昼短；能令夜长。（第 43 则）

---

① 以下引自《幽梦影》者均按通行本标上序号，以便查找。

水之为声有四：有瀑布声，有流泉声，有滩声，有沟浍声；风之为声有三：有松涛声，有秋草声，有波浪声；雨之为声有二：有梧叶、荷叶上声，有承檐溜竹筒中声。（第207则）

春风、秋风、蝉声、鸟声、雨之为物、水之为声，这些很平常的东西，有了审美的眼光、审美的耳朵，都会给你一种乐趣，一种慰藉，一种别样的发现。

有了审美眼光，你就会感受到各种自然景物独有气质的情调，从而获得丰富的美感。例如：

梅令人高，兰令人幽，菊令人野，莲令人淡，春海棠令人艳，牡丹令人豪，蕉与竹令人韵，秋海棠令人媚，松令人逸，桐令人清，柳令人感。（第131则）

梅、兰、菊、莲等自然花木与人的这种特定的情感关系，是在社会历史发展中逐渐形成的。没有审美眼光，你就体会不到它们这种为文化传统和文化环境所规定的独有的情味。又如：

梅边之石宜古，松下之石宜拙，竹旁之石宜瘦，盆内之石宜巧。（第79则）

这也体现了一种审美眼光。它是根据自然物的不同的气质和情调，把它们恰当地配起来。四种配搭相宜的景致，似四幅山水，又似四个精致的盆景。

有了审美的眼光，我们不仅可以感受到生活中一个个孤立的事物的情趣，还可以感受到一种审美的氛围、审美的情境。例如：

松下听琴，月下听箫，涧边听瀑布，山中听梵呗，觉耳中别有不同。（第82则）

春雨宜读书；夏雨宜弈棋；秋雨宜检藏；冬雨宜饮酒。（第86则）

艺花可以邀蝶，累石可以邀云，栽松可以邀风，贮水可以邀萍，筑台可以邀月，种蕉可以邀雨，植柳可以邀蝉。（第22则）

单独的箫声也是一种美，而月下听箫则构成了一种审美的氛围，一种审美的情境。单独的芭蕉也是一种美，而雨打芭蕉则构成了一种审美的氛围，一种美的情境。

"文章是案头之山水，山水是地上之文章。"（第97则）以读文章的眼光读山水，正是张潮对待自然的独特方式，也是其以审美的眼光看自然的方式。所以他能在寻常的山水花木和四季风雨中，读出情趣，读出韵味，读出历史，读出文化，读出物品与人品的内在联系。且看：

有地上之山水，有画上之山水，有梦中之山水，有胸中之山水。地上者妙在丘壑深邃；画上者妙在笔墨淋漓；梦中者妙在景象变幻；胸中者妙在位置自如。（第84则）

镜中之影，着色人物也；月下之影，写意人物也。镜中之影，钩边画也；月下之影，没骨画也。月中山河之影，天文中地理也；水中星月之象，地理中天文也。（第186则）

天下有一人知己，可以不恨。不独人也，物亦有之。如菊以渊明为知己；梅以和靖为知己；竹以子猷为知己；莲以濂溪为知己；桃以避秦人为知己；杏以董奉为知己；石以米颠为知己；荔枝以太真为知己；茶以卢仝、陆羽为知己；草以灵均为知己；莼鲈以季鹰为知己；蕉以怀素为知己；瓜以邵平为知己；鸡以处宗为知己；鹅以右军为知己；鼓以祢衡为知己；琵琶以明妃为知己。一与之订，千秋不移。（第4则）

万物一体，心物相通，山水通于情趣，物品通于人品，是中国传统的山水审美观。张潮的自然山水清言，正是这一传统的创造性体现。林语堂给西方读者介绍《幽梦影》时，特别强调这一传统，并给予很高的评价。他写道："我们已经知道大自然的享受不仅限于艺术和绘画。大自然整个渗入我们的生命里。大自然有的是声音、颜色、形状、情趣和氛围；人类以感觉的艺术家的资格，开始选择大自然的适当情趣，使它们和他自己协调起来。这是中国一切诗或散文的作家的态度，可是我觉得这方面的最佳表现乃是张潮在《幽梦影》一书里的警句。"①

"以感觉的艺术家的资格，选择大自然的适当情趣，使它们和自己协调起来"，这是一部《幽梦影》在艺术思维上的整体特点。用中国古典美学的语言来说，就是"春日迟迟，秋风飒飒，情往似赠，兴来如答"。《幽梦影》论人生、谈读书的警句格言，同样渗透着这一鲜明特色。

2. 以完美的理想论人生

《幽梦影》的作者有一颗爱美之心，有一腔惜美之情；所谓"种花须见其开，待月须见其满，著书须见其成，美人须见其畅适，方有实际。"（第113则）他心目中的世界，更应是一个完美的理想世界，是一个"才""情""真""趣"创造的世界，一个如诗如画的世界。张潮说：

> 情之一字，所以维持世界，才之一字，所以粉饰乾坤。（第160则）
>
> 情必近于痴而始真；才必兼乎趣而始化。（第67则）

"人须求可入诗；物须求可入画"（第14则），可以说是这个完美世界的"入场券"。那么，"可入诗"之人与"可入画"之物，是怎样的"人"和"物"呢？且看：

> 立品须法乎宋人之道学，涉世宜参以晋代之风流。（第155则）
>
> 律己宜带秋气，处世宜带春气。（第80则）

---

① 林语堂：《生活的艺术》，陕西师范大学出版社2006年版，第309页。

385

第十六章 《幽梦影》：华夏诗国的诗性智慧

傲骨不可无，傲心不可有。无傲骨则近于鄙夫，有傲心不得为君子。（181则）

少年人须有老成之识见；老成人须有少年之襟怀。（第15则）

所谓美人者：以花为貌，以鸟为声，以月为神，以柳为态，以玉为骨，以冰雪为肤，以秋水为姿，以诗词为心。吾无间然矣。（第134则）

花不可以无蝶，山不可以无泉，石不可以无苔，水不可以无藻，乔木不可以无藤萝，人不可以无癖。（第6则）

山之光，水之声，月之色，花之香，文人之韵致，美人之姿态，皆无可名状，无可执著，真足以摄召魂梦，颠倒情思！（第29则）

这是一群风流高雅之人，晶莹剔透之人，灵光四射之人。"有朋自远方来，不亦乐乎！"友朋相聚是人生的快事。这个世界中的人，既充满亲情，又重视友道。

云映日而成霞，泉挂岩而成瀑。所托者异，而名亦因之。此友道之所以可贵也。（第72则）

上元须酌豪友，端午须酌丽友，七夕须酌韵友，中秋须酌淡友，重九须酌逸友。（第8则）

对渊博友，如读异书；对风雅友，如读名人诗文；对谨饬友，如读圣贤经传；对滑稽友，如阅传奇小说。（第12则）

乡居须得良朋始佳。而友之中，又当以能诗为第一，能谈次之，能画次之，能歌又次之，解觞政者又次之。（第212则）

友道是那样的可贵，挚友又应多多益善，人生才会多姿多彩。不过，朋友是必须选择的，酒肉之友，次之又次之。

完美的人生在理想中，现实人生往往庸碌而平凡。一个真正的大丈夫，应当以积极的心态，超越平庸，超越片面。

> 阅《水浒传》，至鲁达打镇关西，武松打虎，因思人生必有一桩极快意事，方不枉在生一场。即不能有其事，亦须著得一种得意之书，庶几无憾耳。（第141则）

> 人非圣贤，安能无所不知。只知其一，惟恐不止其一，复求知其二者，上也。止知其一，因人言始知有其二者，次也。止知其一，人言有其二而莫之信者，又其次也。止知其一，恶人言有其二者，斯下之下矣。（第89则）

人生在世，应力求成就一件快意之事，以增强生命的光辉和华彩；生也有涯，知则无涯，但应力求追求全面而摈弃片面。

英国诗人柯珀有一句名言："上帝创造乡村，人创造城市。"乡村是完美的，城市是有缺陷的，张潮与柯珀的看法几近一致。但张潮的态度似乎更为积极，他以独特的眼光，在"城市"中发现"山林"，为"蜗居"城市的现代人，提供了一条亲近自然的途径。且看：

> 胸藏丘壑，城市不异山林；兴寄烟霞，阎浮有如蓬岛。（第151则）
> 居城市中，当以画幅当山水，以盆景当苑囿，以书籍当友朋。（第211则）

在城市化进程日益加快的今天，这两则智慧的"清言"，格外沁人心脾而启人心智。

3.以诗性的语言论读书

张潮一生以书为友，读书、著书、刻书，对书充满了感情，对读书、作文更有深刻的体悟。一部《幽梦影》，即从读书开篇：

> 读经宜冬，其神专也；读史宜夏，其时久也；读诸子宜秋，其致别也；读诸集宜春，其机畅也。（第1则）

这是张潮的"四季读书歌"。一部《幽梦影》无处没有书的影子，亦无不是作者含英咀华的结晶。若把《幽梦影》中论读书的格言警句荟萃一编，略作调理，可构成一部别具韵味的诗性读书法。且看：

少年读书，如隙中窥月；中年读书，如庭中望月；老年读书，如台上玩月。皆以阅历之浅深，为所得之浅深耳。（第35则）

先读经后读史，则论事不谬于圣贤；既读史复读经，则观书不徒为章句。（第210则）

《水浒传》是一部怒书，《西厢记》是一部悟书，《金瓶梅》是一部哀书。（第99则）

藏书不难，能看为难；看书不难，能读为难；读书不难，能用为难；能用不难，能记为难。（第92则）

凡事不宜刻，若读书则不可不刻；凡事不宜贪，若买书则不可不贪；凡事不宜痴，若行善则不可不痴。（第118则）

多情者不以生死易心，好饮者不以寒暑改量，喜读书者不以忙闲作辍。（第153则）

文章是有字句之锦绣，锦绣是无字句之文章，两者同出于一原。（第110则）

能读无字之书，方可得惊人妙句；能会难通之解，方可参最上禅机。（第187则）

善读书者，无之而非书：山水亦书也，棋酒亦书也，花月亦书也。善游山水者，无之而非山水：书史亦山水也，诗酒亦山水也，花月亦山水也。（147）

貌有丑而可观者，有虽不丑而不足观者；文有不通而可爱者，有虽通而极可厌者。此未易与浅人道也。（第176则）

从读有字之书到读无字之书，从人生经历与读书到读经与读史的关系，再从读书的时间到读书的奥妙，无不借诗性的语言作了精妙的诠释。

"古今至文，皆血泪所成。"（第159则）《幽梦影》作者对天下"至文"的理解，与后于他的《红楼梦》作者的理解完全一致："字字看来皆是血十年辛苦不寻常。"张潮著书满家，皆含经咀史，自出机杼，卓然可传。因此，他对作文著书之道也有独到的见解。且看：

> 大家之文，吾爱之、慕之，吾愿学之；名家之文，吾爱之、慕之，吾不敢学之。学大家而不得，所谓刻鹄不成，尚类鹜也；学名家而不得，则是画虎不成，反类狗矣。（第73则）
>
> 秋虫春鸟，尚能调声弄舌，时吐好音。我辈搦管拈毫，岂可甘作鸦鸣牛喘！（第167则）
>
> 作文之法，意之曲折者，宜写之以显浅之词。理之显浅者，宜运之以曲折之笔。题之熟者，参之以新奇之想。题之庸者，深之以关系之论。至于窘者舒之使长，缛者删之使简，俚者文之使雅，闹者摄之使静，皆所谓裁制也。（第171则）
>
> 诗文之体得秋气为佳，词曲之体得春气为佳。（第87则）
>
> 著得一部新书，便是千秋大业；注得一部古书，允为万世宏功。（第69则）

从学文到作文，从作文之法到著书之道，片花寸草，均有会心，句句耐人玩味而启迪心智。

人是借助警句进行思考的。哲人的玄思，智者的洞见，学人的妙想，往往表现为一些关键词和隽永的短语。一句精辟的格言警句，用在适当的地方，会像一道闪电划过心灵的夜空，留下深深的记忆，让人回味无穷。

张潮的《幽梦影》，以风流为道学，寓教化于诙谐，是其一生心灵妙悟的凝缩。幽人梦影，雅人深致，精致幽美，清俊隽永；仰观丽天之象，俯察理地之形，人生世事之趣，读书为文之妙，无不启人心智，澡雪精神。

后 记

2006年至2009年，我随国务院侨办"中国海外交流协会"组织的"海外讲学交流团"，先后分赴美国、缅甸、马来西亚诸国，行走十几个城市，为当地华文教师讲授"中国文化"和"中国文学"等课程；2010年至2016年，我又多次为受邀到国内参加"华文教师培训"的泰国、印度尼西亚及欧洲诸国的华文教师讲授相同课程。本书就是在多种讲课提纲、讲义、讲稿的基础上，整理充实而成。

在已出的几本书中，这是历时最长、周游最远、距离我专业最大的一本。最初的稿子始于2006年初夏芜湖赭山脚下，此后斟酌于纽约曼哈顿，拓展于缅甸的曼德勒和东枝，切磋于马来西亚的沙巴和沙捞越等地，2020年深秋完成于上海黄浦江畔。从初稿到成稿，前后足有15年。

15年间，我的"中国文化"课时断时续，我对"中国文化"的研习则持续不已，收获也越来越大。这篇"后记"，我想略述研习"中国文化"的收获。概而言之，约而为三：开拓了我的问学视野，修正了我的读书观念，认清了"读书"与"著书"的关系。

首先，开拓了我的问学视野，让我从"文艺学"走向了"国学"，走向了"人文学"。1977年留校任教，我被分到"文艺理论教研室"，由此确定了我的专业方向和教师身份：一个"文学理论"教师。我以满腔热情进入我的专业，虔诚地阅读我的"专业书"。记得第一次持"教师图书证"和"入库证"，兴冲冲地进入图书馆书库，从积满灰尘的书架上，搜集了近20本各式各样的《文学概论》教材，准备带回家尽情阅读，让自己迅速成为一个"文学理论"的"内行"。正当我一面掸灰尘，一面往书包里装书的时候，遇到了也来借书的刘元树老师。刘老师看到这一堆"文概"教材，知道我的用意后，以特有的直爽说："读那么多教材干什么？选一本阅读就可以了！你现在应当花时间细读文艺学的经典著作。我建议你先读一下朱光潜的《西方美学史》和郭绍虞的《中国文学批评史》，再根据这两本书提供的线索，细读几部中西文论史上的经典论著。教材里只有常识，经典里才有学问。"刘老师最初也是文艺理论教师，后转行现代文学，是鲁迅和郭沫若研究的知名专家。刘老师是我的学术启蒙人，也是刘老师把我推荐到文艺学教研室的，我对刘老师极为敬重。刘老师的一番话，我当时似懂非懂，但此后严格遵照刘老师指引的路子读书。从柏拉图、亚里士多德、康德、黑格尔，到《文心雕龙》《诗品》《沧浪诗话》《人间词话》等等。虽读得似懂非懂，却始终兴致勃勃。随着时间的推移，刘老师一番话的深意与智慧，我体会得越来越深，并循此逐渐进入了文艺学之门。近20年后，当我开始指导文艺学研究生时，我几乎重复了刘老师的话。不过，经过反复回味和摸索，刘老师的话已化为我的潜意识，也由"熟知"化为内心认同的"真知"了。

文艺学里自有乾坤，自有引人入胜之妙。只要你有兴趣和毅力，每一门学科都有独特的魅力，都能够给你带来无穷的兴味。直至今日，只要翻开黑格尔《美学》、丹纳《艺术哲学》、刘勰《文心雕龙》、王国维《人间词话》等"案头书"，我依然如会老友，如见良师，会兴致勃勃地读下去。张潮《幽梦影》有曰："创新庵不若修古庙，读生书不若温旧业。"重温经典，每有令人惊喜的新发现。同时，"文艺学"始终是我坚守的第一专业，也是我研习"国学"的基础。这本"人文学要义"的主体，就是由经史子集的"国学"和诗文书画的"文艺学"两部分构成的。

2006年开始的"中国文化"之旅，为我开启了另一扇问学之门，开启了从"文艺学"走向"国学"，走向"人文学"之门，让我有机缘进入巍峨的"国学"殿堂，一窥"中国文化"的整体景观和深邃智慧。借鉴以往的问学经验，最初也是从"概论"和"常识"开始的。我阅读了钱穆的《中国文化史导论》《国学概论》、梁漱溟的《中国文化要义》、吕思勉的《先秦学术概论》、林语堂的《吾国吾民》以及时贤的多种"中国文化概论"。在此基础上，融入自己的读书体会和文艺学方面的积累，花了三个月时间，编写了一本约10万字的《中国文化概说》讲义，以应纽约曼哈顿第一次讲课之需。尽管上述著作的作者都是令人敬佩的大学者，但我深知，仅凭后人著作，缺乏来自元典的自得之见，只是无根柢的耳食之学。于是我边讲边学，以"国学概论"为线索，开始"国学经典"的系统研读。

《朱子读书法》论"为学次第"有一段名言。他说："人自有合读底书，如《大学》《语》《孟》《中庸》。读此便知人不可不学底道理与为学之次第，然后更看《诗》《书》《礼》《乐》。某才见人说看《易》，便知他错了，未尝知为学之序。……上古之书莫尊于《易》，中古后书莫大于《春秋》。此二书皆未易看，今人才理会便入于凿。若要读此二书，且理会他大义。《易》则是个尊阳抑阴、进君子退小人、明消息盈虚之道，《春秋》则是个尊王贱霸、内中国外夷狄、明君臣上下之分。"[1]简言之，先读《四书》，继读《诗》《书》《礼》《乐》，最后再读《易》《春秋》。在《四书》《五经》中，朱熹又把《大学》置于首位："《大学》是为学纲目。先通《大学》，立定纲目，其他经书杂放在里。"[2]经过多年的研读体会，我对朱熹的话也获得了内心的认同。

《礼记·礼运》曰："故人者，天地之心也，五行之端也。"中国文化是以人为本的人本主义文化。以天为则，以人为本，以史为鉴，天人合一，这是中国文化最核心的理念。随着读书的进展，我越来越深刻认识中国文化的人本精神和人文品格。《礼记·经解》对"六经"的阐释，启示我把传统"国学"与现代"人文学"联系了起来。《经解》首章篇幅不长，但对"六经"的人文性质和教化功能作了层层推进、层层深入的精辟阐

392

---

[1] 朱熹:《朱子读书法》,天津社会科学院出版社2016年版,第51—52页。

[2] 朱熹:《朱子读书法》,天津社会科学院出版社2016年版,第50页。

释。我反复揣摩后，有三点感受：一是"六经"并非只是六本经书，同时也是六门学问。用今天的话说，《诗》是诗文学，《书》是历史政治学，《礼》是伦理学，《乐》是艺术学，《易》是哲学，《春秋》是历史学。这六门学问，都属于"人文学"的范畴。其实，西方古希腊至18世纪之前，以文史哲为核心的传统学问，同样属于人文学。二是经孔子整理并施教的"六经"是一个完整的文化体系，其目标是塑造仁、智、勇兼备的君子人格。歌德说："人是一个整体，一个多方面的内在联系着的统一体。艺术作品必须向这个整体说话。"①"六经"就是面向单一而杂多的人的整体施教，注重人格教育的完整性。三是从"六经"整体看，"《诗》—文学"虽列于首位，但从属于传统人文学体系。人文学的对象是"人"。人是一个整体，人文学也是一个整体。因此，只有把"诗—文学"置于人文学体系中，才能正确认识其价值的独特性和有限性。

认识到这一点，我便跳出了"狭隘"的文艺学中心论，逐渐扩大问学视野和知识结构，从"文艺学"走向了"人文学"，再从"人文学"反观"文艺学"，在更广阔的人文学背景上认识文学和文艺学的价值和意义。我以为，这种视野的转换，对我是非常重要的，对所有"中文系"的师生也是非常必要的。立足文学接触"国学"，与立足"国学"透视文学，这两种视野是不同的。钱锺书的《管锥编》与作为教材的"文学史"，学术深度显然不同，原因或许就在于此。

其次，修正了我的读书观念，从追逐"新书"，回到精读"旧书"。20世纪70年代末，乘改革开放东风，学界再次掀起"西学东渐"热潮。文艺学领域特别热闹，译介西方现代文艺学新理论、新观念、新方法的著作层出不穷；借鉴西方新理论、新观念、新方法研究中国文学的论文著述也层出不穷。一时间，新理论、新观念、新方法，成为学界的"政治正确"。凡缺乏"新意"，缺乏"新概念""新名词"的论文、著作、讲课，一概被视为"落伍"。

---

① 朱光潜：《朱光潜美学文集》（第四卷），上海文艺出版社1983年版，第454—455页。

我是从知识的"荒年"走过来的,对"新知"充满渴望。我欣喜而坚定地跃入"新潮",虔诚而认真地拜读"新书"。在很长一段时间里,我追踪每一期"最新书目",购新书、读新书、讲新书,废寝忘食,乐此不疲。同时,趁热打铁,热炒热卖,开设了"西方现代文学批评方法论"选修课。客观地说,读"新书"的经历,对我的课堂教学和学术研究的帮助是极大的:它丰富了我的知识,开阔了我的视野,尤其是养成了"中西比较"的思维习惯。

从20世纪70年代末到90年代末,不知不觉20年过去了。我检视了一下以往的"研究成果",猛然发现,真正被学界承认、自己也觉得有点价值的,并非出于"新方法"的推论,而是基于"旧材料"的研究。我曾对学生讲过一句话:"随波逐流必然随波而去。"借用杜甫的话说:"颠狂柳絮随风去,轻薄桃花逐水流。"莫非为人如此,为学也是如此!我开始怀疑并反思自己追逐"新潮"的行为,同时更自觉地研读"旧书"。而海外的"中国文化"课程,则成为我从追逐"新书"回到精读"旧书"的契机和动力。

"到源头去喝水",这是文艺复兴时期思想家的一句名言;"为学须从源头处循流而下",这是钱穆研究"国史"和"中国文化史"的一条原则。而从"新学"到"旧学",从"新潮"到"源头",似乎也是一般读书人常有的经历。《东塾读书记》的作者,清代学者陈澧的读书经历就是如此。他说:"少时只知近人之学。中年以后,知南宋朱子、北宋司马温公、胡安定、唐韩文公、陆宣公、晋陶渊明、汉郑康成之学。再努力读书,或可知七十子之徒之学欤。"①这是可以理解的:不从"近人之学"入门,难登"古人之学"堂奥;没有"新书"的知识准备,难以认识"古书"的价值,更不易揣摩"古书"的深义。

在研读"国学经典"的过程中,梁启超的《最低限度之必读书目》和《国学入门书要目及其读法》中的两则评语,对我触动极大。

《最低限度之必读书目》是梁启超为当年清华学校的学生开列的。

---

① 转引钱穆:《学籥》,九州出版社2016年版,第75页。

1923年4月26日，梁启超应《清华周报》记者要求，开了一份"国学书目"，题为《国学入门书要目及其读法》。这份书目包括五大类共141种。梁启超随即感到，"惟青年学生校课既繁，所治专门别有在，恐仍不能人人按表而读"。于是又开了这份《最低限度之必读书目》，包括经史子集共25种①。书目之后，梁启超补了一句话："以上各书，无论学矿，学工程学，……皆须一读。若并此未读，真不能认为中国学人矣。"②读到这句话，我不禁惊出一身冷汗：且莫说"学矿学工程"的学生，作为一个文科的"大学教师"，我是否读完了这"最低限度之必读书"？一物不知，儒者之耻；亡羊补牢，为时未晚。我是2001年12月看到这份"最低限度"的"必读书目"的。我随即从书目第一部《四书》开始，边读边为每一章拟标题，读完后编了一份"《四书》细目"。细读《四书》，是我"到源头去喝水"之始。

后
记

梁启超的《国学入门书要目及其读法》共分甲、乙、丙、丁、戊五大类。最后一类是"随意涉览书目"，从《四库全书总目提要》到《宋元戏曲考》共30种。令我惊讶的是，刘勰的《文心雕龙》也赫然列在"随意涉览书目"中，评语曰："六朝人论文书，论多精到，文亦雅丽。"在"随意涉览书目"的"引言"中，梁启超说："吾固杂举有用或有趣之各书，供学者自由翻阅之娱乐。读此者不必顺页次，亦不必求终卷也。"③20世纪80年代后，"龙学"成为文艺学界的"显学"，出现了一批"龙学"大师，组建了全国性的"龙学"研究会，出版了专门性的"龙学"刊物等等。然而，在梁启超看来，"论多精到，文亦雅丽"的《文心雕龙》，只是"随意涉览"之书，仅供"翻阅娱乐"之用，读者"不必顺页次，亦不必求终卷"。如此而已！我们可以批评梁启超对传统"诗文评"的轻视，对"体大虑周，笼罩群言"的《文心雕龙》太掉以轻心。但对我而言，梁启超对

① 梁启超《最低限度之必读书目》依次如下：《四书》《易经》《书经》《诗经》《礼记》《左传》《老子》《墨子》《庄子》《荀子》《韩非子》《战国策》《史记》《汉书》《后汉书》《三国志》《资治通鉴》《宋元明史纪事本末》《楚辞》《文选》《李太白集》《杜工部集》《韩昌黎集》《柳河东集》《白香山集》。

② 梁启超：《饮冰室书话》，时代文艺出版社1998年版，第270页。

③ 梁启超：《饮冰室书话》，时代文艺出版社1998年版，第266—267页。

《文心雕龙》的态度，再次冲击了我的"文艺学中心论"，再次修正了我的读书观念；它也再次促使我思考"诗文评"在"国学"中的地位，思考"文艺学"在"人文学"中的地位，提醒我不要把自己的专业提到不恰当的高度，由学问的主人变成专业的奴隶。

再次，在"中国文化"的研习中，促使我反思"读书"与"著书"的关系，认识"著书立说"的真义。这本"中国人文学要义"，实质是一本"读书笔记"，一本简陋的"读书笔记"。不过，在这本"读书笔记"撰写过程中，我有机会思考何谓"著书立说"，何谓"学术创新"，从而认清了"读书"与"著书"的关系：那就是，对于以"经史子集"或"文史哲宗"为核心的人文学科来说，先读书，后著书，"五十方著书"；后人的所谓"著作"，无非是"轴心时代"文化经典的"读书笔记"而已，无非是"经文"的"传注"而已。

从理论上说，歌德有名言："凡是值得思考的事情，没有不是被人思考过的；我们必须做的只是试图重新加以思考而已。"[1]文化是生命实践的精神升华，生命的真相决定了文化的本质。而个体生命的有限一次性，决定了族类生命的无限重复性；族类生命的无限重复性，决定了文化的层累重叠性。因此，凡是值得思考的人生问题，没有不是被人思考过的：五千年文学史，是百年人生情怀咏叹史；五千年哲学史，是百年人生问题的反思史。所以，我们必须做的，应当是从自己的时代出发，对前人已经思考过的问题，试图重新加以思考而已。从轴心时代的经典中汲取前进的动力，用古老而永恒的智慧启迪现代人生。

从传统上说，中国学术强调"师承"，强调"传统"，强调"薪火相传"。所谓"有师承乃成其学术，有传统乃成其学术"。为什么？在"三不朽"中，立言最难。"立言何以最难呢？中国几千年只有一个孔子、一个孟子，他们的言论可以传诸百世，放之四海，但到底是太少了。人不自量，人人想走这条路，到底走不上，徒增许多空言，或有一些完全不对的

---

① 歌德：《歌德的格言和感想集》，程代熙、张惠民译，中国社会科学出版社1982年版，第3页。

废言。"①据此，钱穆提出学术研究的"三步骤"："从来从事研究学术之三步骤：一、崇信古代一位两位学术人物。二、专意一部两部传统巨著。三、划定一范围探究一个两个研究题目。此一题目则与全部学术大体有关联，如清代之汉学，宋代之理学，唐代之古文运动，魏晋清谈等。"②凡称得上学术的普遍"真理"，无不是师承与创新、传统与时代的统一；反之，只是"游谈无根"的个人"意见"而已。钱穆把前者称为"学术人物"，后者则是"时代人物"。所谓"时代人物"，就是迎合时代、追随风气的人物，其学术不可能传至久远，更不可能有后起踵兴之人。

从学术史看，"轴心时代"之后的所谓"著作"，无非是"轴心时代"文化经典的"读书笔记"，无非是"经文"的"传注"。从西方学术史看，怀特海已有名言："对欧洲哲学传统的最保险的一般定性莫过于：它不过是对柏拉图学说的一系列的注释。"怀特海进而作了令人信服的解释："他个人的天赋，他在一个伟大的文明时期的机遇，他对尚未遭到过分体系化而僵死的精神传统的继承，凡此种种都使得他的著作成了富有启迪的取之不尽的宝藏。"③从某种意义上说，亚里士多德"分科性"的著作，已开启了对柏拉图"综合性"著作的"注释史"。中国学术史同样如此，追根究底，后人著述无不源自上古经典。钱穆以宋代理学家为例作了明通的说明："学有师承，乃有传统。所谓师承，有当时之师，也有上追古人为师。如北宋二程，其当身之师为周濂溪，为胡安定。上追古人，则可谓其真有得于孔、孟不传之秘。又如南宋朱子，当身之师为李延年。上追古人师，则为二程，为周、张，更上为孔、孟。"④钱穆的"当身之师"与"上古之师"说，与其"学术三步骤"，互为呼应，切理餍心。

因此，"我们就是读书人！"对于人文学者来说，"我们首先是读书人！"先读书，后著书；以有根柢的明理之书，造就有根抵的明理之人。

① 钱穆：《中国文化十二讲》，九州出版社2017年版，第39页。

② 钱穆：《学籥》，九州出版社2016年版，第202页。

③ 怀特海：《过程与实在》(卷一)，周邦宪译，贵州人民出版社2006年版，第40页。

④ 钱穆：《学籥》，九州出版社2016年版，第208页。

针对当年学风之弊，陈澧曾痛心疾首地说："学者之病，在懒而躁，不肯读一部书。此病能使天下乱。读经而详味之，此学要大振兴。"①学风影响学人，学人影响世人；踏实的学风，造就踏实的世人；浮躁的学风，养成浮躁的世人。陈澧有一个深邃的见解："以为政治由于人才，人才由于学术，吾之书专明学术，幸而传于世，庶几读书明理之人多，其出而从政者，必有济于天下。"②他对政治、人才、学术三者关系，作了精辟诠释，与柏拉图的"哲学家应为政治家，政治家应为哲学家"，可谓异曲同工；同时告诉人们："读书人"绝非"无用人"，"人文学"便是"天下学"。想到这里，这本不成熟的"读书笔记"，作为"上追古人"的第一级阶梯，不妨供好学者一览。

15年了，本书的出版，要感谢的人太多：首先要感谢王匡廷先生，没有他的推荐，我无缘加入"讲学交流团"，也不可能从"文艺学"走向"人文学"；感谢"讲学交流团"的老师，相聚如故友，人散心不散，尤其是"缅友"纪秀生教授和禹志云教授，感谢他们慷慨赐序，记录了难忘的讲学生活，记录了无价的学人情谊；感谢彬彬有礼、虔敬向学的"海外华文教师"，无论是老华侨，还是新华人，他们对祖国的深情，对文化的热爱，对学问的执着，时时感动着我，让我真切感受到文化的力量，感受到中华文化的感召力、向心力和凝聚力。

感谢安徽师大出版社原总编辑侯宏堂教授，他多年来持续关心本书的进展，并为本书的体例、内容、定名等，提供了宝贵的意见。感谢责任编辑李克非先生，这是他第三次担任拙作的责任编辑了。克非敬业而又专业，在本书修订和编辑中，贡献了独特的智慧，付出了极大的辛劳。

最后，感谢安徽师大文学院为本书顺利出版提供了宝贵资助。

陈文忠

2021 年 3 月 2 日

上海浦东"碧云居"

---

① 钱穆：《中国近三百年学术史》(下册)，商务印书馆 1997 年版，第 682 页。
② 钱穆：《中国近三百年学术史》(下册)，商务印书馆 1997 年版，第 677 页。